한국연구재단 학술명저번역총서 서양편 **798**

사회복지실천 2
: 역량강화 전문직의 관점과 역할
Social Work : An Empowering Profession

Brenda Dubois · Karla Krogsrud Miley 지음
조성희 · 김희주 · 장연진 옮김

박영사

저자 서문

　사회복지 전문직 교육에서는 인간 행동, 사회문제, 사회복지정책, 전문적 개입이 이루어지는 역동에 대한 이해가 요구된다. 사회복지를 공부하는 학생들은 처음 공부를 시작할 때부터 사회복지의 "누구, 무엇, 왜"를 알기를 원할 것이다.

　우리는 사회복지학 개론서에서 가장 중요한 것은 사회복지의 "누구, 무엇, 왜"에 관한 학생들의 마음가짐 혹은 사고방식을 발전시킬 수 있는 기반을 제공하는 데 있다고 믿는다. 사회복지교육협의회가 개발한 교육과정에 따라, 본서는 다양성, 인권, 사회정의, 윤리적·전문적 행동, 정책 실천, 사회복지실천에 관한 내용으로 구성하였다. 우리는 사회복지개론 수업을 통해 학생들이 교육적 요소와 관련된 전문적 가치, 지식, 기술의 공통 기반을 탐구할 필요가 있다고 믿는다.

　이 개론서가 다른 책들과 다른 점은 입문자들을 위한 훈련 기반, 역량강화 지향 접근을 활용하고 있다는 것이다. 궁극적으로, 이 책은 사회복지 교육과정을 구성하는 다양한 요소들을 소개하고 있다. 본서의 내용은 사회복지의 역사적, 철학적 뿌리, 전문직 가치 및 윤리 기반, 다양성과 차이에 대한 시각, 인권과 사회정의, 사회서비스 전달 네트워크, 사회정책, 클라이언트 집단뿐 아니라 사회복지실천, 정책, 연구 관련 전략, 다양한 사회복지 실천현장에 대한 개관까지 포괄한다.

　본서는 저자들의 사회복지 교육자로서의 복합적 경험을 반영하고 있으며, 각자가 사회복지실천 과정에서 겪은 내용들을 종합한 것이다. 원래 이 책은 아이오와 대학 사회복지 대학원의 사회체계 관점, 시카고 대학 사회복지행정 대학원의 집단사회복지실천뿐 아니라 공공복지, 사회복지 대학원, 노인 서비스 영역에서의 다양한 실천 경험들, 거시적·미시적 실천에 대한 남다른 관심 등 저자들이 갖고 있는 교육적, 실천

적 배경의 차별성을 드러내고자 하는 목적에서 출발하였다. 저자들은 이제 강점 관점 및 역량강화에 근거한 일반주의 접근을 아우르고 있다.

9번째 판은 인권과 사회정의의 맥락에서 역량강화 기반 사회복지실천 및 강점 관점을 완전히 적용하였다. '역량강화와 사회정의에 대한 성찰', '다양성과 인권에 대한 성찰'을 통해 역량강화와 다양성의 맥락에서 현재 발생하고 있는 이슈와 윤리적 고려사항을 강조하고 있다. '현장의 목소리'는 다양한 실천현장에 근무하는 사회복지사의 전문적 경험에 대한 관점에 대한 허구의 이야기들이다. 역량 기반 교육과정에 있는 학생들을 위해, 각 장의 말미에는 '생각해보기'를 통해 비판적 사고를 요하는 질문들을 제시하였다. 대부분의 장에는 실제 사례의 예와 실천 응용을 보여주는 '사회복지 사례'들이 포함되어 있다.

책의 구조

이 책은 4개의 영역으로 구성되어 있다.

첫 번째 영역인 '사회복지 전문직'에서는 사회복지는 "누가, 무엇을, 왜, 어디서" 하는지와 사회서비스 전달체계들을 살펴본다.

1장에서는 사회복지의 개념을 정의하고, 전문직의 목적과 실천현장의 개요를 검토하며, 역량강화 기반의 사회복지실천을 소개하고 있다.

2장에서는 사회복지 역사에서의 다양성의 의의를 포함한 사회복지 전문직의 역사적 뿌리를 다루고, 전문직 지식과 가치, 기술의 기반을 서술하고 있다.

3장에서는 실천을 위한 사회체계와 생태학적 개념틀을 소개하고, 미시, 중시, 거시적 차원의 클라이언트에 대해 기술하고 있다.

4장에서는 사회서비스 전달 네트워크의 중요한 요소들을 설명하고 있다.

두 번째 영역인 '사회복지실천 관점'에서는 사회복지실천을 구성하고 또 영향을 미치는 가치와 사회정의, 다양성과 차이 요소들을 검토한다.

5장에서는 사회복지실천의 가치와 윤리적 기반들을 설명하고 있다.

6장에서는 사회정의와 인권, "-주의"와 정의, 사회정의의 이론적 기반 그리고 사회복지실천의 함의에 초점을 맞추고 있다.

7장에서는 문화 정체성과 상호교차성의 맥락에서 다양성과 차이, 그리고 다문화 사회복지실천을 지원하는 데 필요한 지식과 가치, 기술을 다루고 있다.

세 번째 영역인 '일반주의 사회복지'에서는 핵심 과정, 역할 및 전략과 관련된 사회복지 기능, 정책을 포함한 모든 체계 수준에서 일반주의 사회복지사를 위한 역량강화 접근에 대해 소개한다.

8장에서는 실천가와 클라이언트 간의 협력적인 파트너십의 본질을 설명하고, 일반주의 사회복지실천을 위한 역량강화 과정을 간략하게 기술하고 있다.

9장에서는 자문, 자원관리, 교육에서의 사회복지의 기능과 관련된 다양한 역할과 전략들을 소개하고 있다.

10장에서는 사회복지와 사회정책의 관계를 탐색하고, 사회복지정책과 서비스의 주요한 역사와 현황들을 검토하고 있다.

네 번째 영역인 '실천현장의 이슈'에서는 공공복지와 건강, 가족 서비스, 아동복지, 성인과 노인 서비스 등의 다양한 현장에 있는 사회복지사들이 경험하는 기회와 도전들에 대해 설명한다.

11장에서는 사회복지사들이 관여하는 빈곤과 노숙, 실업, 범죄 및 비행과 같은 공공 영역에서의 이슈에 대한 대응들을 소개하고 있다.

12장에서는 장애, 정신건강 문제, 물질 사용 장애를 가진 사람들을 위한 공중보건과 보건의료 현장 및 서비스의 범주를 포함한 건강 및 행동 건강 현장에서의 사회복지사들을 위한 기회들을 설명하고 있다.

13장에서는 가족 중심 서비스, 아동학대, 아동복지 서비스의 연속성, 학교사회복지 그리고 청소년들을 위한 여러 서비스에 있어서 사회복지의 주요 이슈들을 검토하고 있다.

14장에서는 근로자 및 노인복지와 같은 오래된 사회복지현장뿐만 아니라 가족 돌봄의 문제, 친밀한 파트너 폭력, 노인 학대, 삶의 수명과 건강 수명이 같기를 희망하는 노인들의 증가와 같은 성인과 노인을 위한 서비스에 초점을 맞추고 있다.

　최근 한국의 사회복지는 다양성과 차이의 존중과 개인의 인권 보호에 대해 관심을 가지고, 교육과 실천현장에서 역량강화 접근의 중요성을 강조하고 있다. 그러나 아직까지도 역량강화의 개념이 명확하게 정립되지 않고, 클라이언트의 다양한 욕구에 기반한 실천의 한계 등이 제기되면서 역량강화 실천에 대한 연구 및 저서의 필요성이 제기되고 있다. 사회복지를 전공하는 역자들은 국내에 이론과 기술을 접목한 훈련 중심의 전문 도서가 부족한 상황에서 한국연구재단의 2019년도 명저번역지원 사업을 통해 DuBois와 Miley 교수가 집필한 〈Social Work: An Empowering Profession〉을 만나게 되었다.

　본서는 사회복지 전문직에 대한 총체적이고 통합적인 관점과 함께 역량강화 접근방법을 제공함으로써 사회복지 전공생들의 전문지식과 실천 기술 습득을 돕는 사회복지 전문 도서이다. 현재 9판까지 출간될 정도로 해외 사회복지 교육 현장에서 널리 사용되고 있다. 특히 개정 9판은 이전에는 포함되어 있지 않았던 증거 기반 실천, 인권, 사회정의와 같은 사회복지의 중요한 개념들을 새로 추가하였다. 이 책을 한글 번역서로 출간함으로써 사회복지를 공부하고 있는 한국 학생들에게 역량강화 관점에 대한 전문지식을 전달하고, 한국 사회복지사들에게는 역량강화 실천을 직접 적용한 사례를 접할 수 있는 기회를 제공할 것으로 기대된다.

　본서의 저자인 Brenda L. DuBois와 Karla K. Miley는 미국의 사회복지 전공 연구자이자 교육자로 대학과 실천현장에서 역량강화 접근방법에 대한 교육을 담당하였고, 관련 주제로 다수의 저서들을 출간하였다. 먼저, DuBois 교수는 약 35년 동안 사회복지 교수와 실천가로 활동하면서 역량강화와 사회복지윤리, 사회정의와 관련된 논문들을 발표하였

고, 사회복지정책과 지역사회 계획, 프로그램 평가 등의 영역에서 전문
자문위원으로 활동하는 등 교육자이자 연구자 그리고 실천가, 자문가로
서 미국의 사회복지 분야에 영향을 미쳤다. Miley 교수는 학교사회복지,
보건서비스, 아동 및 노인복지에서 폭넓은 현장 및 자문 경험이 있고,
사회복지윤리와 역량강화와 관련된 연구들을 발표하였다. 그동안 두 명
의 저자는 윤리와 역량강화라는 공통된 관심사를 가지고 사회복지 전문
저서들을 공동으로 출간하였는데 본서 외에도 〈Generalist Social Work
Practice: An Empowering Approach〉를 8판까지 출간하였다.

　본서는 크게 4개 영역으로 구분되어 있다. 첫 번째 영역은 사회복지
전문직에 관한 것으로 전문직 정체성과 변화와 발전, 사회제도 및 사회
서비스 전달체계를 주요 주제로 다루고 있다. 두 번째 영역은 사회복지
실천 관점으로 가치와 윤리, 인권과 사회정의, 다양성에 대해 기술하고
있다. 세 번째 영역은 일반주의 사회복지로 역량강화 사회복지실천, 사
회복지실천의 기능과 역할, 사회복지실천과 사회복지정책에 대한 내용
으로 구성되었다. 네 번째 영역은 실천현장의 이슈 중에서, 빈곤, 노숙,
실업, 범죄, 건강과 재활, 정신건강, 가족과 아동·청소년, 성인과 노인
영역을 다루고 있다.

　본서는 총 14장으로 구성되어 있으며, 2년여의 번역 과정을 거쳤다.
1장부터 4장, 12장은 조성희 교수가 담당하였고, 5장부터 7장, 13장 전
반부와 14장은 장연진 교수가, 8장부터 11장, 13장 후반부는 김희주 교
수가 담당하였다. 방대한 분량을 고려하여 1장에서 7장까지는 1권으로,
8장에서 14장까지는 2권으로 나누어 출간하게 되었다. 역자들은 번역에
참여하게 되어 영광이었고, 이제는 번역의 과정들이 소중한 추억으로
남게 되었다. 역자들은 사회복지가 누구를 위해, 무엇을, 왜 하는가를

다루고 있는 이 책이 이제 막 사회복지에 입문한 초년생은 물론이고, 사회복지 실천현장에서 발로 뛰고 있는 일선 사회복지사들에게도 매우 유용한 전문 서적으로 활용될 수 있을 것이라 기대한다. 마지막으로, 번역 연구를 지원한 한국연구재단과 출간을 위해 노고를 아끼지 않은 박영사에 감사드린다.

2022년 9월
역자 일동

목차

제4부 실천현장의 이슈

제11장 사회복지와 빈곤, 노숙, 실업, 형사사법제도 / 149

일반주의 사회복지

제3부

사회복지실천: 역량강화 전문직의 관점과 역할

제8장

역량강화 기반의 사회복지실천

★★★★★

학습목표

- 역량강화 기반의 일반주의 사회복지실천을 기술한다.
- 관계 형성과 관련된 사회복지실천 과정에서의 역량강화를 기술한다.
- 사정과 관련된 사회복지실천 과정에서의 역량강화를 기술한다.
- 개입과 평가와 관련된 사회복지실천 과정에서의 역량강화를 기술한다.

학습개요

- 역량강화 기반의 사회복지실천
  - 숙련된 전문가부터 협력적인 파트너까지
  - 일반주의 접근
- 전문적 관계 형성 – 면접단계
  - 전문적 관계 형성: 파트너십 형성
  - 전문적 관계 형성: 문제 상황에 대한 명료화
  - 전문적 관계 형성: 방향 설정
- 사정 – 발견단계
  - 사정: 강점 확인
  - 사정: 자원능력 사정
  - 사정: 해결방안 구축
- 실행: 개입과 평가 – 개발단계
  - 개입: 자원 활성화
  - 개입: 동맹 관계 형성
  - 개입: 기회 확장
  - 평가: 성취 확인
  - 개입: 획득한 성취의 통합

복습과 예습

생각해보기

아동복지 개혁 프로젝트 코디네이터인 베스 라슨은 자신의 연말 보고서를 열의와 자부심을 가지고 읽었다. 프로젝트 착수 이후 새로운 가족지원 서비스가 시행되었고, 기존의 프로그램들은 확대되어 왔다. 사업 2년 차에는 새로운 지역사회 기반의 주간치료시설을 통해 17명의 청소년들이 거주시설을 퇴소할 수 있도록 지원하였다. 예방 서비스를 전면에 내세운 초기 개입 프로그램 사업이 가족 중심 프로그램에 추가되었다. 위탁 가족을 위한 지지 서비스는 주간보호 예산을 확대하여 위탁 부모가 아이를 맡기고 취업을 할 수 있도록 지원하였다. 여러 기관들은 치료적인 위탁지원 사업을 개발해 달라는 지원요청서에 응답하였다. 가족을 위한 긴급 기금이 마련되면서 개별사회복지사(caseworkers)의 재량에 따라 사용이 가능해졌다. 70명 정도의 지역사회 아동복지사들은 새로운 사례관리 시스템을 개발하기 위한 워크숍에 참여하였다. 마침내 전임 연구원을 채용하여 시범사업의 노력과 성과들을 평가할 수 있었다.

지역사회 리더들은 까다로운 자격 조건과 융통성 없는 자금 한도와 같은 아동복지 전달체계의 문제를 해결하기 위해 아동복지 개혁 프로젝트를 착수하였다. 이 프로젝트는 아동복지와 정신건강, 청소년 법원 체계에 있는 아동과 가족들에게 접근 가능하고, 효과적이며 적절한 서비스를 제공하는 새로운 사업으로 진화하였다.

베스는 이 개혁 활동의 원동력에 대해 회고하였다. 이 프로젝트는 가족지원 서비스가 지원금과 서비스를 지나치게 세분화하여 지원에 제약이 많은 점을 지적하면서 항목을 구분하지 않을 경우 가족들은 더 나은 서비스를 받을 수 있다는 시각에서 시작되었다. 가족 보존의 철학과 지역 중심의 서비스 제공에 대한 지지, 그리고 자원 선택의 범위를 강화하기 위한 책임감을 기반으로 아동복지 실천가들은 아동복지 서비스 전달체계를 재설계하는 이 혁신적인 개념을 중심으로 힘을 합쳤다. 이 혁신적이고 새로운 서비스의 결과는 그냥 이루어진 것이 아니었다. 조직적인 계획에 참여하고 있는 많은 서비스 관리자들과 제공자 그리고 소비자의 지칠 줄 모르는 노력과 시간, 헌신 그리고 비전이 만든 결과였다. 이들은 아동복지 분야의 서비스 전달체계의 문제를 개선하기 위해 체계적인 과정으로 접근하였다.

프로젝트 코디네이터로서 베스의 역할은 방향성을 제시하고 프로젝트의 다양한 영역에 관련된 사람들을 위한 인력을 지원하는 것이었다. 기관 관리자들과 지역사회 계획가들은 프로젝트의 전반적인 활동들을 조정하면서 그녀를 지원하였다. 클라이언트와 다양한 실천 영역을 대표하는 실천가들은 이상적인 서비스 전달체계를 상상하였다. 특별 이익집단은 기존의 장애물들에 대해 연구하였다. 이들 연구 집단은 정신건강 서비스와 위탁보호 그리고 주간 치료 프로그램의 변화를 제안하였다. 특별 전문 위원회는 지원요청서를 준비하고, 절차를 수립하며, 설문조사를 개발하고 교육 연수들을 계획하였다.

모든 집단들은 해결지향 관점을 가지고 활동하였다. 그들은 여러 단계를 거치는 체계화된 과정들을 신뢰하였다. 그들은 목적을 명확히 하였고, 목표를 설정하였으며, 대안들을 고려하였고, 추진 일정에 합의하였고, 활동들을 실행하였고, 계획된 과정들을 통해 실행한 활동들을 평가하였다. 이 사례는 사회복지실천에서 일반주의 접근방법을 활용하여 다른 사람들과 전문가가 아닌 협력적인 파트너로서 함께 일하는 것의 좋은 예를 보여준다.

이번 장은 일반주의 사회복지실천을 위한 역량강화를 지향하는 과정들을 소개하고 있다. 특히 사회복지실천의 역량강화 기반과 전문적 관계 형성, 사정, 개입, 평가와 관련된 역량강화 사회복지실천 과정을 설명하고 있다. 역량강화 과정 전체를 통해 클라이언트의 권리를 최대화하기 위해서 사회복지사는 서비스 접근과 의사결정에 있어서 클라이언트의 완전한 참여를 보장해야 한다.

역량강화 기반의 사회복지실천

말에는 영향력이 있다. 말은 우리의 생각을 형성하고, 우리의 해석과 결론에 영향을 미친다. 만약 사회복지사가 역량을 강화하는 전문가가 되고 싶다면 자신의 직업을 설명하는 데 있어서 강점을 지향하고 역량강화

를 촉진하는 말이나 라벨, 은유들을 사용해야 한다. 이 장에 소개된 일반
주의 접근의 사회복지실천은 문제 해결을 위한 전통적인 과정들을 역량
강화 실천의 언어를 반영하는 과정들로 전환한다(표 8.1). 숙련된 전문가
에서 협력적인 파트너로의 전환이 특별히 중요하다.

표 8.1 ┊ 일반주의 실천에 대한 역량강화 접근

전문적 관계 형성: 면접

파트너십 형성	클라이언트의 특권을 인식하고 그들의 고유성을 존중하는 사회복지사와 클라이언트의 역량강화적 관계를 형성함
문제 상황에 대한 명료화	클라이언트의 경험을 확인하고, 교류의 차원들을 파악하며, 목표를 확인하는 방식으로 현재의 도전받는 상황들을 평가함
방향 설정	동기를 자극하고 관련 자원을 탐색하기 위해 관계의 가장 중요한 목적으로 확인함

사정: 발견

강점 확인	일반적인 기능과 문제 상황에 대한 대처, 문화 정체성, 역경을 이겨내는 것과 관련해서 강점을 조사함
자원 사정	가족, 사회적 집단, 조직, 지역사회 기관들과의 관계를 포함하여 환경과의 상호작용에서 자원능력을 탐색함
해결방안 구축	클라이언트와 환경적 자원들을 활용하고 원하는 목표를 달성하기 위한 활동 계획을 구축함

개입과 평가: 개발

자원 활성화	활용 가능한 자원들을 동원하여 활동 계획을 실행함
동맹관계 형성	클라이언트 간, 클라이언트의 개인적인 지지체계 안에서 그리고 서비스 전달체계 안에서 동맹을 구축함
기회의 확장	프로그램 개발과 지역사회조직, 사회 행동을 통해 새로운 기회와 자원들을 개발함
성취 확인	성취를 인식하고 지속적인 활동들을 지지하기 위해 변화를 위한 노력의 성취들을 평가함
획득한 성취의 통합	성취를 축하하고 긍정적인 변화들을 유지하고, 미래의 변화를 위한 발판을 마련하는 방식으로 변화의 과정을 종료함

숙련된 전문가부터 협력적인 파트너까지

전문가와 클라이언트 모두 전문성에 대해서 비현실적으로 맹신하는 경우 매우 힘들어진다. 이러한 관점은 전문가들이 자신은 전능하다는 잘못된 인식을 갖게 하고, 클라이언트는 전문가에게 의존하는 문화 속에 갇히게 한다(Holmes & Saleebey, 1993; Miley et al., 2017; Rappaport, 1985). 특히 이 관점은 정보를 가진 사람과 그렇지 못한 사람 사이의 계층을 만든다. 노련하고 숙련된 전문가들은 능력 없고 수동적인 클라이언트 체계를 주도하고 조정하고자 한다. 전문성이 강조될수록 클라이언트의 잠재력은 줄어들고 그들의 역할도 제한된다. 결국 클라이언트의 영향력을 약화시키는 것이다.

역량강화는 클라이언트를 파트너로서 적극적이고 협력적인 관계로 간주한다. 역설적이지만 다른 체계를 역량강화하거나 온정적으로 다른 사람에게 힘을 주는 것은 "요술 지팡이에 닿은 사람"으로부터 힘을 뺏는 것과 같다. 힘을 주는 것은 힘이 있는 것과 없는 것 사이의 계층을 만든다. 전문가들은 오직 "환경과 관계, 자원을 제공하고, 사람들이 자신의 삶을 향상시킬 수 있는 방법들을 지원해 줌으로써" 역량을 강화할 수 있다(Simon, 1990, p.32). 역량강화 기반의 사회복지실천에서 사회복지사와 클라이언트는 협력적인 파트너로서 함께 일을 한다(Miley et al., 2017). 클라이언트에게 협력은 역량강화를 실현하는 요소이다(표 8.2).

일반주의 접근

일반주의 사회복지사는 사람과 환경에 대한 통합적인 관점을 가지고 있고, 모든 사회체계 수준에서 소비자(consumer)를 역량강화하는 적합한 개입 방법들을 활용할 수 있다. 일반주의 사회복지사는 클라이언트를

표 8.2 ┃ 역량강화 실천에서 클라이언트의 권리들

전문가의 실천과 관련된 클라이언트의 권리들
- 전문가는 존경을 표시한다
- 전문가는 비심판적으로 의사소통한다
- 전문가는 문화적 역량을 보여준다
- 전문가는 클라이언트를 위한 선택방안들을 평가한다
- 전문가는 그들의 행동에 스스로 책임을 진다
- 전문가는 사회정의를 추구한다
- 전문가는 전문적 윤리강령을 지킨다
- 전문가는 직접적으로 추진하기보다 조력한다

실천과정과 관련된 클라이언트의 권리들
- 실천과정에서 협력적인 파트너십을 지지한다
- 실천과정에서 클라이언트의 관점에서 자신의 의견을 말할 수 있는 기회를 제공한다
- 실천과정에서 클라이언트가 목적과 목표를 결정하고 개입전략들을 수립하는 데 동참할 수 있게 한다
- 실천과정에서 성과를 평가할 수 있는 기회를 제공한다

서비스 사용자로서 기대할 수 있는 클라이언트의 권리들
- 클라이언트는 프로그램 평가와 조사 그리고 계획에 참여할 수 있다
- 클라이언트는 조직의 정책검토와 활동 계획에 참여할 수 있다
- 클라이언트는 직원교육과 훈련에 참여할 수 있다
- 클라이언트는 사회정책 옹호와 연합형성에 참여할 수 있다

사회적 환경 속에서 바라보고, 문제를 상황적 맥락 안에서 이해하며, 개인과 환경적 구조 안에서 문제해결을 찾는다.

일반주의 사회복지사는 조직과 지역사회 수준에서 정책 형성을 통해 문제를 다루고, 기관과 조직의 서비스 전달체계를 고려하여 이슈를 해결한다. 그리고 개인과 가족의 문제를 해결하기 위해 클라이언트 체계 내 개인과 가족들과 함께 일을 한다. 사실은 모든 체계들과 개별 실천현장에서 사회복지사가 클라이언트와 함께 일하는 과정은 비슷하다. 이들 과정들은 모든 체계 수준에서 일반주의 사회복지사가 클라이언트와 함께 일하기 위해 사용하는 접근방법들을 체계적으로 보여준다. 다음 절에서 이러한 포괄적인 역량강화의 과정에 대해 간단히 설명하겠다.

전문적 관계 형성을 위한 면접단계를 통해 클라이언트와 사회복지사는 파트너십 관계를 형성하고, 힘의 차이에 대해 설명하며, 클라이언트 주도의 서비스를 위한 계획을 세운다. 발견단계와 관련이 있는 사정평가 과정에서는 사회복지사와 클라이언트는 사회정치적인 차원과 관련된 내용들을 포함시키고, 개인의 적응을 넘어 거시적 변화를 위한 잠재적인 해결방법들로 영역을 확장함으로써 개인의 문제들을 맥락화한다. 마지막으로 발견단계인 실행과정은 개입과 평가를 포함한다. 또한 사회적 불의를 반영하고 지역사회와 조직, 그리고 사회정치적인 변화를 위한 해결방안들을 모색하는 비평적 의식을 발전시킬 수 있는 기회들을 포함한다. 다음 절에서 전문적 관계 형성, 사정 그리고 실행을 포함한 포괄적인 역량강화의 과정에 대해서 간략하게 설명하였다.

전문적 관계 형성 - 면접단계

전문적 관계 형성의 과정은 현재의 문제를 사정하고 개입의 초기 방향을 설정하기 위한 관계 형성에 필요한 기술들을 활용한다. 역량강화 사회복지와 관련해서 전문적 관계 형성의 과정은 클라이언트와 사회복지사의 협력적이고 상호 존중적인 파트너십 형성을 포함한다. 또한 이 과정은 클라이언트가 서비스를 필요로 하는 이유를 파악하기 위해 문제 상황을 이야기하고, 원조활동을 위한 초기 방향을 설정하는 것을 의미한다.

전문적 관계 형성: 파트너십 형성

전문적 관계의 구조는 클라이언트와 실천가의 전체적인 상호작용을 위한 환경을 형성하는 것이다. 관계 형성에 영향을 미치는 요인들은 전문직 목표, 클라이언트 참여의 속성과 사회복지사가 사용하는 효과적인 대인관계 기술들을 포함한다. 역량강화를 지향하는 사회복지사는 클라이언트의 관점을 존중하고 협력적인 작업이 주는 긍정적인 결과들을 인식한다. 이러한 협력은 사회복지사가 클라이언트의 노력과 강점을 인정하는 원조 관계를 형성하는 데 핵심이 된다.

전문적 관계

전문적 관계는 사회복지 전문직의 목적이 궁극적으로 관계의 목적을 규정한다는 점에서 일반적인 대인관계와 다르다. 즉, 사회복지의 핵심적인 목적은 "모든 사람들의 삶의 질을 향상하기 위해 개인과 사회의 상호 이익이 되는 상호작용을 촉진하거나 회복하는 것"(Working statement, 1981)으로 이러한 목적은 전문적 관계의 토대가 된다. 나아가 윤리강령(NASW, 2018)은 우정이나 가벼운 사업 관계와는 구별되는 전문적 관계로서의 윤리기준을 규정한다.

클라이언트는 도움을 받는 관계를 위해 사회복지사를 찾는 것이 아니라 문제를 호소하기 위해 찾는다. 관계는 말과 행동, 경청을 통해 다른 사람을 염려하고 배려하며 존중함으로써 형성된다. 전문적 관계는 클라이언트와 사회복지사의 활동이 진행되면서 나타난다.

클라이언트 참여의 속성

어떤 클라이언트는 자발적으로 사회복지 서비스를 찾고, 또 다른 클라이언트는 아웃리치 활동을 통해 제안받은 서비스를 선택한다. 그리고 여전히 일부의 사람들은 의무에 의해 비자발적으로 참여한다. 이러한 차이는 서비스 참여에 대한 클라이언트의 동기와 준비 정도에 영향을 미친다.

사회복지사는 관계 형성 단계에서 일부 클라이언트는 자존감이 낮다는 것과 도움을 주고받는 것에 대한 낙인이 클라이언트의 반응을 어렵게 한다는 것을 인식한다. 버사 레이놀즈(1951)는 도움을 주고받는 것이 왜 어려운지에 대한 대답으로 "우리가 가혹하고 멸시하는 자선에 대한 안 좋은 과거의 기억이 여전히 있기 때문이라고 제시한다. 도움을 받는 사람들은 자신이 정상적인 집단에서 벗어나지 않으려고 끊임없이 요구를 할 것이다. 그들은 도움을 주거나 적어도 자신의 욕구를 스스로 충족시킬 수 있는 사람들과 같은 수준의 지위를 가지면 안된다"고 설명하였다(p.25).

레이놀즈는 또한 서비스를 반드시 필요로 하는 사람들의 욕구는 너무나 절실하기 때문에 서비스의 요청 여부를 선택할 수 있는 사람과는 상황이 다름을 강조하였다. 어떤 사람들은 낙인을 경험하기보다는 어려움과 욕구를 견디려고 한다. 그러나 생존의 욕구가 위태로운 상태에 있을 때 사람들의 선택 정도나 사회서비스의 자발적 참여는 줄어든다.

비자발적이라는 용어는 자신의 의지와는 반대로 사회복지 서비스에 의무적으로 참여하도록 요구받은 사람들을 의미한다. 비자발적 클라이언트는 사회복지사가 반드시 직접적으로 직면해야 하는 강제에 대한 부정적인 감정들 종종 경험한다. "동기가 없거나" "접근하기 어려운" 클라이언트들은 무관심하게 행동할 수 있고, 사회복지사가 함께 일하는 것에 저항한다.

사회복지사는 클라이언트의 동기를 강화하고 희망에 대한 감정을 심어주기 위해 전문적 관계를 형성해야 한다. 클라이언트와 사회복지사가 만나게 된 상황과 상관없이 역량강화 기반의 사회복지사는 처음부터 클라이언트 체계에서 파트너십을 기반으로 하는 생산적인 원조 관계를 형성하도록 노력한다.

대인관계 기술

클라이언트의 감정적, 신체적, 상호작용적 욕구 충족을 원조함으로써 사회복지사는 효과적인 전문적 관계를 발전시킨다. 상호 신뢰와 자신감은 전문적 관계의 가장 중요한 요소이다. 전문적 관계를 발전시키기 위해 필요한 대인관계 기술은 공감, 긍정적 관심 그리고 다양성과 차이를 존중하는 것이다.

공감. 사회복지사는 민감성과 이해를 가지고 클라이언트의 감정을 인식하고 반응함으로써 공감을 표현한다. 공감은 클라이언트의 언어적 반응과 감정표현에 대해 정확한 이해를 가지고 적극적으로 반응할 수 있는 능력을 의미한다.

긍정적 관심. 사회복지사는 원조 관계의 모든 측면에서 진실성과 진정성을 가지고 긍정적 관심을 전달한다. 사회복지사는 신실한 배려와 클라이언트의 가치에 대한 존중과 염려 그리고 비심판적인 표현을 통해 무조건적인 긍정적 관심을 전달한다. 긍정적 관심은 원조 과정의 핵심이다. 이는 공감과 따뜻함, 진실성과 문화적 다양성에 대한 민감성을 반영하면서 클라이언트를 존중하는 상호작용을 시작하고 유지해야 하는 사회복지사의 책임이다.

다양성과 차이의 존중. 문화적 차이는 모든 종류의 의사소통에 영향을 미치기 때문에 사회복지사는 이러한 차이를 연결하는 기술과 반응양식을 개발해야 한다. 문화적 차이가 존재할 때 언어적, 비언어적 의사소통의 미묘한 차이를 이해하는 것은 도전과도 같다. 예를 들면, 미국에서 유럽계 미국인은 민감하고, 개인적인 정보를 보통 빠르게 밝히는 편이다. 그러나 개인의 이야기를 공개하는 데 필요한 신뢰를 형성하는 시기는 다른 문화적 배경을 가진 클라이언트마다 다를 수 있다. 유럽계 미국인 사회복지사는 문화적으로 다른 클라이언트가 자신의 정보를 공유하지 않는 것을 저항의 신호로 잘못 판단할 수 있다. 또는 백인 유럽계 미국인들은 사회복지 전문가가 그들의 전문적 영역과 사생활을 분리할 것을 기대하지만 히스패닉계 미국인은 전문가와의 편안한 관계를 가지기 위해 사회복지사가 자신의 개인적인 정보를 공유하기를 기대할 수 있다. 이러한 의사소통의 벽을 해소하기 위해 사회복지사는 신뢰와 분위기를 형성하고 문화적 차이에 대한 민감성을 보여주는 재진술, 명료화, 반영 또는 적극적인 경청에 필요한 기술들에 초점을 맞추어야 한다 (Miley et al., 2017).

사회복지 사례

　새로운 부모 아웃리치 프로그램의 사회복지사인 조디 프린스턴과 출산 전후의 가정 건강 보조원인 헬렌 마일스는 진과 켄드라 브릿지 가족을 방문하였다. 그들은 부부의 아기를 병원에서 집으로 데리고 갈 때 가정에서 이용할 수 있는 서비스들에 대해 논의하고 있었다. 조산아로 태어난 아기, 리사는 심장감시장치와 다른 의료지원 장비가 필요했다.
　조디와 헬렌은 이 아기가 집에서 필요한 의료 서비스에 대해 고민하는 것을 집중해서 들었다. 조디는 아기가 병원에 입원해 있는 동안 부부가 보여줬던 세심한 배려와 도움을 요청하기로 한 결정을 높이 평가했다. 부부는 심장감시장치와 함께 아기를 집으로 데려가는 것에 대한 불안감을 인정하는 것을 불편해하였다. 켄드라는 울면서 "제가 너무 부족하다는 생각이 들어요.

아기에게 우유를 먹이는 것이 너무 힘들어요. 엄마는 이런 일들을 할 줄 알아야 해요."라고 말했다.

조디와 헬렌은 안심시켰다. 조디는 도움을 요청하는 것은 부부가 좋은 부모가 되고자 하는 책임감을 보여주는 긍정적인 행동이라는 이야기했다. 헬렌은 가정 건강 보조원으로서 자신의 역할은 부부를 통제하려는 것이 아니라 아기를 잘 돌보려는 부부의 노력을 지지하는 것이라고 설명하였다. 브릿지 부부와의 파트너십은 부부에 대한 존중과 이해를 보이면서 이들과 효과적으로 의사소통하는 조디와 헬렌의 능력의 결과였다.

전문적 관계 형성: 문제 상황의 명료화

클라이언트는 특정한 이유로 사회복지 서비스를 찾는다. 이 이유는 클라이언트가 해결하기 원하는 문제나 이슈 또는 욕구와 관련이 있다. 사회복지사는 문제 상황을 명료화하며 클라이언트가 도움을 찾는 이유에 대해 면접한다.

클라이언트의 상황을 정확하게 파악하기 위해 클라이언트는 사실과 사건, 그에 대한 반응과 이전에 문제를 다뤘던 경험들에 대해 설명한다. "클라이언트의 이야기는 목적과 의도를 가지고 특정한 세계관을 보여준다. 이러한 이야기는 '나는 누구이고', '나는 어떠하며', '나는 무엇을 하였고', '앞으로 어떻게 될 것인지'에 대한 논리적인 설명을 포함하기 때문에 '삶의 현실'로 간직되고 보호된다(Gold-stein, 1992, pp.50-51)."

클라이언트가 그들의 상황에 대한 반응과 문제를 해결하기 위해 이전에 시도했던 노력들을 이야기하도록 격려하는 것은 전체적인 문제의 영향을 파악하는 데 도움을 준다. 역량강화를 실천하는 사회복지사는 클라이언트의 문제를 장애를 극복할 수 있는 잠재력을 가진 도전으로 간주한다. 그러나 사회복지사는 필요에 따라 클라이언트가 규정하는 상

황에 대한 대화로 시작한다. 그들은 클라이언트가 알고 있고, 믿고 있
는 사실들이 클라이언트 자신의 경험과 사회복지사의 전문적 경험을 통
해 알고 믿고 있는 것과 연관이 있음을 확인한다. 클라이언트와 사회복
지사는 사회적 환경의 광범위한 맥락에서 고려해야 하는 상호 연관이
있는 이슈들을 확인할 수 있다. 도전의 다양한 종류들은 각각의 체계
수준에서 나타날 수 있다(표 8.3).

문화적 맥락을 이해하며 다양성과 차이를 존중함

클라이언트의 상황을 이해하기 위해서 사회복지사는 욕구의 속성과 범
위를 탐색하고 다른 관련 정보들을 확인하며, 서비스와 자원에 요구되는
사항들을 파악한다. 역사적, 신체적, 발달적, 감정적, 인구학적 그리고 구
조적 요인뿐만 아니라 문화적 다양성들을 고려하면서 사회복지사는 드러
난 욕구의 독특성과 공통성을 탐색한다. 이 목적을 달성하기 위해 유능
한 사회복지사는 비록 일반적인 지식에 의존하지만 특정한 상황에 있는
개인들과 사회적 구조의 독특성에 대한 자신의 관점을 유지한다.

문화는 사람들과 그들의 사회적, 물리적 환경 사이의 거래를 규정하
기 때문에 문화적 맥락에 대한 이해는 특히 더 중요하다. 사회복지사와
클라이언트가 고려해야 할 문화적 요소들은 문화적 믿음과 전통, 역할
과 권한의 규정, 그리고 사회적 지지체계의 형성과 같은 특성들을 포함
한다. 또한 클라이언트와 사회복지사는 개인과 대인관계, 그리고 사회
정치적 영역에서의 권력과 무기력과 관련된 환경적 이슈들을 분석해야
한다. 예를 들면, 클라이언트와 사회복지사는 편견적 태도나 사회적 계
층, 자원과 기회에 대한 불평등한 접근 그리고 기타 차별적 행동과 같
은 요인들이 개인적, 대인관계적 그리고 사회적, 물리적 환경과의 상호
작용의 맥락에서 클라이언트에게 어떠한 영향을 미치는지 탐색해야 한

표 8.3 ┃ 다양한 체계 수준에서의 주요 이슈들

개인, 가족, 소집단의 이슈들

개인 내적 적응	대인관계 갈등
결혼과 가족 문제	삶의 전환
피해자화	역할 수행의 부족
스트레스	서비스 접근
옹호 욕구	보호서비스 욕구
자원 결핍	기회의 부족
법적 권리 또는 시민권 침해	정보와 의뢰 욕구
일상생활 기술 향상 욕구	부모 기술 향상 욕구
사회적 기술 향상 욕구	

공식적 집단과 조직의 이슈들

노사관계	직원들의 소진
소수집단 우대정책	직원 생산성
직원 상담의 욕구	취업 알선
행정 정책의 변화	회원 참여
전략적 계획	자원 활용
조정 노력	보조금 관리
자원봉사자 개발	직원개발 욕구
홍보 캠페인	프로그램 분석
경영 의사결정	

지역사회와 사회의 이슈들

경제개발	적정한 가격의 주택 부족
고용	공공 보건 이슈들
집단 간 갈등	보건과 휴먼서비스 개혁
자원의 재분배	입법 욕구
연합형성	지역사회 교육
사회정책의 변화	입법 개혁
이익의 갈등	법적 권리 또는 시민권 침해

사회복지 전문직의 이슈들

전문성	학제 간 관계
전문직 모니터링	억압받는 클라이언트 집단의 욕구
동료 평가	사회복지 이미지
서비스의 격차와 장애물	이론 개발
사회서비스 전달 네트워크	연구 결과 발표

다. 앞에서 언급한 것처럼 문화적 다양성은 개인의 강점과 환경적 자원의 장벽이 되기도 하지만 중요한 근원이 될 수 있다.

사회복지 사례

짐 브라운은 노숙인들과 함께 일하면서 쉼터를 제공하고 주거 문제를 다루는 기관들의 대표 집단인 노숙인 연합회 회장직을 맡고 있다. 이 집단은 지역 쉼터들의 수용 능력을 파악하고 하루 사용량에 대한 통계자료를 모으기 위해 설문조사를 실시하였다. 노숙인 연합회의 회원들은 노숙인들의 욕구는 지역 쉼터의 수용 능력을 능가할 것이라고 단언하였다. 자료를 수집한 후 짐은 자료를 분석하고 클라이언트의 인구학적 정보와 쉼터의 유형, 자격 조건 그리고 대기 정보를 기준으로 정리하였다. 연합회는 패턴과 경향에 따라 자료를 검토하고, 후원자들에게 격차와 장벽에 대해 설명하는 데 자료를 활용하였다. 자료는 향후 연합회의 활동의 우선순위를 세우는 데 유용하게 사용될 것이다.

전문적 관계 형성: 방향 설정

사회복지사와 클라이언트는 함께 일을 하기 위해서 방향성을 설정할 필요가 있다. 방향 설정 단계에서 사회복지사와 클라이언트는 그들의 원조 관계의 주요 목적들을 명확히 하고, 선제적 위기에 정면으로 대응한다.

방향 설정은 사회복지사와 클라이언트의 활동을 위한 목적을 제공한다. 도전과 강점이 목적과 관련된 맥락에서 더욱 분명해지면서, 사회복지사와 클라이언트는 목적을 통해 클라이언트의 상황에 집중하게 한다. 실천가는 목적을 향해 반응하고, 목적 달성을 촉진하는 자원들을 확인하는데 집중하며, 관련 정보를 탐색하는 지침으로 클라이언트의 목적을 활용한다. 목적 확인과 가능성에 대한 믿음은 행동에 활력을 준다.

사회복지사와 클라이언트는 방향을 설정하는 시점에서 희망하는 결과에 대한 기초적인 생각들을 확인한다. 이러한 초기 목적은 사정 활동의 틀을 구성하고 이후의 활동 계획의 중요한 요소들인 구체적인 목적(goals)과 측정 가능한 목표(objectives)를 선행한다. 초기 합의는 구체적인 실천계획보다는 원조 관계의 일반적인 목적에 초점을 둔다.

선제적 위기

때로는 클라이언트의 상황이나 행동은 즉각적이고 선제적인 조치를 요구한다. 예를 들면, 안전의 문제나 식량이나 쉼터의 부족, 억제된 감정의 위기, 자살 위협, 학대나 방임의 증거들은 모두 사회복지사의 즉각적인 조치를 요구한다. 기관의 행동강령과 슈퍼바이저의 조언 그리고 법률 조언들은 선제적 조치를 위한 방향을 제공한다.

사회복지사는 클라이언트의 힘과 통제력을 무너뜨리지 않으면서 그들의 안전과 안녕(well-being)을 보장하기 위해 활동한다. 선제적 조치의 상황에서도 실천가는 클라이언트의 파트너로서 대응해야 한다.

BOX 8.1

다양성과 인권에 대한 성찰

사회복지실천의 세계 인권 기준

사회복지사는 그들의 지역사회와 국제사회를 통해 매일의 실천에서 인권의 토대를 발전시키도록 요구받고 있다. 사회복지 전문직은 오랫동안 사회정의와 인권을 지지해 왔기 때문에 전미사회복지사협회(NASW, 2008b)는 전 세계 취약계층의 인권 옹호를 위한 정책을 지지하였고, 중요한 UN의 인권 조약과 계약, 협약들을 공개적으로 지지하였다. 이러한 입장은 개인과 정치, 지역과 국제사회, 그리고 미시와 거시적 실천의 필수적인 통합 모두에 초점을 두는 역량강화 기반의 일반주의 실천모델과 일치한다.

유럽의 국제사회복지연맹은 전문직의 인권을 위한 국제 기준을 실행하였다(Agius, 2010). 다음에서 개인 보호와 사회 행동과 관계가 있는 세계 인권 기준들을 정리하였다.

개인 보호에 초점

- 소외되고 취약한 집단에 대한 포용을 보장한다.
- 인간의 안녕을 촉진하고 문제해결 능력을 강화하기 위해 미시와 중시 그리고 거시 영역에서 관계를 개선한다.
- 지역사회 서비스와 자원에 대한 완전한 접근을 촉진한다.
- 취약하고 도움이 필요한 집단의 인권을 보호하기 위해 일한다.

  민족 집단과 사회에서 다양성과 차이의 존중을 선언한다.
- 폭력을 제거하고 개별 인권을 보호하기 위해 사회 내 상호 존중과 화합을 강화한다.

사회 행동에 초점

- 존재하는 사회 불의와 불평등에 대항한다.
- 정의로운 사회정책과 프로그램을 옹호하고 실행한다.
- 지역에서부터 국제사회까지 인권 문제를 해결하기 위해 옹호 활동에서의 일반 대중의 참여를 고취한다.
- 사회복지 전문직의 윤리원칙을 반영하는 사회 프로그램과 정책을 제공한다.
- 다양한 인종과 민족 집단의 주변화와 사회적 배제를 영속시키는 사회적 구조와 정책의 변화를 위한 옹호 활동을 한다.
- 불평등을 제거하기 위한 방법으로 경제발전을 촉진하고 사회정책을 변화시키는 정치적 행동에 참여한다.
- 전 세계 인권 아젠다를 실현하는 데 기여하는 프로그램과 조직들의 노력을 지지한다.

의뢰

클라이언트의 목적에 대해 이야기하는 동안 사회복지사는 클라이언트의 상황이 기관의 목적과 이용 가능한 자원, 자격 기준과 얼마나 부합하는지 평가한다. 때로는 클라이언트의 욕구가 기관 프로그램이나 사회복지사의 전문적 범위를 벗어나거나 기관이 제공할 수 있는 자원 외의 것을 요구할 때 다른 서비스 제공자에게 의뢰가 필요하다(표 8.4).

표 8.4 | 의뢰의 요소들

다음과 같은 상황에서 실천가는 클라이언트를 다른 전문가나 기관에 의뢰한다.
- 클라이언트 체계의 서비스 욕구가 기관 미션의 범위를 넘어갈 때
- 클라이언트가 사회복지사가 가지고 있는 기술들 이상의 특별한 서비스를 요구할 때
- 기관의 규제와 자격 조건이 서비스 접근성을 제한할 때

다음의 활동을 통해 사회복지사는 효과적인 의뢰를 실행한다.
- 클라이언트 체계와 의뢰의 필요성과 이유를 설명함
- 최고의 의뢰 조건을 위해 서비스를 선별함
- 기관의 의뢰 규칙을 따름
- 의뢰를 실행함
- 클라이언트의 기록들 전달함
- 후속조치를 계획함

사회복지 사례

Run and Play 어린이집의 사회복지사인 마벨라 크로퍼드는 유아부 보조 선생님으로부터 4살 된 남자아이인 가이 스미스의 이마와 볼에 난 상처에 대해 논의하기 위한 상담을 요청받았다. 마벨라가 가이에게 "네 얼굴에 상처가 있구나"하고 조심스럽게 이야기하였을 때, 아이는 "엄마가 그런 것 아니에요!"라고 바로 대답하였다. 그래서 마벨라는 "그럼 무슨 일이 있었는지 말해 줄래?"라고 물었고, 가이는 어제 어떻게 다쳤는지 기억이 안 난다고 대답하였다. 가이의 첫 번째 발언에 주목하면서 마벨라는 아동학대와 방임의 의무 신고자로서 기관의 정책에 따라 아이의 납득되지 않는 상처에 대해 주의 아동학대 보호 기관에 보고하였다.

사정 - 발견단계

사정은 클라이언트와의 원조활동에서 중요한 요소이다. 사정 활동을 통해 사회복지사와 클라이언트는 클라이언트의 상황에 대한 정보를 분석하고, 개입 전략을 선택하며, 현재의 이슈를 해결하기 위해 필요한 자원들을 확인한다. 역량강화 사회복지실천에서 사정은 문제 해결에 필요한 자원으로서 강점 확인과 클라이언트의 도전받는 상황에 대한 보다 완벽한 이해를 위한 자원역량 평가, 그리고 구체적인 목적과 목표를 포함한 활동 계획과 해결방안 구축 등을 포함한다.

사정: 강점 확인

역량강화를 지향하는 사회복지사는 강점이 원조활동의 주축이 되도록 클라이언트에게 반응하는 방식을 조정한다. 클라이언트의 문제에만 집중하는 방식은 클라이언트의 강점 자원을 제대로 보지 못한다. 클라이언트가 잘하지 못하는 것에만 초점을 맞추면 클라이언트의 유능감을 하락시키는 반면, 그들의 방어적 감정과 취약성만 고조시킬 뿐이다. 이는 결과적으로 정보의 교환을 어렵게 하고, 클라이언트의 자원능력을 감소시킨다. 강점에 초점을 맞추는 것은 클라이언트에게 문제 해결에 필요한 자원망을 제공하고, 사회복지실천 과정에 클라이언트의 참여를 높일 수 있다(표 8.5).

클라이언트의 강점과 자원을 확인하는 것은 변화를 위한 클라이언트의 잠재력을 활성화시킨다. 클라이언트 체계에서 클라이언트와 사회복지사가 고려할 수 있는 강점들은 다음과 같다.

표 8.5 ┃ 클라이언트의 강점과 능력을 촉진하는 원칙들

다음의 활동을 통해 사회복지사는 관계를 강화한다.
• 공감을 전달함
• 클라이언트의 선택과 자기결정권을 보장함
• 개인의 차이를 존중함
• 협력을 강조함

다음의 활동을 통해 사회복지사는 의사소통을 촉진한다.
• 존엄성과 가치를 존중함
• 개인의 차이를 고려함
• 클라이언트에 초점을 맞춤
• 비밀보장을 준수함

다음의 활동을 통해 사회복지사는 문제 해결을 추구한다.
• 클라이언트의 참여를 격려함
• 클라이언트의 법적 권리를 존중함
• 도전을 새로운 배움의 기회로 재구성함
• 클라이언트를 의사결정과 평가에 참여시킴

다음의 활동을 통해 사회복지사는 개입 활동에서 사회복지 전문직의 규범을 반영한다.
• 전문직 윤리강령을 준수함
• 윤리강령을 전문직 개발과 조사, 정책 형성에 반영함
• 차별과 불평등 사회적 불의를 바로잡음

• 뛰어난 자질
• 힘을 나타냄
• 동맹
• 독특한 특성들
• 환경체계와의 관계
• 이용 가능한 자원들
• 사회적, 물리적 환경에 기여
• 변화에 대한 적응력
• 문화적 강점(Miley et al., 2017)

사회복지 사례

빌리 맥스웰은 학교사회복지사인 잭 리드가 그의 사무실에 들어서자 부끄러운 듯이 웃었다. 잭의 의자 끝에 걸터앉은 빌리는 오늘 하루 교장 선생님이 되었다고 말했다. 잭을 똑바로 바라보면서 주저함 없이 교장 선생님처럼 말을 한 빌리는 "젊은이, 우리는 오늘 심각한 이야기를 해야 할 것 같네"라고 말했다. 빌리는 잭에게 의자에 앉으라는 의미로 그의 손을 의자 쪽으로 흔들었다. 의자에 앉으면서 잭은 "오늘은 제가 무슨 잘못을 저질렀죠?"라고 물었다. 빌리는 눈을 굴리면서 외쳤다. "형제여!" 빈정대는 말투로 "형제여!"라고 말하는 것은 빌리가 자주 그의 선생님이나 학급 친구들 또는 교장 선생님에 대한 혐오감을 표현하는 방식이다.

빌리의 친구들은 그가 친구들을 향해 짓궂은 농담을 할 때를 제외하고는 그를 좋아했다. 빌리의 선생님은 그를 학급에 충동적이고 방해를 주는 세력으로 묘사했다. 교장 선생님은 그를 문제아로 지정하였다. 그의 부모님은 그를 '사회적으로 부적합한 아이'로 보았다. 빌리와의 관계에서 잭은 교실에서의 빌리의 부적절한 행동을 무시하지 않고, 운동장에서의 빌리의 문제가 되는 행동들을 경시하지 않았다. 빌리와의 원조활동에 대한 잭의 접근방법은 빌리가 학교에서 보이는 어려움들을 고려하고, 빌리가 긍정적인 일을 했을 때 이를 인정해주며, 7살 소년의 재능있고, 창의적이며 명확하고 호감을 주는 강점들을 실천의 중심으로 하는 것이었다.

사정: 자원능력 사정

자원능력 사정은 클라이언트의 도전들을 이해하는 데 필요한 정보들을 수집하는 역동적인 과정이다. 사회복지사와 클라이언트는 세부적인 상황들과 잠재적인 효과들, 그리고 문제 해결을 위한 개입에 필요한 자원들을 탐색한다. 사정의 목적은 문제를 이해하고 문제의 영향을 감소시키는 방법들을 확인하는 것이다. 역량강화 기반의 사회복지실천은 문제 확인을 위한 정보수집 과정부터 문제 해결을 도와줄 자원들을 발견하기 위한 정보수집까지의 사정들을 재구성한다.

유능감 확인을 통해 다양성과 차이를 존중함

클라이언트와 사회복지사가 사회 탐구를 위해 정보를 수집하면서 문화적 맥락을 탐색하게 된다. 문화적으로 유능한 실천가는 문화에 기반한 전통과 가치, 믿음과 관련된 구체적인 내용에 대한 질문을 하기 위해 문화적 가치와 유형에 대한 일반적인 정보로부터 질문들을 구성한다(Congress, 1994). 사람들은 정도에 따라 그들의 문화 또는 민족 집단과 동일시하고, 다양한 중요한 요소들을 그들의 문화적 유산에 기인한 것으로 여긴다. 고려해야 할 요소들은 지역사회 거주 기간, 이주 상황들, 명절, 종교적 의식, 건강 관리에 대한 전통들, 지역사회와 가족, 직업, 교육, 도움 추구에 대한 가치 등이다.

유능감은 일반적으로 능력과 그들의 환경과 호의적으로 협상할 수 있는 인간 사회체계의 잠재성을 의미한다. 다시 말하면, 유능한 인간 사회체계는 그들의 구성원들을 보호할 수 있고, 다른 체계와 효과적으로 상호작용할 수 있으며, 사회적, 물리적 환경의 자원에 이바지할 수 있다(Miley et al., 2017). 성공적인 체계에서 구성원들은 체계의 안녕과 전반적인 기능에 기여하고, 체계의 구성원으로서 이익을 얻는다. 마찬가지로 유능한 체계는 그들의 환경과 비슷한 관계를 공유하고, 상호교환을 통해 자원을 공급하고 접근한다.

유능감 확인은 모든 체계 수준으로 확장할 수 있다. 예를 들면, 지역사회의 유능감을 사정할 때 실천가는 지역사회가 구성원의 욕구에 반응하고, 구성원들의 자원에 의지하며, 구성원들에게 지역사회 자원을 공정하게 분배하고, 시민들을 위한 높은 수준의 안전과 복지를 보장하고,

지역사회가 속한 전체 지역에 기여하는 증거들을 조사한다.

유능감 확인은 환경적 자원을 도움에 대한 영향보다 도움의 도구로 간주한다(Maluccio, 1999). 말루치오의 유능감 확인 지침은 (1) 능력, 강점, 적응유연성, 자원과 같은 클라이언트 체계의 유능감을 확인하는 것, (2) 자원과 지지의 유효성과 장벽, 위험 및 장애물의 존재를 포함한 환경을 확인하는 것, 그리고 (3) 자원의 욕구와 실제 이용 가능한 정도 사이의 적합도 또는 균형을 확인하는 것들을 포함하고 있다.

사회 탐구

사회 탐구는 상황 속에 내재하는 관련 문제들과 이슈, 욕구들을 규정하고, 클라이언트의 강점에 대한 인식을 강화하는 데 도움이 된다(표 8.6). 미시와 중시, 거시 등 클라이언트 체계에서 제기되는 문제들은 클라이언트 체계가 속해 있는 확대된 체계와 사회체계를 구성하는 내부 체계의 맥락 모두에서 검토되어야 한다. 개인이 호소하는 문제는 광범위한 체계의 문제에서 기인할 수 있다. 마찬가지로, 지역사회나 조직의 문제는 그들 구성원에게 영향을 미친다.

모든 체계 수준에서 사회 탐구는 문제를 확인하기 위해 클라이언트에 대한 정보를 개별화한다. 사회 탐구의 예로는 개별 역사나 사회사, 상황 분석, 사회조사 설문, 지역사회 조사 설문, 정책 또는 프로그램 분석 그리고 사회조사 등이다.

표 8.6 │ 사회 탐구

사회조사에 포함되는 질문들은 다음과 같다.
- 클라이언트 체계는 문제를 어떻게 규정하는가?
- 문제의 경계는 어디까지인가?
- 문제의 심각성에 대한 클라이언트 체계의 인식은 어떠한가?
- 문제의 지속기간(장기, 단기, 위기)에 대한 클라이언트 체계의 인식은 어떠한가?
- 문제 해결을 위해 어떤 노력들을 시도하였는가?
- 문제에 영향을 받은 것은 무엇들인가?
- 문제는 체계의 사회적 기능을 침해하는 데 있어서 어떠한 영향을 미쳤는가?
- 환경적 기회나 장애물, 한계에 있어서 사회적 기능과 문제 해결에 영향을 미친 것은 무엇인가?
- 가치와 관련해서 어떤 이슈들이 제기되는가?
- 클라이언트의 강점이나 유능감 중 무엇이 변화를 주도할 수 있는가?
- 이용한 가능한 자원들은 무엇인가?
- 사회복지 개입과 원조 과정에 대한 클라이언트 체계의 인식은 무엇인가?
- 사회서비스 전달체계와 관련해서 클라이언트의 과거의 경험은 무엇인가?
- 클라이언트는 문제 해결에 대한 희망이 있다고 믿는가?
- 클라이언트를 변화시키는 동기는 무엇인가?

사회복지 사례

　카르멘 몰리나는 플리젠트 벨리 양로원의 사회복지사이다. 그녀는 시설의 새로운 입소자인 올리비아 스미스와 함께 사회사와 정신건강 사정 조사를 완성하기 위해 준비 중이다. 카르멘은 기본 배경 정보와 의료 정보가 포함된 입소자의 차트를 읽고 있다. 입소자 차트의 정보 목록은 입소 날짜와 입소 이유, 가족 구성원의 이름과 소속 교회 등의 인테이크 자료를 포함하고 있다. 카르멘은 사회사를 완성하기 위한 질문들을 구성하는 데 이 정보들을 이용할 것이다. 카르멘은 입소자의 기억을 유도하고 인터뷰에 집중하는 데 유용한 배경 정보를 활용하는 것을 선호한다. 또한 카르멘은 입소자의 사회적 네트워크가 강점의 귀중한 자원임을 알고 있다. 그녀는 종종 입소자와 함께 생태도나 가계도를 작성한다(그림 8.1과 8.2).
　양로원은 입소자와 그 가족들과 함께 돌봄 계획을 작성하는 데 있어 사회사와 정신건강 사정 조사를 활용한다. 사회사는 입소자의 삶을 연대순으로 기록한다. 삶의 중요한 경험들, 가족의 역사, 교육 정보, 경제활동 경험, 취미, 개인적 선호와 관련된 질문을 한다. 정신건강 사정 조사는 직원들에게 클라이언트의 인지기능 수준과 시간과 장소에 대한 인지 수준을 알려준다. 카르멘은 협업팀 회의에서 입소자의 욕구를 안내하기 위해 이러한 심리사회 사정으로부터 얻은 정보를 공유한다.

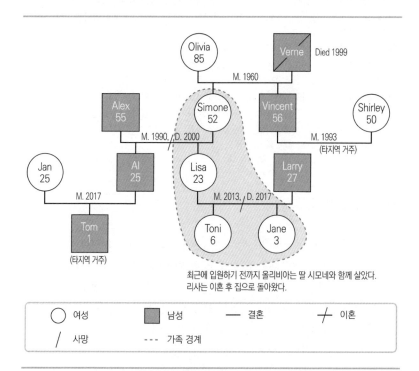

최근에 입원하기 전까지 올리비아는 딸 시모네와 함께 살았다.
리사는 이혼 후 집으로 돌아왔다.

| ○ 여성 | ■ 남성 | —— 결혼 | ✕ 이혼 |
| / 사망 | - - - 가족 경계 | | |

그림 8.1

올리비아 스미스의 가계도. 가계도는 가족 내부의 구조와 상호 관계를 보여준다. 가계도는 적어도 2세대의 이름과 나이, 결혼이나 이혼, 사망연도와 같은 정보를 포함한다. 가끔 사회복지사나 클라이언트는 다른 기술적인 정보들을 가계도에 주석으로 달기도 한다.

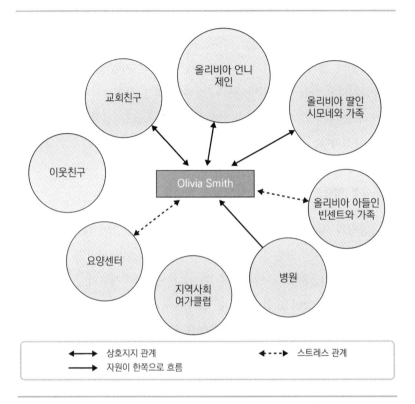

그림 8.2
올리비아 스미스의 생태도. 생태도는 사회복지사와 클라이언트가 환경적 자원과 한계들을
눈으로 확인할 수 있는데 도움이 되는 도구이다. 생태도는 클라이언트 체계와 환경체계 사
이의 중요한 관계를 보여준다.

사정: 해결방안 구축

  사회복지사와 클라이언트는 해결방안들을 도출하기 위해 협력하여
일을 한다. 그들은 서로의 지식과 기술, 자원들을 의지한다. 사회복지사
는 원조 관계에 인간 행동과 사회 환경, 서비스 전달체계와 실천 방법
론과 관계된 전문적 조사 기반의 지식과 기술을 활용한다. 개인이나 가

족, 공식적 집단과 조직 또는 지역사회와 같은 클라이언트 체계는 그들의 경험과 개인적 삶의 경험, 가족 관계 유형, 조직의 리더십 스타일, 지역사회의 계획들, 그리고 가치에 대한 사회적 지향성과 같은 자원들을 가져온다. 가능한 해결방안을 구성하는 것은 사회복지사와 클라이언트가 그들의 상호 자원에 의지하면서 목적과 목표를 실천계획으로 전환하는 과정이다.

문화적 맥락을 고려하면서 다양성과 차이를 존중함

다양성과 차이를 존중하는 사회복지사는 해결방안의 대안들을 결정할 때 문화적인 측면을 고려한다. 문화는 스트레스나 위기의 시간에 긍정적인 강화와 대처의 자원이 될 수 있다. 동시에 개인의 문화적 과거는 갈등의 부정적인 요인이 될 수 있다(Lum, 2004). 다시 말해서 클라이언트의 문화적 배경은 특정한 상황에서 문화적 차이의 영향에 따라 강점 또는 도전이 될 수 있다. 사회복지사는 문화적 다양성이 문제와 다양한 잠재적 해결방안에 어떠한 영향을 미치는지 확인하기 위해 클라이언트와 함께 다양성의 이슈들을 탐색해야 한다.

목적과 목표

클라이언트의 목적은 클라이언트가 원조 관계를 통해 해결하기를 원하는 것을 구체적으로 명시한 진술서와 같다. 일반적으로 전체적인 목적은 클라이언트와 사회복지사 사이의 협력적인 파트너십의 성과를 위한 장기적 목적을 형성한다. 단기적 목표는 장기적 목적을 달성하기 위한 단계들을 명시한다. 목적과 목표는 클라이언트와 사회복지사가 변화를 측정하고 성공을 평가하기 위한 지표이다.

사회복지사와 클라이언트는 세분화(partializing)라는 기술을 사용한다.

이 전략은 전체적인 목적과 과제들을 실천 가능하고 감당할 수 있는 부분으로 나누는 것이다. 세분화는 사회복지사와 클라이언트가 극복하기 어려워 보이는 과제에 압도되기보다 그들이 다룰 수 있는 어려움의 특정한 부분에 초점을 맞출 수 있게 한다. 다시 말하면 작은 단계부터 시작하여 좀 더 포괄적인 목적의 해결방안으로 가는 것이다.

목적 설정에서의 클라이언트의 역할. 사회복지사와 클라이언트는 확인된 문제와 이슈 그리고 욕구를 해결하기 위해 구체적인 목적을 함께 설정한다. 유사하게 클라이언트는 그들의 문제가 어떻게 해결되어야 하고 어떠한 서비스가 필요한지에 대한 아이디어를 가지고 있다. 그들은 대부분 정확하지만 그러지 않을 때도 있다. 목적 설정 과정은 실천과정에 대한 동의를 조정하는 과정이다. 역량강화 실천 사회복지사는 클라이언트의 관점을 충분히 고려한다. 최종 목적이 클라이언트의 초기 계획과 다르다면 이러한 차이는 설명되어야 하고 조정되어야 한다.

과제를 수행하고 목적을 달성하는 것은 성취의 이정표 역할을 한다. 클라이언트가 성취를 경험하면 그들의 유능감과 동기부여 수준은 증가한다. 그러나 클라이언트는 그들의 어려움과 목적에 대해 정의 내려야 하고, 스스로를 변화에 대한 책임이 있고 유능하다고 본다면 그들을 목적 달성으로 이끄는 활동에 대한 책임감을 생각해야 한다.

활동 계획

활동 계획은 목적을 문제 해결을 위한 전략으로 전환한다. 사회복지사는 이러한 계획들이 역량강화 관점에서 사회복지의 가치를 반영하는 것을 보장하기 위해 다음의 지침들을 적용한다.

- 활동 계획을 개발하고 실행하는 모든 영역에서 클라이언트의 참여를 최대화한다.
- 변화 전략들을 선택하는 데 있어서 사회체계 내의 상호 관계를 인식한다.
- 클라이언트의 강점을 기반으로 하고 클라이언트의 유능감을 촉진한다.
- 개인과 정치 사이의 상호 연결성에 대한 중요한 인식을 강화하고 사회정의를 촉진하기 위한 전략들을 확인한다.
- 과정과 결과의 지속적인 사정을 위한 피드백의 고리를 만든다.

　실천계획은 클라이언트의 사회적 네트워크에서의 비공식적인 자원들 뿐만 아니라 공식적인 사회서비스 전달체계에 대한 접근방법들을 포함한다. 공식적인 제공은 사회서비스 전달체계 자체에서 클라이언트에게 제공할 수 있는 수많은 서비스들을 포함한다. 실천계획은 또한 성직자나 교사들, 가족, 친구 그리고 이웃과 같은 비공식적인 원조자들을 포함한다. 공식적, 비공식적 원조 네트워크는 독특한 역할을 수행하는데 각각의 네트워크는 그들의 특별한 역할을 위해 필수적이다.

　사회복지사와 클라이언트는 복합적인 체계 수준에서 이슈들을 밝힐 수 있는 다양한 역할과 전략들을 선택한다. 표 8.7은 자문이나 자원관리, 교육과 같은 사회복지 기능의 맥락 속에서 이러한 역할들을 강조한다.

표 8.7 | **사회복지의 역할**

역할	활동
문제 해결을 위한 자문	
조력자	클라이언트가 문제를 해결하도록 역량강화한다
촉진자	조직적 개발을 강화한다
계획자	프로그램과 정책 개발을 조정한다
동료/감독	멘토로서 활동하고 지지와 전문직 문화적응을 안내한다
자원관리	
중개자/옹호자	개인과 자원 간의 중개자로 활동한다
중재자	자원 개발을 위해 집단과 조직들을 집합시킨다
행동가	사회변화를 격려하고 활발히 한다
촉매자	자원 개발을 위해 영역 간 협력을 격려한다
교육	
교사	취약 집단을 확인하고 교육을 제공한다
훈련가	직원개발을 통해 교육한다
아웃리치 활동가	사회적 이슈와 사회서비스에 대한 공적 정보를 전달한다
조사자/연구자	지식개발을 위한 연구에 관여한다

사회복지 사례

　부모 연합회는 자폐를 가진 자녀가 있는 가족을 위한 지지집단이다. 집단의 세 번째 모임에서 아동 발달 서비스의 사회복지사인 마르시아 오스트랜더는 그룹 구성원들이 지난 모임에서 동의한 목적을 검토하였다. 집단은 3개의 광범위한 목적을 선정하였다: 지역사회에 자폐에 대해 교육하는 것, 학교 시스템에서 교육 자원들을 위한 옹호 활동을 하는 것, 그리고 전국 자폐 협회와 연계하여 지부를 만드는 것이었다. 이번 모임에서 부모들은 구체적인 목적을 구성하고 과제와 활동들을 확인하려고 하였다.

　시작 시점에서 마르시아는 그들의 지역사회 교육 목적을 다루도록 제안하였다. 구성원들은 공익광고와 세미나, 워크숍, 지역 신문의 특집 기사와 라디오와 텔레비전 토크 쇼와 같은 매스컴을 통해 메시지를 전달하는 대대적인 선전(media blitz)에 대한 많은 의견들을 공유하였다. 집단은 "부모 연합회는 3개월 안에 5개의 정보 매체에 노출한다"는 목표가 확실히 달성 가능하고 현실적이라는 것에 동의하였다. 구성원들은 이 목표를 실현하기 위해 무엇이 필요한지를 확인하였다. 우선은 지나 스탠드가 인쇄물과 책자를 확보하기 위해 전국 자폐 협회와 연락하기로 하였다. 노라와 존 웨스트는 기자회견 자료집을 준비하고, 알란 베이츠는 지역 언론의 연락 담당자 리스트를 작성하기로 하였다. 부모 연합회의 구성원들은 해결방안들을 구축하고 있었다. 그들은 희망하는 성과들을 확인하고 그들의 목적 달성을 위한 대안들을 고려했으며 실천계획을 구체화하였다.

실행: 개입과 평가 - 개발단계

발달단계에서 실천가와 클라이언트는 대인관계와 제도적 자원을 활성화시키고, 다른 체계들과 동맹을 맺으며, 자원 개발을 통해 기회를 확대하기 위해 개입한다. 이 접근방법은 클라이언트의 능력과 환경에서의 자원들을 활용하여 클라이언트를 역량강화하고, 성취한 긍정적인 변화들을 인식하고 유지하기 위한 목적을 가진다. 개발단계에서의 주요 활동들은 자원을 조직하고 확대하는 것과 최종 결과를 향한 산출 목적(outcome goals)을 달성하며, 성과를 측정하고 공식적인 개입 과정을 종결하는 것이다.

개발단계는 사회복지실천 과정에서의 개입과 평가를 포함한다. 개입은 실천계획을 실행하고 종결하는 과정이고, 평가는 개입 활동의 성과를 모니터링하고 측정하는 과정이다. 이러한 과정들을 적용하기 위해 실천가는 클라이언트 체계와 클라이언트의 상황과 관계가 있는 다른 체계들과 함께 활동한다. 역량강화 사회복지에서 개입과 평가과정은 문제 해결에 기여할 자원을 활성화시키는 것과 변화를 지지하는 네트워크를 확대하기 위해 동맹을 형성하는 것, 클라이언트에게 도움이 되는 다른 자원들을 개발하기 위해 기회를 확대하는 것, 목적과 성과 프로그램을 향한 과정을 평가함으로써 성공을 확인하는 것 그리고 클라이언트와 전문가의 협력 활동을 마무리하는 방법으로 성취를 통합하는 것을 포함한다.

개입: 자원 활성화

사회복지사와 클라이언트가 전체적인 활동 과정을 결정하면 이후에는 그들의 계획을 행동으로 실행한다. 자원을 활성화시키는 과정은 그대로 하면 된다. 활성화시킨다는 의미는 결과를 향한 목적을 달성하는데 필요한 활동들을 착수하는 것이다.

자원 활성화는 실천계획을 실행하는 과정이지만, 사회복지사가 이러한 활동들을 지시 또는 통제하거나, "클라이언트를 대상으로" 또는 "클라이언트를 위한" 활동들을 시작한다는 것을 의미하지 않는다. 사회복지사는 변화를 위한 촉매의 역할을 하더라도 자원 활성화는 사회복지사와 클라이언트 모두가 참여하는 협력적인 활동이다.

자원 활성화 방법

자원 활성화는 클라이언트 체계가 가지고 있는 개인적인 자원을 가지고 역량을 강화하는 것이고, 사회적 환경에 이미 존재하고 있는 자원들에 대한 접근성을 향상시키는 것이다. 자원을 활성화할 때 클라이언트와 사회복지사는 필요한 대인관계 및 제도적 자원들과의 연결망을 구축하고, 사회복지사는 전략에 대해 상담하고, 자원을 관리하도록 클라

이언트와 함께 일을 한다. 자원 활성화와 관련된 가능한 전략과 기술들
은 다음과 같다.

- 개인의 효능감 향상
- 대인관계에서의 유능감 강화
- 의식화 고취
- 강점 구축
- 변화에 대한 동기부여
- 문화적 자원 활용
- 개인의 능력 실행

유능감과 자기효능감 향상은 역량강화의 중요한 요소이다. 그러나 개
인의 유능감에만 초점을 둘 경우 역량강화가 개인과 정치적 차원 모두
를 포함한다는 개념을 간과하게 된다. 개인의 영역에서 유능감과 적응을
위한 활동으로 제한하는 것은 역량강화의 교류적 특성을 무시하는 것이
다. 일부의 사람들은 개인적 영역으로 편협하게 초점을 맞추는 것은 역
량강화의 전체적인 핵심을 놓치는 것이라고 주장한다(Breton, 2002).

비판적인 의식 개발을 강조하는 것은 개인과 정치 사이의 상호연결
성을 보장한다. 의식화는 경험을 맥락화한다. 비판적 성찰은 개인의 활
동에 대한 사회적 근원을 이해하고 제도적 구조와 정책들이 수정될 수
있다는 인식을 제공한다.

개입: 동맹 관계 형성

동맹은 변화에 힘을 실어주는 강력한 자원이다. 동맹 관계 형성 과정
을 통해 사회복지사와 클라이언트는 사회적 지지망과 지역사회 자원들

과 연결된 클라이언트의 자원 풀(pool)을 추가할 수 있다. 그들은 또한 다른 전문가들과 연결된 사회복지사의 관계망으로부터 자원을 구할 수 있다.

동맹 관계를 형성하는 방법

동맹 관계를 형성함으로써 사회복지사와 클라이언트는 역량강화 집단에서 클라이언트의 노력을 지지하고, 클라이언트의 자연적인 사회적 관계망 안에서 기능을 강화하며, 서비스 전달망을 조직한다. 이러한 동맹은 클라이언트에게 정서적 지지를 주고 힘의 토대를 구축한다. 주요 기술들은 다음과 같다.

- 역량강화 집단 형성
- 비판적인 의식 개발
- 자연적인 사회 관계망 조정
- 즉각 대응하는 사회서비스 전달체계 개발
- 클라이언트 – 서비스 동맹 구축
- 대인관계 능력 극대화(Miley & DuBois, 1997)

많은 실천가들은 집단에서 클라이언트와 함께 일하는 것은 그들의 역량강화 경험을 강화한다고 주장한다(Breton, 1994, 2002, 2004; Gutiérrez, 1994; Lee, 2001; Parson & East, 2013; Simon, 1994). 나아가 소그룹 안에서의 대화는 집단 구성원들 간의 연대의 기반을 형성하고 이는 사회정책과 사회구조의 변화를 이끄는 공동의 활동으로 이어진다.

동맹 관계 형성은 또한 지역사회의 연합과 기관들 간의 네트워크 그리고 사례관리팀으로 확대된다. 전문가들과 클라이언트 옹호자, 서비스 소비자로 구성된 동맹들은 공동의 사회활동에 참여하기 위한 토대를 형성하고, 정책의 변화를 위해 옹호 활동을 하며, 분절된 서비스 전달체계를 재조정할 수 있는 능력이 있다. 이러한 서비스 전달체계의 동맹에 클라이언트를 참여시킴으로써 그들의 대의권을 보장하고 권리들을 보호한다.

개입: 기회 확장

자원의 활성화는 현재 유효한 자원들을 이용하는 반면에 기회의 확장은 사회적, 물리적 환경에서 추가적인 자원들을 만든다. "실천가들은 환경 변화와 기존의 지역사회 자원들과 자연적인 원조망의 활용, 클라이언트에게 필요한 새로운 자원을 창조하는 데 있어서 전문가가 되어야 한다"(Maluccio & Whittaker, 1989, p.176). 역량강화를 지향하는 사회복지사는 제한된 기회와 관련된 불의를 제거하기 위해 서비스 전달과 사회정책, 경제개발과 관련된 전략들을 개발한다.

사회복지사는 많은 사람들이 부족한 기회구조의 불의를 제거하기 위한 방법을 추구함으로써 전문직의 근본적인 목적을 되찾을 수 있다고 말한다. 예를 들면, 스펙트와 코트니(1994)는 사회복지사가 클라이언트와 자원을 연결하는 사회적 기능을 회복하고, 서비스 전달을 개선하며, 옹호와 사회 행동, 지역사회 교육과 사회변화와 관련된 활동들에 참여하는 방식으로 사회복지 전문직의 목적에 충실할 수 있다고 주장한다. 전미사회복지사협회(2018)의 윤리강령은 사회복지사가 특별히 권리를 박탈당하고 억압받는 모든 시민들에게 기회와 자원을 확장하는 사회변화를 추구할 것을 요구한다.

역량강화 기반의 사회복지사는 그들의 역할을 "대안들을 이용할 수 있게 하거나, 클라이언트가 자신의 선택을 확장하도록 돕는 것 또는

여러 가지 경로들을 자유롭게 고려하도록 돕는" 것으로 규정한다
(Hartman, 1993, p.504). 그럼에도 불구하고 하트먼은 클라이언트가 그들
의 자원과 선택들을 찾는 과정에서 사회제도, 경제 정책, 정치적 실행,
이데올로기 그리고 역사적 전통에서의 한계를 포함하여 많은 장애물을
경험한다고 주장하였다. 자원과 환경적 기회에 대한 클라이언트의 접근
성을 강화하기 위한 방법을 반드시 추구해야 한다.

기회를 확장하는 방법들

기회 확장은 사회 개혁과 정책 개발, 입법 옹호, 지역사회 변화를 통
해 필요한 자원을 개발함으로써 사회자원의 공정한 분배를 보장하는 전
문직 의무를 수행하는 것이다. 사회복지사는 사회자원을 확대하고 새로
운 기회들을 개발하기 위해 클라이언트와 합류한다. 실천가와 클라이언
트는 사회적 불의를 제거하고 정의로운 사회정책을 개발하기 위해 협력
한다. 이와 관련된 기술과 전략들은 다음과 같다.

- 환경적 기회와 위험을 인식함
- 지역사회 역량강화와 개발에 관여함
- 사회행동주의와 사회적 옹호를 증진함
- 사회정의를 위해 투쟁함
- 사회정치적 힘을 실행함(Miley & DuBois, 1997)

사회 행동은 사회정치적 역량강화를 가능하게 한다. 사회복지사는 오
랫동안 힘과 자원을 재분배하고 사회 불평등을 제거하며 권리를 박탈당
하고 억압받는 집단을 돕기 위한 전략으로 집단행동을 선호하였다. 역량
강화 기반의 사회복지실천에서 사회 행동은 거시적 실천의 독점적인 영

역으로 이해되어서는 안 된다. 미시적 수준에서 클라이언트와 일을 하는 사회복지사는 사회정책의 변화에 영향을 주기 위해 클라이언트를 대신하여 변호하는 옹호자로서 기여하고, 클라이언트와 협력함으로써 사회 및 정치적 변화에 영향을 주기 위해 자신의 목소리를 낼 수 있다.

사회복지 사례

　　폴 웨어는 노숙인을 위한 국회의원 포럼에서 발표할 공개증언 자료를 검토하였다. 폴은 노숙인과 집을 잃은 가족들을 위한 큰 규모의 도시 지역 쉼터에서 근무하고 있다. 그는 쉼터에 살고 있는 아동들이 경험한 독특한 사회적 이슈에 대하여 포럼에서 발표할 예정이다. 그들 삶의 일시적인 속성들은 그들의 교육에 대한 지속성을 복잡하게 한다. 지역학교 교장들은 쉼터 아동들이 어떤 학교에 다닐지에 대하여 자기들끼리 논쟁을 하고 있다. 지속적인 이동과 쉼터 거주로 교육을 제대로 받지 못하는 아동들과의 경험을 통해 폴은 이들 아동의 학교기록은 종종 다 채워지지 못하고, 학업성취 기록은 단절된다는 것을 알게 되었다. 이는 아동들이 학교를 옮길 때마다 자신의 학업 수준보다 낮은 반에 배치되는 결과를 가져왔다.

　　폴은 쉼터의 부모를 대표하여 발표한다. 이들 부모가 원하는 것은 가족이 집에서 쫓겨나기 전에 아동이 다녔던 근처 학교에 계속 남아서 공부를 하는 것이었다. 부모들은 자녀들에게 교육의 지속성과 삶의 일부에서 안정성이 필요하다는 것을 인식하였다. 부모들은 학교 지역에서의 거주 의무에 대한 예외를 제기하는 입법 활동을 찾고 있다. 폴은 클라이언트의 기회를 확대하기 위해 증언하고 옹호할 것이다.

BOX 8.2 현장의 목소리

고령화 서비스

사회복지 학부생으로서 양로원에서 실습을 마친 후 나는 노인과 일하기를 원한다는 것을 알았다. 장기보호에서 사회복지사로서의 실습 경험은 또한 체계를 변화시킬 수 있는 위치에서 일하기를 원한다는 것을 알려주었다. 개혁을 지향하는 사회복지사로서 내가 함께 일했던 노인들의 삶에 변화를 주었다고 믿었다. 지금은 사회복지 대학원생으로 나의 실천 경험을 감독과 관리 경험과 결합할 수 있게 되었다.

조직 재구조와 기금모금 그리고 홍보에 대한 나의 경험들은 노인들을 위한 다양한 서비스를 제공하는 다목적 기관의 프로그램 관리자의 직업으로 연결되었다. 여러 주가 인접한 지역에 위치한 기관은 200명 이상의 직원들을 고용하고 있고, 매년 30,000명 이상의 클라이언트에게 서비스를 제공하고 있다. 우리 기관은 노인을 위한 다양한 프로그램과 서비스를 실천하는 "원스톱 숍(one-stop shop)"과 같은 곳이다. 이 기관의 사명은 "노인이 살던 곳에서 여생을 보내는" 삶을 지원하는 것이다. 우리 기관에 제공하는 프로그램과 서비스는 건강과 웰니스를 위한 활동들과 사회화를 위한 기회 제공, 단체 식사와 재가 노인들을 위한 식사 배달, 주간보호, 가족 돌봄자 지지서비스 등이다. 추가로 우리는 푸드뱅크, 에너지 지원, 주택 내후화(weatherization) 지원, 가구와 집기 교체, 건강보험 옹호 등 저소득층 클라이언트를 위한 서비스들을 후원한다.

우리 기관의 소규모 전문가들은 대규모의 준전문가들로의 지원을 받는다. 기관 차원에서 우리는 서비스 전달과 윤리교육에 초점을 둔 직원개발 프로그램을 적극적으로 진행한다. 기관의 대규모 준전문가들이 직면하는 경계의 문제나 비밀보장, 비심판적 태도, 클라이언트에 대한 수용과 자기결정권과 같은 서비스 전달과 윤리적 이슈들은 면허증과 자격을 갖춘 실천가들이 직면하는 문제와 크게 다르지 않다. 다양한 직원개발 기회를 통해 우리는 직원들에게 우리 기관의 사명과 서비스 전달 철학의 토대인 역량강화와 강점에 대해 교육한다.

프로그램 관리자로서 나는 이중 역할에 도전을 받는다. 하나는 내가 감독하는 프로그램들이 재정적으로 상환능력이 있도록 보장하는 것이다. 우리 기관은 대부분 주와 연방 정부의 기금을 받기 때문에 나는 기금 신청을 준비하는 일을 하고 있다. 사회복지 행정가로서 나는 예산 계획과 회계 업무에 충실해야 한다. 그래서 모금의 흐름이 기관 내에서 어떻게 진행되고 있는지 이해하고 지시하기 위해 기관의 재정 담당자와 협력할 수 있다. 행정가로서 나의 또 다른 역할은 우리 기관에서 서비스를 제공받는 클라이언트에게 영향을 미치는 사회정책을 변화시키는 일이다. 공공정책 관련 이슈들은 우리가 함께 일을 하는 모든 클라이언트에게 영향을 미치고, 우리가 제공하는 프로그램에 만연해 있다. 예를 들면, 대부분의 클라이언트는 그들의 주요 소득원으로 사회보장연금에 의존하고 있기 때문에 그들은 현재와 미래의 경제적 불확실성에 직면한다. 그들에게 이용 가능한 기회와 자원은 저소득층 노인들의 메디케어를 보충하는 메디케이드 보장과 같은 건강보험에 대한 주정부의 결정과 사회보장연금 제도의 규칙과 규제의 변화 결과에 전적으로 달려 있기 때문이다.

평가: 성취 확인

클라이언트는 그들의 목적을 달성하였는가? 실천계획은 변화를 만들었는가? 사회복지사와 클라이언트는 어떻게 강점에 초점을 맞추었고, 그들의 활동이 변화를 역량강화했는가? 전략들은 효과적이고 효율적인가? 이러한 질문들은 사회복지실천의 평가와 조사 활동에 초점을 둔다.

역량강화 기반의 사회복지 맥락에서 조사와 평가 전략들은 단순히 결과를 측정하는 기술적인 것만은 아니다. 숀(1983)은 전문직 실천에서 "실천가가 조사 기반의 이론과 기술을 효과적으로 사용할 수 있는 유리한 상황들이 있는 반면 기술적인 문제 해결을 사용할 수 없게 만드는 혼란스럽고 불리한 상황들이 있다"고 하였다(p.42).

평가와 조사는 클라이언트의 성취를 인정하고, 사회조사 전략과 프로
그램, 정책의 유용성을 입증한다. 사회복지실천 과정의 여러 단계에서
성공을 인식한다는 것은 참여자의 활동 결과를 인정하는 동기부여의 효
과를 강조한다. 실행 평가와 조사는 여러 다른 단계에서 다양한 방식으
로 이루어진다. 평가는 사회복지사가 각각의 클라이언트 체계와 매일
함께하는 활동들을 통합하는 역할을 한다. 프로그램 계획 과정뿐만 아
니라 보조금 사용은 광범위한 프로그램 평가과정에서 사회복지사의 개
입을 필요로 한다. 조사 전문가로 전문성을 개발한 사회복지사는 사회
복지 전문직의 과학적 지식 기반을 강화하는 이론과 실천 방법, 특정
전략들을 평가하기 위해 공식적인 조사 도구들을 사용한다.

실행 평가 유형

사회복지사는 실천에 대한 평가를 통해 성과를 평가하고 전략의 효
과성을 측정한다. 역량강화 기반의 실행 평가는 과정과 성취 그리고 업
적을 강조한다. 역량강화 기반의 실행 평가는 비난과 실패를 강조하기
보다는 합의된 목적을 달성하기 위해 무엇을 더 해야 하거나 다른 방식
으로 해야 하는지를 배울 수 있는 기회로 장애물을 검토한다. 사회복지
실천 평가의 세 가지 주요 유형은 과정 평가, 성과 평가 그리고 프로그
램 평가이다.

표 8.8 | 실행 평가 유형

과정 평가	사회복지사와 클라이언트의 진행 중인 활동에 대한 효과성을 모니터링함
성과 평가	클라이언트의 목적 달성과 사회복지사의 개입 방법의 효과성을 측정함
프로그램 평가	프로그램의 전체적인 목적 달성을 위해 사용된 특정 서비스와 기부금 조건에 대한 충족 또는 기관의 사명과 관련된 효과성을 조사함

과정 평가. 실행 계획은 클라이언트의 목적 달성을 위한 전략과 개입활동을 규정하는 계획서와 같다. 그러나 인간과 사회 환경의 역동적인 속성을 고려할 때 어떤 계획도 성과 달성을 명확하게 예측할 수 없다. 사회복지사와 클라이언트가 실천계획을 실행할 때, 잠재적인 해결방안을 가지고 경험하는 것이다. 사회복지사와 클라이언트는 효과적인 것과 그렇지 않은 것을 결정해야 협력관계를 지속적으로 유지할 수 있다. 사회복지사는 계획을 실행하면서 과정을 평가할 수 있는 여러 가지 질문들을 던질 수 있다.

- 클라이언트와 사회복지사는 계획을 따라가고 있는가?
- 합의된 내용들을 수행하고 있는가?
- 계획은 효과가 있는가? 계획 중 다른 부분보다 더 효과를 보이는 부분이 있는가? 교착 상태에 있는 부분이 있는가?
- 어떤 실천이 가장 긍정적인 효과를 보이는가? 가장 적은 효과를 보이는 실천은 무엇인가?
- 최대 투입을 요구하지만 결과는 최소인 실천들은 무엇인가?
- 계획은 단기 기대를 충족 또는 미충족하는가?
- 클라이언트는 적극적인 역할 수행을 하는가? 클라이언트의 참여를 강화 또는 제한하는 요인들은 무엇인가?
- 어떤 부분에서 클라이언트의 목적이 수정되었는가? 전체적인 계획에서 이러한 수정이 주는 결과는 무엇인가?(Miley et al., 2017)

과정 평가는 사회복지사와 클라이언트가 그들의 과정을 감독하고 계획을 수정할 수 있는 정보들을 제공한다.

클라이언트의 성과 평가. 클라이언트의 성과 평가를 통해 사회복지사는 클라이언트가 설정한 목적의 달성 정도와 적용된 전략의 효과성 정도를 평가한다. 2가지 평가 관련 질문은 다음과 같다: "클라이언트 체계는 목적을 달성했는가?" 그리고 "사회복지 전략들은 변화를 이끌었는가?" 성과 사정평가는 변화의 정도와 안정성, 예측하지 못한 결과들 그리고 변화를 위한 실천의 효율성에 대한 정보들을 제공한다. 효과적인 클라이언트의 성과 평가는 측정 가능한 목표들을 담고 있는 계획에 달려있다. 클라이언트의 성과 평가와 관련된 정보수집을 위한 질문들은 다음과 같다.

- 클라이언트 체계는 목적을 어느 정도 달성했는가?
- 개입은 변화를 이끌었는가?
- 변화의 수준에 있어서 영향을 미친 다른 요인들은 무엇인가?
- 이러한 성취를 유지할 수 있게 하는 다른 요인들은 무엇인가?
- 결과들은 추가적인 개입을 필요로 하는가?
- 사회복지사는 자신의 전략을 어떻게 수정해야 하는가?
- 특정한 결과들은 향후 활동에 어떻게 적용될 수 있는가?
- 클라이언트 체계는 평가과정에 어떤 방식으로 참여하였는가?

(Miley et al., 2017).

사회복지사는 그들의 실천을 개선하기 위해 성과 평가로부터 나온 정보들을 참고한다. 최종 평가는 효과적인 것과 아닌 것에 대한 체계적인 검토를 수반한다. 성과는 의도적일 수도 있고, 그렇지 않을 수도 있고, 예측했던 것이거나 아닐 수도 있고, 긍정적이거나 부정적일 수 있다.

프로그램 평가. 프로그램 평가를 통해 사회복지사는 다음의 질문을

고려한다: 이 프로그램은 목적을 달성하고 있는가? 사회복지사는 프로그램을 평가하기 위해 다양한 전략들을 사용할 수 있다. 예를 들면, 프로그램이 목적을 달성했는지 확인하기 위해 프로그램 안의 각각의 클라이언트의 성과들을 취합한다. 소비자 만족도 조사는 특정한 프로그램과 서비스뿐만 아니라 사회복지사에 대한 클라이언트의 관점을 확인할 수 있다. 이전 클라이언트와 의뢰 기관의 조사는 프로그램의 효과성과 평판에 대한 중요한 정보들을 제공한다. 사례 기록들을 검토함으로써 사회복지사는 프로그램 목적과 기관 사명과 관련해서 클라이언트의 진행상태를 파악한다. 최종적으로 동료와 슈퍼바이저의 공식적인 내부 평가는 기관의 효과성을 평가한다. 여러 유형의 프로그램 평가를 활용하면 프로그램의 효과성에 대한 좀 더 종합적인 관점을 얻을 수 있다. 프로그램 평가는 클라이언트와 기관 그리고 일반 대중을 위한 프로그램의 효과를 평가한다. 사회복지사가 프로그램 평가를 위해 고려할 수 있는 질문들은 다음과 같다.

- 프로그램은 예상했던 변화를 가져왔는가?
- 프로그램은 문화적 민감성을 보여주고 있는가?
- 프로그램은 재정지원 기관이 정한 목적들을 달성했는가?
- 프로그램 목적들은 기관의 사명과 일치하는가?
- 이 프로그램은 실현 가능한가?
- 프로그램의 강점과 약점은 무엇인가?
- 직원의 수는 충분한가?
- 프로그램은 잠재적 클라이언트에게도 접근 가능한가?
- 프로그램으로 인해 일반 대중의 태도와 인식이 변화되었는가?
- 프로그램은 지역사회 욕구에 충분히 반응하는가?(Miley et al., 2017)

프로그램 평가 자료는 전문가가 기관의 정책을 개선하고 자원을 분배하며 프로그램과 서비스를 기획하고 프로그램의 우선순위를 재구성하는 데 도움을 준다. 평가 조사는 수정을 요구하는 프로그램과 재생산할 만한 전략들을 확인한다.

사회복지 사례

  사회복지사인 디엔 리버-벨은 그녀의 클라이언트와 목표 달성 척도를 검토하고 있다. 디엔은 행동장애를 가진 사춘기 이전의 남자아이들을 위한 방과 후 주간 치료 프로그램에서 일을 하고 있다. 그녀의 6명의 클라이언트는 문제 행동과 이와 관련된 사고의 오류들을 확인하고 있다. 그들의 목적은 대인관계와 의사소통, 충동을 통제하는 것과 사회적으로 인정되는 방식으로 그들의 분노를 해결하는 것에 대한 효과성을 확대하는 것이다. 각각의 아이들은 변화를 보여주는 관찰 가능한 행동과 함께 구체적인 목표들을 규정한다.
  디엔과 클라이언트들은 프로그램에 참여함으로써 지속적으로 개선 사항들을 모니터한다. 아동들이 관리하는 매일의 일지는 그들의 활동과 행동들을 기록한다. 디엔은 각 아이들을 위해 그래프로 정보들을 표시한다. 매주 집단 모임에서 그녀의 클라이언트들은 그들의 성공을 확인하고 지속적으로 향상할 수 있는 부분들을 확인하기 위해 그래프를 검토한다.

개입: 획득한 성취의 통합

  획득한 성취의 하나로 사회복지실천 과정의 종료를 기술하는 것은 사회복지사와 클라이언트의 전문적 관계가 끝나도 변화는 지속적으로 진행되는 과정이라는 사실을 강조한다. 전체 과정의 성공은 종결의 속성에 달려있다. 효과적인 종결은 성취를 인식하고 강화하며 유능감을 형성함으로써 미래를 위한 발판을 제공한다.

　　사회복지사와 클라이언트의 원조활동의 종결 과정에 영향을 미치는 몇 가지 요인들이 있다. 기관의 목적, 프로그램과 서비스의 한도 그리고 환불 정책들은 이러한 요인들에 포함된다. 예를 들면, 병원 입원은 시간제한이 있고, 단기의 위기 개입과 퇴원을 기반으로 하는 서비스를 강제한다. 반면에 아동보호서비스는 직원의 이직률 때문에 서비스 제공자의 인수인계 상황 속에서 장기적이고, 무제한적인 서비스를 제공한다. 때로는 프로그램 서비스들은 28일간의 약물치료 프로그램 또는 8회기 부모 교육처럼 기간을 규정하기도 한다. 일부 보험회사의 비용 억제 정책은 연락의 횟수를 제한하여 개입계획의 한계를 규정하기도 한다. 건설적인 종결을 위한 활동은 사회복지사가 서비스 종결의 이유, 분리와 상실, 변화에 대한 클라이언트와 사회복지사의 반응, 성과에 대한 평가, 향후 성취를 유지하는 방법과 같은 요인들을 고려하게 한다.

　　종결은 또한 시작이다! 상호교류의 속성을 고려하면 클라이언트와 사회복지사 모두 그들이 배운 것을 그들의 지식 기반과 미래의 활동을 위한 전략들의 저장소에 통합시킬 수 있다.

사회복지 사례

　　사회서비스 제공자들과 법 집행관, 시민단체의 대표들, 지역사회 리더들 그리고 관심 있는 이웃들은 도시의 동남부 지역에 지역사회 청소년 센터 설립의 필요성을 인지하였다. 이 지역의 청소년들에게는 조직화된 지역사회 활동들이 없었고, 범죄조직 참여와 비행의 위험에 노출되어 있었다. 지역사회 행동 조직가이며 지역사회 개발 법인의 사회복지사인 후안 라미레즈는 시설들을 보호하고, 지역사회 청소년 센터의 프로그램 담당자를 고용하기 위한 기금모금을 하고 있었던 위원회의 의장을 역임하였다. 프로그램은 전국 지역사회 클럽 모델에 기반하였다.

　　강도 높은 기획과 조직 그리고 자금 모금을 했던 10개월이 지나고 위원

회는 청소년 센터를 위한 건물 구입과 프로그램 조정자 고용을 위해 지역사
회 후원금과 지역 재단으로부터 착수 지원금을 약속받은 소식을 발표하였
다. 개관식을 통해 이 사업 실행이 한 단계 더 가까워졌음을 알렸다. 공무원
과 경찰, 자원봉사자 기관대표 그리고 지역의 가족과 청소년들을 포함하여
이 프로젝트와 관련된 모든 사람들은 이들의 노력의 성과를 축하하고 다음
단계 작업인 건물을 새롭게 단장하고 프로그램 요소들을 실행하는 일들을
착수하기 위해 기념식에 참여할 예정이다. 후안은 성취는 헌신에 대한 동기
를 부여하기 때문에 이 작업의 과업들을 마무리하는 것이 중요하다는 것을
알고 있다. 새로운 자원봉사자들이 앞으로 필요하겠지만, 원조 위원회 구성
원 중 일부는 이 프로젝트를 위해 지속적으로 함께할 예정이다.

복습과 예습

이번 장에서는 다음의 내용을 통해 일반주의 사회복지실천을 위한
역량강화를 지향하는 과정에 대해 소개하였다.

- 일반주의 사회복지실천의 역량강화 기반을 기술함
- 전문적 관계 형성과 관련된 역량강화 사회복지실천의 과정들
  을 기술함
- 사정과 관련된 역량강화 사회복지실천의 과정들을 기술함
- 개입과 평가와 관련된 역량강화 사회복지실천의 과정들을 기
  술함

역량강화 기반의 사회복지에서는 실천가들이 개입 과정을 통해 클라이언트 체계의 능력과 강점에 초점을 맞춘다. 유능감에 대한 초점은 실천 개입이 환경 속의 인간, 특히 사회기능에 대한 장애물과 관련한 환경과 특정한 실천 방법이 아닌 클라이언트의 욕구에 기반한 개입을 고려하도록 요구한다. 일반주의 사회복지사는 미시와 거시적 차원의 결과를 위한 문제를 사정하고, 개인과 집단, 조직과 지역사회와 함께 일을 하는 데 필요한 다양한 체계 수준의 개입 방법들을 활용하는 데 능숙하기 때문에 일반주의는 이 접근방법에 적합하다.

9장은 사회복지의 3가지 기능인 조언과 자원관리, 교육에 근거한 일반주의 사회복지실천을 위한 개념틀을 설명한다. 역량강화와 유능감의 원리에 기반하여 사회복지의 역할에 초점을 맞추고 개인과 가족, 집단과 조직 그리고 지역사회와 함께 하는 사회복지를 위한 실천 전략들을 설명한다.

생각해보기

❶ 개입: 일반주의 사회복지사들은 모든 사회체계 수준에서 개입전략들을 다르게 사용한다. 개인과 가족, 집단, 조직, 이웃 그리고 지역사회에 개입하는 데 역량강화를 어떤 방법으로 적용할 수 있는가?

❷ 사정: 일반주의 사회복지사들은 개인과 환경적 구조에서 문제 해결을 추구한다. 사회복지사는 클라이언트의 자원을 사정하고 클라이언트와 성과의 목적을 구축할 때 무엇을 고려해야 하는가?

❸ 평가: 일반주의 사회복지사들은 인간과 사회 환경의 통합된 관점을

유지한다. 이러한 일반주의 실천의 개념틀은 성과 평가에 어떠한 지
침을 주는가?

❹ 조사에 기반한 실천: 사회복지사들은 성과 달성을 향한 클라이언트
의 진전을 측정하고 프로그램 서비스의 효과성을 평가하기 위해 조
사전략들을 사용한다. 연구 결과들은 실천에 어떤 정보를 제공하고,
실천은 연구에 어떤 정보를 제공하는가?

제9장

사회복지 기능과 역할

★★★★★

　　지역사회 주거개발 일을 하는 사회복지사인 줄리 글래스는 사회서비스 실천가들 모임에서 인사를 하였다.

　　우리 지역사회의 노숙인과 노숙인 가족들을 위한 주거서비스 전달체계를 조직화하는 활동에 관심을 가지고 참여해 주셔서 감사합니다. 지난주 기획 모임에 대한 안내가 뉴스 단신으로 보도된 이후, 한 여성이 저에게 전화를 하여 오늘 여러분에게 자신의 이야기를 전달해 달라고 요청하였습니다. 린다는 그녀의 이야기를 통해 우리의 주거서비스 기획 네트워크가 가지고 있는 많은 어려움들이 조명될 수 있기를 원하였습니다.
　　만성 정신질환을 가지고 있는 린다는 지역 정신건강센터에서 제공하는 행동건강과 지역사회 지원 프로그램에 참여하고 있습니다. 보충적 소득보장제도(SSI)를 통해 수급비를 받고 있지만, 안전한 주거를 찾기에는 매우 빈약한 액수입니다. 정신건강센터는 지역사회 주거개발부의 주거임대료지원 프로그램을 통해 클라이언트에게 임대료를 지원하는 보조금을 받았습니다. 린다는 이 임대료 지원을 통해 방 1개짜리 연립주택으로 이사를 한 수십 명의 정신건강센터의 클라이언트 중 한 사람입니다. 그녀는 현재 집에서 영구적으로 살 수 있게 되어 안전함과 안정감을 가지게 되었고, 이러한 주거 안정을 통한 변화에 기뻐하고 있습니다.
　　린다는 많은 개인과 가족들이 위기지원 쉼터와 중간의 집, 영구 주거의 필요성을 경험하면서 그들을 위해 우리가 주거를 지원한 활동을 높이 평가합니다. 쉼터 공간과 중간의 집, 수요에 맞는 영구주택의 부족은 우리 지역사회가 해결해야 하는 문제입니다. 우리는 저소득층이나 가정폭력으로 집을 잃은 가족들 그리고 만성 정신질환자와 같이 집이 필요한 다양한 노숙인 그룹을 확인할 수 있습니다. 이 모든 것들이 엄청난 과제로 보이지만 우리가 서로 노력해서 협력 방안을 찾는다면 이러한 문제들을 해결할 수 있습니다.

　　줄리 글래스와 동료들은 다층적인 문제와 이슈 그리고 욕구들을 반드시 해결해야 한다. 하나의 그룹으로서 주거계획 네트워크의 구성원들은 두 개의 프로젝트를 고려하고 있다. 첫 번째는 임대계약과 임대료 지원 체계를 구성하는 것이고, 두 번째 프로젝트는 주거서비스에 대한 욕구가 높아짐에 따라 계속 제공되는 지원금을 확보하기 위한 기금 사용 내역 작성에 대한 계획을 세우는 것이다.

그들은 지역사회의 광범위한 맥락에서 몇 가지 이슈들을 고려하고 있는데 구체적으로 주거지원이 필요한 위기 가족을 위해 즉각적으로 대응하는 것에 대한 요구, 기존의 제한된 쉼터 자원의 고갈의 가능성, 그리고 노숙 상태에 있는 사람들에게 양질의 서비스를 제공하기 위해 충분한 재정을 지원할 수 있도록 정책 수립을 촉구하는 것이다. 지역사회 구성원으로서 사회복지사들은 서비스와 기금의 원천을 확인하는 중요한 역할을 맡고 있다. 또한 사회복지사들의 다각적인 노력은 빈곤과 사회·경제적 발전과 같은 좀 더 포괄적인 사회 이슈들도 해결할 수 있다.

줄리 글래스가 린다의 이야기를 통해 그녀의 동료들에게 제기한 문제는 사회복지사와 클라이언트가 직면하는 가장 큰 도전이며, 문제 안의 다층적인 욕구들을 해결하기 위해 일반주의 사회복지의 비전을 요구한다.

일반주의 접근

일반주의 사회복지는 문제에 대해 포괄적이고 보다 넓은 시각을 가지도록 한다. 이 접근방법은 자원과 개인, 조직, 지역사회의 욕구, 서비스 전달체계와 사회정책이 각 체계에 미치는 영향 사이의 상호교류에 대한 이해를 높여준다. 따라서 일반주의 실천은 문제 해결을 위해 광범위한 개입의 영역들을 제공한다.

일반주의 사회복지실천의 다층적인 접근을 위한 개념틀은 자문, 자원관리, 교육의 기능과 실천과 정책, 연구의 핵심 요소들을 통합하여 구

성되었다. 각 기능과 관련된 역할과 전략들은 사회정의에 대한 쟁점들
과 인권 문제들을 다루는 데 기여한다.

사회복지의 기능

만약 당신이 줄리 글래스와 동료들에게 사회복지사의 업무가 무엇인
지 묻는다면 다음과 같은 활동 목록들을 받게 될 것이다. 이러한 활동
들은 개별 상담, 집단 운영, 가족 상담 및 실천과 기관 절차에 대한 개
선, 새로운 프로그램 시작, 입법 변화를 위한 로비활동, 지역사회 활동
조직, 일반 주민 교육, 욕구사정 수행, 실천과 프로그램 평가들이다. 이
러한 활동들은 서로 다른 체계들과 변화를 위한 많은 표적대상들을 필
요로 한다. 줄리와 동료들의 활동은 근본적으로 다양한 수준의 체계들
에 영향을 미치고, 문제와 도전에 대한 해결방안 모색, 자원 획득과 조
정, 새로운 정보제공 등을 요구한다.

일반주의 사회복지사의 전문적인 활동은 다음 세 가지 유형의 기능
을 가진다: 자문, 자원관리, 교육(Tracy & DuBois, 1987). 자문은 문제 해
결에 초점을 둔다. 자원관리는 클라이언트를 공식, 비공식적 자원에 연
결하고 이러한 자원의 유용성을 보장하는 것을 의미한다. 마지막으로
교육은 정보와 학습을 공유하는 것을 강조한다. 개념만 보면 각 기능은
서로 분리된 것처럼 보이지만 실천현장에서는 서로 중복된다. 예를 들
면, 클라이언트를 필요한 자원에 연결하는 것(자원관리)은 대개 문제 해
결(자문)과 연결된다. 정보공유와 학습활동(교육)은 자문과 자원관리를
모두 필요로 한다. 무엇보다도 일반주의 사회복지실천의 두드러진 특징
은 각 기능들이 실천, 정책, 연구와 통합되는 것이다(표 9.1).

표 9.1 | **사회복지 기능과 실천, 정책 그리고 연구**

	실천	정책	연구
자문	사회복지사는 사회기능에서의 문제를 해결하기 위해 클라이언트 체계와 협의한다. 사회복지사는 클라이언트 체계에서 개인과 조직 또는 지역사회의 경험들을 이끌어낸다.	사회복지사는 변화를 요구하는 부분을 확인하고 실천가와 기관, 사회적 수준에서 영향을 미치는 정책들을 수립하는 활동을 한다.	사회복지사의 지혜와 실증적 연구는 모든 체계에서의 문제 해결을 위한 정보를 제공한다.
자원관리	클라이언트 체계는 적응적인 사회기능을 지원하고, 욕구 충족과 문제 상황을 해결할 수 있는 자원과 연결되어 있다.	자원을 이용하고 개발하기 위한 정책 전략들은 사회변화와 평등한 자원배분을 위해 필수적이다.	연구 결과들은 건강과 서비스 전달체계 사이의 격차와 장벽을 해소하고, 이용 가능한 서비스들을 배치하고 조직화하는 데 활용된다.
교육	실천에서 정보는 쟁점을 해결하고 기술을 배우며, 문제를 예방하고 사회변화를 일으키는 데 필수적이다.	지식은 정보에 기반한 의사결정과 정책 개발에 필수이다. 정보는 사회정책을 형성하고 시행되는 과정을 통해 수집되고 분석되며 전달된다.	사회복지실천은 개인과 조직, 전문적 발달을 위한 정보와 지식, 기술 전달을 수반한다. 전달되는 정보의 유용성과 타당성, 신뢰성은 중요하다.

사회복지의 역할과 전략

일반주의 사회복지사는 직접적 실천과 정책, 연구 분야에서 개인과 가족, 집단, 조직, 지역사회 등 모든 체계에서 클라이언트와 협력하고, 그 과정에서 자문과 자원관리, 교육기능과 관련된 역할들을 고려한다. 이들 기능과 관련된 사회복지의 역할과 전략들은 일반주의 실천가에게 방향을 제시한다. 일반주의 사회복지사가 개인 및 가족 차원의 미시적 수준과 공식적 집단 및 조직 차원의 중시적 수준, 지역사회 및 사회, 사회복지 전문직 차원의 거시적 수준에서 개입할 때 역할은 실천 행동 목록들을 규정하고 상호 관계가 있는 전략들은 개입계획을 실행한다.

예측되는 행동 패턴으로 역할은 특정 행동들을 지시하고, 특정한 상황에서의 적절한 반응에 대해 규정한다. 사회학적 역할이론에 의하면 역할은 역할개념, 역할기대, 역할수행의 세 가지 상호연결된 특성에 따라 구별된다. 역할개념은 사람들이 특정한 역할을 어떻게 수행해야 하는지를 규정하는 것이고, 역할기대는 개인이 특정 지위를 맡았을 때 어떻게 행동해야 하는지에 대한 다른 사람들의 기대를 의미한다. 역할수행은 사람들이 실제로 행동하는 방식을 의미한다. 종합하면, 역할은 인식과 감정과 같은 심리학적 요소와 타인에 대한 기대와 반응과 같은 사회적 요소, 그리고 수행과 같은 행동적 요소들을 포함한다.

여러 연구자들은 특정한 사회복지 역할을 규정하였고(McPheeters, 1971; Pincus & Minahan, 1973; Teare & McPheeters, 1970, 1982), 원조 역할(Siporin, 1975)과 개입 역할(Compton & Galaway, 1999), 사회적 지위에 따른 집합적 역할(Connaway & Gentry, 1988) 등으로 다양하게 소개하였다. 이 장에서 소개하는 사회복지 역할은 역량강화와 각 역할에 내재된 정보의 교환에 초점을 맞추고 있다. 전체적인 내용은 미시에서 중시, 거시체계까지 모든 수준에서의 사회복지 역할을 정리하고, 동료 전문가들과의 상호작용과 관련된 역할까지 포함하고 있다.

이러한 역할을 수행하기 위해 사회복지사는 클라이언트와의 파트너십에서 역할과 관련된 전략과 활동들을 채택한다(표 9.2). 그러나 역량강화에 기반한 사회복지사의 경우 역할을 선택하고 전략을 결정하는 기준은 실천가가 선호하는 방법이 아닌 클라이언트의 상황에 기반한다. 특정 맥락 속에서 클라이언트의 상황을 파악하기 위해 협력관계를 맺음으로써 일반주의 접근은 미시적, 중시적, 거시적 수준의 활동들을 연결하기 위한 여러 가지 가능성들을 제공한다. 사회복지 기능과 역할을 명확히 하기 위해 이 장에서는 자문과 자원관리 교육을 설명하고, 각 기능과 관련된 역할과 예시들을 소개할 것이다.

표 9.2 | 사회복지 역할과 전략

체계 수준

	미시수준: 개인과 가족	중시수준: 공식집단과 조직	거시수준: 지역사회와 사회	전문적 수준: 사회복지 전문직
자문기능				
역할 전략	조력자 상담	촉진자 조직개발	계획가 조사와 계획	동료/감독자 전문직 문화적응
자원관리기능				
역할 전략	중개자/옹호자 사례관리	소집자/중재자 네트워킹	활동가 사회 행동	촉매자 지역사회 서비스
교육기능				
역할 전략	교사 정보처리	훈련가 직원개발	아웃리치 지역사회 교육	연구자/학자 지식개발

자문

자문은 사회복지사와 클라이언트가 관련 이슈들을 확인하고, 대안들을 발견하며, 실천계획을 개발하고 실행하는 것을 통해 변화를 시도하는 전문적인 실천을 의미한다. 자문은 클라이언트와 사회복지사의 전문성에 기반한다. 사회복지사는 공식적으로 요구되는 지식과 가치, 기술들을 제공하고, 클라이언트는 그들의 개인적, 조직적, 지역사회의 경험에 기반한 지식과 가치, 기술을 제공한다.

클라이언트와 협력적인 원조활동을 적용하기 위해서 역량강화를 실천하는 사회복지사는 클라이언트와 사회복지사의 관계에 대한 전통적인 관점이 가진 편견을 확인해야 한다. 예를 들면, 마루치오(1979)는 클라이언트와 사회복지사의 관점을 비교하는 과정에서 "사회복지사는 클라이언트를 환경과의 상호작용에서 수동적인 대상으로 간주하는 동안 클라이언트는 자율적인 기능과 변화, 성장 능력이 있는 능동적인 존재가 된다는 것을 발견하였다"(p.188).

사회복지사가 클라이언트를 부정적으로 인식한다는 암시가 조금이라도 있을 경우 클라이언트의 자존감과 자신감은 크게 상처를 받을 수 있다. 이미 손상된 자아존중감을 가지고 원조 관계를 찾아온 클라이언트를 대상으로 약점과 병리적 관점의 개입을 할 경우 이들의 절망감과 무력감이 더 깊어질 수 있다. 역기능과 분열, 병리학의 이미지들은 클라이언트에게 자기 회의와 무능함, 무가치함 등의 복합적인 감정들을 불러온다. 클라이언트가 스스로를 능력 있는 사람으로 간주한다면 사회복지사도 반드시 그것에 동의해야 한다. 클라이언트와 협력적인 관계를 형성함으로써 역량강화를 실천하는 사회복지사는 변화를 위해 클라이언트의 강점과 가능성을 인식하고, 인정하며, 변화의 기반으로 활용한다.

자문과 관련된 역할과 전략들을 통해 클라이언트와 사회복지사는 모든 체계 수준에서 클라이언트에 영향을 미치는 개인적 문제와 가족, 조직, 지역사회 그리고 사회적 문제들에 개입한다(그림 9.1). 개인이나 가족, 소그룹과 같은 미시적 수준에서는 조력자의 역할은 변화를 만들어 내는 상담 전략들을 포함한다. 중시적 수준에서 촉진자의 역할은 조직 개발을 위한 전략들에 초점을 맞춘다. 거시적 수준에서 계획가의 역할은 거시적 변화를 가져오기 위한 조사와 계획의 전략들로 구성된다. 마지막으로 사회복지 전문직 체계에서 동료와 감독자의 역할은 전문직으로의 문화변용 전략을 통해 실천가의 역량을 향상시키고, 전반적인 전문직의 강화를 위해 동료 지지와 동료 평가를 제공한다.

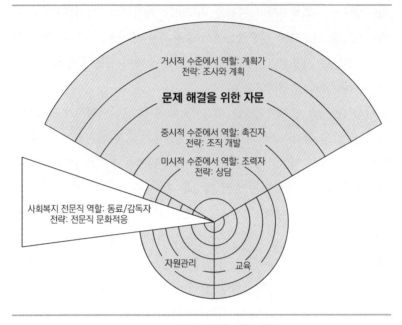

거시적 수준에서 역할: 계획가
전략: 조사와 계획

문제 해결을 위한 자문

중시적 수준에서 역할: 촉진자
전략: 조직 개발

미시적 수준에서 역할: 조력자
전략: 상담

사회복지 전문직 역할: 동료/감독자
전략: 전문직 문화적응

자원관리   교육

그림 9.1 ｜ 문제 해결을 위한 자문

미시적 수준: 조력자 역할

조력자의 역할에서 실천가는 미시적 수준의 클라이언트가 직면한 사회적 기능의 문제를 해결하기 위해 원조한다. 상담 전략은 조력자의 역할에 도움을 준다.

조력자로서 사회복지사는 개인과 가족, 소그룹 클라이언트 체계의 사회적 기능을 향상시키기 위해 원조한다. 상담 전략은 클라이언트가 해결방법을 찾을 수 있도록 돕는다. 사회복지사와 클라이언트는 행동을 개선하고 관계의 패턴들을 수정하며, 사회 및 물리적 환경 요인들을 수정함으로써 변화를 만들어 낸다. 조력자의 역할은 개인의 역량을 강화하고, 문제해결을 위한 능력을 확장하도록 사람들을 돕는 전문직 목적과 부합한다.

상담 전략

역량강화 기반의 사회복지사는 클라이언트의 강점을 인식하는 것부터 시작하여 변화를 위한 클라이언트의 가능성을 발전시킨다. 칼 로저스(1961)는 강점 중심의 원조 관계의 특성을 다음과 같이 설명한다.

> 관계 속에서 두 사람 중 적어도 한 사람이 다른 사람의 성장과 발전, 성숙과 향상된 기능, 그리고 삶에 대한 대처능력을 촉진시키려는 의도를 가진다. 이때 다른 사람은 개인이나 집단이 될 수 있다. 바꿔 말하면, 원조 관계는 참여자 중 한 사람이 개인의 잠재적인 내부 자원을 더 많이 인정하고, 표현하며 기능적으로 활용하기 위한 의도를 가진 관계로 정의될 수 있다(pp.39-40).

조력자의 역할을 통해 실천가는 클라이언트의 욕구를 확인하고, 그들의 상황을 명확히 하며, 삶의 도전들에 대해 효과적으로 대처할 수 있는 능력을 강화하기 위해 원조한다. 실천가는 "클라이언트가 그들의 목적을 달성하고 삶의 도전들에 대처하며, 그들의 자연스러운 삶의 발달 과정에 관여하고, 과업을 수행할 수 있는 환경을 제공하기 위해 다양한 접근방법을 사용한다"(Maluccio, 1981, p.19). 접근방법은 소그룹 내 개인들과의 원조활동을 통한 상호원조도 포함한다(Knight & Gitterman, 2014). 변화의 조건은 각 개인의 내부와 다른 사회체계와의 교류 속에 있다.

사회복지 사례

리타 코스텔로는 청년과 그 가족들에게 사회서비스를 제공하는 다목적 기관에서 가족 서비스를 제공하는 사회복지사이다. 현재 리타는 어린 10대 청소년 부모들을 위해 다양한 사회서비스를 제공하는 기관의 새로운 프로그램을 맡고 있다.

샐리는 리타의 새로운 클라이언트이다. 15살인 샐리는 최근에 임신한 것을 알게 되었다. 산모건강증진센터의 간호사는 샐리에게 10대 청소년 부모를 위한 가족 서비스 기관에 연락해 볼 것을 권유하였다.

초기에 리타는 샐리와 개별 면담을 진행하였다. 샐리의 첫 질문은 "제가 아이를 입양시켜야 할까요?"였다. 조력자로서 리타는 샐리에게 하나의 선택안만 제시하지 않고, 그녀가 다른 대안들을 검토하고 잠재적인 결과들을 평가할 수 있도록 원조하였다. 대안과 관련된 정보들을 가지고 샐리는 자신의 행동 방침들을 결정할 수 있었다.

리타는 샐리처럼 10대 임신부를 위한 다른 서비스 대안들이 있다는 것을 알았다. 예를 들면, 프로그램에 참여하는 많은 10대 청소년들은 새로운 부모를 위한 집단에 참여하고 있다. 이 집단은 10대 청소년 부모들에게 한부모로서 경험하는 스트레스 대처와 관련된 포럼들을 제공한다. 집단 성원들은 그들의 경험과 감정을 공유하고 다른 사람들도 비슷한 어려움을 경험한다는 것을 알게 된다. 종종 이 토론의 맥락 속에서 집단 성원들은 해결방안들을 찾는다. 집단 과정을 촉진함으로써 리타는 개별 구성원이 그들의 어려움을 해소할 수 있도록 지원한다.

때로는 리타와 그녀의 클라이언트들은 어려움의 원인은 여러 세대의 가족 구성원들 간의 의사소통에 있음을 발견한다. 이러한 경우, 리타와 그녀의 클라이언트들은 가족 구성원 모두가 함께 의사소통의 문제를 해결할 수 있도록 프로그램에 초대한다. 예를 들면, 리타는 스미스라는 성을 가진 가족들을 원조하고 있는데, 이들은 증조모인 로즈, 할머니 라번, 티파니와 그녀의 한 살된 아들 댄으로 구성된 4세대 가족을 이루고 있다. 스미스 가족들은 "누가 댄을 돌봐야 하는지", "티파니의 경제적 책임은 무엇인지", "라번이 일을 하고 티파니가 대학에서 공부를 하는 동안 로즈가 모든 집안일을 해야 하는지"와 같은 문제들로 힘들어하고 있다. 스미스 가족에 대한 리타의 원조는 사회복지사의 조력자의 역할을 반영한다. 스미스 가족에 대한 원조활동은 이들 가족이 자신의 권리와 역할, 책임을 재정립할 수 있도록 권한을 부여한다.

중시적 수준: 촉진자 역할

촉진자 역할은 공식적인 집단이나 조직, 관료 조직이 다층적인 체계 속에서 좀 더 효과적으로 기능하도록 촉진하는 것이다. 조직개발을 위한 전략은 촉진자의 역할이다.

촉진자 역할은 공식적인 집단이나 조직처럼 중시적 수준의 클라이언트 체계와 일할 때 이들의 사회적 기능을 강화하는 것이다. 공식적인 집단이나 조직이 내부적 절차나 구조, 기능과 관련된 문제를 확인할 때, 이들의 어려움을 정확히 파악하고 해결책을 도출할 수 있도록 돕는 사회복지사와 상담을 한다. 촉진자로서 사회복지사는 구성원 간의 상호작용을 격려하고, 도움이 되는 유용한 통찰력과 정보를 제공하며, 집단과정에서 참여자들을 안내한다. 집단 성원들은 목적과 계획을 설정하고 개인적 변화와 사회적 변화를 위한 전략들을 선택한다.

조직개발전략

사회복지실천가들은 조직개발과 조직 내 의사소통의 패턴, 의사결정 과정 그리고 행정구조를 향상시키기 위해 중시적 수준의 클라이언트 체계와 협력적으로 일한다. 그들은 직원들의 협력을 강화하고 프로그램과 서비스의 효과성을 증가시키기 위해 종종 자신의 기관에서 촉진자의 역할을 수행한다.

조직개발의 다른 측면에서 사회복지사는 조직의 정책을 형성하는 데 중요한 역할을 한다. "표적집단을 파악하고 있는가?", "서비스들이 효과적이고 효율적으로 전달되고 있는가?", "모니터링과 평가 도구들은 성과를 측정하고 예상하지 못한 결과들을 찾아내고 있는가?"와 같은 질문에 대한 답은 프로그램의 효과성을 평가한다. 정책은 궁극적으로 프로그램에서의 실제 개입과 소비자들의 삶에 미치는 영향을 평가하는 것이다.

지역사회 서비스 클럽 회원들에게 연간 사업들을 평가하는 시간이 왔다. 이 과업은 과거에 하위집단 사이에서의 열띤 토론과 갈등을 가져왔다. 올해는 운영위원회에서 서비스 클럽 회원들과 함께 일할 수 있는 사회복지사인 인데라 존스를 고용할 것을 제안하였다. 인데라는 클럽의 사업과 관련해서 구체적으로 문제의 범위를 선택하고, 초점 문제를 결정할 수 있도록 원조할 것이다. 참여를 독려하고 논쟁을 최소화하기 위해 인데라는 포괄적인 집단 성원들을 참여시키는 집단 과정을 진행할 것이다. 문제의 우선순위를 정하기 위한 객관적인 기술들을 사용하여 인데라는 집단 성원들이 내년도 클럽의 목표설정에 대한 합의를 할 수 있도록 원조할 예정이다. 특별히 이 조직과의 활동들은 사회복지 촉진자의 역할을 반영한다.

사회복지사는 또한 공식적인 조직과의 활동에서 촉진자의 역할을 수행한다. 이 활동은 개인의 변화보다는 조직의 변화를 목적으로 한다. 예를 들면, 좀 더 광범위한 산업 플랜트 분야의 경영관리팀은 알코올 중독이나 잦은 결석, 기타 개인적인 문제들이 동기를 저하시키고 생산성을 감소시킬 것을 염려하였다. 이들은 조직 구조 차원에서 직원들의 욕구를 평가하기 위해 기업 및 산업분야 전문가인 사회복지사 호세 몬티고를 고용하였다. 노사로부터 정보를 수집한 호세는 근로자 지원 프로그램을 도입할 것을 제안하였다. 호세는 새롭게 형성된 노사위원회에서 충분히 고려할 수 있도록 근로자 지원 프로그램의 여러 대안들을 소개하였다. 호세의 활동은 조직개발전략을 위한 촉진자의 역할을 반영한다.

BOX 9.1

역량강화와 사회정의에 대한 성찰

사회복지 기능과 역할

사회복지의 국제적 정의에 기반하여 2004년 국제사회복지교육협회(IASSW)와 국제사회복지사연맹(IFSW) 총회는 사회복지의 핵심 목적을 다음과 같이 명시하였다.

- 소외되거나 사회적으로 배제되고, 박탈당하며 취약하고 위험에 처한 사람들을 촉진한다.
- 우리 사회에 존재하는 장애물과 불평등, 부정의에 직면하고 도전한다.
- 개인이나 가족, 집단, 조직 그리고 지역사회와 단기적, 장기적 관계를 형성하고, 이들의 안녕과 문제 해결 능력을 강화하도록 지원한다.
- 지역사회에서 사람들이 서비스와 자원을 획득할 수 있도록 지원하고 교육한다.
- 사람들의 행복 수준을 높일 수 있는 정책과 프로그램을 형성 및 실행하고, 개발과 인권을 실현하며, 전체적인 사회적 화합과 인권을 침해하지 않으면서 사회적 안정을 촉진한다.
- 지역이나 국가, 대륙 또는 국제적 문제와 관련해서 사람들이 옹호 활동에 참여하도록 독려한다.
- 전문직의 윤리적 원칙을 고수하며 사람들과 또는 사람들을 위해 정책 형성과 실행을 옹호하는 활동을 한다.
- 사람들을 소외되고, 박탈되며 취약한 상황에 머물게 하는 정책이나 구조적 환경들을 변화시키기 위해 옹호 활동을 한다.
- 용인되고 윤리적인 법률 안에서 돌봄이 필요한 아동이나 청소년, 정신질환이나 정신지체를 가진 사람들처럼 스스로를 보호할 수 없는 사람들을 보호하려고 노력한다.
- 사회정책과 경제개발에 영향을 미치고 불평등을 비판하고 제거하기 위한

사회적, 정치적 활동에 참여한다.
- 인권을 침해하지 않는 안정되고 조화로우며, 상호 존중하는 사회를 구현한다.
- 인권을 침해하지 않는 선에서 서로 다른 민족 집단과 조직들의 전통과 문화, 이데올로기, 신념과 종교를 존중한다.
- 위에서 기술한 모든 목적을 달성하기 위해 프로그램과 조직을 계획하고 준비하며, 운영하고 관리한다.

사회복지 기능과 역할은 전문직의 목적인 인권과 사회정의 실현을 위한 도구이다.

거시적 수준: 계획가 역할

충족되지 않은 욕구를 사정하기 위해 지역사회나 사회적 조직과 일을 하는 일반주의 사회복지사는 목적을 설정하고, 정책을 개발하며, 프로그램을 시행하는 계획가의 역할을 수행한다. 계획가의 역할과 관련된 전략들은 조사와 계획을 포함한다.

사회 계획가는 지역사회가 문제를 해결하고 건강과 휴먼서비스를 제공하기 위한 계획들을 지원한다. 계획가와 지역사회 조직가로서 사회복지사가 거시적 수준에서 개입할 때 사회문제와 사회정책, 지역사회 변화 이론 그리고 거시적 수준에서의 변화 과정에 대한 지식이 요구된다. 계획과 조사 분야에 대한 전문지식과 기술을 활용하여 실천가는 지역사회 욕구를 다루고 자원을 개발하기 위해 지역사회 리더 및 사회서비스 담당자들과 협력한다.

사회 계획가의 활동은 서비스를 조정하고, 프로그램을 개발하며, 정책의 효과성을 평가하고, 사회복지 개혁을 옹호하는 것을 포함한다. 사회 계획가는 사회문제를 더 깊이 이해하고 잠재적인 해결방안을 찾기

위해 욕구사정, 서비스 개발, 지역사회 기술, 환경 조사 그리고 현장 조
사와 같은 조사 기술을 사용한다.

조사와 계획전략

사회 계획가들은 계획 과정에서 중립적인 위치에서 일을 한다. 이들
은 합리적인 행동 방침을 제안하기 위해 객관적으로 조사와 분석을 수
행한다. 사회 계획은 미래를 향한 비전적인 방향을 요구한다. 환경적
요인과 한계에 대한 현실적인 평가는 변화가 한정적이지만, 비전적인
관점은 동기를 부여한다. 가능성을 열어놓고 지역사회 자원능력을 최대
화함으로써 변화를 추구한다.

계획을 촉진하기 위해 사회복지사는 거시적 수준의 클라이언트와 함
께 일하면서 계획의 본질과 범위를 규정하기 위해 자원능력과 환경적
한계들을 사정한다. 표 9.3은 계획 과정에서의 주요 요소들을 기술한
것이다. 계획 활동은 점진적인 단계를 통해 제한된 변화를 시도하고 광
범위한 시스템 개혁을 통해 포괄적인 변화를 이룬다.

표 9.3 | 계획의 기본 요소들

요소들	설명	
비전	• 이상 • 기대하는 성과	• 미래
환경적 고려요인들	• 인구통계 • 법률 제정	• 경제 • 사회정책
자원능력	• 기회 • 예산	• 직원
계획 과정	• 이해 당사자들의 참여	• 제안에 대한 평가
개입	• 평가	• 수정

사회복지 사례

센트럴 시티의 기관들은 지역 프로그램을 개발하기 위해 지역사회 정책 보조금을 이용할 수 있다. 센트럴 시티 지역개발 회사는 지역의 욕구를 파악하고 포괄적인 지역개발 프로젝트를 위한 제안서를 준비하기 위해 보조금 신청 경험이 있는 사회복지사인 벤 코헨을 고용하였다.

벤은 지역주민들과 공무원, 사회서비스 전문가로 구성된 지역운영위원회를 구성하였다. 벤과 운영위원들은 우선순위와 목표를 설정하고 실행 계획을 개발하기 위해 노력하였다. 먼저 주민들의 욕구사정을 진행하고 보조금 신청을 위한 전략들을 개발하기로 결정하였다. 욕구사정의 결과를 토대로 운영위원회는 범죄예방과 환경미화, 지역주민 급식소 그리고 맞벌이 가정 자녀를 위한 방과 후 보육 프로그램 영역에서 프로그램과 정책 개발을 고려하고 있다. 벤의 활동은 계획자로서 협력적인 계획과 조사전략의 유형을 보여준다.

거시적 수준에서 입법부 사례관리자로 일하는 메리 브라운 역시 계획자의 역할을 수행한다. 지역구 의원의 요청에 따라 메리는 지역 재향군인들의 욕구를 조사하였다. 그녀는 설문조사를 설계하고, 지역 내 재향군인이 이용가능한 혜택과 교육, 경제, 건강 그리고 사회서비스 자원의 공백과 한계들을 확인하기 위해 100명의 재향군인들과 면접을 하였다. 응답자들은 재향군인들을 위한 지역사회 보건관리 서비스에 대한 불만이 매우 높았다. 응답자들은 가까운 재향군인 병원에서 보건관리 서비스를 받기 위해 2시간 이상 운전을 해야 했다. 많은 재향군인과 가족들은 군 복무와 관련된 건강 문제가 여전히 남아있음을 호소하였다. 국회의원은 지역에 포괄적인 헬스 클리닉을 개설하기 위한 연방 정부의 보조금을 요청하기 위해 메리의 조사 결과를 사용할 예정이다.

전문적 체계: 동료와 감독자 역할

전문적 상호작용은 동료와 감독자의 역할을 위한 현장을 제공한다. 이러한 역할을 통해 실천가들은 사회복지 전문직을 통합시키고, 윤리적 기준을 유지하며, 동료들에게 지지를 제공한다.

동료 역할은 사회복지 전문가들 사이의 파트너십과 상호 존중 그리고 지지적 환경을 상정한다. 동료 역할은 다른 전문가들과 업무 관계를 맺고 미국사회복지사협회(NASW)나 사회복지교육협의회(CSWE)와 같은 전국이나 지역의 전문직 기관에서 회원 자격을 유지하는 것들을 의미한다.

다른 전문가들과 협력관계를 유지하는 것은 효과적인 사회복지실천을 위해 필요하다. 동료들은 질적 제고와 전문적 기준을 준수하기 위해 다른 동료의 전문적 실천을 모니터링한다. 미국사회복지사협회의 윤리강령 원칙은 사회복지 전문직과 다른 사회복지 전문가들의 활동을 모니터링하는 것에 대한 사회복지 전문가의 의무와 책임을 설명한다. 모니터링은 조언과 정보제공, 멘토링 그리고 전문직에 대한 일반적인 오리엔테이션을 제공하는 것을 의미한다.

전문직 문화적응

전문직으로의 문화적응을 통해 사회복지사는 사회복지의 전문적 가치와 원칙, 윤리를 확인한다. 문화적응은 실천가들이 전문직 언어나 방법론, 책임과 의무를 포함한 사회복지 전문직 문화에 익숙해지는 것이다. 또한 교육과 실천 경험 그리고 전문적 발달의 지속적인 과정을 동반한다. 문화적응은 사회복지사의 개인적 정체성과 전문직 정체성을 통합시킨다.

사회복지 사례

미국사회복지사협회 지부의 회원들은 지역 내 새로운 사회복지사들의 전문직 정체성의 부족에 대해 염려하고 있다. 집행위원회는 지역 사회복지사들의 사회적 만남을 증가시키면서 새로운 사회복지사들의 전문직으로의 문화적응을 강화하는 두 가지의 활동을 진행하기로 결정하였다. 이 계획을 구체화하기 위해 위원회는 2개의 분과위원회를 구성하였다.

보니 그린은 사회활동 위원회의 의장을 맡고 있다. 이 위원회는 두 달에 한 번씩 지역 실천가와 가족들을 위한 활동을 계획할 예정이다. 또한 3월에 전국 사회복지사의 달을 위한 특별한 기능과 관련된 의제를 준비할 예정이다. 마빈 헤드버그의 위원회는 3월에 멘토링 프로그램을 착수할 예정이다. 멘토링 프로그램은 경험 많은 실천가들을 지역 대학을 졸업한 예비 사회복지사들과 연결할 예정이다. 3월에는 학생들이 그들의 멘토와 함께 계획된 활동에 참여할 예정이다. 미국사회복지사 지부에서 보니와 마빈의 활동들은 사회복지의 문화적응전략을 위한 동료의 역할을 반영한다.

동료와 감독자의 역할에 대한 또 다른 사례이다. 미국사회복지사협회는 전문직 장애와 동료 지지 프로그램에 대한 정책 보고서를 개발했다. 미국사회복지사협회는 지역 지부의 동료 지지 프로그램도 지원한다. 이 프로그램은 약물 남용 문제를 가진 사람들을 포함하여 모든 사회복지사가 효과적인 실천을 재개할 수 있도록 서비스 네트워크와 동료 지지를 제공한다. 동료들은 중독 문제를 가진 사회복지사가 약물 의존으로부터 회복시키는 치료를 받을 수 있도록 격려한다. 사회복지사는 지역주민을 보호해야 하는 책임과 전문직 동료들을 지지해야 하는 의무 사이에서 윤리적 딜레마를 직면한다. 동료지지 프로그램은 전문직 동료 및 감독자 역할의 전형적인 예이다.

자원관리

자원은 힘을 내포하고 힘은 지식에 의존한다. "변형된 힘"이라는 책에서 맥키버(1964)는 자원과 힘 그리고 지식의 관계를 명확히 한다. 맥키버에 의하면 지식은 힘의 근원이다.

힘은 효과적인 행동 능력을 의미하고, 행동의 수준과 범위는 필
요한 기술이나 예술, 방법과 목표, 적절한 시간과 방향 등에 대한
지식을 통해 습득하는 자원에 의해 좌우된다. 지식은 기본적으로
자신을 아는 것이 곧 필요한 자원을 획득하는 것을 말한다(p.110).

　자원에 대한 정보를 가지고 있고 이러한 자원을 동원할 수 있는 사람
들은 자원능력이 있다. 자원능력은 역량을 강화한다. 사람들은 과업을
완수하고 목표를 달성하며, 삶의 도전을 극복하기 위해 자원이 필요하
다. 자원은 효과적인 사회적 기능과 성장, 적응, 가능성의 실현 그리고
일반적인 인간의 복지를 촉진한다. 반대로 사회문제는 자원공급의 격차
와 장벽이나 이용 가능한 자원에 접근하는 기회의 부족으로 인해 발생
한다. 사회복지의 목적은 인간의 기능과 관계를 강화하고 인간과 사회
의 복지를 위한 사회적 환경을 만들기 위해 이용 가능한 자원들을 보장
하는 것이다.

　자원은 사람들과 외부와의 상호작용, 그리고 사회제도 안에 있다. 개
인적 자원은 회복력이나 역량, 자존감, 희망감, 자존심, 지적 능력, 변화
를 위한 동기, 인내심, 끈기, 용기 그리고 인생 경험과 같은 개인의 자
질을 의미한다. 대인관계의 자원은 가족이나 친구, 이웃 그리고 동료와
같은 자원원조망을 통해 형성되는 지지체계를 포함한다. 자원원조망의
구성원들은 비슷한 경험을 가진 사람들과 연결하고, 고용주나 성직자
들, 의사들과 법조인들 그리고 사회서비스 전문가들이 제공하는 자원과
연결한다. 사회적 자원은 사회 구성원들의 복지를 촉진하는 사회제도의
대응을 구성한다. 사회적 자원은 "모든 구성원들이 사회 참여와 법적
보호, 개발의 기회 그리고 사회적 혜택에 대한 접근과 관련해 동일한
권리를 공유하고, 사회의 자원풀에 기여하는" 정의로운 사회를 실현하
는 데 필요하다(Dubois & Miley, 2004).

종종 클라이언트는 자신의 개인적 자원풀이나 비공식적 사회적 지지
망에서 찾지 못하는 자원에 접근하기 위해 사회복지 서비스를 찾는다.
사회복지사는 공식, 비공식적 자원에 접근하고, 서비스 전달을 조정하
며, 새로운 정책과 프로그램을 착수함으로써 클라이언트를 원조한다.
그러나 역량강화 기반의 사회복지사들은 클라이언트의 결정과 선택을
통제하거나 지시하는 대신 자원과 서비스를 조정하고 체계화하며 통합
하는 과정에서 클라이언트와 협력한다.

사회복지실천가는 자원관리 역할을 위해 모든 체계 수준에서 활동한
다. 미시적 수준에서는 중개자와 옹호자의 역할 수행을 위해 사례관리
전략을 활용한다. 중시적 수준에서는 소집자와 중재자 역할과 관련된
네트워킹 전략들을 활용한다. 활동가 역할과 연관된 사회행동 전략을

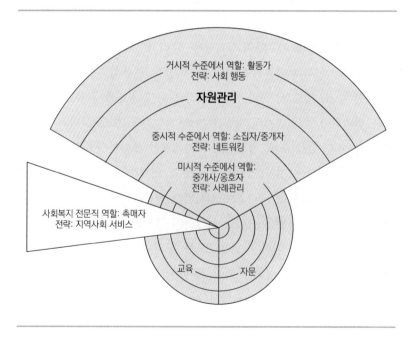

그림 9.2 | **자원관리**

통해 사회복지사는 사회적 자원을 재분배하고 사회정치적 영역에서 제도적 변화를 가져오기 위해 거시적 수준에서 변화를 추구한다. 마지막으로 촉매자의 역할은 억압과 사회 불평등을 제거하기 위한 지역사회 서비스 전략을 통해 다른 전문직과 함께 일하는 사회복지 전문직 구성원들의 헌신을 반영한다.

미시적 수준: 중개자와 옹호자 역할

중개자와 옹호자의 역할을 통해 사회복지사는 클라이언트를 이용 가능한 자원에 연결시키거나 클라이언트의 문제를 진전시키기 위한 중재자로서 활동한다. 사회복지사는 다수의 서비스 공급을 조정하기 위해 사례관리 전략을 사용한다.

중개자로서 사회복지사는 이용 가능한 자원에 대한 중요한 정보를 제공하여 클라이언트가 자원에 적합하고 시의적절하게 접근할 수 있도록 한다. 사회복지사는 다음과 같은 목표를 가지고 클라이언트와 협력적으로 일을 한다.

- 클라이언트의 특정한 상황을 평가한다.
- 여러 대안적인 자원들로부터 클라이언트가 선택할 수 있도록 돕는다.
- 클라이언트가 다른 기관들과 연락할 수 있도록 신속히 처리한다.
- 과정을 평가한다.

중개자는 의뢰 기관의 정책과 절차를 이해하고 실천현장에서 전문적 관계망을 유지한다.

클라이언트와의 관계에서 사회복지사는 충족되지 않은 욕구와 사회적 불평등, 클라이언트의 시민권, 법률권 그리고 인권 침해의 문제를 종종 인식하게 된다. 클라이언트 옹호는 이러한 불평등을 바로잡는다. 궁극적으로 클라이언트 옹호는 특정한 클라이언트와 관련된 정책의 변화와 재해석, 예외적인 상황들을 찾는다. 사회복지사가 클라이언트의 욕구를 정책 이슈로 전환할 때 사회복지사는 자신의 활동을 개별 클라이언트 또는 개별 사례로부터 조직옹호로 전환한다. 이러한 전환은 다양한 체계에서 사회복지실천들 간의 상호 연관성을 보여준다.

중개자와 옹호자 역할은 사회복지의 주요 목적 중 하나인 사람들이 자원을 획득할 수 있도록 돕는 목적을 충족한다. 중개자와 옹호자 역할을 활용하여 사회복지사는 클라이언트의 특정한 욕구를 다루거나 공적 영역이나 개인 또는 조직에 의한 부정적인 활동에 대한 불만들을 해결하는 서비스를 제공한다. 사회복지 역사에서 잠재적 서비스 대상인 클라이언트가 도덕적인 이유를 들어 서비스에서 제외되기도 하였다. 옹호자로서 사회복지사는 클라이언트가 자격이 되는 서비스에 접근이 가능하도록 보장한다. 다시 말하면 중개자와 옹호자는 정부 기관의 복잡한 관료주의를 타파하고 클라이언트의 권리를 보호한다.

역량강화 기반의 자원관리자는 중개 또는 옹호 활동을 통해 클라이언트와 협력적으로 일한다. 렌로우와 버치(1981)는 다음과 같이 제안하였다.

> 클라이언트가 다른 전문직과 서비스 기관에 어떻게 접근할 수 있는지에 대한 정보와 격려는 클라이언트에게 실패감이나 모욕감을 주기보다는 자기존중감을 더욱 강화시킨다. 또한 의사결정과 실행에 대한 자원들을 찾는 방법에 대한 정보와 건강한 신체적, 심리적 기능에 도움이 되는 정보제공도 포함된다(p.248).

사회복지 사례

칼라 노스는 지역 복지관에서 아동돌봄을 위한 자원과 의뢰 프로그램의 일을 하고 있다. 사람들이 아동돌봄 제공자에 대한 정보를 요구함에 따라, 칼라는 자격증이 있는 주간보호 담당자와 아동돌봄 기관의 리스트가 있는 CHILD LINK라는 컴퓨터 데이터 뱅크를 사용한다. 오늘 그녀는 카르멘과 페드로 멘데즈와 이야기하고 있다. 이들은 모두 밖에서 일을 하면서 지역 대학에서 야간 과정을 병행하고 있기 때문에 3명의 미취학 자녀를 위한 돌봄 서비스가 필수적이다. 칼라의 컴퓨터 프로그램은 클라이언트의 특정한 요구에 맞게 서비스 제공자와 기관들을 정리해서 보여준다. 자격증이 있는 돌봄 제공자와 주간 돌봄 기관들은 CHILD LINK의 서비스에 적은 수수료를 지불한다. 중개자의 역할을 통해 칼라는 클라이언트들을 서비스 제공자와 연결시킨다.

또 다른 사례는 옹호자로서의 사회복지사의 역할이다. 로저 오스본은 장애 지원 서비스에 신청했지만 거부당했다. 그는 항소를 준비하기 위해 복지권 협회에서 사회복지 옹호를 하는 짐 영에게 연락을 하였다. 짐은 로저에게 몇 가지 선택안을 제시하였다. 첫 번째는 적합 판정에 대한 재심을 신청하는 것이고, 또 다른 대안은 항소심에서 법률 대리인을 구하는 것이다. 세 번째 대안은 로저의 의료 기록에 독립적인 검토를 요청하는 것이다. 로저가 행동 지침을 결정함에 따라 짐은 적절한 절차적 방법을 통해 그의 클라이언트를 옹호할 예정이다.

사례관리 전략

사례관리는 서비스를 조정하고 서비스 제공자의 책임성을 보장하기 위한 전략이다. 사례관리의 목적은 서비스를 조정하고, 지속성을 유지하면서 동시에 프로그램 예산이나 서비스 효과성과 같은 책임성과의 균형을 유지하는 것이다.

사회복지사는 클라이언트가 여러 가지 욕구를 가지고 있을 때 사례관리 전략을 사용한다. 이러한 경우 클라이언트는 많은 서비스 제공자들과 협상해야 하고, 시간이 지나도 서비스나 혜택이 지속될 수 있도록 계획을 세워야 한다. 사례관리자는 클라이언트의 상황을 평가하고 필요한 자원을 획득하며 서비스 전달에 대한 모니터링과 평가를 하기 위해 이들과 협력한다.

정신건강, 장애 재활, 가족복지, 노인복지분야의 전문가들은 모두 사례관리 전략을 효과적으로 활용한다. 이 분야에서 서비스를 이용하는 클라이언트들은 주거나 교통, 정신건강과 의료 보호, 소득 유지와 교육 및 고용 서비스와 같은 다양한 자원에 대한 접근에 있어 도움을 필요로 한다.

사례관리는 서비스를 조정하고 서비스 전달체계의 요소들을 연결하며, 클라이언트의 권리를 옹호함으로써 클라이언트의 욕구를 충족시키는 포괄적인 프로그램을 지원한다. 보통 한 기관에서 클라이언트의 목표를 달성하는 데 필요한 모든 유형의 서비스나 프로그램을 제공하지 않는다. 사례관리자는 서비스를 조정하기 때문에 여러 서비스 제공자와 다학제간 팀워크 접근을 통해 활용할 수 있는 서비스 대안들을 도출한다. 능력있는 사례관리자는 복잡한 서비스와 제공자의 개입이 문제 해결보다 복합적인 문제를 만들 수 있기 때문에 오직 요구된 서비스만 접근한다.

사회복지 사례

헤르만과 베아트리체 웹스터의 담당의는 At Home에서 일하는 사례관리자인 조이스 필립스에게 이들을 의뢰하였다. 지역사회 기반의 지지 프로그램은 양로원 입소의 대안으로 사례관리를 포함하여 가정 내 보건관리와 가정배달 급식, 가사서비스를 제공한다. 제한된 재정 자원을 가진 노쇠한 웹스터 부부는 자신의 집에서 계속 살아갈 수 있도록 다양한 서비스를 요구하였다. 조이스는 이 부부의 신체적, 인지적, 사회적 기능들을 사정하기 위해 심리사회 검사를 마무리하였다. 검사 점수와 금융자산, 개인의 선택에 기반하여 조이스는 이들 부부가 동의하고 승인한 돌봄 계획을 준비하였다. 사례관리 전략을 사용하여 조이스는 부부가 선택한 돌봄 제공자와 전체 돌봄 계획을 조정하고 필요한 절차들을 진행할 예정이다.

중시적 수준: 소집자와 중재자 역할

소집자와 중재자로서 사회복지사는 집단이나 조직의 대표자들이 공동의 문제를 확인하고, 목표를 설정하며, 잠재적 해결방안을 논의하고, 자원을 동원하고, 개입 활동들을 실행하고 평가할 때 매개자로서 활동한다. 사회복지사는 서비스를 조정하고 개발하기 위해 네트워킹 전략을 활용한다.

소집자와 중재자의 역할을 통해 사회복지사와 중시 체계의 클라이언트는 서비스 전달에서의 공백과 장벽을 논의하고, 사회서비스를 확대하는 정책을 옹호하며, 필요한 보조금을 제공한다. 예를 들면, 실천가는 서비스 전달을 평가하고 필요한 정책 수정을 제안하기 위해 지역사회 과업집단이나 기관 위원회 또는 유나이티드 웨이의 심사자들과 협력할 수 있다. 소집자와 중재자는 체계들을 연결하고, 조직들 간의 상호작용을 향상시키며 조직자원을 동원한다.

사회복지사는 학제 간 또는 기관 간 프로젝트팀과의 활동을 통해 소집자와 중재자의 역할을 수행한다. 참여자들 사이에서 갈등이 발생할 때 사회복지사는 의견 차이를 해결하기 위해 중재 기술을 사용한다. 효과적인 중재자는 갈등상황에 있는 당사자들이 동의할 수 있는 공통점과 해결책을 찾으면서 중립적인 입장을 유지한다.

사회복지 사례

　　사회서비스 전달의 주기적인 사정 활동의 일환으로 지역사회 서비스 위원회는 서비스 재고와 소비자 인식 조사를 실시하였다. 조사 결과 저녁시간과 주말에 기관 상담 시간 연장에 대한 욕구를 확인하였다. 지역사회 서비스 위원회의 사회복지사인 케이 맥스웰은 관련 기관에서 근무시간 이후 서비스 제공 방안에 대해 논의하기 위해 가족 서비스 기관, 정신건강센터 그리고 심리상담센터의 핵심 관리자들과의 회의를 소집하였다. 회의에 참석한 모든 기관들이 지역사회 서비스 위원회의 보조금을 지원받은 것은 아니었다. 기관 담당자들은 근무시간을 연장하는 데 소요되는 비용에 대한 염려를 나타냈고, 이러한 시간 연장에 대한 책임감을 가져야 한다는 것에 동의하지 않았다. 지역사회 기관 리더들과의 집단활동과 갈등을 중재하는 케이의 기술은 소집자와 중재자의 역할을 보여준다.

네트워킹 전략

　　소집자와 중재자 역할을 수행하는 사회복지사는 다양한 집단과 조직들이 공동의 목적이나 공유된 목표를 중심으로 협력을 강화하기 위해 네트워킹 전략들을 사용한다. 사회복지사는 휴먼서비스 기관이나 기업 및 산업과 같은 다른 사회조직들, 영향력 있는 지역사회 리더들과 네트워크를 개발한다. 동맹을 통해 기관 간 조직들은 협력적으로 일을 하고, 서비스의 공백과 장벽들을 확인하며, 충족되지 않은 서비스 전달의 욕구들을 해결하는 방법들을 계획할 수 있다. 협력적인 계획은 네트워킹 전략의 효과성을 강화한다. 협력적인 활동은 참여자들이 중시적 수준의 변화를 만들어 낼 수 있도록 역량강화한다.

사회복지 사례

빈 퐁은 지역사회 위원회와의 업무 연락 담당자로서 네트워킹 전략들을 사용한다. 노동위원회의 요청에 따라 빈은 기업이 후원하는 데이케어 모델을 모색하기 위해 기업과 산업 그리고 노동영역의 리더 회의를 소집하였다. 일부 참여 기업들은 직장에서의 데이케어 센터 개발에 관심을 가진 반면, 다른 참여 기관들은 직장 밖에서의 프로그램을 후원하는 방안에 더 관심을 가지고 있었다. 빈이 활용한 네트워킹 전략은 기업체를 다른 회사와 연결해주는 것뿐만 아니라 기업체를 지역사회의 정보 및 재정적 자원과 연결하는 것이었다.

거시적 수준: 활동가 역할

활동가로서 사회복지사는 사회적 변화를 시도하기 위해 지역사회와 사회에서 중요한 사회, 경제적 지도자들을 모은다. 사회 행동 또는 사회적 옹호의 전략은 자원배분과 제도적 변화에 영향력을 미치고, 법적 소송을 시도함으로써 사회정의와 인권을 촉진한다.

사회활동가들은 사회문제와 불평등에 대한 대중 의식을 높인다. 그들은 이러한 악의적인 상황을 변화시키기 위해 이용 가능한 자원들을 동원한다. 사회 행동 속에서 사회복지 활동의 범위는 자원을 획득하는 것부터 사회 개혁을 실행하는 것까지 다양하다. 동원은 공유된 아젠다를 설정하고, 목표를 분명히 하며, 계획된 행동을 위한 광범위한 지지를 획득하기 위해 전략들을 계획하고 실행하는 것을 목적으로 지역사회 집단과 함께 활동하는 것을 의미한다.

사회 행동 전략

옹호와 사회 행동의 목적은 사회 개혁이다. 사회 행동의 전략으로서 사회적 활동은 삶의 질을 강화하는 사회 개혁을 통해 사회적 불평등을 제거하는 정책들을 조정하는 것을 의미한다. 사회적 활동을 통해 사회복지사는 사회 개혁과 사회변화를 추구한다. 집단 옹호 활동에 참여하는 사회복지사는 연합체를 구성하고, 기금의 재분배를 위해 활동하며, 적절한 사회정책과 사회 개혁에 필요한 기금을 제공하는 법률 제정을 위해 영향력을 미친다.

활동가로서 사회복지사는 경제적으로 취약하고 정치적으로 권리를 박탈당한 집단을 일방적으로 변호하기 위해 헌신한다. 집단 옹호자들은 제도를 인도적으로 만들기 위해 노력한다. 그들은 개인을 바로잡기보다는 사회제도를 개혁하는 데 더 관심을 갖는다.

사회복지 사례

전국 단위 조사는 여러 주에서 나타나는 에이즈 서비스를 위한 기금 부족과 관련된 심각한 문제들을 확인할 수 있다. 에이즈 서비스를 위한 주의 경비를 증가시키기 위해서 사회복지사는 예산 증감을 지지하기 위해 국회의원 앞에서 증언을 한다. 정치적 행동은 사회정책 형성에 참여하는 것과 사회복지를 실천하는 것 사이의 직접적인 연결고리를 보여준다.

또 다른 예로 활동가로서 제프 마일즈의 역할은 지역사회 구성원들의 활동을 동원하여 지역사회의 욕구에 반응하는 것이다. 대량 해고와 휴업 때문에 마운틴 갭 푸드뱅크의 주요 식료품들은 공급이 부족하다. 지역의 푸드뱅크는 보존 식품과 캔 음식들로 지역사회의 식료품 저장실을 채운다. 제프는 포괄적인 응급 푸드 드라이브를 개설하였다. 제프는 다양한 시민단체와 공제 조직, 기업체와 교회의 지도자들을 동원하여 그들 회원들 사이에서 캠페인 활동에 앞장서도록 하였다. 그는 지역사회 활동에 일부 지역 청년회가 참여하도록 지원하였다. 지역 미디어의 유명인들은 푸드뱅크 위기에 대한 지역사회의 인식을 높이기 위해 자신의 프로그램에 특집 기사로 소개하였다.

전문적 체계: 촉매자 역할

촉매자로서 사회복지사는 최상의 사회서비스 체계를 개발하기 위해 동료들 그리고 다학제적 관계를 통해 전문적인 역량을 발휘한다. 지역 사회 서비스 전략을 통해 사회복지사는 봉사자로서 윤리적 의무를 이행한다.

사회복지사는 촉매자의 역할을 수행하면서 혁신과 변화를 위해 노력한다. 사회복지사는 서비스 전달체계가 좀 더 인간중심이 되도록 수정하고, 사회정의와 평등을 성취하기 위해 사회환경 정책에 영향을 미치며, 국제사회의 상호의존을 인정하는 세계관을 촉구해야 할 윤리적 의무가 있다. 예를 들면, 미국사회복지사협회는 구성원들이 확인한 사회적 욕구 해결을 위한 정책을 입안하기 위해 로비활동과 전문가의 증언을 제공하고 다른 전문가 집단과 연합한다. 미국사회복지사협회의 활동가들은 문제를 규정하고, 입법과정을 모니터링하며, 정책과 프로그램의 효과성을 평가한다.

또한 전문 조직은 법정 조언자의 역할 수행을 요청받을 수 있다. 전문 조직의 대표는 특정한 판결과 관련해서 전문적인 조언을 제공한다.

촉매자로서 사회복지사는 지역과 국가적 그리고 국제적 이슈들을 다루기 위해 다학제적 협력을 시도한다. 전문 조직의 연합을 통한 정치적 압력은 정책이나 기금에 있어서 실질적인 변화를 가져온다. 예를 들면, 사회복지사와 다른 영역의 전문가들 그리고 관심 있는 시민들의 연합을 통한 로비활동의 결과로 주정부 기반의 아동 신탁 기금이 결정되었다. 부가세와 세금공제 지원을 통해 이 기금은 워싱턴 D.C.와 많은 주에서 이용 가능하다. 아동 신탁은 아동학대와 방임을 예방하는 특별 프로그램을 위한 기금을 제공한다.

국제사회복지사협회는 126개국의 50만 명 이상의 회원들이 소속된 사회복지 전문 조직들을 대표하고, 전문직을 위한 국제적 목소리를 내고, 국제 영역에서 사회복지 회원 조직들을 위한 촉매자의 역할을 수행한다(Hall, 2012; IFSW, 2016). 예를 들면, 국제사회복지사협회는 회원들을 대표하여 UN에 아동의 교육권, 보건의료 지원, 평화와 정의 그리고 난민의 권리와 같은 다양한 문제들에 대하여 의견을 전달한다.

사회복지 사례

의료사회복지사를 위한 Hill and Dell 컨소시엄 회원들은 최근 회의에서 유전상담을 요청하는 사람들이 증가하고 있음을 알게 되었다. 이들은 유전상담 전문가가 있는 대도시까지 240km 이상을 운전해서 가야만 한다. 회원들은 이 문제를 조사하고 의견을 제출하기 위해 프로젝트팀을 요청했다. 오늘 회의에서 프로젝트팀은 지역의 정신건강센터들이 유전 전문가들을 고용하기 위해 기금지원이 필요하다고 제안하였다. 컨소시엄 회원들은 서비스 전달체계의 변화를 위해 촉매자의 역할을 수행하였다.

지역사회 서비스 전략

사회복지 전문가는 전문 조직에서의 자원봉사활동과 지역사회 프로젝트 기획자, 자문위원, 연합회원, 평가위원회 또는 이사회의 회원으로서 지역사회를 위해 서비스를 제공한다. 사회복지사는 지역사회와 교회, 시민단체를 위해 교육 프로그램을 자발적으로 제공하는 지역사회 교육 자원가로서 활동한다. 사회복지사는 미국사회복지사 윤리강령에 명시되어 있는 사회적 책임에 대한 진정한 의무이행을 위해 지역사회 활동에 자신의 시간을 기꺼이 제공한다.

교육

  지식은 힘이 있기 때문에 역량강화 기반 실천에서 교육은 매우 중요하다. 교육적 기능을 통해 사회복지사는 클라이언트에게 정말 필요한 정보를 제공한다. 이러한 정보의 교환은 의사결정을 촉진하고, 역량을 강화한다. 나아가 사회복지사는 기회와 자원에 접근할 수 있는 클라이언트의 능력을 향상시키는 다양한 기술들을 교육한다.

  성인 클라이언트에게 교육 경험은 그들의 경험에 기반한 교육의 목적을 확인하고, 교육적 욕구를 충족하고 문제를 해결하는 데 적용할 수 있도록 돕는다. 교육적 관계에서 클라이언트를 파트너로 간주하는 사회복지사는 클라이언트의 적극적인 참여를 높이 평가한다. 나아가 사회복지사는 클라이언트가 "적극적인 협력자로서 참여할 수 있도록 독려하고 이를 통해 사회복지사와 클라이언트 모두 동반자로서 상호 혜택을 준다"는 점을 강조한다(Lenrow & Burch, 1981, p.253). 교육과정 중심의 심리교육적 집단활동에서 열린 토론과 협력적인 교육을 강조하는 과정들은 통합적인 교육을 추구하는 상호원조의 환경을 구성한다(Gitterman & Knight, 2016).

  21세기에 이슈를 다루는 가장 중요한 개입으로 알려진 예방은 개인적 그리고 사회적 역량을 개발하고, 사회체계를 수정하여 사람들의 욕구가 좀 더 효과적으로 충족될 수 있도록 계획된 복잡한 활동들로 구성된다. 교육적 특성을 가진 예방적 활동은 사회적 기능에 문제가 발생하기 전에 대규모의 집단을 대상으로 실행된다(Cox, Lang, Townsend, & Campbell, 2010; Cox, Ortega, Cook−Craig, & Conway, 2010; Erickson, Gault, & Simmons, 2014; Kervin & Obinna, 2010; Merrel, 2010; Schwinn, Hopkins, & Schinke, 2016; Sharma et al., 2015). 예방은 개인과 사회적 문제를 다루기 위해 사전적인 입장을 취한다. 예방은 개인과 사회적 역량을 위한 최상의 환경을 추구하고, 최상의 기능을 방해하는 문제 상황을 제거하는 연속적인 활동들을 포함한다.

　교육의 역할은 모든 체계 수준에서의 사회복지 활동들을 포함한다. 교사 역할은 정보처리 전략을 통해 미시체계의 클라이언트의 정보 기반을 확장한다. 중시적 수준에서 훈련가 역할은 직원개발 전략을 통해 교육을 촉진한다. 거시적 수준에서 사회복지사는 아웃리치 활동가 역할을 수행하면서 일반 시민들에게 정보를 제공하기 위해 지역사회 교육전략을 활용한다. 마지막으로 전문가 체계에서 사회복지사는 연구자/학자의 역할을 수행하면서 지식개발 전략을 통해 그들의 연구 결과와 실천 지혜를 다른 전문가들과 공유한다.

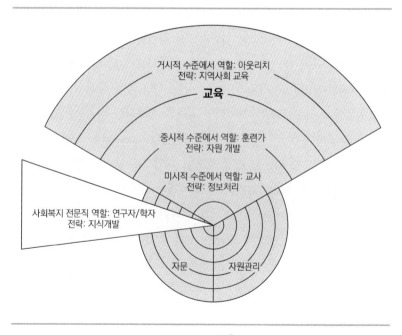

그림 9.3 │ 교육

미시적 수준: 교사 역할

협력적인 파트너십을 지향하고 클라이언트를 역량강화하려는 목적을 가진 사회복지사는 교육자로서 클라이언트가 사회정책과 자신의 상황 간의 관계를 이해하고, 개별적 그리고 집합적으로 정책 이슈에 영향을 미치는 방법을 찾을 수 있도록 기회를 제공한다. 예를 들면, 한부모가족을 위한 지지집단이 스트레스의 주요 요인으로 부족한 돌봄 서비스라는 것을 확인했다면 정책적으로 이슈화하는 교육은 개인의 통제력과 역량에 대한 집단의 인식을 증가시키고 정책 변화에 영향을 미치기 위한 가능성을 제공한다.

정보처리 전략

사회복지사는 교사로서 클라이언트의 기술 개발을 촉진하고 정보 기반을 확장하기 위해 정보처리 전략을 활용한다. 교육은 클라이언트의 정보 기반을 확장함으로써 개인과 가족 그리고 소그룹을 역량강화한다. 정보력으로 무장한 클라이언트는 정보에 근거한 결정을 할 수 있는 힘을 가진다.

정보처리 전략은 정보를 획득하고(접근), 정보의 의미를 이해하며(처리), 어떤 방법으로든 정보를 활용하고(활용), 정보를 공유(의사소통)하는 의사소통의 과정을 포함한다. 정보의 교환은 구조화된 클라이언트-사회복지사 콘퍼런스나 공식적인 조직 또는 역할극과 같은 경험적 활동에서 발생한다.

클라이언트는 자신의 대인관계의 영향력을 강화하고, 자원에 접근하는 능력을 증가시키며, 정보에 근거한 결정을 할 수 있는 기반을 형성하는 데 필요한 정보들로부터 도움을 받는다. 이러한 교육적 경험은 클라이언트가 좀 더 단호하고, 건설적으로 갈등을 해결하며, 부모가 되는 것과 은퇴 계획 그리고 노인 가족을 위한 돌봄을 제공하는 데 필요한 기술들을 개발할 수 있도록 돕는다.

사회복지 사례

브라이언 맷슨은 지역 병원의 재활병동에서 일하는 의료사회복지사이다. 그의 클라이언트 중 한 명은 현재 뇌졸중으로부터 회복 중이다. 브라이언은 환자와 가족들의 재활을 위한 교육 집단을 운영하고 있다. 그는 재활의 심리사회적인 부분에 대한 정보를 제공하고, 이러한 교육의 경험을 제공하기 위해 이전 환자들로부터 얻은 전문지식을 활용한다. 브라이언의 교육 집단 운영은 미시적 수준에서 사회복지사의 교사 역할을 보여주는 사례이다.

중시적 수준: 훈련가 역할

사회복지사는 훈련가의 역할을 통해 중시적 수준의 공식적 집단이나 조직의 구성원들을 지도한다. 직원개발 훈련 전략들 중에서 사회복지사는 워크숍이나 직원개발, 직원 연수 그리고 평생교육 형태의 전략들을 사용한다.

훈련가들은 공식적 집단과 조직을 위한 교육자원 전문가들이다. 이들은 프레젠테이션을 만들고, 패널리스트로 활동하며 공개 포럼을 운영하고, 워크숍을 진행한다. 때로는 조직에서 상근 훈련가를 고용하기도 한다. 다른 예로 조직은 구체적인 훈련 경험을 제공하기 위해 사회복지사를 고용한다. 역량 있는 훈련가들은 자신의 세션을 직원개발, 성인 교육, 태도 변화, 배움의 과정에 대한 연구에 기반을 둔다.

직원개발 훈련 전략

효과적인 훈련가는 조직의 목적을 사정하고, 교육생들의 목표를 확인하며, 주제를 조사하고 교육 경험에 대한 형태를 결정하고, 평가를 위한 과정을 개발하기 위해 직원개발 훈련 전략을 활용한다. 효과적인 훈련은 주제에 대한 지식과 집단 과정에 대한 기술, 기술적인 역량을 요구한다. 물론 훈련가들은 훈련 주제에 대한 전문적 기반이 필요하다. 그들은 적절한 훈련 양식을 통해 정보를 전달할 수 있어야 한다. 마지막으로 효과적인 훈련가는 그들의 프레젠테이션을 강화하기 위해 다양한 미디어 기계들을 사용할 수 있어야 한다.

조직은 스트레스 대처 기법이나 효과적인 대인관계 기술, 자기주장 훈련, 슈퍼비전 관계와 같은 영역에서 직원개발 훈련을 진행하기 위해 사회복지사와 계약을 맺는다. 훈련 경험은 종종 참여자들에게 다가올 전환과정을 준비시켜준다. 예를 들면, 사회복지사는 기업 종사자들을 대상으로 은퇴 설계 워크숍을 진행하고, 가족의 돌봄자들을 대상으로 기술 개발 훈련을 제공하여 이들이 위기에 있는 사람들을 잘 돌볼 수 있도록 돕는다. 이상적으로는 훈련은 참여자들의 강점을 증가시키고, 기술을 확장시키며, 역량을 강화한다.

사회복지 사례

아동학대 및 방임 예방 센터의 지역 기관은 부모지원 프로그램을 시작하기 위해 보조금을 받았다. 자원봉사자들로 구성된 프로그램의 참여자들은 30시간의 훈련을 받는다. 훈련은 아동 발달, 학대와 방임의 역동, 효과적인 의사소통, 적극적 경청 그리고 의뢰와 같은 교육과정을 포함한다. 자원봉사자 코디네이터인 사라 웨이벌리는 아동 보호 기관 전문가가 진행하는 훈련 워크숍의 일정을 계획한다. 봉사자 훈련과 직원개발은 훈련가 역할의 사례들이다.

거시적 수준: 아웃리치 활동가 역할

아웃리치를 통해 사회복지사는 시민들에게 사회적 이슈와 불평등, 사회서비스에 대해 교육한다. 이들은 다양한 언론매체와 홍보활동을 통해 정보를 전파하는 지역사회 교육 전략을 활용한다.

사회복지사는 거시적 수준에서 아웃리치 활동가 역할을 통해 일반 시민들이 사회문제와 관련된 사회서비스에 대한 지식을 확장하도록 돕는다. 지역사회 기반의 교육적 노력은 보건관리나 질병, 스트레스, 자살 징후에 대한 지표, 약물 남용, 아동학대 및 예방, 기타 가족 관련 이슈와 같은 다양한 영역에서의 문제들에 대한 시민들의 인식을 확장시킨다. 일반 시민 대상 정보제공은 사람들이 공식적, 비공식적 자원에 좀 더 빨리 접근할 수 있도록 돕는다. 공개 정보를 통한 교육은 예방적 행동들을 촉진한다.

지역사회 교육 전략

지역사회 교육 전략은 포스터와 전단지 배포, 대량 메일 발송, 정보 부스와 프로그램 운영, 연설문 준비 등을 포함한다. 공적 서비스 안내, 인쇄매체, 영화와 라디오, 텔레비전 프로그램 등은 지역사회 구성원들에게 교육적인 정보들을 전달하는 또 다른 방법이다. 다양한 시민들의 독특한 욕구를 존중하기 위해 윤리적으로 민감한 사회복지사는 다중언어와 점자, 큰 활자와 부호, 문화적으로 민감한 정보들을 제공한다.

사회복지 사례

"OPTIONS에 대해 어떻게 알게 되셨나요?" OPTIONS의 클라이언트 만족도 조사에서의 이 질문을 통해 노인들을 위한 사례관리 기관의 아웃리치 활동의 결과를 평가할 수 있다. OPTIONS의 사회복지사인 제니스 스테인은 조사 결과를 분석하는 일을 맡고 있다. 클라이언트의 응답은 거의 비슷하게 OPTIONS의 서비스를 친구와 성직자, 의사와 텔레비전을 통해 알게 된 것으로 나왔다. 많은 클라이언트는 OPTIONS의 직원들이 도움이 되었다고 말한 친구들이 있다고 응답하였다. 다른 응답자들은 의사나 목사님으로부터 안내 책자를 받았다고 하였다. 상당수의 응답자들은 TV에서 공적 서비스에 대한 안내를 보고 기관에 전화를 하였다. 제니스는 이러한 조사 결과가 기관의 아웃리치 활동이 지속적으로 다양한 방법을 통해 이루어지고 있음을 보여준다고 결론을 내렸다.

BOX 9.2 현장의 목소리

학교사회복지

　사회복지사를 꿈꾸는 많은 사람들처럼 나는 그룹홈에서 첫 사회생활을 시작했다. 거주치료시설에서 아동들과의 경험은 석사 프로그램을 시작하는 데 동기부여가 되었다. 학부에서 사회학과 정치학을 전공했기 때문에 사회복지의 정치적 속성과 사회서비스 전달체계에 특히 더 관심을 가지게 되었다. 시간이 지날수록 조직에서의 사회복지사는 정치적으로 민감해야 한다는 것을 알게 되었다. 학교사회복지행정가로 고용된 지금, 학교는 매우 정치적이라는 것에 의심이 없다. 사회체계의 복잡한 속성을 이해하는 것은 가족과 학교, 지역사회 간 관계의 다양한 요소들 사이의 상호 관계를 확인하는 데 필수이다.

　초기에 나는 빈곤이나 혼란스러운 삶의 상황에 있는 아동들에게 안정된 영향력을 미치는 성인이 있다면 그들은 성공할 가능성이 많다는 것을 알았다. 학교사회복지의 특성과 여러 해 동안 아동과 함께 일하는 것의 보람 때문에 학교사회복지사는 안정적인 영향을 줄 수 있다. 학교사회복지사는 아동의 학습 향상과 사회 기술의 발전 과정을 지켜볼 수 있다. 학교사회복지의 가장 중요한 역할은 아동에게 건강한 관계들을 만들어 줄 수 있다는 점이다. 존경을 표하고, 관계를 형성하며, 신뢰감을 주는 일들은 학교사회복지사의 가장 중요한 기술이다. 사회복지실천의 "원조 기법"들은 관계 형성에 비해 부차적인 것이다.

학교사회복지는 여러 가지 도전들을 받는 어려운 현장에서 이루어진다. 학교에서 교육자가 아닌 전문가들은 위계 구조의 가장 낮은 단계에서 시작한다. 사회복지사는 아동들이 학교생활을 성공적으로 할 수 있도록 지원하기 위해 아동의 통합적인 관점을 위한 가치 있는 일들을 할 수 있다. 학교사회복지사는 교사와 학교 행정가들이 귀를 기울이고, 이들에게 영향을 미치기 위해 학교 현장에 적응할 수 있는 창의적인 방법들을 찾아야 한다. "클라이언트가 있는 곳에서 시작하라"는 속담은 "학교가 있는 곳에서 시작하라"는 것으로 바꿔볼 수 있다. 학교사회복지사는 학교 체계의 일원이 되고 영향을 미칠 수 있는 위치가 될 때까지 적어도 3년 이상 걸릴 것이다.

시간이 지날수록 학교사회복지는 점점 더 관료주의적이 되었다. 지난 20년 동안 2002년의 "아동낙오 방지법"과 최근의 2015년 "모든 학생의 성공을 위한 교육법"의 영향으로 표준화된 시험이 증가하면서 학생 성취도에 대한 책임성을 요구하고 학생과 사회복지사의 일대일 상담 시간이 감소하였다. 이러한 입법 명령은 사회복지를 포함하여 학교 보조 서비스의 책임성에 대한 기대치를 높였다. 따라서 학교사회복지사는 증거 기반 실천을 수행하고 학생들과의 원조활동의 성과를 증명해야 한다. 사회복지사가 이러한 구조적 변화에 적응하면서 이들의 역할은 직접적 서비스에서 조정으로 변화되었고, 따라서 학생들과의 상담 시간도 줄어들었다.

"학생들의 성취도를 향상시키기 위해 우리 모두는 궁극적으로 무엇을 하고 있는가?"라는 질문을 던지면서 성과에 대한 요구에 접근하고자 한다. 오늘날 학교사회복지사는 학교사회복지 서비스가 학생들의 성취에 기여하고 있다는 증거를 보여줘야 하기 때문에 그 어떤 때보다도 더 연구중심의 실천을 수행하고 있다. 학교 현장에서 다양한 영역 간 상호의존은 사회복지사가 사회복지의 전문성을 교육학 이론이나 실천, 아동 발달과 같은 타 학문에서도 강화시키도록 요구한다.

학교사회복지는 발달주기와 생애주기에 있는 0세부터 21세까지의 다양한 연령의 아동 및 청소년들과 함께 일을 할 수 있는 흥미로운 실천 영역이다. 학교사회복지와 학교 서비스는 실천가들에게 위기에 처해 있거나 특별한 교육 욕구를 가진 아동들의 삶을 변화시킬 수 있는 기회를 제공한다.

전문적 체계: 연구자와 학자 역할

사회복지사는 연구자와 학자로서 사회복지의 이론적 확장에 기여하고 실천과 프로그램 성과를 평가한다. 이러한 활동은 지식개발 전략을 통해 사회복지실천과 이론을 연결한다.

연구는 사실을 발견하거나 해석하고, 지식을 발전시키며 새롭거나 수정된 이론들을 실질적으로 적용하기 위한 목적을 가지고 실행하는 체계적인 조사와 실험 방법이다. 사회복지사에게 연구는 이론을 구축하고, 실천 전략을 기획하며, 성과를 측정하는 것을 의미한다. 전문적 지식 기반에 기여하는 전문적 학술은 모든 사회복지사들에 공유하는 의무이다. 따라서 사회복지실천을 준비하는 것은 견고한 연구를 구성하는 것을 포함한다.

미국사회복지사협회의 윤리강령은 연구자와 학자로서 사회복지사의 역할에 대한 원칙들을 명시하고 있다. 윤리적 실천의 기반은 연구에 기반한 이론이다. 연구자로서 사회복지사는 실천과 관련된 증거 기반 지식의 동향을 파악하기 위해 전문 학술지와 선행 연구들을 읽는다. 따라서 사회복지사는 자신의 연구를 수행하고 동료들과 최상의 실천 결과들을 공유함으로써 지식에 기여할 전문적 의무가 있다.

지식개발 전략

연구는 사회복지사에게 인간 행동과 사회 환경에 지식적 기반을 제공한다. 사회복지사는 사회서비스 프로그램을 증진하고, 공정한 사회복지정책과 사회복지실천의 방법론을 발전시키는 광범위한 연구 기반을 활용한다. 또한 사회복지사는 실천을 평가하고, 프로그램 효과성을 사정하며, 사회정책을 분석하기 위해 연구 방법을 활용한다. 사회복지사는 연구의 소비자와 활발한 연구자로서 연구와 실천을 통합한다.

사회복지사의 다양한 활동들은 실천연구를 수행하고 활용하는 것과 관계가 있다. 사회복지사는 실천의 지침으로 연구 결과를 활용한다. 증거 기반 실천은 실천가들이 논문을 읽고 연구 결과를 실천에 적용하도록 요구한다. 실무적 책임에 대한 기준을 충족시키기 위해 사회복지사는 지속적이고 열성적으로 자신의 실천 활동의 성과와 효과성을 평가한다. 일부 사회복지사는 자신의 실천 활동을 연구 활동에 초점을 두고, 계획과 측정, 통계적 분석에서의 능력을 개발한다.

사회복지 사례

가족 서비스부의 지원을 받는 연구 프로젝트는 아동의 가정 외 배치를 방지하고 재가 지원 서비스의 실행 가능성을 연구한다. 연구 프로젝트에 의뢰된 가족들은 다양한 사회서비스 담당자들로부터 광범위한 서비스를 제공받았다. 실험집단에 무작위로 배치된 가족들은 훈련받은 가족체계 전문가들로부터 집중적인 재가 서비스를 받았다. 가족전문가들은 24시간 내내 가족들이 필요로 하면 항상 대기하였다. 통제집단에 있는 가족들은 전통적인 서비스를 계속 받았다. 연구가설은 집중적인 위기 개입은 아동이 자신의 가정으로부터 벗어날 필요성을 감소시킬 것으로 예측하였다. 가족 정책 옹호자들은 아동학대와 방임을 예방하기 위한 혁신적인 모델을 고민하고 있기 때문에 이 연구 결과를 치밀하게 모니터링하고 있다.

복습과 예습

이번 장에서 소개한 패러다임은 일반주의 관점을 이해하고, 정보 교환을 통해 클라이언트와의 상호작용을 운영하는 방법으로 사회복지실천을 개념화한다. 소개된 모델의 상세한 설명은 다음과 같다.

- 일반주의 사회복지실천에 대한 다층적인 접근방법의 특성
- 사회복지의 조언 기능
- 사회복지 기능으로서 자원관리
- 사회복지 기능으로서 교육

사회복지실천의 정보 기반틀은 접근과 절차, 의사소통, 정보 활용이 21세기 생존에 필수라는 개념을 반영한다. 실천 활동은 정보 교환에 초점을 맞추고 있는 조언과 자원관리, 교육의 기능과 연결되어 있다. 일반주의 사회복지실천은 적절한 기능 기반의 역할과 전략을 적용함으로써 다양한 체계 수준에서 개입한다. 이 모델에 근거하여 10장은 거시적 수준의 정책적 접근에 특별히 초점을 맞추고 있다.

❶ 사정: 일반주의 사회복지사는 클라이언트 체계의 욕구에 대한 사정과 클라이언트의 선호에 기반해서 개입전략을 선택한다. 이러한 사정 활동을 실행하기 위해서 어떠한 실천 지식과 기술이 필요한가?

❷ 사정: 사회복지 역할은 전문적 활동의 방향을 규정하고, 결과로서 개입전략은 실천 역할을 활성화한다. 사정 활동과 관련해서 문제 해결을 위한 조언 기능과 연관된 다양한 역할과 전략들에서 나타나는 공통적인 요소와 주제들은 무엇인가?

❸ 실천에서의 다양성과 차이: 정보는 힘이다! 맥키버가 소개한 방법과 목표, 적절한 시간과 방향 등에 대한 지식으로서의 힘의 개념을 활용하여 클라이언트를 자신의 경험에 대한 전문가로 인식하고 관여하는 목적을 설명하시오.

❹ 조사에 기반한 실천: 최상의 실천을 개발하고 증거 기반의 개입을 활용하기 위한 노력이 증가하고 있다. 사회복지사는 연구자와 학자의 역할을 통해 지식 기반의 실천에 기여하기 위한 전문적 기대를 어떻게 달성할 수 있는가?

제10장

사회복지와 사회정책

★★★★★

사회정책은 사회서비스 프로그램과 서비스의 토대이고, 사회정책 실행은 모든 시민들에게 중요한 함의를 주기 때문에 사회복지사는 사회정책의 역사적 맥락과 현시대의 특성들을 이해해야 한다. 정책적 실천을 위한 기본적인 배경을 제공하기 위해 이 장은 다음의 내용에 초점을 둔다.

- 사회정책과 정책 발달에 영향을 미치는 정치 이데올로기
- 사회복지와 사회정책의 관계
- 20세기와 21세기 공공복지 정책의 역사
- 현대의 공공복지 프로그램

사회정책과 법안은 자원의 이용가능성에 영향을 미치고, 거시적 변화를 불러일으키는 파이프 역할을 한다. 사회정책의 역량강화적 요소를 탐색하기 위해 이 장은 정책이 현재의 공공복지 제도로 발달하면서 사회정책에 영향을 미친 정치 이데올로기에 초점을 맞추고 있다. 공정한 사회복지정책은 사회적 기회구조의 접근성을 확장하고, 사회 및 경제적 자원의 이용가능성을 높이며, 개인의 성장과 복지에 도움이 되는 환경들을 만들고 인권을 보호한다.

사회정책

사회정책은 사회구성원들의 복지를 확장하기 위한 사회의 아젠다를 반영한다. 그 결과 사회정책은 사회가 구성원들을 어떻게 보호하고 미션을 달성해야 하는지와 관련된 사회 구성원들의 공유된 가치와 믿음

그리고 태도를 반영한다. 사회복지정책은 사회복지법을 구성하고, 사회
서비스 프로그램을 기획한다. 이 장은 사회정책의 개념을 소개하고, 정
책 형성과 실행 그리고 분석에 대해 설명한다.

사회정책은 무엇인가?

사회정책은 전체적인 삶의 질은 물론이고 집단과 사회적 관계 속에
서 개인의 환경에 영향을 미치는 원칙이자 행동과정이다. 일반적으로
정부나 공공정책으로 규정되는 사회정책은 사회제도 속에 있는 불평등
을 제거하고, 사회적 약자들의 삶의 질을 향상시키며, 도움이 필요한
사람들을 지원한다. 나아가 사회정책은 비영리 기관이나 영리 기관과
같은 사적 영역의 서비스가 일상적 절차와 운영을 위한 행정 지침들을
구성하는 데에도 영향을 미친다.

어떤 사람들은 정책을 사람들이 자신의 목적을 추구해 나가는 데 필
요한 합리적이고 신중하며, 명확하고 암시적인 단계로 묘사한다. 또 다
른 사람들은 사회정책을 지표나 지침, 상용계획, 일련의 원칙들, 전략의
집합체 그리고 행동 계획으로 규정한다. 다시 말하면, 사회정책은 과정
이자 결과인 것이다(Gilbert & Terrell, 2013). 과정으로서 사회정책은 문제
해결에 필요한 연속적인 과정으로 구성된다. 결과로서 사회정책은 법
률, 프로그램, 사법 판결 그리고 행정적 지침들이다. 사회정책을 완전히
이해하고 효과성을 평가하기 위해 사회복지사는 관련 정책의 과정 및
결과를 평가해야 한다.

과정으로서의 사회정책: 정책 형성

사회복지정책 형성은 정보수집부터 사회정책 실행까지 일련의 과업

들을 요구한다. 사회복지사는 전문가로서 사회복지정책 형성의 모든 과정에 참여한다. 사회정책 형성은 다음의 절차를 포함한다.

1. 사회기능에 영향을 미치는 문제를 확인한다.
2. 공공의 이슈로 문제를 규정한다.
3. 결과를 분석하고 증거를 확인한다.
4. 시민들에게 정보를 제공한다.
5. 문제 해결의 대안들을 조사한다.
6. 목적을 밝힌 정책 초안문을 만든다.
7. 지지적인 조직 구조와 정치 관계를 개발한다.
8. 시민의 지지를 통해 정책적 노력을 법률화한다.
9. 정책이나 프로그램 기획을 구성한다.
10. 사회정책을 실행하고 평가한다.

다양한 유권자들과 특별 이익집단으로부터 광범위한 정보를 수집하고 정책 결정의 이해 당사자들 사이의 관계를 사정하는 것은 사회정책 형성과 궁극적인 성과의 모든 단계에 영향을 미친다.

결과로서의 사회정책: 정책 실행

결과로서 사회정책은 입법과 행정 명령, 국회 활동, 사법부의 해석, 행정 결정 그리고 실제 프로그램과 서비스를 포함한다. 사회정책은 법으로 나올 수 있다. 예를 들면, 보건관리 전문가나 사회복지사, 교사, 돌봄 제공자에게는 아동학대에 대한 신고 의무가 있다. 사회정책의 결과는 노인에게 균형 있는 음식과 사회화를 제공하는 집단 급식소와 같은 프로그램이 될 수 있다. 또 다른 정책의 결과물은 법원 결정 과정에

서 일어나는 공공연한 차별적 관습으로부터 특정 인구집단을 보호하도
록 요구하는 것이다. 행정 정책으로서의 사회정책은 기관에서의 고용
분류체계를 규정하고 전문직 직원들의 자격 조건을 명시하는 것이다.

사회정책의 결과물은 실행을 위한 좀 더 구체적인 계획을 요구한다.
예를 들면, 사회정책이 준비가 되고, 프로그램 실행을 위한 기금이 모
이면 사회복지사는 서비스 전달 방법에 대해 결정을 한다. 사회복지사
는 기대하는 성과에 영향을 미치기 위해 특정한 인구집단에 대한 정책
의 목적을 실행하는 프로그램을 기획한다. 사회복지사는 역할과 과업들
을 명확히 규정하고 기관 직원들의 업무를 지시하는 행정 정책을 개발
한다. 마지막으로 사회복지사는 기대와 책임, 성과 측정들을 설명하는
매뉴얼을 작성한다. 하나의 사회체계에서 사회정책을 실행하는 것은 다
른 체계에서도 관련 정책 결정을 운영하고 실행하는 것을 필요로 하기
도 한다.

사회정책 검토: 정책 분석

유명한 경제학자이자 사회복지 교육자인 에블린 번스에 의하면 사회
정책 분석은 "집단이나 개개인의 확인된 욕구나 사회적 문제를 해결하
기 위한 사회적 노력으로 정책의 타당성과 특정한 목적을 달성하기 위
한 효과성, 한정된 자원 활동에 있어서의 경제성 그리고 허용된 사회적
가치와의 일관성들을 평가하는 연구"이다(Shlakman, 1969, p.3). 정책 형
성과 실행과정을 통해 사회복지사는 정책의 의도와 영향력을 이해하기
위해 분석한다.

사회복지사는 지속적으로 법률과 다른 유형의 정책 개발을 모니터하
고, 정책의 효과성을 확인하고 책임성을 증명하기 위해 관련 프로그램
과 서비스를 평가한다. 정책을 평가하기 위해 사회복지사는 정책이 표

적 대상에게 얼마만큼 영향을 미치고 있는지 조사하고, 목적을 얼마만
큼 성취하였는지 측정하며, 비용 효과성을 평가하고, 부정적인 결과들
을 가져왔는지 확인한다.

정책 형성을 위한 정책 설명이나 설계는 종종 평가 방법을 기반으로
만들어진다. 평가에 대한 책임은 관련 기관과 직접적인 관계가 없고,
재정지원 기관이 지정하거나 인증받은 표준화 기구로부터 선임된 평가
자에게 위임될 수 있다.

밀리와 동료들(2017)이 제시하는 정책 분석틀은 정책에 대한 설명과
실행 가능성, 장점들을 포함하고 있다.

1. 정책 설명
   1) 연구 중인 정책과 관련 정책들의 역사를 상세히 알린다.
   2) 정책이 해결할 문제를 설명한다.
   3) 정책에 내재되어 있는 사회적 가치와 이념적 믿음을 확인
      한다.
   4) 정책의 목적을 설명한다.
   5) 정책 실행과 자금, 자격 조건, 기타 규정들에 대해 정리한다.

2. 정책 실행 가능성
   1) 예상되는 정책의 성과들을 확인한다.
   2) 정책의 정치적, 경제적 실행 가능성을 논의한다.
   3) 정책 지지와 반대 요소에 대해 설명한다.
   4) 기존의 건강과 휴먼서비스 전달 구조에 미치는 정책의 영
      향을 평가한다.

3. 정책의 장점
   1) 정책 실행의 효과성과 효율성을 평가한다.

2) 사회적 비용과 정책의 결과를 충분히 확인한다.
3) 다양한 인구집단에 미치는 정책의 차별적인 영향들을 평가한다.
4) 정책의 장점들을 판단한다(p.371).

사회정책이 형성되면서 이를 분석하는 것은 잠재적인 영향을 확인하는 데 매우 중요하다. 정책 실행 이후 검토는 정책의 실질적인 영향력을 평가하는 데 매우 중요하다.

입법 분석과 실행

사회복지 입법과 관련해서 사회복지사는 법안의 의도를 확인하고, 제안된 법률이 유권자들에게 미치는 잠재적 영향을 평가하며, 지지와 반대 입장을 확인하고, 법안 통과를 지지하거나 거부하기 위한 힘을 동원한다. 입법 실행을 통해 정치적 변화를 시도하는 것은 사회복지가 추구하는 사회정책의 목적을 달성하는 기본적인 방법 중 하나이다.

"연합은 힘이다"라는 정치적 격언은 가장 중요하기 때문에 입법 실행은 종종 조직이나 연합, 동맹과 같은 집합체의 활동을 요구한다. 그러나 사회복지사가 입법 실행에 관여할 경우, **로비스트**로서 사회복지사는 기틀을 마련하는 역할을 담당한다. 로비스트의 과업은 다음과 같다.

- 당신이 로비활동을 하는 대상으로부터 원하는 것이 무엇이고, 반대로 표적 대상이 당신에게 원하는 것이 무엇인지 확인한다.
- 당신의 힘의 기반을 확장하기 위해 동맹과 연합을 발전시킨다.
- 당신이 로비활동을 하는 옹호 이슈, 접근하는 사람과 집단 그

리고 반대자에 대한 정보를 수집한다.
- 표적 집단이 가장 중요하다고 간주하는 이슈들을 보여주는 프레젠테이션을 준비한다.
- 긍정적인 첫인상을 주도록 노력한다.
- 당신이 만난 사람들에게 감사장을 보낸다.
- 임명된 공무원들과 당신이 노력한 옹호 활동에 대해 입법부 담당자들과 협력자들에게 보고한다.

사회복지사는 사회정의를 위한 옹호자로서 지역과 국가, 국제적 수준에서 입법과 정책 활동을 통해 정치적 변화를 가져오기 위해 유권자들과 클라이언트를 동원할 기회가 있다(Beerman, n.d.; McNutt, 2002; Morgaine & Capous-Cesyllas, 2015; Schneider, 2002). 사회복지 조직의 구성원들은 국회의원들과의 개인적 만남이나 전화 통화, 편지, 이메일, 소셜 미디어의 전략적 활용, 정치적 옹호 활동을 하는 클라이언트, 다른 풀뿌리 지역사회조직의 노력 등을 통해 지지를 보낼 수 있다(Goldkind, 2014; Rome, Hoechstetter, & Wolf-Branigin, 2010; Hoefer, 2016). 특정 분야에 전문적 지식을 가진 사회복지사는 입법 실행의 필요성을 작성하고, 법률을 입안하며, 법률 제정의 함의를 분석한 정책 브리핑을 작성한다. 공청회에서 사회복지사의 진술은 이슈를 집중시키고, 대중의 관심을 요청하며, 증언을 홍보하고, 국회의원들에게 정보를 제공하며, 공무원들에게 사회적 관심에 대한 그들의 입장을 공론화할 수 있는 기회를 제공한다. 입법 옹호 활동은 사회복지사가 다양한 정치적 노력을 통해 사회복지 법제도에 미치는 영향력을 인지함에 따라 가속도가 붙는다.

사회정책과 정치 이데올로기

사회정의는 정치가 아닌 정책에 대한 것이다. 그럼에도 불구하고 사회정책들을 형성하는 데 있어 정치 이데올로기는 공공의 문제나 개인적 욕구에 대한 우리의 관점에 영향을 미치고, 책임을 부여하며, 사회 환경을 비판하고, 해결 방향을 제시한다. 지배적인 사회적 가치에 대한 시각과 사회문제에 대한 정의, 자원 분배, 해결 방향에 대한 상반된 의견은 정책 결정 과정을 복잡하게 만든다. 다양한 정치 이데올로기에서 보이듯이, 사회적 가치는 궁극적으로 사회정책의 형성과 직접적 서비스 수준에서 정책이 운영되는 데 영향을 미친다. 사회복지정책은 자유주의, 보수주의, 급진주의와 같은 다양한 정치적 관점을 반영한 여러 정치 집단의 논의의 결과이다.

자유주의

자유주의자들은 기본적인 인권과 사회 평등을 인정하는 사회정책을 옹호한다. 이들은 경제적 자유를 보장하고, 민주적 참여를 촉진함으로써 시민들의 정치 및 시민적 자유를 보호한다. 자유주의자들은 사회복지를 정부의 정당한 기능으로 간주하고, 복지 제공을 시민의 권리로 간주한다. 이들은 사회문제에 대한 정부의 해결을 추구하고, 시민의 웰빙을 지지하는 환경을 만드는 공공의 책임을 주장한다. 자유주의 관점에서 이상적인 정부 프로그램은 문제 발생을 예방하고, 현실적인 정부 프로그램은 부정적인 사회 환경을 제거하는 데 초점을 둔다.

1970년대와 80년대 공공복지 예산 삭감에 대한 요구와 함께 신자유주의가 등장하면서 자유주의는 힘을 잃었다. 이 관점은 정부지출 감소를 지지하고, 시민들의 복지를 해결하기 위해 정부와 기업의 파트너십을 강조한다(Karger & Stoesz, 2014). 신자유주의 옹호자들은 기업과 법인이 정부보다 정책 예산을 효과적으로 운영할 수 있다고 주장한다.

보수주의

보수주의 관점은 자본주의의 규제 없는 경제를 추구하고 전통적인 가치와 단호한 개인주의, 경쟁, 지역주의 그리고 노동윤리를 강조한다. 보수주의적 사회정책은 사회변화에 저항하고 기존의 사회구조에 더 힘을 보탠다. 보수주의자들은 개인의 결함이 문제를 만든다고 믿기 때문에 정부가 복지에 관여하는 것을 제한한다. 보수주의적 관점에서 빈곤층을 위한 공공부조와 같은 복지는 개인의 노력을 저하시키기 때문에 공공복지는 일시적인 대안일 수밖에 없다. 보수주의자들은 자선단체나 자조 집단, 벤처기업 등을 통해 사회복지 서비스를 민영화할 것을 주장한다.

신보수주의자들은 자유주의적 복지 프로그램을 뒤집고, 복지정책들을 개혁한다(Karger & Stoesz, 2014). 복지에 대한 신보수주의의 입장은 욕구 기반의 접근을 반영하고, 근로연계복지 조건을 요구하며, 복지 의존자에 대한 가족의 책임을 강조하고, 연방 정부에서 주정부로 복지의 책임이 이동하는 권력 이양을 지지한다. 신보수주의자들은 사회복지 문제를 해결하기 위해 정부 프로그램을 축소하고, 민간 영역의 책임을 강화할 것을 주장한다. 신보수주의는 미국 사회의 문제를 해결하기 위해 거대 정부, 거대 기업, 거대 노동조합과 같은 거대 구조를 비난한다. 이들은 이웃이나 자발적 단체, 교회와 같은 매개 구조들을 역량강화와 변화의 근원으로 규정한다(Berger & Neuhaus, 1977).

급진주의

보수주의와 신보수주의 입장과는 정반대로 급진주의는 불평등에 대한 사회적 책임을 인식하고, 혁명적인 사회변화를 옹호한다. 급진주의자들은 삶에서 문제를 일으키는 개인보다 제도적 구조를 더 비판하기 때문에 사회문제의 근원을 제거하기 위해 거시구조의 개혁을 선호한다. 힘과 부의 재분배라는 주요 공공정책 전략은 복지국가를 확립함으로써 경제적 불평등과 계급 특권을 제거하고, 정치적 민주주의와 평등을 구축하는 데 초점을 둔다. 이들의 관점에서 전통적인 공공 사회복지는 빈곤층을 통제하는 억압적이고, 낙인적인 프로그램이다(Piven & Cloward, 1971). 급진주의자들은 모든 시민들이 공평하게 사회적 혜택을 누릴 수 있는 비자본주의적인 복지국가를 확립함으로써 광범위한 변화를 추구한다.

사회복지와 정치 이데올로기

자유주의 관점이 사회복지와 가장 밀접한 관계가 있지만 다른 정치 이데올로기도 사회복지에 영향을 미쳤다. 반면에 보수주의는 자유주의적 사회복지정책과 서비스는 사회복지사들이 복지 의존을 조장한다고 비판한다. 급진주의는 자유주의 정책이 권리를 박탈당하고 가난한 사람들을 억압한다고 비난한다. 그러나 시포린(1980)은 "사회복지사는 원조 상황에 들어갈 때 전략과 원칙, 과정에 대한 통제와 개혁 모두를 이해하고 이용해야 한다. 사회복지실천은 보수주의와 급진주의의 영향이 모두 필요하다"고 말한다(p.524). 다양한 이데올로기적 관점들의 상호작용은 사회복지 전문직을 활성화하고 새롭게 하는 긴장감을 생성한다.

실천 방법론은 상이한 학설들을 반영하고, 특별한 전략들을 사용하며, 특정 시대에 일부 집단의 지지와 반대에 직면한다. 자선조직단체의 구호 프로그램과 전통적인 정신분석과 행동주의, 치료적 집단실천, 사회 계획은 모두 보수주의 이데올로기를 반영한다. 사회복지에서 자유주의적 운동은 인보관 운동, 집단실천의 사회적 목표 모델, 지역사회 조

직의 지역개발 전략들을 포함한다. 급진주의 사회복지실천은 여성주의
상담, 의식고양 집단, 집단실천과 지역사회조직의 사회 행동 모델들이
다. 다양한 방법론들은 모두 동일하게 실행 가능한 대안들이지만, 모든
상황에서 똑같이 선택될 필요는 없다. 하나의 접근법만 독단적으로 고
수하는 것은 다른 대안들의 가능성을 부정하고, 자원의 혁신적인 활용
을 제한한다.

BOX 10.1 현장의 목소리

정책 실천

　나는 다양한 실천현장에서 사회복지정책 실천가가 되기 위한 경력을 쌓
았다. 처음에 정신건강센터에서의 임상사회복지사로 일할 때에는 미시적 수
준의 계획과 클라이언트 및 가족과의 일대일 실천에 몰두하였다. 아동복지
로 전향하면서 가족 서비스 기관에서의 경험은 슈퍼바이저가 될 때까지 미
시적 영역에서 이루어졌다. 관리자의 위치에서 좀 더 다양한 경험을 쌓으면
서 매일의 기관운영과 입법 옹호와 정책 개발과 같은 광범위한 영역에서 정
책 실천의 중요성을 실감하게 되었다.
　정책 실천은 사회복지사에게 하루도 같은 날이 없을 정도로 역동적인 역
할이다. 나는 정책 개발과 변화에 영향을 미치기 위해 다른 전문가들과 네트
워크와 동맹을 구축하는 다양한 활동들을 수행하였다. 정책 실천가들의 보
이지 않는 활동에 대해 사람들은 잘 모를 수 있지만 공공정책 형성을 위한
우리의 노력은 수많은 사람들의 삶에 영향을 미친다. 그러나 정책 개발은 끈
기와 옹호를 요구하기 때문에 효과적인 정책 실천가들은 미래에 필요할 수
있는 관계들을 청산하기보다는 중요한 이해 당사자들과의 관계를 유지해야
한다. 우리는 재정 적자와 재정 긴축에 대처해야 하기 때문에 정책 실천은
특히 중요하다. 계속되는 재정 적자는 고용 동결이나 사회 프로그램에 대한
재정 축소, 서비스 중단과 같은 파급효과를 가져온다,
　일반주의 사회복지사의 지식과 가치, 기술은 효과적인 정책 실천의 토대

이다. 예를 들면, 일대일의 효과적인 의사소통 기술은 필수적이다. 거시체계에서의 실천은 휴먼서비스 전달체계를 포함한 사회 시스템과 사회복지실천의 다양한 현장에 대한 이해를 요구한다. 일선 현장의 사회복지사들과의 의사소통은 비효과적인 공공정책으로 인해 발생하는 문제의 직접적인 결과인 사적인 문제와 어려움과 관련된 공공 이슈를 이해하는 데 필수적이다. 모든 사회복지사들은 동료와 클라이언트와 일할 때 솔직해야 하지만, 정책 개발의 영역에서는 개인의 평판이 매우 중요하다. 예를 들면, 정책을 지지하는 국회의원과 다른 이해관계자들에게 설명할 때는 내가 매우 정확하고 최신의 정보들을 제공하고 있음을 보장해야 한다.

우리의 전문직에 기여하는 구성원이 되는 것보다 중요한 것은 없다. 대부분의 직접적 서비스를 제공하는 사회복지사들은 매일의 실천에 영향을 주는 정책 이슈에 관여하기 위해 중간 또는 고위 관리자나 사회복지 전문직의 대표자들에게 의존한다. 그럼에도 불구하고, 사회복지사가 그들의 클라이언트 집단을 위한 정책과 서비스의 차이를 확인하는 것은 매일의 사회복지실천을 통해서이다. 실천과 정책의 상호 영향은 직접적 실천의 관심 영역이다. 나는 전미사회복지사협회와 같은 조직들이 집단적 목소리를 대변하는 힘이 있고, 클라이언트의 삶에 영향을 미치는 주정부와 연방 정부 정책에 영향을 미치는 주요 이해관계 조직들과 동맹을 맺을 수 있기 때문에 직접적 실천을 하는 사회복지사들이 전문직 조직에 가입할 것을 권유한다.

사회복지와 사회정책

중요한 정치 이데올로기와 사회적 환경, 경제적 요인들은 사회보험이나 소득보장, 개별 사회서비스, 주거, 건강과 영향 프로그램 제공과 같은 사회복지정책 결정에 영향을 미친다. 사회복지사는 정치 및 경제적

정책 형성의 광범위한 영역에서 관련 활동들을 면밀히 주시해야 한다. 공공정책은 정부와 민간 영역 모두에서 개인과 가족의 삶에 영향을 미친다. 정부의 예산책정 과정에서 우선순위는 범주화된 원조 프로그램의 자격 대상만이 아니라 모든 시민들에게 지원되는 사회서비스의 예산 할당 비율도 결정한다.

일선 관료라고 불리는 대부분의 공공서비스 종사자와 많은 직접적 서비스 실천가들은 매일의 업무에서 결정에 대한 재량권을 가지고 있다. 그들은 정부 프로그램의 자격 대상과 수혜 내용, 제재 대상 등을 결정한다(Lipsky, 1980). 립스키(Lipsky)는 공공서비스 종사자들을 고용하는 공공 기관과 조직을 일선 관료 체계라고 부르고, 서비스를 지원받는 사람들은 일선 클라이언트라고 한다.

일선 조직과 관료

사회서비스 전달 네트워크는 학교와 보건소, 사법 당국, 공공복지와 사회서비스 기관, 지방법원과 법률기구들이 제공하는 서비스들을 포함한다. 사회는 종종 일선 종사자들을 "남이 하기 싫어하는 일(dirty work)"을 수행해야 하는 낮은 지위의 서비스 제공자로 투입시킨다. 20세기 후반까지 이러한 일선 서비스는 주로 공적 영역의 정부 프로그램을 통해 제공되었다. 최근에는 공적 영역의 책임이 직접적 서비스 지원에서 다양한 비영리, 영리 그리고 혼합된 민간-공공서비스 조직과의 계약을 통한 위탁 서비스로 전환되었다(Brodkin, 2016).

사회복지체계는 소득보장, 실업, 아동 보호, 노인복지, 재활, 정신건강, 사법제도와 같은 영역에서의 공적 서비스들을 포함한다. 1935년 제정된 사회보장법과 이후 개정안들은 가난하거나 실직한 사람들, 노인, 장애인 그리고 아동과 가족을 위한 공공복지 정책의 주요 원천이다. 다른 법들도 성인이나 범죄소년, 범죄 피해자, 보호가 필요한 아동들, 정신질환자 등과 같은 특정 집단에 대해 다룬다.

일선 관료

복지 배분가와 공공 치안의 보호자로서 직접적 실천을 제공하는 담당자들은 일선 관료 체계에서 확인되는 서비스에 대한 자신의 결정과 행동을 통해 공공복지의 해석에 상당한 영향을 미친다. 입법과 행정적인 복지정책들을 실행하는 과정에서 정책의 원래 의도를 무시하거나 잘못 해석한다. 립스키(Lipsky, 1980)는 일선 관료들의 결과 해석과 행동과정은 자신의 입장이 반영된 공공정책으로 실행된다고 주장한다.

공공복지 영역에서 관료적인 제약들은 사회복지의 봉사 정신에 위배되는 것처럼 보이는 사회복지사의 특정 행동들을 강화한다. 교육자나 경찰, 휴먼서비스 종사자들이 일반 대중들을 비인간적으로 다루려고 할 때 개별화는 사라진다(1980). 특정 상황들이 무시될 수 있는 예외적인 것에 대한 규칙과 규정들을 만들려고 하는 노력이나 집착들이 있을 수 있다. 공공 기관의 종사자들은 체계를 개혁하기보다 현재 상태의 관행들을 강화하려고 하는 자신을 발견할 수도 있다. 공적 서비스 이용자들은 본인이 이용할 수 있는 서비스를 찾기보다는 제공되는 서비스를 받아들이는 것으로 체념할 수 있다.

일선 클라이언트

일선 관료들은 공공복지의 클라이언트에게 상당한 영향과 통제력을 발휘한다. 이들은 사회의 기회구조에 대한 클라이언트의 접근성을 통제하고, 이들의 결정은 모든 클라이언트의 인생을 바꿀만한 영향력을 미친다. 이러한 체계 안에서 발생하는 라벨링은 해롭고 때로는 자기충족적인 특성을 가진다. "수급자 어머니(Welfare mothers)"나 "전과자(ex-cons)", "미성년 범죄자", "학습 부진아"와 같이 클라이언트를 지칭하는 낙인화된 라벨링은 공적 영역에 팽배해 있다. 일선 종사자들에 의해 지속되는 이러한 꼬리표들은 클라이언트의 정체성에 통합된다. 립스키(1980)는 이러한 과정을 클라이언트에 대한 사회적 의미로 서술한다. 사람들이 관료적 서비스를 받게 될수록 클라이언트의 정체성을 규정하는 표준화된 관료적 범주로 분류되는 것이다. 이러한 범주화의 결과로서 사람들은 자신의 통합적인 정체성을 자신에게 붙여진 범주화된 꼬리표대로 규정하게 된다.

사회복지실천을 위한 정책적 함의

정책적 함의는 모든 사회체계 수준의 전문적 실천에서 확연하게 나타난다. 하위조직과 상위조직 구조 모두에서 역량강화에 영향을 미치는 결정들이 만들어진다. 이러한 호혜성에 기반하여, 정책적 실천은 사회복지사가 복지정책에 영향을 미치고 공공 사회정책들은 사회복지사의 실천에 영향을 미친다(그림 10.1).

사회복지사는 클라이언트와의 상호작용 수준을 확인할 수 있는 미시체계에서 정책 결정을 한다. 예를 들면, 클라이언트와 함께 사용할 수 있는 방법이나 전략들에 대한 결정은 실제로 정책적 결정들이다. 누군가를 포함하고, 누군가는 제외하는 클라이언트 체계를 선택하는 것 또한 정책적 결정을 요구한다. 일반적으로 사회복지사는 기관이나 사회복지 조직의 맥락 속에서 활동한다. 여기서도 정책적 결정은 실천에 영향을 미친다. 예를 들면, 정책적 결정은 기관이 어떤 프로그램과 서비스를 지원할지를 결정한다.

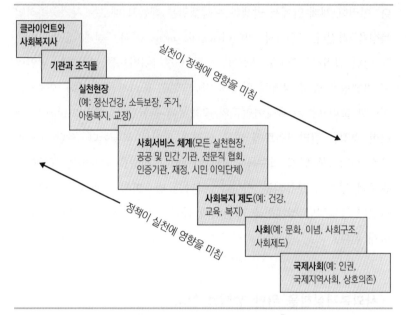

그림 10.1 | 사회복지실천과 정책의 통합

아동복지나 가족 서비스, 교정, 소득보장과 같은 사회복지의 다양한
영역들은 공공과 민간 사회서비스 기관 및 조직을 위한 현장을 제공한
다. 각각의 실천현장에서의 사회정책은 우선순위를 만들고, 표적 집단
을 확인하며, 재정지원 한도를 규정하고, 각 기관의 프로그램과 서비스
를 총괄하는 행정구역을 명시한다.

사회서비스 체계는 공공 및 민간서비스 영역과 전문가협회, 인가받은
조직과 재정지원 기관 그리고 시민들로 구성된 이익집단을 포함한 모든
사회복지 실천현장들을 구성한다. 이러한 체계들이 촉진하는 특별한 이
슈나 자격 기준들은 실제로 제공되는 서비스를 만들고, 이러한 서비스
전달을 합법화한다.

사회서비스 체계는 모든 시민의 삶의 질을 향상하고, 건강과 교육,
복지의 영역에서 인권을 최대로 보장해야 하는 책임이 있는 사회복지제

도의 한 부분이다. 사회복지제도의 정책은 기본적으로 사회복지 법률 제정과 법, 사법적 해석의 목적을 반영한다. 조사와 로비활동, 전문가 증언들을 통해 사회복지사는 공공정책 결정 기구에 정보를 제공한다. 따라서 직접적 서비스를 제공하는 실천가들도 사회복지 제도의 한 부분을 구성한다.

문화와 지배적인 이데올로기 및 가치, 사회의 제도적 구조들은 사회 정책에 영향을 미친다. 사회정신은 삶의 기준이나 시민 자격, 시민권과 시민적 자유 그리고 사회정의에 대한 지침과 같은 영역에서 정책 결정 을 위한 맥락을 제공한다. 사회의 이데올로기는 사회문제를 공적 사회 복지정책을 통해 해결해야 하는 공적 문제로 규정할 것인가에 영향을 미친다.

마지막으로 지구촌 사회는 사회정책의 최후 환경이 되고 있다. 국제 정책은 보편적인 인권이나 세계 기아, 천연자원, 환경 보호, 평화수호에 관심이 있다. 가장 포괄적인 거시체계에서의 정책들은 국제 사회복지의 노력과 인권에 대한 합의, 지구촌 사회의 상호의존성을 반영한다.

20세기와 21세기의 공공복지 정책

1800년대 후기와 1900년대 초기 미국에서 경험한 급속한 인구증가와 산업화, 경제대공황의 결과로 발생한 부정적인 사회적 환경은 중요한 공공복지 정책의 입안으로 이어졌다. 정책입안자들은 공중보건과 아동 및 가족복지, 실업 등의 문제들을 다루기 위한 법률을 제정하였다.

개혁의 기원: 20세기 초기 법률 제정

19세기 후기에 미국은 격동의 시기를 경험하였다. 이민과 산업화, 도시화는 미국 사회 구조 유형을 변화시켰다. 유럽의 이민자들은 자신의 문화적 가치와 생활방식과 함께 "아메리칸 드림"을 꿈꾸며 미국으로 이주하였다. 동시에 미국은 자급자족의 농업사회에서 시장 임금에 의존하는 특징을 가진 산업화된 경제사회로 변화하였다.

산업의 중심지로서 도심지들은 급격한 인구성장을 경험하였다. 노동자와 이민자로 구성된 인구학적 변화는 도시에 난민 가족을 증가시켰다. 인구과밀과 불충분한 공중위생 및 기타 공중보건의 문제들, 주택 부족, 범죄의 증가, 불안한 노동환경은 전형적인 도시의 문제였다. 이러한 공적 문제들이 증가하면서 새로운 해결책이 요구되었다.

조직적인 원조 방법

식민지 시대부터 사회복지는 궁핍하고 가치 있는 빈민자를 대상으로 지원하였다. 지역사회는 빈곤하고 의존적인 사람들을 돌봤다. 그러나 세기가 전환되면서 대규모 이민과 산업화, 도시화로 인한 조직화된 원조 방법이 자선조직협회와 인보관 운동을 통해 등장하기 시작했다.

자선조직협회 회원들은 사회변화에 영향을 받은 집단에 대한 사회적 태도를 반영하여 빈곤층의 특성을 개선하기 위해 개인을 대상으로 원조 활동을 하였다. 협회 활동가들은 "우애 방문단"을 통해 용기를 불어넣어 주었고, 개인과 가족을 대상으로 서비스를 제공하여 이들의 결핍된 부분들을 원조하였다. 같은 시기에 인보관 활동가들은 노동환경을 개선하고, 실업과 노동 착취 문제를 해결하며, 공중보건의 문제를 해소하고, 정신질환자들과 범죄자들을 대상으로 인도적인 치료를 제공하기 위해 사회정책 개발 활동을 활발히 하였다. 제인 아담스는 교육과 사회 개혁을 통해 문제의 뿌리를 제거하기 위한 "빈곤과의 전쟁"을 주도하였다.

공공서비스 조성

이 시기에 정치 지도자들은 사회복지 지원이 민간 기관과 주정부 그리고 지역사회의 책임이라고 믿었다. 그러나 주정부 차원에서 발의된 법안들은 공적 영역에서의 보건 서비스와 국가 수준에서의 휴먼서비스를 위한 기틀을 마련하였다. 1899년 일리노이주의 입법부는 성인 사법절차와 분리된 소년법원 설립을 위한 첫 번째 법인 부양, 방임 및 비행소년의 처우 및 통제에 관한 법률(An Act to Regulate the Treatment and Control of Dependent, Neglected and Delinquent Children)을 제정하였다.

노동법은 산업현장에서 여성과 아동을 학대로부터 보호하기 위해 제정되었다. 헨리가 인보관(Henry Street Settlement House)의 릴리안 왈드(Lillian Wald)와 헐 하우스 인보관(Hull House Settlement)의 플로렌스 켈리(Florence Kelly)는 전국 아동 노동 위원회의 이사였다. 위생과 공공시설을 포함한 공중보건 또한 20세기에 들어서면서 관심을 받았다.

부양아동 보호에 대한 첫 번째 백악관 콘퍼런스(1909)는 아동의 문제와 욕구에 초점을 맞추고, 아동과 가족의 복지 개혁을 진행하였다. 헐하우스의 사회활동가인 줄리아 라스롭(Julia Lathrop)과 그레이스 애보트(Grace Abbott)는 1912년에 설립된 아동국을 지휘하였다. 아동국은 아동노동, 산모와 영유아 건강, 비행을 포함한 아동복지의 다양한 문제들을 다루는 아동복지정책의 핵심부서가 되었다(Parker, 1994). 각 주의 보건부는 1921년 제정된 셰퍼드-타우너 법(Sheppard-Towner Act of 1921)에 명시된 영유아와 산모의 건강을 위한 지원을 제공하였다. 이러한 모든 이데올로기의 진행과 입법 활동들은 향후 사회 개혁을 위한 장을 마련하였다(표 10.1).

표 10.1 │ 사회복지의 역사

1921년	셰퍼드-타우너 법(Sheppard-Towner Act, 산모와 영유아의 복지와 위생을 지원하는 법)
1933년	연방긴급구호법(Federal Emergency Relief Act, FERA)
1935년	사회보장법(Social Security Act)
1941년	플랭클린 루즈벨트 대통령이 서명한 행정명령 8802호(방위산업에서의 인종 차별을 금지하고 연방공정고용 실행 위원회(Federal Fair Employment Practices Committee)를 설립함)
1944년	퇴역군인 재적응법(Servicemen's Readjustment Act, G.I. Bill of Rights)
1950년	영구 및 완전 장애인을 위한 사회보장법 개정(the Social Security Act for Aid to the Permanently and Totally Disabled)
1962년	사회서비스 제공을 위한 사회보장법 개정
1964년	민권법(Civil Rights Act)
1964년	경제기회법(Economic Opportunity Act)
1964년	식품권법(Food Stamp Act)
1965년	메디케어(Medicare)와 메디케이드(Medicaid)를 위한 사회보장법 개정
1971년	취업장려프로그램 II(the Work Incentive Program II)를 위한 사회보장법 탈매지 개정(Talmadge Amendments)
1972년	보충적 소득보장(Supplemental Security Income Program, SSI)이 주정부 프로그램인 노인과 시각장애인 및 장애인 지원(Aid to the Aged, Blind, and Disabled)을 대신함
1975년	사회서비스를 위한 사회보장법 제20조 개정
1981년	총괄조정법(Omnibus Reconciliation Act)
1988년	가족지원법(Family Support Act)
1990년	미국장애인법(Americans with Disabilities Act)
1993년	가족의료 휴가법(Family and Medical Leave Act)
1996년	개인 책임 및 근로기회조정법(Personal Responsibility and Work Opportunity Reconciliation Act)
1996년	의료보험 양도 및 책임에 관한 법(Personal Responsibility and Work Opportunity Reconciliation Act, HIPAA)
2003년	메디케어 처방약 개선 및 현대화 법(Medicare Prescription Drug Improvement and Modernization Act, Medicare D)
2010년	건강 관리 및 교육 조정법(Health Care and Education Reconciliation Act, 환자 보호 및 건강보험 부담적정법(the Patient Protection and Affordable Care Act) 포함)

공공복지의 등장: 뉴딜 프로그램

대공황으로 인해 사람들은 경제가 제도적 또는 구조적으로 붕괴되었음을 인식하게 되었다. 대량 실업과 노숙인, 극도의 빈곤과 주정부와 지역 자원의 고갈이 시장붕괴를 통해 나타났다. 대공황의 경제적 재앙으로 인해 영향을 받은 사람들이 국가의 곤경에 대해 개인적으로 책임을 질 수는 없었다. 이는 연방 정부 수준에서 경제를 재안정화하기 위한 정부 개입을 요구하였다.

후버 행정부

많은 논쟁에도 불구하고 후버 행정부는 "경제회복이 코앞에 다가왔다"는 믿음을 옹호하였다. 거친(rugged) 개인주의의 전통에서 "자수성가한 사람"으로서 허버트 후버(Herbert Hoover)는 기업들의 활성화를 위해 대공황을 해결하고자 노력하였다. 그는 과거에 그랬듯이 기업들이 국가를 대공황으로부터 벗어나게 할 것이라고 믿었다(Platt & Drummond, 1967). 후버 대통령은 도덕적 의무로서 자립을 주장하였다. 이러한 그의 입장은 국가의 경제력에 대해 낙관적이었고, 연방 정부 지원에 대한 의견은 거부하였다. 그는 연방 정부 지원을 실업자와 빈곤계층에 대한 "정부의 통제"와 같다고 생각하였다(Trattner, 1999).

기업을 위한 정부 지원의 신념에 따라 국가 법령은 은행과 농업신용공단, 생명보험회사 그리고 기타 금융기구들에게 대출을 해주는 재건금융공사(Reconstruction Finance Corporation)를 설립하였다. 공공청사 프로그램은 실업 문제를 바로잡을 것으로 기대되었고, 1932년 제정된 주택금융 은행법(Home Loan Bank Act)은 집을 잃을 위기에 처한 주택보유자들을 지원하는 연방 주택금융 은행을 설립하였다. 그러나 주택보유자들을 위한 융자는 증가하는 실업이나 "후버빌" 빈민촌에 사는 노숙의 문제를 해결하지 못했다(Hicks, Mowry, & Burke, 1970).

1932년 천만 명 이상 발생한 실업 문제는 정부가 빈민들을 위한 직접적인 연방 지원의 현황을 재검토하도록 압박하였다(Rauch, 1944). 후버 대통령은 시민들에게 직접적인 지원을 하거나 주정부에 무조건적인 보조금을 지원하는 것에 반대하였기 때문에 구제를 위한 법률은 국회에서 부결되거나 대통령이 거부하였다.

역설적이게도 후버 대통령은 농부들이 가축들에게 먹이를 주기 위해 필요한 정부 대출금에 대한 의회 예산을 승인하였다. 그러나 대통령은 농장 가족 자신들을 위한 추가 지원은 승인하지 않았다(Trattner, 1999). 상원의원들이 굶주린 농부들은 자신의 배를 채우기 전에 가축들에게 먹이를 주지 않을 것이라고 주장했을 때, 행정부는 직접 구제라는 "선물"을 통해 고통받는 사람들을 구제하는 것은 연방 정부의 책임이 아니라고 주장하였다. 후버 대통령은 직접 구제에 대한 반대 입장으로 "냉정한 허브(Hartdhearted Herb)"라고 불리었다(Platt & Drummond, 1967).

루즈벨트 행정부

후버 대통령은 기업들에게는 기꺼이 대출해주고, 빈곤층이나 실업자, 노숙인들을 위한 직접 구제는 반대하였지만, 프랭클린 루즈벨트 행정부는 즉시 많은 사람들에게 가능한 빨리 그리고 최대한 많은 돈을 지원하기로 결정하였다. 루즈벨트 행정부는 "민간에서 정부의 책임으로 그리고 지역에서 연방 기능"으로 직접 구제의 초점을 수정하였다(Mencher, 1967). 루즈벨트 대통령은 다른 사람들의 복리를 위한 인류의 책임을 믿었다. 그는 공공부조 지원은 자선이 아닌 정의의 문제라고 주장하였다. 따라서 사회 구성원들은 최저 수준의 삶을 가질 권리가 있다고 설명하였다. 나아가 민주주의 사회의 존재는 시민의 웰빙에 좌우된다고 하였다.

이러한 인도주의적인 접근은 빈곤층에서 사회로 책임의 주체를 수정하면서 개인의 존엄성과 가치를 보호하였다. 1934년 의회에 전달한 루즈벨트 대통령의 메시지는 이 행정부의 뉴딜 프로그램을 뒷받침하는 정치 철학인 시민에 대한 정부 책임의 이유를 제공하였다. 루즈벨트 대통령은 다음과 같이 강조하였다.

> 우리의 많은 목적 중에서 성인과 아동의 안전을 국가의 최우선 순위에 둔다. 개인과 가족을 위한 안전은 3가지 사항을 고려한다. 사람들은 적절한 주거를 원하고, 생산적인 일을 할 수 있는 곳에 살기를 원하며, 우리의 인간 세계에서 완전히 제거하기 어려운 불행에 대처하는 보호장치를 원한다(Mencher, 1967, pp.332－333).

이러한 태도의 변화는 객관성과 중립성, 정의를 지향하는 후버 정책의 온정주의를 교체하고, 삶의 질에 초점을 둔 인도주의를 반영하였다. 1930년대 공공정책의 초점은 고용을 보장받는 빈곤층의 권리였고, 따라서 모든 사람들에게 취업을 제공하는 것이 목적이었다.

자선에서 복지로

정부 기관을 통해 재정 및 행정지원을 받는 사회서비스 프로그램의 개발은 자선과 교정 기반의 민간 지원에서 공공복지 영역으로 전환된 사회복지의 중심으로 등장하였다. 법률 제정을 통해 사회 구성원들을 위한 일반복지를 제공하는 시민 수급자격 체계로 공공복지 체계를 확립하였다. 수급자격은 모든 시민들의 이익을 보호하는 정부 프로그램과 서비스를 통해 제공되는 사회적 급여들을 포함한다. 공공부조를 받기 위해 요구되는 소득·자산조사나 사회보험을 획득하기 위한 기여 방식과 같은 조건들은 해당 프로그램의 자격 조건을 명문화한다. 공공서비스는 종종 민간서비스에 접근하지 못하거나 지원받지 못하는 사람들에게 자격 조건을 제한한다. 예를 들면, 공중보건 서비스, 특수교육, 복지지원, 공적 지원을 받는 법률 서비스 그리고 주거지원들은 자격이 되는 사람들만 이용 가능하다.

뉴딜 프로그램

국가의 간절한 욕구를 다루기 위해 급히 제정된 법률은 유명한 "백일(hundred day) 기간"에 등장했다. 예를 들면, 1933년에 제정된 농업조정법(Agricultural Adjustment Act)은 농부들을 위한 보조금과 가격 지원을 명시하였다. 연방긴급구호법(FERA)은 주정부가 실직자들에게 현금을 지급할 수 있도록 보조금을 승인하였다. 뉴딜 1기에 설립된 시민자연보호단(Civilian Conservation Corps, CCC)은 공공 기관 건설이나 도로 및 다리 포장, 산림 청소, 홍수조절장치 개발, 국립 공원과 해변 개발 활동들을 통해 실직한 젊은 사람들에게 일자리를 제공하였다(Hicks et al., 1970).

1935년 후반 설립된 공공사업진흥국(Works Progress Administration, WPA)은 실직자들의 특성에 맞는 일자리를 연결해 주었다. 루즈벨트 대통령은 연방긴급구호법을 집행한 사회복지사인 해리 홉킨스를 공공사업진흥국 관리자로 임명하였다. 이러한 새 프로그램의 의도는 실직자들을 직접 구제 대상에서 공공사업진흥국 프로그램 참여자로 전환시키는 것이었다.

1935년 사회보장법

루즈벨트 대통령은 1935년 1월 17일에 "사회보장" 법안을 제출하였지만, 사회보장법은 별도로 통과되지 않았다. 기존의 미망인 지원과 노인수당에 대한 연방 정부 및 주정부의 법규와 조항은 국가의 사회복지

정책의 토대를 구축하였다. 이 안은 실업급여와 노령 보험, 주정부의 복지 시스템을 통한 실직자, 노인, 시각장애인, 고아들을 위한 직접지원을 제안하였다.

경제보장에 대한 욕구

1935년 제정된 사회보장법은 포괄적으로 미국 시민의 경제보장을 지원하는 첫 번째 연방 지원 프로그램이었다. 다양한 요인들이 경제보장을 위한 측정 방식에 영향을 미쳤다.

> 에블린 번즈(1956)의 대표 저서인 "사회보장과 공공정책"에서 지적한 다양한 요인들이 사회서비스 전달에 적용되었다. 여기에는 국가 생산성의 일반적 수준, 적절한 생활 수준에 대한 국가의 관점, 이용 가능한 기술, 고용 수준, 인구학적 특성, 가족체계의 역할 변화, 기술 및 행정적 독창성과 같은 요소들이 포함되었다(Jenkins, 1983, p.816).

이러한 요소들은 경제붕괴를 방지하고, 경제 위기 상황에서 올바른 실천을 하는 데 필요한 단계별 정부의 책임들을 내포한다.

사회보장법은 공적 책임을 재규정하는 데 기여하였고, 복지국가를 탄생시켰다. 국가정책으로서 사회보장법의 통과를 통해 연방 정부는 복지에 대한 시민의 자격을 인지하였고, 미국 시민의 복지를 위한 중요한 재정적 책임을 인식하였다. 해리 홉킨스와 같은 사회복지사들과 노동부 장관인 프란시스 퍼킨스는 이 법률 제정에 중요한 역할을 하였다.

경제 및 사회보장 제공

경제적 불안정을 감소하기 위한 공공정책은 고용 기회를 보장하는 사회보장과 기타 프로그램을 제공하는 것이다. 경제 및 사회보장 정책은 사회보험, 공공부조, 소득에 따른 연금, 법정 급여를 포함한다. 이상적으로 사회보장제도는 모든 시민들의 최저생계를 보장한다.

1930년에 제정된 사회보험 법안은 경제적 안정을 위협하는 시대에 실직상태에 있는 사람들을 보호하였다. 실업보상 기금의 재원은 고용주가 지불하는 급여에 대한 세금이었기 때문에 일반적인 대중들은 실업보험을 권리로 보았다. 실직한 노동자들은 이 보험을 통해 "일하지 않고" 공적 지원을 받는 불명예적인 경험을 피할 수 있었다. 또한 고용인과 고용주로부터 세금을 걷어 사회보장퇴직보조프로그램(social security retirement supplement program)을 지원하였기 때문에 수혜자들은 이 프로그램을 자선으로 생각하지 않았다. 1939년 사회보장법 개정은 사회보험 프로그램 내에 노인 및 근로자들의 유가족과 부양가족에게 자격 혜택을 제공하는 가족 보호를 추가하였다.

입법가들은 노인부조(Old Age Assistance, OAA), 시각장애인부조(Aid to the Blind, BA), 부양아동부조(Aid to Dependent Children, ADC)와 같이 경제적 자립이 어려운 집단의 시민권으로서 범주적 공공부조 또는 특정 범주에 속하는 사람들을 위한 프로그램을 제안하였다. 법안은 1950년 사회보장 지원에 영구 및 완전 장애인부조를 추가하였다.

1935년 사회보장법에 대한 비판

국가의 경제보장에 대한 옹호자와 반대자들은 1935년 사회보장법 제정에 대해 타협하였다. 프로그램 재정지원 방법과 수혜 대상에 대한 자격 조건에 대한 결의안은 엄청난 비난에 부딪쳤다. 임금에 대한 과세부과는 재정지원의 주요 재원이었다. 따라서 말 그대로 가난한 사람들이 가난한 사람들을 위한 서비스 비용을 지불해야 했다. 고용주들은 자신의 사회보장 세금비용을 소비자에게 전가했다. 보조금은 욕구가 아닌 수입에 기반하였다. 실업수당은 도움은 되었지만 단기적이었고, 농장노동자나 이주노동자, 가사도우미, 노동자의 부양가족 등 실업에 영향을 받는 많은 인구집단들을 배제하였다(Trattner, 1999). 그리고 가장 심각한 단점은 건강보험수당을 누락한 것이었다.

오늘날 반대자들은 사회보험이 너무 비용이 많이 들고, 의존을 조장한다고 비판한다. 그럼에도 불구하고, 미국의 인구조사 보고서는 특정 사회보장 프로그램 내에서의 사회보험은 빈곤을 감소시킬 수 있는 가장 효과적인 정책 전략이라고 설명한다. 예를 들면, 사회보장 지원이 없었다면 65세 이상 인구의 절반 이상이 공식적인 빈곤선 이하의 수입만을 가졌을 것이다.

가치 있는 빈민과 가치 없는 빈민

일반대중은 범주적 프로그램 수혜자의 가치를 평가하려고 한다. 사회보장과 같은 사회보험 프로그램의 수혜자들은 자신의 기여에 따라 수혜자격을 얻기 때문에 낙인화되지 않는다. 아동이나 노인, 장애인과 같은 "가치 있는 빈민"을 지원하는 것에는 반론이 없다. 그러나 사람들은 여전히 이러한 서비스에 들어가는 비용과 행정에 대한 비판한다.

반대로 공공부조 프로그램의 수혜자들은 "실업수당을 받는" 사람들로 인식되면서 일부 사람들의 경멸을 경험한다. 대중은 "가치 없는 빈민"이나 노동력이 있는 사람들에 대한 지원 프로그램을 비난한다. 예를 들면, 공공부조를 받는 성인 가족은 종종 비난의 대상이 된다. 공공복지를 비난하는 사람들은 공공부조가 의존을 조장하고 프로그램에 참여하는 수혜자들을 낙인화한다고 주장한다. 이러한 입장은 모든 납세자들은 잠재적인 복지 수혜자이고 모든 복지 수혜자들은 잠재적인 납세자들이라는 사실을 무시한다(표 10.2).

표 10.2 | 공공부조와 사회보험 비교

	공공부조	사회보험
정책 의도	자격 조건을 충족하는 사람들을 위한 소득 지원	기여자를 위한 보충적 지원
프로그램	TANF, SSI, SNAP	OASDI
총괄주체	연방과 주정부	연방 정부
자격 조건	욕구 기반: 수혜자들은 소득과 자산 조사를 반드시 통과해야 함	기여: 크레딧 획득에 기반한 자격
혜택	다양한 액수, 주마다 다름. 열등처우원칙 적용	보장에 기반한 확정급여
의료급여	메디케이드	메디케어
가족의 책임	법적으로 인정된 부양가족에게 적용	없음
대중인식	"빈민"으로 낙인화	권리로 인식

위대한 사회 프로그램: 복지권 계획

1960년대 이전의 풍요로움의 시대에서는 "또 다른 미국(other America)"에 있는 사람들은 드러나지 않았다(Harrington, 1962). 대부분의 공무원들은 이 사람들의 사회적, 경제적 어려움을 무시하였다. 그러나 정치적, 사회적 불안이 1960년대를 덮쳤다. 많은 주요 도시 지역에서 발생한 거리의 폭동으로 상황이 혼란스러워지면서 대중들은 또 하나의 미국과 관련된 문제에 관심을 가지게 되었다.

정책입안자들은 빈곤의 근본 원인으로 몇 가지 사회문제들을 확인하였다. 케네디 행정부의 빈곤과의 전쟁 프로그램과 존슨 행정부의 위대

한 사회 프로그램을 통해 만들어진 사회복지 대응책은 인종차별, 부족
한 교육, 열악한 건강, 실업, 시민권 약화와 같은 빈곤의 근본 원인들을
파악하기 위해 노력하였다.

복지권

1960년대 복지 개혁의 중심 주제는 빈민 관련자들과 조직 그리고 연
방 정부가 제기한 이슈인 복지권이었다. 이를 위해 다음과 같은 내용들
을 시도하였다.

- 빈곤층에게 복지 자격에 대한 정보와 서비스 수혜 확보와 관련
  한 전문가의 지원에 대한 공공과 민간의 새로운 서비스 구축
- 사람들이 복지혜택을 받지 못하게 하는 지방 법과 정책의 주
  체를 대상으로 소송 진행
- 빈곤층을 대상으로 공공복지의 자격에 대한 정보를 제공하고,
  지원 신청서를 승인하는 공무원에게 압력을 가하는 빈민을 위
  한 새로운 기관들을 지원함(Piven & Cloward, 1971, p.250)

이러한 활동의 주요 결과는 복지 수요의 폭발이었다. 그러나 복지혜
택의 증가가 빈곤한 사람들의 증가를 의미한다고는 할 수 없었다. 오히
려 이미 빈곤했던 사람들은 기존의 프로그램과 혜택들을 알게 되었고,
이러한 지원에 접근하기 위해 그들의 권리를 실천하였다.

경제 기회국

도시 지역 위기와 그 시기의 정치적 환경에 대한 대응으로 "위대한
사회 계획(the Great Society initiateive)"은 독특한 사회서비스 전달체계를

강화하였다. 도심지 연결을 강화하기 위한 혼란스러운 움직임 가운데 경제 기회국(office of Economic Opportunity, OEO)은 특별한 행정업무를 개발하였다. 이 조직은 중앙정부와 빈곤층 간의 관계를 형성하기 위해 주 정부와 지역 정부를 건너뛰었다. 피벤과 클로워드(Piven & Cloward, 1971)는 "위대한 사회 프로그램의 특징은 중앙정부와 빈민가 사이의 관계를 총괄하는 것으로, 이러한 관계로 인해 주정부 및 지방정부는 약화된 것"으로 설명한다(p.261).

자주성을 촉진하기 위해 이 법률은 지역사회 계획과 서비스 실행에 있어서 지역의 풀뿌리 리더십을 활용할 것을 명시하였다. 지역 조직들은 교육과 고용, 법률 서비스, 정보제공과 의뢰 서비스, 지역사회 행동을 위한 프로그램들을 기획하였다. 최대참여원칙주의(maximum feasible participation)는 이 법률의 원동력이었다. 경제기회법을 통해 재정을 지원받기 위해 프로그램은 참여자들을 프로그램 계획과 개발, 실행과정에 관여시킨다.

경제 기회국의 지역사회 행동의 결과로 많은 사회복지사들은 사회복지 전문직에서의 사회정의에 대한 입장을 재검증하였다. 이들은 자신의 초점을 치료에서 개혁으로, 정신분석에서 사회과학으로 이동하였다 (Stern & Axinn, 2012).

새로운 연방주의로의 움직임

1960년대의 자유주의 프로그램은 오래가지 않았다. 리처드 닉슨 대통령 당선과 함께 보수주의적 사회복지정책과 프로그램, 비용이 등장하였고, 로널드 레이건 대통령 임기까지 지속되었다. 경제침체와 인플레이션, 높은 실업률은 1970년대와 1980년대 초의 경제 상황을 보여주었다. 그 결과, 빈곤층의 숫자는 극단적으로 증가하였다. 연방 정부는 연방화된 정책 보조금(Federalized block grants)을 통해 세입 기금을 직접 주정부에 배분하기 시작했고, 많은 복지 프로그램 운영을 주정부로 맡겼다. 나아가 공적부조 프로그램은 근로 연계와 직업 훈련 부분을 증가시켰다.

닉슨과 카터 대통령은 연방제의 최저소득보장과 근로유인, 직업 훈련 프로그램 그리고 주간보호 등을 지원하는 연간소득보장계획을 제안하였다. 닉슨 대통령의 가족지원계획(Family Assistance Plan, FAP)은 부양아동가족 부조제도(AFDC)와 부양아동가족을 위한 실업보험을 대체하는 것으로 제안되었다. 카터 대통령은 가족 형태와 상관없이 모든 빈곤층에게 적용되는 부(−)의 소득세(negative income tax)를 제안하였다. 직업 및 소득개선 제안(Better Jobs and Income Proposal)은 AFDC와 보충적 소득보장(SSI), 식품구입권을 통합하였다. 그러나 닉슨의 FAP나 카터의 직업 및 소득개선 제안 모두 의회의 승인을 받지 못했다. 레이건 대통령의 당선은 초보수주의적인 이념적 신념의 시대로 이어졌다. 공급 중시의 경제와 "트리클다운 경제(trickle−down economy)"[1] 이념에 힘입어 레이건 행정부와 이후 조지 부시 행정부의 신연방주의는 자선적인 사회서비스 조직의 서비스 사유화와 AFDC, SSI, 식품구입권과 같은 복지 부조 프로그램의 책임을 주정부로 이양하는 것을 강조하였다. 1981년의 총괄조정법이나 1985년의 균형재정긴급관리법(Gramm−Rudman−Hollings Act), 1988년의 가족지원법과 같은 의회 법안들은 예산 삭감과 예산상한제, 공공복지 프로그램의 더 엄격한 자격 조건 등의 결과를 가져왔다.

---

1 역자 주: 대기업의 성장을 촉진하면 중장기적으로 중소기업과 소비자에게도 혜택이 돌아가 총체적으로 경기를 활성화시키게 된다는 경제 이론

1990년대 복지 개혁

건강보험개혁, 복지 개혁 그리고 범죄 법안 통과는 클린턴 행정부의 가장 중요한 아젠다였다. 범죄 법안은 양당의 지지를 받아 빠르게 통과되었다. 건강보험 개혁을 위한 국민건강보험 법안은 사보험회사 로비스트들과 정치 반대자들의 저항을 받았다. 개인 책임 및 취업기회 조정법 (Personal Responsibility and Work Opportunity Reconciliation Act, PRWORA)이라 불리는 복지 개혁법은 많은 논의 끝에 통과되었다.

클린턴 대통령의 말에 의하면 "우리가 알고 있는 복지를 끝내기 위한" 복지 개혁 법안은 연방 공공복지 부조 프로그램(AFDC, SSI, 식품구입권)들을 연방 정부의 세수지원을 줄인 주정부 중심의 프로그램으로 전환하였다. 한시적 빈곤가족 지원(Temporary Assistance for Needy Families, TANF) 프로그램은 AFDC를 대체하였고, 주정부들이 구체적인 연방 정부의 지침안에서 각자의 공공부조 프로그램을 기획하도록 자율성을 확대하였다.

21세기 법안

조지 W. 부시 대통령은 임기 첫해에 국가 안전에 대한 문제와 2001년 9월 11일 테러리스트 집단의 국제적 공격을 직면하였다. 건강과 휴먼서비스와 관련해서 부시 대통령은 사회서비스 제공에 있어서 정부의 역할을 축소하고, 민간 복지기관들의 역할을 확대하는 보수적인 정책들을 추구하였다. 부시 행정부에서는 연방 계약을 통해 프로그램을 세속화하는 조항을 삭제하고 종교 단체가 운영하는 신앙 기반의 서비스에 대한 재정을 지원하였다. 부시 대통령은 임기 동안 교육 개혁을 위해 아동낙오방지법(No Child Left Behind Act)과 메디케어 D 노인을 위한 처방약 혜택(Medicare D prescription drug benefit plan) 프로그램을 제정하였

다. TANF는 지속적으로 일과 교육 참여를 의무화하였고, 수혜기간을 5
년으로 제한하였다. 사회보장을 민영화하는 운동은 강한 저항에 부딪쳤
지만 이민자에 대한 논의는 국경 지역을 좀 더 강화하고, 미등록 이주
자들에게 서비스를 제한하는 방향으로 결정되었다.

  버락 오바마 대통령은 2009년 임기 첫 달에 경제침체와 관련하여 여
러 가지 위기에 직면하였다. 취임 이후 오바마 대통령은 경제부양법안
(economic stimulus bill)과 경제 위기로 악화된 빈곤을 완화하기 위해 광
범위한 투자를 포함한 미국 경제회복 및 재투자법에 서명하였다. 일자
리를 창출하고 가족과 빈곤층을 위한 경제적 기회 제공을 약속하는 이
법안은 실업급여와 아동 보호 지원, 보충적 영양지원 프로그램(SNAP, 기
존의 식품구입권)과 직업 훈련 기회를 확대하였다. 경제부양법안은 주정
부와 지방정부를 지원하고, 공공 일자리와 교통 인프라를 위한 재정을
지원하며, 가족과 기업을 위한 세금 완화와 건강과 휴먼서비스에 대한
투자, 교육, 주거, 도시 개발, 재향군인 지원 등에 대한 내용을 포함하
고 있다. 오바마 대통령의 지속되는 국내 정책 아젠다의 핵심은 포괄적
인 건강보험 개혁 법안인 환자보호 및 부담적정 보험법(Patient Protection
and Affordable Care Act)의 통과였다. 2010년 제정된 이 법은 모든 시민들
에게 적정 비용으로 건강보험을 이용할 수 있도록 지원한다. 트럼프 행
정부의 시작과 함께 이념적 차이로 인해 건강보험과 세제 개혁에 대한
정치 정당 내부와 정당 간의 정책 논쟁이 뜨겁게 달아올랐다. 입법 결
과는 사회복지정책과 관련 안전망 프로그램과 서비스에 대한 중요한 영
향을 미쳤다.

현대의 공공복지 프로그램

지난 50년간 사회보장법의 개정은 보장의 자격 대상을 확대하였고, 새로운 빈곤 퇴치 전략들을 추가하였다. 많은 프로그램들이 소득 유지와 사회서비스, 빈곤층의 건강과 영향의 욕구를 충족하기 위해 소개되었다. 이러한 프로그램들 중 노령, 유족, 장애 및 건강보험(OASDHI), 한시적 빈곤가족 지원(TANF), 보충적 소득보장(SSI), 메디케어와 메디케이드, 일반지원, 보충영양지원 프로그램(SNAP), 사회보장지원 제20조 사회서비스 지원 등이 있다.

노령, 유족, 장애 및 건강보험

연방 정부는 노인과 장애가 있는 노동자와 유가족의 경제적 안정을 지원하기 위해 여러 가지 사회보험 프로그램을 개발하였다. 노령, 유족, 장애 및 건강보험(OSASDHI)은 다음과 같이 구성된다.

- 은퇴자와 그들의 유족들을 위한 노령, 유족 보험(OASI)
- 장애가 있는 노동자와 그 가족들을 위한 장애 보험(DI)
- 노인과 장애인을 위한 입원, 진찰 및 처방약 비용을 지원하는 건강보험

1935년 사회보장법을 통해 처음 제정된 은퇴 연금의 수혜 자격을 가진 사람들은 취업을 통해 획득한 근로 크레딧(work credit)을 통해 보험에 가입된다. 급여공제 또는 자영업세를 통해 노동자들은 사회보장 기

금에 기여한다. 연금은 임금 이력(salary history)을 기반으로 측정된다. 자격 기준은 청구자의 나이와 은퇴 연금에 필요한 근로 크레딧의 수에 따라 결정된다. 사망한 보험 가입자의 배우자는 유가족 연금을 받는다. 생계비 조정은 매년 급여 액수를 증가시킨다.

사회보장은 노인들의 빈곤율을 감소하는 데 중요한 역할을 한다. 65세 이상 노인의 95%가 사회보장 은퇴 연금을 받고 있다. 이 중 85%는 연금을 소득의 주요 재원으로 보고한다(Administration on Aging(AOA, 2017; Center on Budget and Policy Priorities(CBPP), 2016; Federal Interagency Forum on Aiging Related Statistics(FIFA), 2016). 65세 이상 노인의 전체적인 빈곤율은 9%이다. 이 중 여성 노인의 빈곤율(10.3%)이 남성 노인(7%)보다 높다. 그러나 흑인 노인(18.4%)과 히스패닉 노인(17.5%)의 빈곤율이 히스패닉이 아닌 백인 노인(6.6%)에 비해 가장 높게 나타난다. 사회보장 연금이 없었을 경우, 2014년의 노인 빈곤율은 42% 이상 나왔을 것이다(CBPP, 2016).

사회보장 프로그램의 장애 연금 수혜 자격을 얻기 위해서는 보험에 완전 가입된 상태이면서 실질적인 소득활동을 금지하고 최소 12개월 이상 지속되거나 사망할 수도 있는 의료 또는 정신적 손상을 가지고 있어야 한다. 장애 연금 신청자는 장애 발생 전에 최소 가입분기 수를 충족해야 한다. 보장 연장은 주정부가 지원하는 재활서비스에 수혜자가 참여하는 정도에 달려있다. 2015년 약 1,040만 명 정도가 장애가 있는 노동자이거나 그들의 배우자와 자녀였다(Social Security Administration(SSA), 2016). 장애 연금 수혜자의 소득근로활동을 장려하기 위해서 사회보장 행정국은 수혜자들이 현금 급여를 받는 동안 취업을 시도할 수 있는 "고용-티켓(Ticket to work)" 프로그램을 지원하였다.

사회보장 수혜자들은 또한 메디케어를 통해 의료보험(Hospital Insurance, HI)을 신청할 수 있고, 월 보험료를 지급하면 보충적 의료보험(Supplementary Medical Insurance, SMI)과 메디케어 의약품 급여를 신청할 수 있다.

한시적 빈곤가족 지원

1996년 개인 책임 및 취업기회 조정법의 통과와 함께 한시적 빈곤가족 지원의 포괄보조금(block grants)은 부양아동가족 부조(AFDC)와 아동가족 긴급지원(EAFC), 고용 기회 및 기초기술 훈련 프로그램(JOBS)을 대체하였다.

AFDC: TANF 이전 프로그램

AFDC 프로그램은 빈곤한 부양아동에 대한 정부의 책임을 이행하기 위한 안전망으로서 기획되었다. 연방 정부의 법령 아래 주정부는 프로그램을 운영했고, 주정부 – 연방 정부의 매칭 양식에 기반하여 공적 조세 기금을 받았다. 1961년 관련법은 주정부가 실직 아버지와 가족을 위한 부조를 지원하도록 허락하였다.

AFDC가 일부 비판을 받았지만 사회부조 프로그램으로서 긍정적인 기여를 했다는 평가도 받았다(Dear, 1989). 전 국민 가족수당 프로그램으로서 AFDC는 빈곤의 높은 위험에 처한 가족과 아동들에게 직접적 현금 및 현물 급여를 제공하였다. 공적으로 재정지원을 받는 소득 이전 프로그램은 수백만 명의 저소득층의 웰빙을 강화하였다. 소득 지원 외에도 AFDC 수혜자들은 의료보호나 식품 보조, 주거지원과 사회서비스와 같은 현물지원도 받았다. 이 프로그램은 원래 의도에 따라 저소득층 가족들이 탈 없이 지낼 수 있도록 지원하였다.

TANF의 목적

TANF의 명시된 목적은 가난한 부양아동가족을 지원함으로써 아동이 가정 내에서 보호받을 수 있도록 하는 것이고; 직업 준비와 취업, 결혼을 지원하여 복지 의존을 감소하는 것이며; 혼외임신을 방지하고; 양 부모(two-parent) 가족을 지원하는 것이다. TANF가 빈곤의 구조적 측면보다는 개인에 초점을 맞추고 있다는 것은 프로그램을 만든 법안인 "개인 책임 및 취업기회 조정법(PRWORA: Personal Resplosibility and Work Opportunity Reconciliation Act)"의 법안명에서도 명백히 나와 있다. 누군가는 과연 이 천편일률적인 복지정책이 개인의 취약성뿐만 아니라 경제상태나 실업률, 침체된 취업시장과 같은 구조적 환경에 미치는 영향도 고려했는지 의문을 제기할지도 모른다(Washington, Sullivan, & Washington, 2006).

기금지원 규정

TANF 법안은 주정부 기반의 공적부조 프로그램을 설계할 때 주정부에게 상당한 재량을 허용했지만, TANF 프로그램은 포괄 보조기금을 받기 위해 반드시 정해진 한도를 지키도록 규정하고, 이를 준수하지 않은 주의 프로그램은 벌금형을 부과하였다. 주정부의 책임은 다음과 같다.

- 자격 조건 확인
- 급여수준 설정
- 연방 규정에 따른 포괄보조금 관리
- 개인 책임 계약을 요구할 것인지, 부모가 지원을 받는 동안 태어난 자녀 또는 임신한 태아와 청소년 미혼 부모와 자녀에게 보조금을 지원할 것인지를 결정함
- 2년마다 연방 정부에 TANF 계획을 보고함

2005년에 제정된 적자 감축법(Deficit Reduction Act)과 2006년 TANF를

재승인하기 위한 법안은 수혜자의 경제활동 참여에 대한 요구 증가와 같은 초기 지침을 일부 수정하였다. 일부 주에서는 이미 초기 법안에서 요구한 것보다 더 엄격한 지침을 도입하였다. 다른 주는 연방기금의 자격을 얻기 위해 연방 정부의 지침에 맞게 그들의 규정과 절차를 개선하였다. 이 법안들은 경제활동과 책임성을 강화하는 규정들을 포함하였다. 나아가 2005년 시작된 건강한 결혼과 책임감 있는 부성(Healthy Marriage and Responsible Fatherhood) 프로그램은 1억 5천만 달러의 연간 예산을 주정부에 승인하였다(Office of Family Assistance(OFA), 2016).

공적부조를 받는 수혜자들에게 근로 요구를 강조하는 것은 이들의 취업 능력을 전제하는 것이다. 그러나 수혜자들에 대한 데이터에 의하면 대부분의 수혜자들은 신체 건강이나 정신건강 관련 문제를 가지고 있고, 낮은 학력과 학습장애, 주거 불안정, 가정폭력, 이들의 취업을 방해하는 자녀 양육의 문제들을 가지고 있는 것으로 보고된다(Bialik, 2011; Zedlewski, 2003). 또한 복지 대상자들은 포괄적인 프로그램을 필요로 하는 반면 대부분의 근로 지원 프로그램들은 직업 일자리 찾기와 같은 단기 개입만 제공하고 있다. 근로 요구는 이들의 취업이 자립으로 이어진다고 간주한다. 하지만 임금이 낮을 때 노동자의 경제 상태는 주변화에 머문다. 마지막으로 근로연계복지(Welfare-to-work) 규정은 일자리의 이용가능성을 전제하지만 많은 지역사회의 상황들은 경제개발을 위한 노력이 병행될 것을 요구한다.

요약하면 시간제한적인 지원과 생애 통산 한도를 요구하는 개인 책임 및 취업기회 조정법은 수혜자의 빈곤 기간 동안 지원받을 수 있는 안전망으로서의 복지를 제거하였다. 법에 규정된 근로활동 참여 조항은 자립을 약속한다. 그러나 종단 조사만이 이 조항이 가난한 사람에게 유해한 영향을 미치는지 아니면 자립으로 가는 길을 제공하는지 확인할 수 있다.

BOX 10.2

역량강화와 사회정의에 대한 성찰

복지 의존 또는 복지 신뢰성?

공공복지 부조 프로그램이 자립보다 의존을 조장하는가에 대한 논쟁은 최근 몇 년 동안 지속되어 왔다. 전국 정치 캠페인은 "복지 자격(entitlement)이 아닌 역량강화(empowerment)!"라는 구호를 외쳤다. 그러나 공공복지의 목적을 잘 아는 사람들은 이 슬로건이 "복지(Welfare)가 아닌 근로복지(Workfare)!"의 2세대 수사로 인식한다. 역량강화를 실천하는 사회복지사들은 이 해결책이 둘 중 하나라고 생각하지 않는다. 궁극적으로 역량강화와 복지 자격, 근로복지와 복지는 자립을 위해 공적부조를 이용하는 사람들의 최후의 수단이다.

공공복지의 수혜자들은 공적 지원을 지속적이고 안전한 소득의 원천으로서 "신뢰하는" 것일 뿐 그렇게 "의존적"이지 않다. 따라서 공적부조의 목적은 역량을 강화하는 것이다. 공공복지 체계는 개인화된 사회에서 잘 살아나가기 위해 필요한 소득이 부족한 개인이나 가족들을 위한 기회구조이다. 복지 프로그램은 서비스들이 시민의 권리로서 제공된다고 설명한다. 사회는 모든 사람들이 최소 수준의 경제 안정을 공유할 때 이익을 얻는다. 훈련과 고용 기회에 따른 근로 요구는 클라이언트가 자립을 추구할 때 도움이 된다.

TANF 프로그램을 통해 소득 지원을 받는 사람들을 위한 지지적이고 보충적인 핵심 서비스에 대한 논의가 이루어지고 있다. TANF의 수혜가족들이 복지에서 근로로 성공적으로 이동하기 위해서는 근로 요구와 이러한 요구를 충족할 수 있는 가족의 능력이 최대한 일치하고, 가족의 욕구와 일자리 공급이 일치할 수 있는 전략을 기획해야 한다(Debord, Canu, & Kerpelman, 2000, p.313). 저소득 한부모가족에게는 저임금 일자리와 높은 비용의 자녀돌봄, 안전한 교통수단의 부족 등이 성공적인 일-가정 연계를 위한 장애물이 된다. 많은 주에서는 교육이나 취업계획을 가지고 있는 수혜자들에게 근로공제나 지속적인 의료 보장, 아동돌봄 급여, 교통 지원과 같은 인센티브나

"투자"를 제공하고 있다. 이러한 지원들이 역량강화이다. 그러나 많은 주에서는 지원에 대한 지속적인 자격 기준을 클라이언트의 자립 계획에 대한 진행 정도와 연결시킨다. 이러한 전략은 특히 실패의 경험이 있고, 자존감이 낮은 클라이언트나 미리 정해진 시간표 안에서 변화를 기대하기에 부족한 역량을 가진 클라이언트, 삶의 상황들이 계획을 실천하는 데 방해가 되는 클라이언트, 직업 훈련은 끝났지만 노동시장에서 취업을 하기에 아직 준비되지 않은 클라이언트들에게는 잠재적으로 권한을 빼앗을 수도 있다.

많은 사람들이 TANF 프로그램이 사회복지 전문직에서 요구하는 사회정의를 반영하는지 의문을 제기한다. 많은 사람들은 자립을 위해 필요한 구조적 자원들을 제공하는 데 있어서 사회적 책임을 배제하고 개인의 책임만 강조한다고 믿는다. 호킨스(Hawkins, 2005)는 "자립의 개념과 이와 관련된 용어인 '독립(independence)', '자기 의존(self-reliance)', '자활(self-support)'은 빈곤 퇴치 정책의 화신이 되었다. 표면상 자립은 사회정책의 가장 적절한 목적으로 보이는 것"(p.77)으로 설명한다. 그러나 공정한 사회정책을 반영하는 TANF가 되기 위해서 주정부는 "자립을 위한 역량강화"에서 개인적 요소들을 고려하고 그들의 경제에서 구조적 요인들을 설명해야 한다. 주에서는 TANF 수혜자들이 노동시장에 들어갈 준비가 되었을 때 임금을 지불 할 수 있는 노동시장이 보장될 수 있도록 주 전체의 직업 개발과 경제 성장을 위해 노력해야 한다.

보충적 소득보장

1974년 고령자부조(OAA), 시각장애인부조(AB), 영구 및 완전 장애인부조(APTD)와 같은 주정부 기반의 프로그램들을 사회보장국에서 운영하는 보충적 소득보장(SSI) 프로그램으로 연방화하는 법안을 만들었다. 자격이 되는 사람들은 매달 현금 보조금을 지급받았다. SSI의 자격 대상은 65세 이상이거나, 시각장애를 가지고 있거나, 신체적 또는 정신적 장애가 있어서 경제활동이 제한된 사람들이다. 개인 책임 및 취업기회 조정법(PRWORA)의 제정으로 약물 중독과 알코올 중독은 더 이상 장애의 대상으로 고려되지 않았다. 18세 이하의 장애를 가진 아동들은 SSI의 수혜 자격을 갖는다. 그러나 PRWORA는 명확하고 심각한 기능 제한의 결과로 최소 12개월 이상 지속되었고 사망할 수 있는 의학적으로 증명된 질환을 가진 아동들에게는 SSI 지급 자격을 제한한다. 자격에 대한 조건으로 제한된 재정 상태와 시민권을 요구한다. 자격 조건이 되는 신청자가 다른 현금 수입이 있을 경우 SSI 지급은 기본적인 욕구를 충족할 수 있는 수준의 소득을 보장할 수 있도록 이들의 임금을 보충하는 수준에서 지원된다.

일반지원

일반지원(GA) 프로그램은 지역이나 행정 기반의 프로그램으로 긴급지원이 필요하지만 SSI나 TANF와 같은 현금지원 프로그램의 지원을 받지 못하는 사람들에게 제한된 현물 또는 현금 급여를 제공한다. 주나 카운티와 같은 지방정부에서 GA를 재정지원하고 운영한다. 급여 종류나 수준, 자격 기준, 시간제한에 대한 규정 등을 포함하여 실제 프로그램과 급여 구조는 주마다 다르다. 과거에 GA는 직접적인 현금지원과 바우처 시스템을 제공하였다. 그러나 지금은 대부분의 프로그램들이 현금지원을 철저하게 제한하거나 삭제하고 있다.

GA의 대부분의 수혜자들은 관련된 범주적 지원 프로그램의 자격 조건을 충족하지 못한다. GA 클라이언트들은 다른 수입원이 없는 상태임에도 불구하고 많은 주에서는 예산을 삭감하기 위해 GA 프로그램을 제한하거나 완전히 폐지하였다. 예를 들면, 전통적으로 GA는 부양 자녀가 없는 몸이 건강한 성인들에게 현금을 지원하는 유일한 프로그램이었다. 현재는 대부분의 주에서 이렇게 건강한 성인은 자격 대상에서 제외 시켰다. 대부분의 GA 수혜자가 일을 할 수 있고, 장기간 GA에 남아 있으며, 전일제의 최저임금 일자리가 이들의 생활 수준을 빈곤선 이상으로 올릴 것이라는 오해들이 이러한 제약들을 만들어 낸다고 주장하는 사람들도 있다.

메디케어와 메디케이드

1965년의 사회보장법의 개정은 메디케어(18조)와 메디케이드(19조)라는 2가지 건강 지원 프로그램을 신설하였다. 사회보험 프로그램으로서 메디케어의 목적은 65세 이상의 노인들과 54세 미만의 장애를 가진 사람들, 말기 신장질환을 가진 환자들의 건강 욕구를 충족하는 것이다. 사회보장 급여를 받는 사람은 메디케어도 신청할 수 있다. 메디케어 A는 입원환자를 위해 병원 입원 서비스와 물품, 전문 간호 서비스, 가정 방문 서비스, 호스피스 간호를 제공한다. 메디케어 B는 의료적으로 필요한 서비스와 물품들, 예방 서비스, 내구성 있는 의료 기기, 구급차 비용, 정신건강 서비스를 보장한다. 메디케어 D는 처방약을 커버한다. 사람들은 보통 실제 의료 비용과 메디케어로 커버되는 비용의 차이를 메디케어 보충보험(supplemental medigap insurance)으로 지불한다. 일부 수혜자들은 메디케어와 메디케어 보충보험 플랜을 혼합한 메디케어 어드벤티지 또는 메디케어 건강 플랜이라고 불리는 메이케어 C를 선택한다. 민간 보험회사들은 가입절차를 감독하고, 메이케어와 의료비 차이의 요소들을 관리한다. 은퇴자들은 65세가 되는 생일에 메디케어 혜택들을 지원받기 시작한다. 반대로 장애를 경험하는 수혜자들은 보험보장이 시작되기 전에 24개월의 대기기간을 가진다.

메디케이드는 저소득층 가족을 위한 의료지원 프로그램이다. 일반적으로 연방 및 주정부의 예산을 지원받는 메디케이드는 TANF와 SSI와 같은 범주적 부조 프로그램에 가입된 사람들에게 의료 및 병원 혜택을 제공하고, 현금지원 프로그램 지원을 더 이상 받지 못하는 가족들에게 전환기 혜택들을 제공한다. 그러나 개인 책임 및 취업기회 조정법(PRWORA)은 주정부에 특정한 메디케이드 자격 기준을 만들도록 권한을 부여했다. 이 법은 필수적으로 복지와 메디케이드 자격을 분리시킨다. 주정부 지침에 따라 메디케이드는 입원환자의 병원비를 포함한 의료비와 비선택적 외과 수술 절차, 진료비, 치과 비용, 양로원 서비스, 처방약 등을 보장한다. 많은 메디케이드 수혜자들은 메디케이드를 받는 병원이나 의료기관 등을 찾는 데 어려움을 경험한다.

전형적으로 예산 삭감은 메디케이드 보장 자격에 영향을 미치고, 의학적으로 취약하다고 간주되는 자격 조건을 재규정한다. 예를 들면, TANF의 복지 개혁 등장과 함께 의료적 욕구가 충족되지 않는 많은 사람들이 증가하였다. 환자보호 및 건강보험 부담적정 보험법이 통과될 때까지 메디케이드 규정은 소득자격보다 살짝 높은 수입을 가진 사람들은 제외했는데 이들 중 상당수는 사적 건강보험이 없었다.

환자보호 및 부담적정 보험법

2010년 3월 오바마 대통령은 환자보호 및 부담적정 보험법에 서명하였다. 이 획기적인 법률은 포괄적인 건강보험에 보편적으로 접근할 수 있는 토대를 마련하였다. 이 법의 결과로 건강보험이 없는 사람의 수가 2010년 4,800만 명에서 2016년 2,860만 명으로 감소하였다(Cohen, Zammitti, Martinez., 2017). 부담적정 보험법은 여러 해에 걸쳐 포괄적인 건강보험 개혁을 시행하였다. 즉각적인 지원은 기존의 건강보험 보장을 확장한 새로운 환자 권리장전과 부모 정책(parental policy)의 대상이 되는 아동이 26세가 될 때까지 건강보험 보장을 연장하는 것을 포함한다. 추가적으로 이 법은 메디케어와 메디케이드의 자격범위를 확대하고, 고용주들에게는 고용인들을 위한 건강보장을 제공하도록 요구한다. 2012년 미국대법원에서 이 법의 합헌성에 대해 논쟁하였다. 대법원은 모든 사람들이 건강보험을 취득하는 것을 의무화하는 것에 손을 들어줬지만, 의무 명령과 처벌에 대한 정치적 논쟁은 이 건강보험을 폐지하고 대체하기 위해 계속되고 있다.

보충영양지원 프로그램

1964년 식품권법하에 만들어진 식품구입권의 개정 프로그램인 보충영양지원 프로그램(SNAP)은 특정 수준 이하의 소득을 가진 사람들의 영양 욕구를 보충한다. 좀 더 구체적으로 이 프로그램의 목적은 미국 내 기아를 제거하고, 영양상태를 향상시키는 것이다. 연방 정부는 미국 농무부(USDA)의 총괄 아래 프로그램의 재정을 지원한다. 주정부는 범주적 공적부조 프로그램과 함께 식품구입 프로그램을 관리한다.

SNAP는 기아 문제를 다루고 장기적으로는 미국 내 기아와 영양실조를 제거하는 주요 프로그램이다. 행정부는 실직했거나 프로그램의 소득 조건에 맞는 취업자들에게만 식품구입을 위해 교환할 수 있는 식품구입권을 발행한다. P. L. 104-193은 식품구입권을 줄이고, 18세에서 50세 사이의 자녀 및 장애가 없는 사람들의 경우 근로복지 프로그램에 참여하고 있지 않으면 식품구입권을 제한하였다. 2017년 통계자료에 의하면 4,800만 명의 사람들이 이 프로그램에 가입하고 있는데, 2016년보다 200만 명이 감소하였고, 2010년 이후 최저 수준인 것으로 나타났다(USDA, 2017). 이러한 경향에 영향을 미치는 요인들은 일부 지역에서의 실업률 감소의 결과로 개선된 경제 상황과 경제가 침체된 일부 지역의 경우

3개월 이상 실직한 사람들을 대상으로 SNAP를 허용하는 방식으로 면제자를 제한했기 때문으로 나타났다(Food Research & Action Center(FRAC), 2017).

사회보장지원 제20조

1975년 미국 의회는 사회보장법 제20조의 개정을 승인하였다. 주정부가 AFDC나 SSI를 지원받거나 특정한 소득 기준을 충족하는 가족들에게 사회서비스 포괄보조금을 지원하는 주요 사회서비스 프로그램으로 다음의 4가지 광범위한 서비스 목적을 추구한다.

- 의존을 방지, 감소 또는 제거함으로써 경제적 자활을 강화함
- 자립을 촉진함
- 아동이나 자신의 이익을 보호할 수 없는 성인들에 대한 방임이나 학대, 착취를 방지 또는 치료하고 가족들을 재활 및 보호함
- 적절한 제도적 보호와 서비스를 보장함(SSA, 2011, Title XX, sec. 2001)

1981년의 총괄예산조정법은 주정부 매칭 기금을 삭제하고, 공적부조 수혜자들을 위한 기금 지출에 대한 명령을 삭제하기 위해 제20조를 수정하였다. 여러 가지 프로그램 중 제20조는 정보와 의뢰, 가족 계획, 상담, 아동과 성인을 위한 주간보호 서비스, 아동 보호, 사례관리, 가사도우미와 가정간호 서비스, 교육 및 훈련과 같은 프로그램을 지원한다. 제20조는 아동 보호와 위탁보호를 포함한 아동복지 서비스의 주요 재원이다.

제20조는 또한 주정부 기관이 민간 사회서비스 제공자들과의 서비스

계약을 하도록 지원한다. 정부의 서비스 계약에 대한 조항은 민간 사회서비스 기관들의 성장을 촉진하였다. 현재는 20조의 포괄보조금을 삭감하려는 경향으로 나아가고 있다.

복습과 예습

사회복지사가 모든 실천 활동에서 사회정책을 개발하고, 실행 및 평가하는 데 있어서 중요한 역할을 할 수 있도록 준비시키기 위해 이 장에서는 다음과 같은 내용을 소개하였다.

- 사회정책과 사회정책 개발에 있어서 정치적 이데올로기의 영향
- 사회복지와 사회정책의 관계
- 20세기 및 21세기의 공공복지 정책의 발달
- 현대의 공공복지 프로그램

사회정책 입안은 사회의 기회구조에 대한 접근성을 확대하고, 자원이용을 최대화하며, 개인의 성장과 웰빙을 도모하는 환경을 조성하는 등 거시적 변화를 가져올 수 있다. 사회복지사는 사회적 약자에 대한 태도를 변화시키고 공공복지의 서비스 전달체계에 좀 더 활발하게 관여함으로써 사회정책 입안에 관련 전문직 가치와 실천 원칙을 적용하여 권리가 박탈된 많은 사회복지 이용자들을 역량강화하는 데 기여할 수 있다.

제11장 사회복지와 빈곤, 노숙, 실업, 형사사법제도, 제12장 건강, 재

활, 정신건강에서의 사회복지, 제13장 가족 및 청소년 복지, 제14장 성
인과 노인 서비스를 포함한 다음 4개의 장은 다양한 사회복지 실천현장
에서 사회정책의 적용에 대해 살펴볼 것이다.

생각해보기

❶ 정책 실천: 정책 실천가로서 사회복지사는 사회자원에 대한 시민들
의 접근성을 확대하고 사회적, 경제적, 환경적 정의를 위해 활동함
으로써 거시적 변화를 가져온다. 사회복지사들은 자신의 모든 실천
활동에서 정책 분석과 정책 옹호를 실행할 수 있는가?

❷ 인권과 정의: 사회적 가치로서 정치 이데올로기는 복지정책과 사회
프로그램의 목적을 끌어낸다. 자유주의, 보수주의, 급진주의 이데올
로기는 사회적, 경제적, 환경적 정의를 규정하는 데 있어서 어떻게
다른가?

❸ 윤리와 전문적 행동: 공공 및 민간 기관에서 전문적인 사회복지사는
체계를 개혁하기보다 규칙에 얽매인 절차를 실행한다. 사회복지사가
최상의 이익을 위해 실천하는 것과 자신이 고용된 기관을 위해 헌신
하는 것 사이에서 의무의 충돌로 인한 윤리적 딜레마를 경험할 때
사회복지사는 슈퍼비전을 어떻게 활용하는가?

❹ 개입: 서비스 전달 욕구와 정책 이슈는 장애인이나 성인, 빈곤층, 실
직자 또는 노숙인, 가족이나 아동과 같은 클라이언트 집단에 따라
다양하다. 사회복지사는 다양한 사회복지 실천현장에서 정책 개혁을
옹호하기 위해 그들의 클라이언트와 어떻게 협력하는가?

실천현장의 이슈

제4부

사회복지실천: 역량강화 전문직의 관점과 역할

제11장

사회복지와 빈곤, 노숙, 실업, 형사사법제도

★★★★★

사회복지 전문직은 오랫동안 주변화된 사람들의 웰빙에 대해 관심을 가지고 있었다. 이 장에서는 다음과 관련된 사회복지에 대해 살펴보고 자 한다.

- 빈곤에 대응하고 빈곤층을 지원하는 것
- 노숙에 대응하고 노숙인들을 지원하는 것
- 실업의 결과들
- 형사사법제도와 제도와 관련된 사람들을 지원하는 것

미국 사회의 주변화된 집단은 몇십 년이 지나도 변하지 않았다. 이들은 계속해서 가난하고, 노숙인이며, 실직한 사람들이고, 범죄와 비행에 가담하고 있다. 이들은 그들의 웰빙을 위해 사적, 공적 지원을 받은 기록이 있고, 정당하든 그렇지 않든 간에 형사사법제도에 관여되어 있으며, 이러한 범죄 기록 때문에 이중으로 주변화되고, 배제되어 있다. 확실히 사회복지 서비스가 가장 필요한 대상은 주변화된 사람들이다. 이들은 전문직이 지향하는 사회정의 의무의 대상들이다. 빈곤, 노숙, 실업 그리고 형사사법제도는 모두 인권과 사회정의에 대한 비판적 인식을 고양시키는 사회복지실천의 중요한 영역들이다.

사회복지와 빈곤

2015년 미국의 전체적인 빈곤율이 13.5%로 살짝 감소하였지만, 미국의 소득에 대한 데이터는 불평등 수준이 점점 더 심각해지고 있음을 보

여준다(Proctor, Semega, & Kollar, 2016). 미국에서의 소득 불평등은 1950
년대 이후 2배 가까이 증가하였다. 전체 인구의 하위 90%와 비교할 때,
상위 10%의 소득은 9배 더 많고, 상위 1%의 소득은 38배나 더 많으며,
상위 0.1%는 184배나 더 많다(Priester & Mendelson, 2017).

소득 불평등은 전 세계적으로 가장 중요한 이슈이다(Dabla-Norris,
Kochhar, Supharphiphat, Ricka, & Tsounta, 2015; Mohammed, 2016). 예를 들
면, 전 세계 인구의 절반은 10% 미만의 부를 가지고 있다. UN의 지속
가능한 개발 목표의 분석에서 세계은행 그룹(2016)은 전 세계 9억 명의
사람들이 하루에 1.90달러 이하의 극도의 빈곤한 삶을 살고 있다고 보
고하였다. 극빈층의 90% 이상은 남아시아와 사하라 사막 이하의 아프
리카의 저소득 국가에 집중되어 있다. 빈곤한 삶을 사는 세계 인구의
상황은 계속되는 경제 위기와 식품비와 연료비의 증가, 이주, 부의 불
공평한 분배로 인해 더욱 우려가 되고 있다.

이런 걱정스러운 통계 결과는 경제적, 사회적, 문화적 권리의 인권 범
주 안에서 인권 침해로서 빈곤에 관심을 가지고 있다(Twill & Fisher, 2010,
2011). 모든 사람들은 음식, 옷, 주거, 건강 보호와 같은 기본 생활 수준과
이러한 기본적 욕구 충족을 지원하는 사회서비스 및 사회복지 프로그램을
누릴 권리를 가진다. 인종과 젠더, 계급의 복잡한 교차성은 취약성을 심화
시키고, 여성, 아동, 인종 및 민족적 소수집단에 미치는 빈곤의 불균형적
인 효과를 낳는다. 사회권과 경제권의 보호를 옹호하고, 경제적 안전과 교
육 기회를 위한 안전망 제공의 확대를 통해 빈곤의 순환은 끊어질 수 있다.

또 다른 미국

많은 사람들은 케네디 행정부의 빈곤과의 전쟁을 촉발시켰던 "또 다
른 미국: 미국의 빈곤"을 쓴 마이클 해링턴(1962)을 신뢰한다. 해링턴은

"빈곤은 현재 우리의 과학적 지식이 삶에 필요한 것으로 지정하는 건강, 주거, 식품, 교육의 최소 수준을 거부당한 사람들과 관련해서 정의되어야 한다"고 주장한다(p.175). 해링턴은 또한 빈곤의 심리적 문제와 절대적 영향을 반영하는 개념정의를 요구하였다. 빈곤에 대한 면밀한 정의는 빈곤으로 인해 사회와 사회 구성원이 겪은 잠재적 손실뿐만 아니라 빈곤을 경험한 사람들의 비관주의와 패배감까지 규정한다.

해링턴의 문제 제기 이후 거의 60년이 지난 지금도 우리는 여전히 빈곤을 정의하려고 노력하고 있다. 오늘날 사람들은 빈곤화와 관련된 인적 비용과 인간의 고통에 대한 설명 없이, 사회적 조건으로서 빈곤을 냉정하게 다루고, 자신과 가난한 사람들 사이의 감정적 거리를 두면서 빈곤을 사회적 결과와 세금에 미치는 영향의 관점에서 정의하려고 한다. 우리는 해링턴이 주장했던 빈곤의 영향을 받는 인구집단이 또 다른 미국에 살고 있었다는 것을 재조사해야 한다. 예전처럼 지금도 빈곤은 빈곤층이라는 계급을 만든다.

빈곤한 사람들은 빈곤을 선택하지 않는다. 그들은 그냥 빈곤하다. 빈곤율이 19.7% 또는 1,450만 명으로 다른 연령 집단보다 훨씬 높은 집단인 아동들은 가슴 아프게도 이러한 사실을 잘 보여준다(Proctor, Semega, & Kollar, 2016). 2014년 데이터를 사용해서 아동들의 빈곤을 비교한 조사는 인종 및 민족적 소수집단 간 많은 편차를 발견하였다: 백인 아동 13%, 아시아계 아동 12%, 히스패닉 아동 32%, 원주민 아동 35%, 흑인 아동 38%(Jiang, Granja, & Koball, 2017). 이 조사는 또한 약 44%가 18세 미만의 저소득층 가족의 아동들임을 보여주었다. 많은 위험 중에서 이 아동들이 직면하고 있는 위험들은 식품 부족, 주거 불안정, 저체중 아동 증가, 열악한 교육적 결과, 예방적인 치과 및 건강 관리에 대한 접근성의 어려움들이다(Murphey & Redd, 2014; Odgers, 2015; Roy & Raver, 2014; Yoshikawa, Aber, & Beardslee, 2012).

빈곤층은 누구인가?

"빈곤층은 누구인가?"라는 질문은 다양한 범주의 대답을 끌어낸다. 예를 들면, 사람들은 종종 빈곤한 사람을 인종 및 민족적 소수집단으로 규정한다. 미국에서 빈곤에 대한 첫 조사 자료는 이러한 관점을 지지하지 않는데, 2015년 빈곤층 사람들의 41.2%가 히스패닉이 아닌 백인으로 나타났다(Proctor, Semega, & Kollar, 2016). 전체 인구를 생각할 때 흑인이나 히스패닉보다 가난한 백인의 수가 더 많다. 그러나 빈곤율을 비교해 보면 소수집단에서의 불균형한 빈곤의 분배가 나타난다: 백인의 비율이 9.2%일 때, 흑인은 24.1%, 히스패닉은 21.4%, 아시아인은 11.4%이다.

사람들은 시골 지역에 사는 사람들이 더 가난하다는 점을 인식하지 못하고 대부분 도시 지역에서의 빈곤만을 규정한다. 예를 들면, 지속적인 빈곤을 보여주는 미국 내 353개 카운티 중에서 약 85%가 비(非)대도시 지역에 거주하고, 이들 중 80%는 남부 주에 거주한다(Farrigan, 2017b). 아동들의 빈곤을 고려할 때, 최근 미국 지역사회 조사에서 46개 카운티의 아동 빈곤율은 50% 이상이었고, 이 중 41개는 비(非)대도시 카운티였다(Farrigan, 2017a).

또 다른 일반적인 오해는 가난한 가족들은 대가족일 것이라는 것이다. 그러나 빈곤선 이하의 소득을 가진 가족의 규모는 미국의 평균 가족 규모와 크게 다르지 않다. 그러나 빈곤선 이하로 떨어질 가능성은 대가족이 더 크다. 나아가 일부 가족 유형은 다른 유형보다 빈곤의 위험이 더 높다. 예를 들면, 양부모 가족의 빈곤율은 5.4%에 비해, 남성 한부모 가구주의 빈곤율은 14.9%이고 여성 한부모 가구주의 빈곤율은 28.2%이다(Proctor, Semega, & Kollar, 2016).

빈곤의 여성화라는 용어는 현재 빈곤층에서 성인 여성이 제일 많은 집단이라는 것을 의미하는데 이는 다소 잘못된 것이다. 현재, 여성과 아동은 빈곤층의 제일 많은 부분을 차지하지만, 1960년대 초기 빈곤층에서도 가장 높은 비율을 차지하였다. 2014년 통계 자료는 백인이 아닌 여성 가구주의 높은 빈곤의 위험성을 보여준다. 32%가 히스패닉이 아닌 백인 여성 가구주임을 비교할 때, 45.6%는 흑인 여성 가구주, 56.9%는 원주민, 28.9%는 아시아계 미국인, 46.3%는 모든 히스패닉계 여성 가구주였다(Eichner & Robbins, 2015). 빈곤하게 사는 모든 아동 중 절반 이상은 한부모 여성 가족이다. 여성은 일반적으로 하나의 소득에 의존하고, 같은 직위에서도 남성보다 임금이 적으며, 아동 양육을 위한 상대적으로 높은 비용을 감당해야 한다는 사실은 여성의 자립 성취를 위한 노력을 더욱 어렵게 한다.

마지막으로 빈곤한 사람들은 일할 수 있지만 그러지 않고 "제도를 이용"하는 것을 선택한다고 믿으면서, 빈곤층을 동기 부족과 노동 윤리가 없는 행동적 문제를 가진 사람으로 규정한다. 이들의 상황은 다양하다. 일부 수혜자들은 장애나 심각한 정신질환, 또는 건강 문제를 가진 가족 구성원들을 돌보는 책임감으로 인해 일을 하지 못한다. 다른 사람들은 단기간의 실직으로 인해 일시적인 빈곤을 경험하거나 그들의 낮은 임금으로 인해 공적부조를 지원받는다. 빈곤한 많은 사람들은 비록 의료 또는 은퇴 연금이 보장되지 않는 저임금 직종이기는 하지만 전일제 직업을 가지고 있다. 예를 들면, 전일제 직업을 가진 한부모 가정의 아동 중 30%는 저소득 가정이다(Jiang, Granja, & Koball, 2017). 근로 빈곤층의 상당수가 강한 노동 윤리를 가지고 있어서 빈곤선 이하의 소득을 주는 직업이라도 고수하고 있다는 점이 아이러니하다. 오늘날의 기준에서 최저임금을 주는 전일제 직업은 현재 최저생계비 기준 이하의 소득수준에 그친다. 모든 연구 보고들에 의하면 근로 빈곤층은 빈곤 집단 중에서 급부상하는 집단이다.

상대적 빈곤과 절대적 빈곤

사회학자들은 절대적 개념과 상대적 개념 안에서 빈곤을 측정한다. 빈곤의 절대적 측정은 기본 요소들을 위해 필요한 소득의 수준을 결정한다. 정의상, 빈곤은 소득이 이러한 절대적 수준 이하로 떨어질 때 발생한다. 정부가 설정한 지표인 빈곤선은 현재 기본 식단 가격에 지수를 곱한 비용에 기반한 절대적 기준을 말한다. 영국 구빈법의 빵 척도(bread scale)를 현대 시대에 복제한 척도는 가족의 기본적 욕구를 반영한다. 미국 보건복지부(HHS)의 2017년 최저생계비 기준에 의하면, 인접 주와 워싱턴 D.C.의 4인 가족의 연간 소득이 24,600달러 이하, 하와이에서는 28,290달러 이하, 알래스카는 30,750달러 이하로 떨어지면 빈곤한 것으로 규정된다(HHS, 2017). 절대적 기준에 의하면 미국 전체 인구의 14.8% 또는 4,310만 명의 소득이 2014년 빈곤선 이하였다(Proctor, Semega, & Kollar, 2016). 2009년과 2012년 사이 미국 인구의 약 1/3 정도가 적어도 한 번 정도는 2개월 이상 지속된 빈곤을 경험하였다(표 11.1 참조).

표 11.1 | 미국 보건복지부의 2017년 최저 생계비 기준

가족 사이즈(규모)	48개 주와 DC	알래스카	하와이
1	$12,060	$15,060	$13,860
2	16,240	20,290	18,670
3	20,420	25,520	23,480
4	24,600	30,750	28,290
5	28,780	35,980	33,100
6	32,960	41,210	37,910
7	37,140	46,440	42,720
8	41,320	51,670	47,530
1명의 가족 추가 시	4,180	5,230	4,810

자료: *Federal Register*, Vol. 82, No. 19, 2017. 1. 31. pp. 8831-8832.

실제 소득은 전체의 한 부분일 뿐이다. 가족의 생활 수준은 다른 지역사회 구성원과 비교하여 가족의 상대적 박탈 또는 상대적 빈곤을 측정한다(Williams, 1975). 다시 말해서, 상대적 빈곤은 동일한 시간과 장소에서 다른 사람과 비교하여 인식하는 빈곤을 의미한다. 미국 빈곤층의 "부"를 다른 나라 사람들이 경험하는 극도의 빈곤과 비교하면서 미국 내 빈곤층이 덜 가난하다고 말할 수 없는 것이다.

사람들은 왜 빈곤한가?

두 개의 상반된 시각은 미국 역사에서 빈곤층들이 어떻게 인식되어 왔는지를 보여준다. 하나의 시각은 빈곤한 상황에 처한 개인들을 비난하는 반면, 다른 시각은 이러한 빈곤이 생성되는 것을 허락하는 사회에 책임을 묻는다. 개인의 책임을 강조하는 시각은 성격상의 결함을 빈곤의 원인으로 지적한다. 이러한 시각을 가진 사람들은 개인의 변화가 전체적인 빈곤을 감소시킬 것이라고 믿는다. 사회적 책임에 대한 시각은 빈곤의 구조적 문제를 지적한다. 다시 말하면, 빈곤의 구조적 이론은 사회의 제도적 구조 안에서의 결핍이 빈곤을 생성하는 환경을 만든다고 지적한다. 구조적 관점을 지지하는 사람들은 빈곤을 제거하기 위한 핵심은 사회적 개혁에 있다고 본다.

빈곤에 대한 시각의 변화는 당시의 경제적 트렌드와 정치적 이념, 사회적 조건, 종교적 믿음을 반영한다. 정치, 사회, 종교적 보수주의 시대에 사회복지는 강력한 소득 지침과 낙인을 통해 징벌적이고, 제한적인 서비스를 제공하였다. 정치적, 사회적 불안기에는 빈곤에 대한 사회적 반응은 좀 더 인도주의적인 지원으로 변화하였다. 이 시기의 사회복지는 불충분한 교육, 열악한 건강 상태, 실업, 차별, 시민권의 등장과 같은 빈곤의 사회적, 환경적 원인을 제거하는 한편 개인의 욕구를 충족시키기 위해 노력하였다.

빈곤과 빈곤층에 대한 이론들

심리학적, 인류학적, 사회학적 이론들은 빈곤과 빈곤층을 이해하기 위한 사회과학적 틀을 형성한다(Vu, 2010). 심리학적 이론들은 지식과 동기, 도덕성과 같은 개인의 특성들을 강조한다. 인류학적 이론들은 문화의 영향에 초점을 맞춘다. 그리고 사회학적 이론들은 개인에게 미치는 사회적, 경제적 요인들을 고려한다.

빈곤에 대한 이론들이 빈곤의 원인을 개인에게 맞출 때, 빈곤에 영향을 미치는 동기나 개인 및 도덕적 결함, 행동적 특성과 같은 인간 행동의 특징들을 이야기한다(Turner & Lehning, 2007). 역사적으로 일부 심리학적 이론들은 제한된 지적 능력(또는 IQ)을 포함하여 유전적 열등이 빈곤의 원인이 된다고 주장하기도 하였다. 민족 및 인종 집단에 대한 고정관념은 특정 민족 및 인종 집단들이 특히 더 사회적으로 열등하고 지적 능력이 부족하다는 꼬리표를 만들었다. 그러나 현재 심리학적 연구들은 인종적 유산과 지능 사이에 관계를 가정하는 명제들을 부정하고(Gerrig & Zimbardo, 2013), 빈곤에 대한 현대의 심리학적 이론들은 빈곤의 사회적, 경제적, 구조적 원인들을 이해하기 위해 관점을 넓히고 있다.

문화인류학 연구자인 루이즈(1969)는 문화적으로 전승되는 가치, 믿음 체계, 행동 유형과는 다른 빈곤층 사이의 독특한 세대 간 하위문화를 설명하는 빈곤의 문화 이론을 개발하였다. 이 관점은 빈곤에 대한 개인의 책임을 강조하면서, 이들은 문화적으로 전승되는 가치로 인해 자신의 상황을 변화시킬 수 없다고 본다. 돌이켜 보면, 이 이론은 빈곤한 사람들을 병리화하고, 사람들이 개인적으로 자신의 빈곤의 고리를 끊을 책임성이 있음을 주장한다.

구조에 대한 사회학적 관점에서는 사회의 제도적 구조 내의 부적절성(inadequacy)이 빈곤의 환경을 만든다고 주장한다. 비글리(1983)는 부적절성에 대한 사회학적 분석을 다음과 같이 제시한다.

1. 빈곤의 연결고리들이 빈곤층을 궁지에 몰아넣고 자신의 상황을 변화시키지 못하게 만드는 악순환을 생성하는 방법
2. 계급 체계가 시간이 지나면서 스스로 재생되는 방법
3. 경제의 조직
4. 흑인과 여성에 대한 제도적 차별의 지속(p.133)

빈곤의 쳇바퀴는 고용과 교육 향상을 위한 기회를 제한하는 악순환을 만든다. 한 개인이 빈곤해지고 자원이 부족해지면, 이 사람이 빈곤의 고리에서 탈피하거나 고리를 끊을 수 없게 만드는 추가적인 장애물들이 나타난다. 이러한 고리를 끊기 위해 기획된 복지 서비스들은 빈곤에 놓인 수혜자들을 더욱 빈곤의 늪으로 떨어뜨린다. 예를 들면, 자격조건은 사람들이 제한된 공공부조를 받기 전에 개인의 모든 자원들을 소진하도록 요구한다. 나아가 관련 규정들은 교육 보조금을 소득으로 간주하고, 근로 빈곤층의 메디케이드 급여를 인정하지 않으며, 많은 주에서는 양부모 가족들을 복지 수혜 대상에서 제외시키는 방식으로 개인을 처벌한다. 자유주의자와 급진주의자들은 이러한 사회복지 시스템이 원조하려던 사람들을 오히려 더 억압한다고 비판한다.

사회적 계층화와 계급 체계는 사회적 약자 계층에서 태어난 아동들이 사회적 이동을 통해 빈곤을 탈출할 수 없도록 만든다(Beeghley, 1983). 나아가 일부는 사회적 이동의 어려움은 물려받거나 세대 간 빈곤의 카스트 제도를 창출한다고 본다. 빈곤하고, 기술이 없으며, 교육받지 못한 사람들이 가질 수 있는 직업들이 이들의 기회를 제한하는 방식으로, 경제

제도의 구조는 빈곤을 악화시킨다. 주변화되고 파트타임 또는 계절직 일자리와 관련된 저임금, 열악한 건강 문제, 은퇴 연금 부족, 미약한 직업 안정성들은 빈곤의 고리에 영향을 미친다. 마지막으로 비글리는 소수 인종 및 민족 집단과 여성에 대한 차별이 이러한 인구집단 내의 불균형한 빈곤의 원인이 된다고 주장한다. 차별적인 관습은 고용의 혜택을 백인 남성에게 주고, 아동에 대한 충분한 지원이 없이 자녀 양육권을 여성에게 넘기며, 사회가 추구하는 자녀 양육의 패턴을 통해 여성에게 의존적인 역할을 부여한다. 비글리는 그의 연구 분석을 통해 "가장 빈곤한 사람들은 구조적인 이유로 가난하며, 이들의 동기나 기술, 또는 다른 개인적 요인으로 인한 빈곤의 원인은 거의 없다"고 주장한다(p.133).

사회복지 사례

낸시 오루크가 공공부조를 신청할 때 했던 말을 생각해보자. 낸시는 공공부조 기관의 대기실에 들어설 때 불편함을 느낀다. 넘쳐나는 신청자들은 그녀를 압도하고, 그들 중 한 사람이라는 것이 수치스럽다. 낸시는 접수실을 살펴보고, 다른 주정부 지원 프로그램을 신청하기 위한 몇 개의 대기 줄을 발견한다. 그녀는 접수원에게 자신의 이름을 말하면서 마음을 다잡고, 낮은 목소리로 TANF를 신청하고 싶다고 말한다. 사과를 해야 할 것 같은 감정을 느끼면서 낸시는 자신은 공공부조에 신청하는 것을 정말 원하지 않지만 그녀의 전 남편이 두 달 넘게 양육비를 보내지 않아서 신청한다고 설명한다. "너는 이 혜택들을 받을 자격이 있어. 다른 사회적 낙오자들과 다르게 너는 세금을 냈어."라고 친구가 안심시키기 위해 해준 말을 상기하였지만 그녀의 불편함은 해소되지 않았다.

낸시는 지원서를 작성하고 접수원에게 전달한다. 그리고 접수원은 그녀에게 번호가 적힌 카드를 주고, 사례관리자가 그녀의 번호를 부를 때까지 앉아서 기다리라고 말한다. 낸시는 중년 여성 옆에 비어 있는 자리를 발견한다. "세대를 이은 복지 가족"에 대해 생각하며 낸시는 약간의 분함과 함께 이 여성이 임신한 딸과 함께 왔을 것이라고 예상한다.

낸시가 자리에 앉자 옆에 여성은 상냥하게 고개를 끄덕이고는 "오늘 좀 바빠 보이죠."라고 말한다. 낸시는 재빠르고 조금은 크게 "전 여기 처음 와봐요!"라고 말한다. 이 여성은 자신의 고개를 내리고 "저도 그래요. 좀 창피하네요."라고 고백하고는 울먹이면서 "제 남편이 알츠하이머병에 걸려서 요양원에 있어요. 저는 요양원 비용을 어떻게 해결해야 할지 모르겠어요."라고 설명한다.

빈곤과 관련된 서비스

많은 프로그램들이 교육, 경제적 안정, 고용 참여 등의 영역에서 빈곤의 근원적인 원인을 해결하기 위해 실행되었다. 이러한 서비스의 예로 헤드 스타트와 여성들이 복지에서 근로로 전환하고 저소득층 지역의 학교에서 부모 참여를 높일 수 있도록 지원하는 역량강화 기반의 프로그램들이 있다.

헤드 스타트

헤드 스타트는 "위대한 사회" 프로그램의 일부로 빈곤의 여러 요소들을 해결하기 위해 1965년에 실행되었다. 특히 헤드 스타트는 빈곤선 이하의 소득을 가진 가족의 아동들을 대상으로 양질의 조기 아동기 교육과 포괄적인 건강, 영양, 사회서비스의 혜택을 지원함으로써 이들 아동의 학업성취를 향상시키기 위한 프로그램이다. 1965년을 시작으로 헤드 스타트 프로그램은 약 3,200만 명의 아동들에게 교육과 가족 지원 서비스를 제공하였고 1,000만 명 이상의 아동들이 2015년 헤드 스타트 프로그램에 참여하였다(Early Childhood Learning & Knowledge Center(ECLKC),

2016). 헤드 스타트에 참여한 가족 중 적어도 90%는 등록 자격 조건인 연방 최저생계비 이하의 소득을 가지고 있다. 헤드 스타트 데이터에 따르면, 프로그램에 참여한 아동 중 12%는 약간의 장애가 있다. 관련 연구는 인지적, 건강, 사회적, 감정적 발달에 있어서 헤드 스타트가 아동들에게 긍정적인 영향을 미쳤음을 보고한다. 조기 헤드 스타트 전국 자원 센터에 의하면, 조기 헤드 스타트 프로그램은 산전 태아 건강을 지원하고, 초기 아동 발달을 강화하며, 건강한 가족기능을 촉진하기 위해 영유아가 있는 저소득 가정을 지원한다. 2015년 조기 헤드 스타트 프로그램은 약 200,000명의 3세 이하 아동들을 지원하였다.

헤드 스타트는 참여자에게 긍정적인 영향을 미침으로써 지금까지 성공적으로 진행되고 있고, 참여한 가족들은 이러한 성공의 중요한 요인으로 간주되어 왔다. 모든 헤드 스타트 프로그램들은 가족 서비스 전문가와 전문직을 준비하기 위해 연수 중인 준전문 직원들로 구성된 사회 서비스를 지원한다. 이들은 실업이나 주거, 부모 교육, 건강 보호 서비스에 대한 접근, 아동 발달, 정신건강 문제, 약물과 알코올 중독과 같은 문제들에 초점을 둔다. 가족 서비스 종사자는 가족과 헤드 스타트 교사들과 다른 직원들 그리고 지역사회 간의 연결망을 보장한다. 이러한 실천현장은 어린 아동이 있는 가족들과 협력적으로 일하기 원하는 사회복지사들에게 상당한 기회를 제공한다.

기타 역량강화 기반의 프로젝트

콜로라도 주 덴버시의 저소득 여성들을 위한 WISE 프로젝트는 개인과 사회적 변화로 이끄는 개인적, 대인관계적, 정치적 역량강화의 요소들을 지원한다(East, 1999a, 1999b). 이 프로그램의 미션은 여성들이 복지에서 경제적 자립으로 전환하는 과정에서 역량강화를 유지할 수 있도록 돕는 것이다. 이 프로그램은 직업 훈련을 넘어서 복지 수혜자인 여성들을 손상시키는 무력화(disempowerment)와 억압의 영향들을 포함한 낮은 자존감이나 신체적, 성적 학대의 경험, 가정폭력, 우울이나 다른 정신건강의 문제들을 다룬다.

WISE 프로젝트는 지지, 교육 집단, 지역사회 참여 기회, 리더십 개발과 함께 개인 상담을 제공한다. 이 프로젝트에 참여한 여성들의 이야기는 이 프로그램의 참여를 통해 제공되는 변화의 가능성을 보여준다. 참여 여성들은 취업을 유지하기 위해 필요한 자신감 개발, 대학 교육 졸업, 영구적인 주거 확보, 삶의 스트레스에 대한 대처 등을 포함하여 경제적 자립을 향해 나아가면서 집단 지지가 주는 중요성을 설명한다.

이스트와 롤(2015)은 지난 20년 동안 스티그마와 억압, 빈곤과 트라우마로 내재된 무기력을 경험하는 여성들과의 협력적인 활동을 통해 다듬어진 역량강화에 대한 여성주의적 접근의 추가적인 통찰력을 주었다. 참여 여성들과 사회복지의 핵심 가치인 사회정의의 관계적 강점에 기반하여 개발된 세 가지 분명하지만 서로 중복되고, 비선형의 프로그램 요소들은 이야기에 대한 관여, 목소리 내기, 리더와 옹호자가 되는 것을 포함한다. 연구 결과에 의하면 "프로그램에 참여한 여성들은 네트워크의 가치와 이야기 공유, 안전한 공간이 있는 것을 통해 통제력을 얻은 것"으로 나타났다(Parsons, 2004; East & Roll, 2015, p.284 재인용). 이들은 또한 의미 있는 참여와 자신과 가족의 미래에 대한 희망을 실현하는 기회들을 확장하였다. 이 모델의 효과성의 핵심은 "여성들이 목소리를 내고 자신의 경험을 공유하며, 다른 사람들과의 관계를 통해 집단적으로 힘을 만들어 나가는 기회를 제공하는 것"에 있다(p.285).

또 다른 프로그램인 부모 참여(PI) 프로그램은 저소득층에서 문화적으로 다양한 초등학교 학부모들의 참여를 촉진시키는 지역사회 기반의 역량강화 프로그램이다(Alameda—Lawson, Lawson, & Lawson, 2010). 관련 연구에 따르면, 빈곤은 경제적으로 배제된 지역사회의 학교에 학부모 참여를 방해할 수 있다. 학부모의 참여를 증가시키기 위해 학교사회복지사들은 PI 프로그램을 실행하는 데 있어서 부모들과 협력하였다. 프로그램 참여에 대한 소정의 급여를 받은 부모들은 학생 멘토링 프로그램, 학교 내 정도와 의뢰 센터, 교실 개입 전략과 같은 PI 활동들을 기획하고 실행하고 평가하였다. 자신의 빈곤에 대한 낙인을 극복하면서 부모들은 학교 기반의 활동에 참여를 증가하고, 자기 가치에 대한 감정을 향상시키며, 다른 부모들과 상호 존중하는 상호작용을 하고, 사회적 고립이 감소되었음을 보고하였다.

사회복지와 노숙

새로운 현상은 아니지만 노숙은 현대사회의 중요한 사회문제이다. 노숙은 적정한 가격의 임대주택 부족과 빈곤층이나 차상위계층(전일제로 고용된 사람들 포함)의 증가, 가정폭력, 2009년의 노숙인이 증가하던 시기에 도입된 주택 압류와 경기 침체 등의 문제로 증폭되었다. 주택 시장은 좀 더 활발해졌지만, 연방 지출의 삭감은 재정지원 수준을 낮추었고, 공공부조나 주거지원, 식품구입권, 메디케이드와 같은 범주적 프로그램의 자격 조건을 좀 더 엄격하게 설정하였다. 전문가들은 가족을 위한 공공부조의 축소와 일반지원과 같은 안전망 프로그램의 폐지는 노숙인들의 상황을 더욱 악화시킬 것으로 예측한다.

노숙인에 대한 오해

노숙인에 대한 일반 대중들의 몇 가지 오해들이 만연해 있다. 예를 들면, 대다수의 노숙인들은 정신질환이나 약물 남용과 같은 개인적인 문제들이 있다는 믿음이다. 그러나 노숙인들은 개인적인 문제보다 경제적, 사회적 요인에 의해 발생하는 경우가 많다. 어느 시점이든지 언제나 경제적으로 압박받는 아동이 있는 가족은 전체 노숙인 중 약 37%를 차지한다(Henry, Watt, Rosenthal, & Shivji, 2016). 심각한 정신질환을 가진 인구 중 노숙인은 아주 적은 비율을 차지한다. 그러나 재향군인 출신의 노숙인 중 50%와 전체 노숙인 중 20% 정도가 심각한 정신질환을 가지고 있다(Substance Abuse and Mental Health Services Administrations(SAMHSA), 2017; U.S. Interagency Council on Homelessness(USICH), 2015). 만성적 노숙을 경험하는 사람들 중 물질 사용 장애를 갖고 있는 사람의 수가 특히 많지만(66%), 물질 사용 장애를 가진 대다수의 사람들은 노숙을 경험해 본적이 없다(SAMHSA, 2017). 그럼에도 불구하고, 빈곤과 중독 모두 노숙의 위험을 높인다. 노숙인 비율의 급증은 적절하고 저렴한(affordable) 주거 공급의 부족, 도시와 시골 지역에서의 빈곤 확대, 가격 상승에 직면하면서 낮은 임금으로 인한 구매력 감소와 같은 사회경제적인 요인들과 명확한 관계가 있다.

두 번째 오해는 노숙인들의 문제를 완화하기 위한 쉼터 공간이 전국에서 이용 가능하다는 점이다. 사실, 거의 모든 주요 도시 지역에서 노숙인의 수와 이용 가능한 노숙인 쉼터 간 차이가 존재한다. 미국 내 22개 도시에 대한 최근 연구 결과는 긴급 쉼터에 대한 요구가 자원 제한으로 인해 충족되지 않고 있다고 보고하고 있다(U.S. Conference of Mayors, 2015). 일부 상황에서는 쉼터의 빈자리는 공급의 과잉을 보여주는 것이 아니라 개인의 안전을 염려하여 잠재적 사용자들이 쉼터를 충분히 이용하고 있지 않기 때문이다. 시골 지역에서는 이용 가능한 쉼터가 거의 없다.

세 번째 오해는 노숙인들은 모두 실직자라는 점이다. 미국 메이어스 컨퍼런스(U.S. Conference of Mayors, 2015)가 수행한 연구 결과, 조사 대상자의 1/3이 낮은 임금을 노숙의 주요 원인으로 보고하였다. 그러나 노숙과 빈곤 사이의 관계는 존재한다. 최저임금을 받고 전일제로 고용된 사람들은 미국 내 어느 지역이든 방 1개짜리 아파트의 적정 임대료 (fair-market rental)를 지불할 만큼 충분한 소득을 가지고 있지 않다 (National Low Income Housing Coalition(NLIHC), 2012).

마지막으로 많은 사람들은 정부 프로그램들이 노숙인과 관련된 위기와 장기적 욕구 모두를 충족시키고 있다고 생각하지만, 노숙인 전문가들은 모든 수준에서 정부의 대응은 점진적이고, 노숙인들의 위기와 저렴한 주거의 부족에 대해서는 일부만 대응하고 있다고 결론지었다. 한 조사에서 주거지원 대상자 중 겨우 1/4 정도만이 실제 지원을 받고 있는 것으로 나타났다(Congressional Budget Office, 2015). 최근 미국 주택도시 개발부(HUD)는 주거 문제를 해결하기로 약속하였다. 정부보조 주택 신청자들은 공공주택이 지원하는 아파트나 섹션 8 임대지원 바우처 (Section 8 rental assistance vouchers) 신청을 위해 아주 긴 대기자 명단을 기다리고 있다. "주거지원 복권"에 당첨되지 않은 저소득층 가구의 구성원들은 전국에 있는 320만 개의 저렴한 임대주택을 위해 경쟁하고, 1,100만 가구들은 과도한 임대료 부담이나 표준 이하의 주택에 남게 된다(Poethig, 2014).

BOX 11.1 현장의 목소리

노숙인과 주거서비스

작은 마을에 살던 나는 공공주택 프로젝트 입주자들과 긴밀하게 협력하는 도심 교회의 빈곤 관련 봉사 프로젝트에 참여하기 위해 이주하였다. 나는 자원봉사활동을 하는 여름 동안 교회 신자들로 구성된 마을에서 살았다. 나에게는 이때가 반성과 자아 발견의 시간이었다. 빈곤한 일상의 삶에 몰입하면서 나는 하루하루 먹고 살기 위해 발버둥 치는 이웃의 가족들에게 깊은 존경심을 가지게 되었고, 사회정의에 헌신하기 위해 사회복지를 공부하기로 결정하였고, 사회정의를 위한 헌신은 전문사회복지사로서 나의 직업에 지속적으로 영향을 미치고 있다.

현재 나는 노숙인 여성과 아동들을 위한 프로그램들을 감독하는 큰 기관에서 일하고 있다. 이 기관의 프로그램에는 쉼터 공간, 임시 주택, 지역사회의 가족들을 위해 낮은 비용으로 이용 가능한 주거를 확장하는 활동들이 있다. 비영리 가족 서비스 기관과 주(state-level)의 아동복지 공공 기관에서의 이전 경력들은 다양한 체계 수준에서 관료적 요구들에 대응하는 것, 인간 행동과 조직의 의사결정에 사회-정치-문화적 맥락이 미치는 영향력과 같은 사회복지와 관련된 많은 것들을 알려주었다. 또한 정책 옹호가 관료제도의 모든 수준에서 중요하다는 것을 배웠다. 노숙인의 맥락에서 나의 정책 옹호의 역할은 지역 정치인들을 대상으로 주거와 쉼터의 욕구에 대해 교육하고, 지역과 주, 국가 수준에서 내가 가진 연락망을 통해 정책 형성과 프로그램 개발에 영향을 미치는 것이다.

전문가로서 나의 발전 과정을 되돌아보면 나의 접근법은 극적으로 변화한 것을 알 수 있다. 경력 초기에 나는 클라이언트를 위해 일들을 "처리할 수 있고", 사실대로 말하면 "클라이언트 자신을 고칠 수 있는" 모든 답을 가지고 있다고 생각했었다. 당시를 생각해보면, 내가 "당신은 이것을 해야 하고," "당신 자신을 위해 해야 할 것"이라고 말하는 소위 전문가 톤의 나의 목소리가 기억난다. 가족을 위한 최선이 무엇이고, 나의 대외적인 지시가 다른 사람의 행동에 대한 지속적인 변화를 이끌 수 있다고 생각한 것이 얼마나 순진한 생각인가.

시간의 흐름과 훌륭한 멘토의 지도 아래, 나는 다른 사람들과 "함께 걷는 것"을 배웠다. 그것은 아이디어, 선택, 자원과 가능성을 제공한다. 지금은 선택과 방향은 그들 자신의 몫이라는 것에 동의한다. 또한 타이밍이 모든 것이라는 것을 배웠다. 모든 사람들이 동일한 보폭으로 걷지 않는다. 누군가 오늘 거절한 선택이 내일은 완벽한 기회가 될 수 있다.

인간 행동에 대한 나의 생각은 "180도 바뀌었다". 초기에 나는 종종 클라이언트의 행동을 동기부여가 없고, 협조적이지 않으며, 폐쇄적이라고 해석할 만큼 부정적이고 비판적이었던 것으로 기억한다. 내가 좀 더 주의 깊게 경청하였다면, 클라이언트의 분노는 그들의 자녀와 사생활, 통제력, 미래에 대한 희망의 상실로 인한 지배적인 슬픔에 의해 유발된 감정이었음을 발견했을 것이다. 현재 노숙인인 나의 클라이언트들은 가족과 친구들로부터 소원해지면서 자부심과 존엄성, 정체성, 자신의 과거와 미래, 지지체계의 상실로 인해 깊은 상실감을 경험하고 있다.

노숙인 쉼터의 손님들과 다른 기관 프로그램의 참여자들은 사회 각계각층으로부터 온 사람들이다. 그들은 의사, 관리자, 공장 노동자, 학부 졸업생, 고등학교 중퇴자들이다. 어떤 사람들은 물질 사용 장애로 고통받고 있고, 장기간 정신질환으로 고통받고 있는 사람들도 있다. 어떤 사람들은 평생 동안 일을 했고, 다세대에 걸친 빈곤의 역사를 가지고 있는 사람들도 있다. 이들 모두 역경을 이겨내는 강인함과 일을 통해 임대료를 지불할 수 있다는 희망, 저렴한 주거의 욕구, 자녀를 위한 안전과 보안에 대한 바람과 같은 공통적인 특징들을 공유하고 있다. 나는 클라이언트들이 가지고 있는 역경 속에서도 잃지 않은 적응유연성(resilience)과 용기를 존경한다.

노숙인 통계

정확히 노숙인의 수가 몇 명인지 파악하는 것은 어렵다. 노숙은 영구적이 아닌 일시적인 상황이기 때문에 이러한 질문에 답변하는 것은 어렵다(National Coalition for the Homeless(NCH), 2009). 일시집계조사를 통해 측정되는 결과는 노숙 상태인 사람들의 실제 수를 과소평가할 수 있다. 나아가, 많은 노숙인들은 자동차나 야영장, 친구나 친척 집을 나눠서 사는 등 일시집계조사를 할 수 없는 지역에 거주한다.

이러한 한계 속에서 미국에서의 노숙인 수가 얼마나 되는지에 대한 의견이 다양하다. 1990년 일시집계조사에서는 지정된 24시간 동안 178,828명이 쉼터에, 49,793명이 거리에서 살고 있다고 보고하였다(U.S. Department of Commerce, 1990). 많은 노숙인 옹호자들은 이 결과가 아주 많은 수의 사람들을 놓치고 과소평가된 총계였다고 비판한다. 2016년에 수행된 전국 일시집계조사 연구에서는 하룻밤 동안 조사한 결과 미국에 549,928명의 사람들이 노숙을 하는 것으로 나타났다(Henry et al., 2016).

노숙인과 관련된 위험 요인들

노숙인과 관련된 위험들은 미시적 측면에서의 개인적 특성과 대인관계적 상황들 그리고 거시적 수준의 사회-경제-정치적 환경에서의 구조적 문제들 간의 상호작용을 반영한다. 관련 연구들은 정신질환, 물질사용 장애, 가정폭력, 금고형 기록, 실직, 장애, 의료부채, 아동기 부정적 경험들(ACEs) 그리고 제대 후 과도기적 어려움과 같은 노숙인들의 위험을 증가시키는 개인적, 대인관계적 상황들을 분석해 왔다(Baker, Elliot, Mitchell, & Thiele, 2016; Fries, Fedock, & Kubiak, 2014; Montgomery, Cutuli, Evans-Chase, Treglia, & Culhane, 2013; SAMHSA, 2017; Thompson, Wall, Greenstein, Grant, & Hasin, 2013). 이러한 환경들은 빈곤, 저임금 척도, 저렴하고 믿을 수 있는 주거 부족, 불평등, 사회적 배제, 차별, 자연재해, 사회적 갈등, 정치적 폭동, 전쟁 시 비자발적 이주와 같은 거시적 수준의 구조적 문제와 관련된다(Chamberlain & Johnson, 2013; Stolte & Hodgetts,

2014; U.S. Conference of Mayors, 2015).

노숙인과 가족

일부 추정에서 전체 노숙 인구 중 약 35%는 가족으로 보고되듯이, 노숙인들 중 가족은 상당한 부분을 차지한다(Henry et al., 2016). 일반적으로 공공부조를 받건 전일제 일을 하건 노숙인 가족들은 그들의 재정적 한계 상황으로 인해 주거비를 지불할 수 없다. 가정폭력, 장기간의 신체적 또는 성적 학대, 현재 심각한 우울증으로 인해 겪고 있는 어려움들은 노숙인 가정의 어머니들이 경험하는 일반적인 삶의 경험들이다(SAMHSA, 2011). 노숙인 쉼터 자체가 가족의 삶에 어려움을 주기도 한다. 예를 들면, 일부 가족 쉼터는 남성과 후기 아동기의 남아들을 금지하는 정책들을 운영하고 있어서 일부 부모들은 집이 없는 불안정한 상황을 피하기 위해 자신의 아이들을 위탁보호로 보내거나 친구나 친척에게 맡긴다.

노숙은 특히 아동들을 혼란에 빠뜨린다. 노숙을 하는 아동들은 건강 상태가 안 좋고, 천식과 같은 만성질환 비율이 높으며, 정신건강의 문제, 영양실조, 주의력 결핍 과잉 행동장애, 발달 지연 등을 경험하는 것으로 보고된다(National Center on Family Homelessness(NCFH), 2011, 2014). 빈번한 학교 전학, 장기간 학교 결석, 과제를 할 수 있는 조용한 공간의 부족 또는 거리에서의 혼란스러운 삶들은 학년에 맞는 학습 진행 과정과 교육 기회에 대한 접근성을 방해한다.

코커와 동료들(2010)은 노숙인들의 가족기능을 방해하는 요소들을 해결하기 위한 집단 프로그램을 소개하였다. 임시 거주시설에서 진행되고, 사회정의 원칙들을 활용한 개인 성장 집단은 "노숙을 경험했던 젊은 어머니들을 위한 치료적 환경을 개발하고, 자신의 삶의 과정을 탐색

하도록 하며, 개인적 목적을 확인하고, 자신과 자녀를 위해 삶을 향상
시키는 전략들을 개발"하기 위해 운영된다(p.223). 참여적 역량강화를
위한 장소로서 집단 과정은 거주자 간의 사회 지원망을 개발하고, 양육
기술을 강화하며, 삶의 스트레스에 대처하고, 직업과 교육 목적을 탐색
하고, 자원에 접근하고, 관료적 사회서비스 전달 네트워크를 해결하는
활동들을 포함했다.

재향군인 출신 노숙인

현재 성인 노숙인의 9%는 재향군인들이다(Henry et al., 2016). 여성은
이 집단에서 8%를 차지한다. 저렴한 주거 부족, 경제적 불안정, 정신건
강, 물질 사용 장애와 같은 일반 인구가 경험하는 위험 요소들 외에도
재향군인들의 상황은 외상 후 스트레스 장애, 트라우마로 인한 뇌손상,
제대 후 사회적 고립, 민간생활 적응의 어려움들로 인해 복잡할 때가
있다(Metraux, Clegg, Daigh, Culhane, & Kane, 2013; Ramchand, Rudavsky,
Grant, Tanielian, & Jaycox, 2015; Tsai & Rosenbeck, 2015; VA, 2017). 신체적
또는 성적 학대, 또 다른 트라우마 경험들, 16세 이전의 위탁보호 배치
와 같은 입대 이전의 삶의 상황들은 재향군인들의 노숙의 위험을 증가
시킨다(Perl, 2015).

재향군인들의 노숙 문제나 노숙인이 될 수 있는 즉각적인 위험들을
해결하기 위해 미국 보훈부는 프로그램 네트워크를 통해 다양한 활동들
을 제공한다. 이러한 서비스들은 다음에 초점을 둔다.

- 도움이 필요한 재향군인들을 적극적으로 찾아 나서기 위해 조
  정된 아웃리치를 수행함
- 위험에 처한 노숙인 재향군인들에게 주거지원, 건강 보호, 지

역사회 고용 서비스, 그리고 다른 필요한 지원들을 연결함

• 연방, 주, 지역 기관들; 고용주; 주거 제공자; 종교 기관과 지역사회 비영리 기관들; 노숙 상태인 재향군인들을 위해 취업과 저렴한 주거 대안들을 확장할 수 있는 사람들과 협력함(VA, 2017)

시골 지역의 노숙인

도시는 인구밀도가 높고, "길거리에서 노숙(sleeping rough)"하거나 쉼터에 있는 사람들이 눈에 띄기 때문에 도시 지역의 노숙인들이 좀 더 두드러지지만, 시골 지역의 거주자들 또한 노숙을 경험한다. 그러나 시골 지역에서의 노숙인들은 자신의 자동차나 야영장 또는 친구 및 친척들과 "함께 살기" 때문에 눈에 띄지 않는다(NCH, 2007). 도시 지역과 비교할 때 시골 지역의 노숙인들은 "백인이고, 여성이며, 기혼 상태이고, 현재 일을 하고 있으며, 처음으로 노숙을 경험하거나 단기간 노숙 상태"인 경우가 많다(p.2). 극심한 빈곤과 저렴한 주택의 부족과 같은 시골 지역의 노숙의 주요 원인은 도시 지역의 원인들과 비슷하다. 노숙인들의 어려움을 고려한 시골 지역의 사회서비스 기반 시설은 미개발 상태이다(National Alliance to End Homelessness(NAEH), 2010).

노숙인을 위한 연방 정부의 대응

노숙인 문제를 다루는 법안인 1987년 Stewart B. McKinney 노숙인 지원법은 맥키니−벤토 노숙인 지원법으로 알려져 있고, 노숙인의 위기에 연방 차원에서 대응하는 1인실 재활 시설; 임시주택, 장애가 있는 노숙인을 위한 주거 프로그램; 건강 보호 지원; 식품 지원; 재향군인 지

원: 긴급 식품 및 쉼터 프로그램; 교육, 훈련, 지역사회 서비스와 같은 프로그램 운영에 대해 명시하고 있다. 아쉽게도 예산 책정은 승인받지 못했고, 결과적으로 프로그램을 위한 예산이 충분히 조달되지 않았다. 나아가 프로그램들은 보건복지부, 주택도시 개발부, 교육부, 법무부, 보훈부, 노동부, 국토안보부와 같은 여러 연방 기관에서 운영되고 있다 (Perl et al., 2015). 표 11.2 참조.

표 11.2 ┃ 노숙인들을 지원하는 연방 지원 프로그램

연방 부서	프로그램
교육(ED)	• 노숙 아동과 청소년을 위한 교육
국토안보부(DHS)	• 긴급 식품 및 쉼터 프로그램
보건복지부(HHS)	• 노숙인 프로그램을 위한 건강 보호 • 노숙인으로부터 이행 지원 프로젝트 • 개인 노숙인을 위한 급여 보조금(정신질환과 동반되는 물질 사용 장애를 가진 노숙인 대상) • 가출 및 노숙 청소년 프로그램(쉼터 프로그램, 16-22세 사이의 청소년을 대상으로 하는 전환 생활 프로그램, 거리의 아웃리치 프로그램 포함)
법무부(DOJ)	• 성학대, 가정폭력, 데이트 폭력, 스토킹 피해자를 위한 전환 주택
주택도시 개발부(HUD)	• 긴급 솔루션 지원금(긴급 쉼터와 신속한 리하우징(rapid re-housing) 프로그램 대상) • 연속적인 돌봄 프로그램(전환 주택, 지지 서비스, 신속한 리하우징 포함) • 섹션 8 주택 바우처 • 노인과 장애인을 위한 주거 지원 • 시골 주택 안정성 보조금
노동부(DOL)	• 노숙 재향군인 재통합 프로그램(HVRP) (취업 프로그램과 지지 서비스) • 의뢰와 상담 서비스: 특정한 시설에서 전환 중으로 노숙의 위험에 처한 재향군인
보훈부(VA)	• 노숙인 재향군인을 위한 건강보험 • 노숙 지원 제공자 보조금과 일일 프로그램(Homeless Providers Grant and Per Diem Program)

- 노숙인 재향군인을 위한 재가 복지(주거 재활, 정신질환, 물질 사용 장애가 있는 재향군인 대상)
- 보상받는 작업치료 프로그램
- HUD-VA 지원 주택
- 재향군인 가족들을 위한 지지 서비스
- 노숙인 재향군인을 위한 기타 활동들

노숙인을 위한 사회복지의 대응

사회복지사들은 노숙인들의 개인적 문제들을 해결하고, 문제의 근본 원인을 제거하는 사회정책들을 옹호하기 위해 연속적인 조정 서비스를 전달해야 한다. 사회복지사는 쉼터 프로그램, 임시 주택, 아웃리치 서비스, 지역사회 정신건강과 중독치료 센터, 학교, 아동복지와 가족 서비스 기관의 맥락에서 노숙인들을 위한 직접적인 서비스를 제공한다. 전문적인 상담사 역할을 담당하고 있는 실천가들은 개인과 가족들이 자신의 영구주택과 소유물을 상실한 슬픔과 일상의 붕괴, 아동들이 경험하는 불안정성과 행동 문제, 전환기 상황에서의 양육의 어려움에 대처하도록 원조한다.

사회복지사의 거시적인 아젠다는 인권과 시민권의 문제이다. 주거는 충분하고, 접근 가능하며, 지불 가능한 주택을 가질 수 있는 권리와 관련된 기본적인 인권이다. 주거권에 대한 초점은 "주거를 재량적인 특권으로 간주하는 패러다임에서 우선권과 권리로 간주하는 패러다임으로 변화시킬 수 있다(Foscarinis, 2011)". 충분하지는 않지만 임차인의 권리, 주택 압류, 퇴거, 공공주택, 주택 보조금을 규제하는 연방법과 규정들을 포함한 미국의 주거정책들이 존재한다(National Law Center on Homelessness and Poverty(NLCHP), 2011a, 2011b; Tars, 2017; Tars & Bhattarai, 2011). 또한 사회복지사들은 노숙인들의 시민권 침해의 증가에도 대응한다. 하나의 예로, 사회가 쉼터 부족으로 인해 노숙인들을 공공장소에서 거주하도록 내몰고 있음에도 불구하고, 이러한 공공장소에서 잠을 자거나 앉는 것 또는 소지품을 보관하는 것을 불법화하는 지방법들을 통과시켜서 노숙 인들을 범죄인 취급하는 것이 있다(NLCHP, 2016).

사회복지사들은 프로그램과 서비스를 위한 충분한 재정을 확보하고, 노숙의 문제를 악화시키는 사회, 경제적 환경들을 개선하는 정의로운 사회정책들을 지지하기 위해 노숙인들과 협력한다. 노숙과 관련된 전미 국사회복지사협회(2014b)의 옹호 의제에 대한 정책 프로그램들은 다음 과 같다.

- 모든 사람들에게 저렴하고 적절한 주택을 제공하는 것
- 권리로서 주거 지원금을 요구하는 것
- 주택, 소득 지원, 지지 서비스를 통합한 돌봄의 연속성을 강화 하는 것
- 교육, 직업 훈련, 지지 서비스를 포함한 예방 프로그램의 재정 을 지원하는 것
- 고용인들에게 최저 생활임금을 지불하도록 지원하는 정책들을 지원하는 것

사회복지와 실업

경기 변동은 노동시장에 직접적으로 영향을 미치는 구조적인 문제들 을 보여준다. 정책입안자들은 어떠한 수준에서는 실업을 견딜만하고 정 상적이라고 생각한다. 그러나 사회복지사들은 실직을 엄청난 결과를 불

러일으키는 사회복지의 문제로 간주한다. 고용 기회가 공평하게 할당되지 않으면 인적 희생이 발생한다.

경제와 실업

2017년 5월, 미국 내 4.3%의 노동자들은 실직을 경험하였는데 이는 2009년 94%에서 감소한 수치이다(BLS, 2017). 일부 인구집단은 실직으로 인해 훨씬 더 큰 충격을 받기 때문에 이러한 비율에 현혹되어서는 안 된다. 인종 집단에 따라 실업률에 차이가 있는데, 전체 민간 성인 노동력 중 아시아인은 3.6%, 백인은 3.7%, 히스패닉은 5.2%, 흑인은 7.5%가 실직 상태였다. 추가로 미국 노동통계국 자료에 의하면, 이전에 고용되었던 150만 명의 노동자들은 더 이상 활발하게 구직활동을 하지 않기 때문에 실직 상태는 아니지만 노동시장의 주변화된 상태로 남아있다. 실업 외에도, 경제적 지위의 변화는 근무시간이나 급여의 감소, 제조 및 기술 분야의 고임금 직업의 감소와 함께 서비스 분야의 직업 증가, 의료 급여와 은퇴 연금이 지원되지 않는 파트타임과 임시직의 급속한 팽창, 별거, 이혼 또는 유기와 같은 가족 문제들은 부수입을 통한 안전망의 상실과 경제적 불안정성을 증가시킨다.

실업률 추계

미국의 경제학자들은 매달 무작위 가구를 추출하여 실업과 관련된 조사를 수행한다. 이들은 실업률을 전체 노동시장에서 실직 상태인 사람들의 비율로 측정한다. 그러나 이러한 비율은 적극적으로 구직활동을 하지 않는 사람들은 실업자에서 배제하기 때문에 실업을 과소평가할 수 있다. 나아가 통계상의 실업률은 일부 사람들은 실직된 상태로 있는 반면에 또 다른 일부는 노동시장으로 돌아오는 흥미로운 상황들을 보여준다.

실업의 결과

실업은 여러 가지 어려움을 불러일으킨다. 개인과 가족들에게는 심리적, 사회적, 재정적 자원들이 영향을 받는다. 성인들의 유능감 향상에 경제활동은 기본이기 때문에, 일반적으로 직업을 잃게 되면 자존감이 급락한다(Berk, 2018; Borrero, 2014; Olesen, Butterworth, Leach, Kelaher, & Pirkis, 2013; Rocha, Hause-Crowell, & McCarter, 2006). 실직한 사람들은 가족이나 자존감, 사회 정체성, 직장 관련 우정과 사회적 지지의 상실 등 여러 가지 상실들을 경험한다. 실업의 직접적, 간접적 결과들은 우울, 자살, 정신질환, 아동학대, 가족 갈등, 이혼, 물질 사용, 비행과 범죄율 증가, 섭식과 수면 장애, 스트레스 관련 질병 등이다. 실업은 삶의 기대, 웰빙의 감정, 심지어 기대 수명에도 영향을 미친다. 실업의 영향들은 세대 간에 전달될 수도 있다. 부모의 실직 상태는 아동의 행동, 학업 성취, 일에 대한 태도 등에 영향을 미칠 수 있다.

실업의 집합적인 영향으로 인해 지역사회도 고통을 받는다. 실업대란은 파산, 기업도산, 세재 수입 손실, 서비스 중단 등을 가져올 수 있다. 역설적이게도, 삭감의 현실 속에서 실업은 사회서비스에 대한 요구를 증가시킨다. 궁극적으로 실업은 국제사회의 맥락 속에서 접근되어야 한다. 세계화로 인한 경제적 상호의존은 실업의 결과와 관련된 해결방안들에 대한 국제사회의 과제를 안겨준다. 실업은 만연하고 지속적인 억압을 주지만 이러한 위기에의 적응은 문화 속에 깊숙이 자리잡을 수 있다.

실업수당

실업수당과 산업재해보상보험의 두 가지 사회보험 프로그램 제공은 임시적으로 실직 상태이거나 근무 중 상해를 입은 사람들의 소득을 보장한다. 실업수당은 1935년 제정된 사회보장법에 기반을 둔다. 주-연방의 혼합된 프로그램으로 실업수당은 직장을 잃은 사람들에게 급여의 일부를 대신해서 지불하는 임시적인 보상이다. 산업재해보상보험은 근무 중 질병이나 상해로 인해 일을 할 수 없는 사람들에게 지원한다. 주정부가 재정을 지원하고 프로그램을 총괄한다. 실업수당과 산업재해보상보험의 급여내용은 주마다 다르다. 또한 이 프로그램은 자산조사에 따라 지급하지 않는다.

지난 몇 년 동안 정책입안자들은 사람들의 고용권에 대해 논의하였다. 1946년의 고용법은 일자리 보장보다는 취업의 기회를 더 강조하였다. 1960년의 빈곤과의 정책 프로그램 또한 기회 제공이라는 같은 원칙들을 지지하고, 직업 훈련과 교육 제공에 대한 정부의 책임을 명시하였다. 빈곤층과 시설보호자들에게 훈련을 제공했던 인력개발 훈련법은 이러한 책임을 성문화했다.

실직된 사람들을 위한 서비스

일반주의 사회복지실천의 맥락적 관점은 실업과 관련된 문제들을 대처하기 위한 여러 가지 전략들에 대한 정보를 제공한다. 실직자들은 그들에게 어떤 문제가 있기 때문에 직장을 잃어버린 것이라는 믿음에 대한 편견에 맞서야 할 필요가 있다. 실직자들 중에는 정리해고와 산업공장 폐쇄로 인해 실직하는 경우도 많다. 이렇게 실직한 노동자들은 교육과 기술이 요구되는 기술 사회에서 더 많은 돈을 받는 직장을 찾는 구직자의 대열에 합류한다. 낮은 임금의 서비스 직종은 불안정한 고용계층을 창조한다. 실직의 문제를 다루는 실천가들은 종종 근로자지원 프로그램(employee assistance programs, EAPs)에서 일을 한다. 실업의 스트레스는 가족기관, 정신건강센터, 근로자지원 프로그램에서 보여주는 문제들에 대한 명시적이거나 근원적인 요소로서 설명된다.

사회복지 사례

근로자지원 프로그램(EAPs)이 지원하는 다양한 서비스 중에서 스트레스와 행동적 건강 문제에 대한 개인과 가족 상담이 있다. 공장 폐쇄나 노동시장의 감축 상황에서 EAP 담당자는 근로자들이 자신의 직업 상실과 지역사회 자원 및 다른 전환 서비스들을 이용할 수 있도록 도움을 주는 중요한 역할을 한다.

마이크 스미스는 이러한 EAP 서비스 지원을 받을 예정이다. 그가 가족들에게 가족회의를 요청했을 때, 마이크는 자신이 직장을 잃어버렸다는 말을 어떻게 해야 할지 막막하였다. "이런 말 하기 쉽지 않지만, 최근에 해고를 당했어. 실직 상태가 오래가지 않기를 바라고 있어. 너희 엄마가 일을 하고 있지만 생활비는 빠듯해질거야."라고 말을 시작했다.

그의 자녀들은 많은 질문들을 하였다. 자신들이 이사를 가야하는지, 새로 얻게 될 직장들이 많은지, 자신들에게 무슨 일이 생길 것인지 등. 자녀들은 또한 가족을 돕겠다고 자원하였다. 저녁 늦게까지 마이크와 그의 아내인 리타는 자신들이 가진 대안들에 대해 고민하였다. 마이크는 자신의 슈퍼바이저가 제안한 사항을 따르기로 결정하고, 직장의 근로자지원 프로그램의 사회복지사와 약속을 잡았다. 그는 실업수당 프로그램, 실직 서비스, 유지 옵션들에 대한 정보들과 앞으로 있을 실직에 대한 자신의 감정을 정리해서 실제로 닥쳤을 때 위기에 효과적으로 대처하기를 원하고 있다.

EAP 사회복지사는 정리해고를 당한 사람들을 상담하고, 관리자와 노조 대표들을 대상으로 계획된 조직의 지원책에 대해 자문을 제공하며, 지역사회 실직자들의 욕구를 대변하는 등 실직과 관련된 서비스들을 제공한다.

사회복지와 형사사법제도

역사적으로 형사사법제도 분야는 범죄적 행위를 처벌하는 것에 초점을 둔 법 집행 기구를 기반으로 하였다. 20세기 초기에는 사회복지사들이 청소년 서비스에 대한 정당성을 확보했지만, 성인 교정에서는 제한된 역할을 수행하였다. 형사사법부 직원들은 사람들에 대한 사회복지의 가치 지향 때문에 사회복지사들이 교정활동을 하기에는 너무 유약하다고 생각하여 그닥 반갑지 않은 전문가로 간주했다. 법 집행과 형사사법 제도에서 사회복지사에 대한 이러한 편견은 오늘날에도 여전히 존재한다. 그러나 최근 사회복지사들은 그들의 역할을 확장하여, 다음과 같은 서비스를 제공하고 있다.

- 지역사회 기반의 재활 서비스
- 재범방지 프로그램1
- 재소자들이 그들의 지역사회로 재통합하기 위한 지원
- 수감자를 위한 상담
- 범죄자들의 가족을 위한 사회서비스
- 범죄 피해자들을 위한 옹호

---

1 역자 주: 다이버전 프로그램이란 범행 내용이 중대하지 않고 개선 가능성이 엿보이는 청소년들이 소년법원에 의한 사법절차를 받기보다 대안적인 치료를 받을 수 있도록 전환하여 소년 사법체계에 노출되는 청소년 수를 감소시켜 범죄자로서의 낙인을 막아 결과적으로 사후 비행을 줄이는 데 그 목적이 있는 프로그램(청소년 범죄 재범방지를 위한 경찰 다이버전 프로그램 활성화 방안, 콘텐츠학회지 11(6), 311-325)

공공 형사사법체계에서 신뢰를 확보하기 위해 사회복지사들은 범죄와 비행, 비자발적 클라이언트 원조의 미세한 차이, 재판절차와 법원 절차, 이러한 학제 간 분야에서의 다양한 전문가들의 역할을 이해할 수 있도록 교육적으로 준비되어 있어야 한다.

범죄와 비행

간단히 말하면 범죄는 법과 반대되는 행동이나 습관적 행위들을 의미한다. 다시 말하면, 사람이나 소유물 또는 사회에 대항하는 범죄를 포함한 범죄적 활동은 일반법과 도덕적 규범들을 위반하는 것이다. 연간 범죄 통계 집계인 the Uniform Crime Report(UCR)는 살인이나 비고의 살인의 폭력 범죄, 강압적 강간, 강도, 가중 폭행, 주거침입 절도, 일반 절도, 자동차 절도, 방화와 같은 중범죄 지표 범죄에 기반하여 범죄 경향을 분석한다. 이 통계는 또한 경범죄 지표 범죄도 포함한다. 2015년 자료에 의하면, 전년도에 비해 전국 폭력범죄 지표는 3.9% 증가하였고, 재산범죄 지표는 2.6% 감소하였다(FBI, 2016a). 폭력범죄 발생이 2015년에 조금 증가하였으나, 2006년 보고에 비해 16% 낮은 수치이고, 재산범죄 발생율도 15년 동안 지속적으로 감소하는 추세이다.

비행

청소년 범죄는 비행 또는 지원이 필요한 미성년자들로 분류된다. 비행 행동은 지위 비행부터 법 위반 범죄까지 다양하다. 80% 정도의 모든 비행 사건은 10-15세 사이의 청소년들과 관계가 있다. 소년법원에 가장 많이 의뢰되는 범죄는 재산범죄로 전체의 35%를 차지한다. 인명피해 범죄는 가장 심각한 재판으로 비행 사건의 26%를 차지한다. 공공질서 위반은 26%, 약물 위반은 13%를 차지한다(Hockenberry & Puzzanchera, 2015). 일반적으로 2013년 청소년 범죄 체포는 1997년 최고조였을 때에 비해 44% 감소하였다(Hockenberry & Puzzanchera, 2015). 일반 절도나 재산범죄로 체포되는 여성 청소년들의 수가 지속적으로 증가하는 반면, 동일한 범죄로 인한 남성 청소년들의 체포는 감소하였다.

관할 당국이 형사법원으로 사건을 이양할 수 있는 연령과 면제를 허용하는 상황들은 주마다 다르다. 그러나 청소년들을 성인으로 취급하려는 경향성으로 가고 있다. 면제 규정들은 성인에 대한 처벌을 청소년들에게도 부과할 수 있는 방법들에 대해 명시한다(Hockenberry & Puzzanchera, 2014). 놀랍게도 수감된 많은 청소년들은 성인 교도소에 수용되어 있어, 성폭력이나 심각한 폭력, 자살, 재범의 높은 위험 속에 놓여있다(Mendel, 2015; Redding, 2010; Ryan, 2016).

많은 주에서 비행은 만약 성인이었다면 범죄로 간주되지 않았을 일탈 행동으로 설명된다(Coalition for Juvenile Justice, 2014). 이러한 신분 범죄는 가출, 무단결석, 교정 불가능한 행동, 통금 위반, 주류취급 위반들을 포함한다. 국가표준은 이러한 신분 범죄를 감옥에 투옥시키기보다는 재범방지 프로그램, 지역사회 기반 서비스 또는 법원이 명령한 가족 상담을 통해 해결하도록 권고하였다.

많은 연구들은 소년 사법 제도 내에서 나타나는 불평등, 인종 간 격차와 뿌리 깊은 문제들에 대해 지적한다. 소수 인종 청소년들은 소년 사법 제도 속에서 처우에 있어서도 차별과 불균형적인 감금 그리고 기타 유형의 차별과 학대를 경험한다(Arya & Augarten, 2008; Arya et al., 2009; Mendel, 2011, 2015). 예를 들면, 감금된 청소년의 대다수는 소수자들이다. 형사법원으로 이동되는 청소년들은 대부분 인종적 소수집단 청소년들이다. 그리고 지역사회 서비스나 가석방이 아닌 교도소에 감금된 청소년들도 대부분 소수 인종 청소년들이다(Campaign for Youth and Justice

(CFY), 2016; Hartney & Silva, 2007; Ryan, 2016; Sentencing Project, 2015). 더구나, 통계자료에 의하면, 교도소에 수감된 40−80%의 청소년들과 소년법원 체계에 있는 50−70%의 청소년들은 우울증, 파괴적 행동장애, 주의력 결핍 과잉 행동장애, 물질 사용 장애 그리고 트라우마와 부정적 아동기 경험에 여러 번 노출되어 나타나는 심각한 정신장애를 가지고 있는 것으로 보고된다(Baglivio et al., 2014; DeLisi et al., 2017; Underwood & Washington, 2016; Washburn et al., 2015).

범죄와 처벌

몇 가지 이론들은 범죄 행위를 설명하고자 노력한다. 체사레 롬브로소와 윌리엄 셸던과 같은 초기 연구자들은 신체적 특징과 범죄의 연관성을 지지하였다. 롬브로소는 신체 및 얼굴 특징들이 진화 발달 초기에 성격을 형성한다고 규정하였다. 그는 이러한 반인간적 특성(subhuman features)을 범죄 성향에 연결하였다. 셸던은 범죄 행동을 할 성향이 높은 개인의 성격과 기질을 예측하는 독특한 신체 유형을 확인하였다. 이러한 초기 이론들은 지금은 사라졌다.

20세기 초기 범죄 행동의 신체적, 생물학적 이론들은 사회적, 심리학적 이론들이 더 많이 수용됨에 따라 이러한 이론들로 대체되었다. 심리학적 이론과 사회 통제 이론은 정신질환과 반사회적 행동으로서 범죄 행동의 기원을 설명한다.

처벌 또는 재활?

비록 범죄를 어떻게 처리할 것인가에 대한 합의는 없지만 각각의 입장들은 사람들이 범죄 행동과 가해자 및 피해자에 대한 처우를 바라보는 시각에 영향을 미친다. 미국 교정 역사에서 가장 지배적인 관점은 응징과 억제, 재활, 재통합 그리고 통제이다(Champion, 2005).

응징(Retribution)은 교정 체계에서 가장 오래된 목표일 것이다. 보복의 동기 또는 "눈에는 눈"이라는 원칙으로 원수를 갚기 위해 처벌을 사용하였다. 응징은 현재의 정의 또는 "정당한 처벌(just-deserts)" 모델의 구성 요소이다. 이 모델은 범죄자에 대한 공평한 처벌과 사회 보호를 위해 범죄의 심각성에 맞춰 처벌을 결정한다.

억제(deterrence)는 범죄 행동을 예방하기 위한 전략이다. 이를 위해 입법가들은 범죄의 심각성에 따라 처벌의 강도를 구성한다. 형벌관리는 분배적 정의 원칙을 따른다. 이 철학은 모든 범죄에 대해 법원이 반드시 준수해야 하는 선고지침과 같은 형사상의 제재를 구성하도록 촉구한다.

교정의 목적으로 재활은 19세기 후기 개혁 운동에서 등장했다. 뉴욕 엘미라 주립 교도소의 소장이었던 지블런 리드 브룩웨이는 처벌보다 재활을 더 신뢰했던 교정 개혁가였다. 브룩웨이는 교육과 직업 훈련, 부정기형(indeterminate sentencing), 가석방을 위해 옹호하였다(Champion, 2005). 범죄자들은 그들의 자유를 구속하고, 행동을 교정하는 감옥에 수감되거나 감금된다. 재활은 직업 기술을 개발하기 위한 교육을 강조한다.

교정의 재통합 목표를 달성하기 위해 기획된 프로그램들은 범죄자들이 감옥에서 석방되고, 지역사회에 적응하고 복귀할 수 있도록 지원한다. 사회복귀시설(halfway-houses)과 다른 서비스 기관들은 수감자들이 지역사회로 전환할 수 있도록 원조한다. 마지막으로 지역사회 기반 프로그램들은 강도 높은 슈퍼비전을 제공하고, 범죄자들의 소재와 행동을 감독함으로써 이들이 자신의 지역사회에서 머무르도록 통제한다.

BOX 11.2

역량강화와 사회정의에 대한 성찰

소년사법에서의 사회정의와 관련된 문제들

국제인권감시기구에 글을 기고하는 보크넥(2016)에 의하면, 많은 국가들은 아동들이 협약에서 제시하는 권리를 부여받을 수 있도록 법을 수정하면서 아동권리협약(CRC)을 비준해 왔다. 그러나 정책과 실천 사이의 차이는 여전히 존재한다. 전 세계적으로 아동들은 국제 표준을 위반하는 열악한 감금 상태에 처해있다. 아동들은 감옥에서 종종 성인들과 함께 감금되고, 교도관들 및 다른 구금자들의 폭력의 대상이 되고, 충분한 음식과 의료 및 정신건강 보호, 교육, 기본 위생시설 이용 등을 허락받지 못한다. 교도소 출소 이후의 삶을 위해 이 아동들을 준비시키기 않기 때문에 아동들이 지역사회로 재통합하는 데 많은 어려움이 예상된다. 교정시설의 열악한 환경은 아동의 시민권과 인권을 침해하고 있다.

구금시설의 환경은 아동의 시민권 역시 침해한다. "범죄에 대한 강경한" 접근은 결과에만 초점을 맞추고, 피해자화된 과정과 학대, 방임, 기타 삶의 트라우마 지표와 같은 소년법원 체계로 아동들을 몰아넣는 위험한 환경에 대해서는 고려하지 않는다. 교도소 내 65-70%의 아동들은 모든 범주의 행동장애 외에 정신건강의 문제를 경험하고 있지만, 교정시설은 충분한 정신건강 서비스를 제공하지 않는다(Skowyra, 2006).

아동은 미성숙하다는 원칙에 근거하여 민법은 18세를 성인기의 지표로 설정하였다. 그러나 형법은 이러한 양상을 따르지 않는다. 45개 주의 연방법과 형법은 18세 미만의 아동들이 심각한 범죄를 저질렀을 경우 성인 법원에 구금할 수 있도록 재량적인 선택안들을 명시하고 있다. 15개의 주는 형사법원으로 이송하는 재량적인 판단이 요구되는 기준들을 상세하게 명시한 추정적 면제법을 제정하였다. 그리고 15개의 주는 법이 명시한 상황 아래서 아동들이 형사법으로 이송되도록 요구하는 법령들을 만들었다(Hockenberry & Puzzanchera, 2014).

국제인권조약의 위배로 선언되면서 "가석방 없는 종신형(JLWOP)"2은 명백한 인권 침해이다(Rouner, 2016). 이 말은 "선거를 하거나 담배를 구입하고, 배심원의 역할을 하기에는 너무 어린 많은 주의 아동들이 성인처럼 취급받고, 기소되면 가석방이 없이 종신형을 선고받는 것이다. 가석방이 없는 삶이란 어린 아동과 청소년들이 감옥에서 죽는 것을 의미한다(Human Rights Watch, 2008, p.1)."

최근 미국에서의 법원 판결은 일부 법적 개혁을 시도하였다(Rouner, 2016). 예를 들면, 2005년 Roper v. Simmons 판결에서, 대법원은 소년 범죄자에 대한 사형선고를 금지하였다. 2012년 대법원은 가석방 없는 청소년 종신형은 미국 수정헌법 8조에 위배되고, 따라서 위헌이라고 명시하였다. 2016년 Montgomery v. Louisiana 판결은 2012년의 판결을 소급 적용하여 가석방 없는 종신형을 받고 있는 아동들에게 양형 재심리를 허가하였다. 26개 주의 새로운 법은 아동들에게 가석방 없는 종신형보다는 특정 범죄에 대한 최소의무 형량을 내리도록 규정하고 있다. 그러나 32개의 주요 주의 법은 가석방 없는 종신형을 하나의 선택으로 허용하고 있다.

미국의 소년법원제도는 범죄 행위로부터 시민들의 안전과 보호를 보장하고, 아동 범죄자들을 재활시키는 두 가지 기능을 가지고 있다(Huffine, 2006). 이 시스템의 붕괴는 아동들의 재활이 실패하는 것을 넘어 이들의 시민권과 인권을 침해하는 결과로 이어진다. 사회정의와 관련된 이슈들은 위험으로부터의 보호, 자살 예방, 장애 아동을 위한 특수교육 자원, 의료적 케어, 정신건강과 약물 남용 치료, 석방 이후 지역사회로의 전환을 위한 계획에 대한 관심이다(Trupin, 2006).

---

2 역자 주: 가석방 없는 종신형(JLWOP)은 18세 미만의 아동을 대상으로 가석방 없이 종신형을 선고하는 것이다.

형사사법체계

형사사법체계는 4가지의 요소들로 구성된다: 법 집행, 기소자와 피고인, 법원 그리고 교정이다(그림 11.1 참조). 법 집행관은 도시 경찰관, 카운티 보안관, 주의 순찰관, FBI 요원 그리고 기타 수사관과 같이 다양한 사법 영역에 종사한다. 이들은 공식적인 지위에서 범죄기록을 조사하고, 용의자를 현장에서 체포, 구금, 기록한다. 법을 위반한 혐의를 받는 사람들은 예비심문과 기소인부절차3, 공판을 위한 법원 체계로 들어간다. 법원 체계의 관계자들은 검사와 변호사, 사법관들로 구성된다. 판사는 유죄로 판결된 사람에게 선고를 내린다. 판결 유형은 구금, 벌금, 법원 감독, 그리고 지역사회 봉사가 있다. 마지막으로 교정시설은 구치소, 교도소, 소년원, 주와 연방 시설 등을 포함한다.

배치와 통계적 불균형

신고된 것보다 더 많은 중범죄가 발생하고 있고, 범죄 신고에 비해 실제 체포는 적다. 체포된 사람들 중 모두가 유죄 판결을 받는 것은 아니고, 보호관찰에 배치되거나, 감옥에서 복역한다. 그러나 범죄율의 감소에도 불구하고, 그 어느 때보다 많은 성인들이 감옥에 있다. 2015년 말, 1,526,800명의 수감자들이 연방과 주의 교정 시스템의 관할하에 구금되어 있었다(Kaeble & Glaze, 2016). 또한 728,200명의 범죄자들이 지역 교도소에 구금되었다.

사실 전 세계 어느 나라보다 미국에서 수감된 사람들의 수가 더 많다. 놀랍게도, 미국 성인의 37명 중 1명은 구금되거나 보호관찰 또는 가

---

3 역자 주: 공판정에서 피고인에게 기소한 이유를 말해 주고, 유죄인지 무죄인지 답변하게 하는 미국법상의 절차

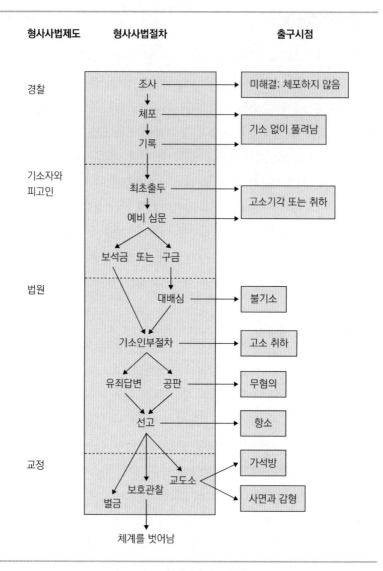

그림 11.1 | **형사사법제도의 순서도**

석방 형태로 형사사법제도에 연관되어 있다(Kaeble & Glaze, 2016; Walmsley, 2016).

데이터의 상세한 조사 결과를 보면, 인종 및 민족적 소수집단의 사람들이 교정 체계에 불균형적으로 분포되어 있다. 2015년 말 기준 흑인의 수감률(100,000명당 1,745명)이 히스패닉계 성인(100,000명당 820명)이나 백인 성인(100,000명당 320명)과 비교할 때 훨씬 더 높게 나타났다(Carson & Anderson, 2016). 수감될 가능성과 관련해서도 인종 및 민족 집단은 불균형적으로 나타났다. 2010년 수감률을 보면, 백인 남성과 비교할 때 흑인 남성들은 6배, 히스패닉 남성들은 3배 이상 수감될 가능성이 높은 것으로 나타났다(Pew Research Center, 2013).

형사사법제도 내 사회복지의 역할

사회복지는 "전미 자선과 교정회의"에 뿌리를 둔 19세기 사회과학의 발자취를 따라 형사사법에 관심을 가진다. 20세기 초기 전문직의 관심은 성인 교정 현장에서 벗어났지만, 제인 아담스나 줄리아 라스롭과 같은 초기 사회복지 지도자들은 아동과 청소년들을 성인 사법 제도로부터 분리시키기 위한 운동에 앞장섰다. 이들의 노력으로 미국의 첫 번째 소년법원인 일리노이 소년법원이 설립되었고, 부양아동, 방임아동, 비행아동에 대한 규정들이 만들어졌다. "법원은 범죄와 범죄 행위에 대한 낙인을 피하고, 가능하면 아동들을 범죄자가 아닌 도움과 격려, 지도가 필요한 아동들로 대하여 곤경에 처한 아동들의 복지를 촉진하는 책임을 맡았다(National Council of Juvenile and Family Court Jdges(NCJFCJ), 2005, p.12)". 아동은 성인과 다르다는 인식을 가지고, 행동 수정을 위한 재활과 치료에 초점을 맞춘 아동들을 위한 분리된 민사재판제도를 만들었다.

오늘날 사회복지 전문직은 형사사법제도의 각 영역에서 활동한다. 경찰사회복지사는 가정폭력이나 아동학대, 기타 유형의 피해와 관련된 상황에서 법을 집행하는 공무원들과 함께 일한다. 법의학 사회복지사 또는 다른 실천 분야의 전문가로서, 사회복지사는 법정 증언을 해야 한다. 소년법원 담당자로서 사회복지사는 비행청소년들을 감독하고, 기관에 배정하며, 재범방지 프로그램을 운영한다. 성인 법원에서 보호관찰과 가석방 담당자인 사회복지사는 범죄자들의 활동들을 추적 관찰하고, 이들의 재활에 대한 법원 보고서를 준비한다. 마지막으로 교정시설에서의 사회복지사는 수감자들로 구성된 치료 집단을 운영하고, 가족 서비스와 의뢰를 제공한다.

경찰사회복지

경찰은 보통 가족 다툼이나 가정폭력 상황(아동, 배우자, 노인 학대), 성폭력, 기타 다른 피해 상황과 같은 사회서비스 문제에 대응해야 한다. 경찰서에서 고용된 사회복지사는 전문직 간 협력이 요구되는 상황에서 법 집행 담당자들과 협력하여 일한다. 법 집행팀의 구성원으로서 사회복지사는 가출 행동이나 공공기물 파손, 무단결석, 약물 소지, 절도, 가정과 이웃에서 발생하는 문제에 대한 지원을 부모가 요청하는 등 가족과 관련된 문제에 대한 의뢰를 받는다. 경찰사회복지사는 추가적인 비행행위를 방지하고, 향후 형사사법제도에 연관되지 않도록 아동을 변화시키는 목적을 가진 개입 프로그램으로의 의뢰를 신속하게 처리하기 위해 법 집행 기관의 권한을 이용할 수 있다. 사회서비스 담당자와의 협력은 경찰서가 위기 기반의 조기 개입 서비스를 제공하고, 사회 지향적인 정신건강 문제에 대처할 수 있도록 경찰에게 대안들을 제공하며, 신속한 사회서비스 자문과 사정평가를 받고, 법 집행과 사회서비스 체계

사이의 효과적인 관계를 형성하고, 적절한 지역사회 서비스로 신속하게
의뢰할 수 있는 역량을 제공한다(Corcoran, Stephenson, Perryman, & Allen,
2001; Dean, Lumb, & Proctor, 2000; Patterson, 2013).

점점 더 많은 경찰서들이 사회복지사와 경찰이 공동으로 배치된 24
시간 위기 개입 서비스를 제공하고 있다. 이들이 대응하는 위기 개입
관련 상황들은 가정폭력, 아동 또는 의존적인 성인에 대한 학대, 자살,
기타 트라우마나 폭력들이다. 이들이 제공하는 서비스들은 도움이 필요
한 범죄 피해자 상담, 정신건강 상담이나 법적 변호를 위한 의뢰 제공,
2차 트라우마를 경험했던 최초 대응자에 대한 브리핑, 실종 아동이나
취약한 성인을 찾기 위한 협력적인 노력들이다.

피해자 지원 프로그램

50개 모든 주와 콜롬비아 특별구, 미국령 버진 아일랜드, 괌, 그리고
푸에르토리코는 가정폭력, 성폭력, 아동학대, 음주운전, 살인과 기타 범
죄의 피해자와 생존자들을 위한 보상 및 지원 프로그램들을 제공한다.
이러한 서비스를 위한 기금은 미국 법무부의 범죄 피해자국(Office of
Victims of Crime)을 통해 주로 전달된다. 범죄 피해자 기금은 1984년 범
죄 피해자법(VOCA)에 의해 설립되었고, 벌금이나 추징금, 유죄판결을
받은 연방 범죄자로부터 몰수된 보석금으로부터 기금을 모금한다. 나아
가 VOCA 기금은 개별 범죄 피해자에게 보상 차원에서 가정폭력 쉼터,
아동학대 프로그램, 병원, 법 집행 기관의 피해자 서비스 단위와 같은
지역사회 기관들을 지원한다.

범죄 피해자 프로그램에 고용된 사회복지사는 성폭력이나 가정폭력
의 후유증을 해결하고, 배상 프로그램 개발과 가석방 실행상의 변화를
만들기 위해 범죄 피해자의 법률 소송을 옹호하는 서비스 개발에 초점

을 맞춘다. 이러한 프로그램은 클라이언트와 그들 가족 또는 중요한 사람들의 욕구를 해결하고, 재판 소송 과정에 있는 사람을 위해 소송 현황을 감독하고, 법원 출석을 주선하고, 클라이언트나 생존자들이 피해자 보상과 피해 배상을 해결하도록 지원하며, 대중의 인식개선 프로그램 개발, 교육 워크숍 주최, 형사사법 담당자들을 위한 연구교육과 같은 예방적 조치들을 포함한다.

피해자-가해자 중재 프로그램

피해자-가해자 중재 프로그램은 미국의 회복적 사법 프로그램에서 가장 많이 도입되는 양식이다(Armour & Umbreit, 2007; Gumz & Grant, 2009). "누가 해를 끼쳤고, 이러한 피해가 어떻게 해결될 수 있으며, 이 일에 대해 책임을 져야 하는 사람은 누구인지"를 질문함으로써 피해자-가해자 중재는 회복적 사법 원칙을 구현한다(Umbreit & Greenwood, 2000, p.ix). 바톤(2003)에 의하면, 회복적 사법 개입의 효능은 피해자와 가해자 모두를 돌보는 지역사회의 역량강화와 관련된다. 잘못된 것을 바로잡고, 보상하는 것에 초점을 맞춘 접근법은 가해자의 책임성을 명확히 하고, 범죄의 피해자가 된 사람들을 지원한다. 피해자-가해자 중재 프로그램에 참여한 피해자들에 대한 최근 연구는 피해자가 자신의 피해 경험의 의미를 가해자와 공유하고, 가해자의 진실한 사과를 받는 것은 역량강화 지향 결과를 만드는 중요한 요소라고 설명한다(Choi, Green, & Kapp, 2010). 법원 종사자들은 중재를 청소년 범죄자를 위한 "재범방지" 전략이나 유죄 인정 이후 선고의 일부로 포함되거나 보호관찰 또는 가석방의 조건으로 추천한다.

피해자 증인 프로그램

검찰(the office of the prosecuting attorney)에 기반한 피해자 증인 프로그램은 범죄자 기소를 지원하고, 범죄 증인과 범죄 피해자들을 원조한다. 피해자 증인 프로그램에 고용된 사회복지사들은 재판과정을 통해 증인들을 지원하고, 법원 관계자들을 대상으로 피해자화의 역동에 대해 교육한다. 아동과 청소년을 위한 피해자 서비스 프로그램은 점차 증가하고 있다. 아동 옹호자들은 아동들이 재판과정에 익숙해지도록 돕고, 이들을 법원까지 동반하며, 상담 및 재판과 관련된 문제들을 지원하고, 아동과 가족들을 적절한 사회서비스로 연결한다.

법의학 사회복지

형사사법체계나 다른 실천현장에서 일하는 사회복지사는 사법체계의 부름을 받아, 법정 증언을 해야 할 수도 있다. 사법체계와 상호작용하기 위해 준비하는 사회복지사는 법원 절차의 기반과 다양한 법원 관계자들의 역할, 증거능력의 규정과 클라이언트와의 관계 및 의무와 관련된 법적 요구사항들을 이해해야 한다(Barker & Branson, 2000; Munson, 2007; Rome, 2013).

법원 증인으로서 법의학 사회복지사는 자신의 개인적 지식을 기반으로 정확한 정보를 제공해야 한다. 효과적인 증언은 사실을 명확하게 보여주고, 전문 용어의 사용을 지양한다. 정확한 기록은 중요하고, 때로는 증거로 채택된다. 예를 들면, 아동 보호 사건은 소년법원과 가정법원을 통해 열린다. 아동복지 사회복지사는 학대, 방임, 친권 포기, 영구계획과 관련된 문제에 대해 증언한다. 법원 출석을 준비하기 위해 사회복지사는 사례 활동에 대한 문서, 사건 기록들, 사정평가 자료들을 모으고,

전문가 증인으로서 신뢰성을 위해 전문 경력에 대한 자신의 이력서도 준비한다.

법의학 사회복지사는 사법체계와의 활동을 전문으로 한다. 구체적으로 이들의 활동은 "법원에서 전문적 증언을 제공하고, 가능성 있는 범죄 행위의 사례들을 조사하며, 자녀 양육 분쟁, 이혼, 부양의무 불이행, 비행, 배우자 또는 아동학대, 정신병원 수용, 친척의 책임과 같은 문제와 관련해서 사법체계를 지원하는 것"이다(Barker & Branson, 2000, p.1).

소년법원 서비스

법적 문제에 직면한 아동들은 자신의 문제를 해결하기 위해 성인들의 범죄 재판과정과 다른 장소가 요구된다는 전제를 기반으로 소년법원은 덜 형식적인 심리를 개최하고, 과정에 대한 비밀보장을 유지하며, 청소년의 기록을 밀봉하고, 범죄의 특성보다 청소년들의 욕구에 기반한 배치를 하는 특징을 가진다. 초기의 초점은 재활과 개별화된 정의에 있었다(Snyder & Sickmund, 2006). 지난 세기 동안 초점은 재활에서 법질서와 처벌로 변경되었지만, 그럼에도 불구하고 소년법원 서비스는 청소년의 정의에 대한 문제를 해결하는 데 있어서 중요한 역할을 담당한다. 소년법원 서비스의 목적은 다음과 같다.

- 효과적인 비행 예방 전략과 상습범행을 줄이기 위한 효과적이고 덜 침해적인 대응들을 지원하고 실행함으로써 지역사회의 안전을 증가시키는 것
- 소년 범죄자들이 배상과 지역사회 서비스 요구사항을 완수하도록 강제함으로써 그들의 피해자와 지역사회에 책임을 지도록 하는 것

- 소년비행법원 소관 안에서 청소년들의 책임감 있는 생활기술들을 향상시킴으로써 능력있고 생산적인 시민으로 성장시키는 것(NCJFCJ, 2005, p.22)

소년법원에 고용된 사회복지사들은 사정평가를 수행하고, 법원 심리에 참석하며, 증언하고, 사건을 감독하며, 통계 자료를 유지하고 분석하는 등 여러 가지 역할을 수행한다. 또한 사회복지사는 청소년과 그들 가족을 지역사회 프로그램에 연결하고, 사건 계획을 따라가도록 서비스를 조정하고, 법원 종사자들의 성과를 감독하고 기록한다. 때로는 이들의 책임은 재범방지 프로그램에 참여하도록 명령받았거나 소년원에 보낼 때까지 구류된 청소년들을 위한 슈퍼비전을 제공하는 업무까지 포괄한다. 소년법원제도 안에 있는 청소년들의 가정폭력과 학대 기록, 특수교육에 대한 욕구, 정신질환, 물질 남용의 높은 위험성을 고려할 때 사회복지사들은 다학제적인 소년법원팀의 구성원으로서 중요한 역할을 수행한다(Rapp—Paglicii, 2007).

보호관찰과 가석방

보호관찰은 수감을 미루는 하나의 선고 대안이다. 보호관찰은 슈퍼비전하에 개인이 적절한 행동을 보여야 하는 기간을 명시한다. 판사는 법원이 지명한 보호관찰 담당자를 주기적으로 방문하는 것을 포함하여 보호관찰 조건을 완수한다는 조건으로 구금을 연기해준다. 보호관찰은 1800년 중반 존 어거스터스와 다른 사회 개혁가 및 자선가들의 선구적인 노력을 통해 보스턴에서 시작되었다. 단순절도범과 술 취한 사람들을 재활하던 자발적 보호관찰 프로그램은 1878년 보호관찰 프로그램을 계획하고 보호관찰관을 고용하는 권한을 보스턴 시장에게 부여하는 법률로 대체되었다(Champion, 2005).

가석방은 수감자가 자신의 형기를 다 채우기 전에 조기에 감옥에서 석방되는 것을 허락하는 프로그램이다. 판사는 바른 행동과 재활의 증거에 기반하여 가석방을 결정한다. 법원 직원은 가석방자가 가석방 동의의 규정들을 따르고 있는지 확인하기 위해 이들을 감독한다.

보호관찰 대상자와 가석방자를 감독하는 법원 직원은 보통 사회복지사이다. 현재 청소년이나 성인과 일하는 보호관찰관은 공식적인 의사결정을 지원하기 위해 사회기록 정보를 준비한다. 이들은 또한 보호관찰 중인 대상자들에게 슈퍼비전과 개별사회사업 서비스를 제공한다.

보호관찰과 가석방 담당자는 법 집행과 개별사회사업 서비스 제공의 이중 기능을 잘 수행해야 한다. 이들은 서비스 제공을 통해 수감자들을 재사회화하는 사회통제의 대리자 역할을 수행한다. 보호관찰과 가석방 업무를 담당하는 사회복지사는 해결책을 촉진하고, 클라이언트를 적절한 지역사회 자원과 연결하며, 이들에게 법을 준수하는 지역사회 적응을 위해 수용되는 행위들을 교육한다. 법원 직원의 업무는 엄격하게 법원이 지정한 시간대 안에서 일을 하고, 법률 서류를 준비하고, 팀워크 기술을 향상시키고, 종종 법원 서비스 체계 내의 다양한 부분들과 조화를 이루어야 한다.

교정시설에서의 사회복지

교정시설에 고용된 사회복지사는 수감자들에게 직접적 서비스를 제공하고, 지역사회 자원 연결자로서 활동한다. 교정시설 안에서 사회복지 서비스는 정신건강, 물질 남용, 교육, 직업 재활의 영역에서 활용될 수 있다. 사례 조정 기술은 여러 가지 서비스를 요구하는 다층적인 문제의 특성 때문에 매우 중요하다. 사회복지사는 수감자들이 행동 수정을 하고, 폭력, 성폭력, 심리적 피해자화, 갈취 행위, 약물 매매, 인종 간 다툼과 같은 감옥의 문제들에 대처하여 수감생활에 적응할 수 있도록 이들과 개별적 또는 소규모 집단으로 일을 한다. 사회복지사는 또한 수감자들과 가족들이 필요로 하는 서비스를 위해 지역사회 프로그램과 네트워크를 형성한다.

수감자 가족과의 사회복지

사회복지사는 아동을 포함하여 가족 구성원으로서 수감자의 가족들이 구금의 결과에 대처하도록 원조할 수 있다. 미국 내 약 500만 명 또는 7%의 아동들이 부모의 교도소 수감을 경험한다(Murphey & Cooper, 2015). 흑인이거나 빈곤한 아동 또는 시골 지역에 사는 아동들의 경우 비율은 더 높아진다. 체포와 기소인부절차 시점에서 통지가 지연되거나 방문이 제한되고, 과정이 명확하지 않을 때 가족은 위기를 경험한다. 선고 기간 동안에는 가족들은 투옥이 임박한 현실과 직면하고, 부모나 다른 가족 구성원의 부재에 대비하는 계획을 세워야 한다. 수감 기간 동안에는 가족은 각 구성원들의 역할을 재설정하고, 동시에 감옥 체계와 씨름해야 한다. 가족 구성원의 석방은 이전에 재소자였던 구성원이 가족의 일상생활로 재진입하는 것에 대처하면서 4번째 위기가 촉발된다. 사회복지사는 지역사회로의 재통합을 촉진하기 위해 유용한 정보를 제공하면서 도움을 준다.

여성 수감자

여성 수감자들은 독특한 문제들과 직면한다. 많은 경우 고용 기술이 부족하고; 정신질환이나 물질 남용의 문제뿐만 아니라 성적, 신체적 피해 경험이 있으며; AIDS, 성병, 임신과 같은 복잡한 건강 문제를 가지고 있다. 또한 많은 여성 수감자들은 자신의 자녀에 대한 양육권과 분리되거나 상실되고, 물질 남용, 경제적 주변화, 노숙의 문제들을 직면하고 있다. 이러한 문제들 중 부모-자녀 분리와 부모가 감옥에 있는 것에 대한 낙인, 전화 연락과 방문을 추진하는 것의 어려움, 석방 후 부모 역할을 재시작하는 문제 등에 부딪쳐야 한다(Laakso & Nygaard, 2012; Mignon & Ransford, 2012). 아프리카계 미국인 여성 수감자들은 인종, 계급, 젠더와 관련된 문제들의 교차점에서 3배의 위험을 직면한다(Bloom, Owen, & Covington, 2003).

BOX 11.3 🐾

다양성과 인권에 대한 성찰

증오 범죄: 인권의 문제

특권과 차별에 뿌리를 둔 증오 범죄는 특정 인구집단의 구성원으로 확인되는 사람들을 대상으로 한다. 가해자는 표적이 된 피해자가 연방으로부터 보호받는 권리를 행사하지 못하게 하려는 의도를 가지고 있기 때문에 증오 범죄는 시민권과 인권을 침해한다. FBI는 증오 범죄를 "가해자의 인종, 종교, 장애, 성적 지향성, 민족, 젠더 또는 젠더 정체성에 대한 편견이 완전 또는 부분적으로 동기부여가 되어 사람이나 소유물을 향해 가하는 범죄적 공격"으로 규정한다. 1990년에 제정되고 그 뒤에 개정된 증오 범죄 통계법은 법무부가 지역 법 집행 기관으로부터 "인종, 젠더, 젠더 정체성, 종교, 성적 지향 또는 민족에 기반한 편견을 나타내는" 범죄에 대한 자료를 수집하도록 규정하였다. 주정부 법이 보호 자격과 증오 범죄를 규정하는 방식은 주마다 다르다.

FBI(2016b)에 의하면, 2015년에 5,818개의 한 가지 편견에 의한 사건을 보고 받았다. 이 중 59.2%는 인종, 민족, 조상과 관련된 편견에 의한 사건이었고; 19.7%는 종교적 편견; 17.7%는 성적 지향에 대한 편견; 1.7%는 장애에 대한 편견이 원인이 되는 사건이었다. 증오 범죄의 표적이 되는 사람들 중 67%는 사람에 대한 폭력 행위로 피해를 입었다.

증오 범죄의 영향은 광범위하다. 증오 범죄에 의해 피해를 받은 사람들은 억압, 주변화, 두려움 등의 심리적 결과들로 고통을 받고, 이러한 증오 범죄의 대상이 되는 집단의 구성원들도 고통을 받는다. 증오 범죄의 결과를 탐색하는 연구는 이러한 폭력의 피해자들이 학대나 강간의 피해자들처럼 무력감을 느끼고, 다른 사람들과 단절되고, 타인을 더 많이 의심하게 된다고 설명한다(Dragowski, Halkitis, Gross-man, & D'Augelli, 2011; Fox & Asquith, 2015; Perry, 2009; Perry & Alvi, 2012; Sullaway, 2004). 말 그대로 증오 범죄는 심각한 인권 침해를 보여준다. 증오 범죄 폭력의 예로 소수 민족들이 운영하는 사업체에 적대감을 보이는 행동, 교회 방화, 집에 불을 지르는 것, 인종적 프로파일링, 대면상 또는 사이버상의 괴롭힘, 공격, 미시공격성, 학교 총기 난사 등이 있다.

사회복지사는 피해자가 된 사람들뿐만 아니라 증오 범죄를 저지른 사람들과의 원조활동; 다양성을 수용하고, 증오 범죄를 예방하기 위해 조직, 학교, 지역사회와 협력하고; 미시공격성의 사건들을 마주하고; 회복적 사법 프로그램을 지지하고; 증오 범죄에 맞서는 시민들을 보호하는 사회정책을 촉진하는 등 여러 가지 방법으로 증오 범죄에 대응할 수 있다(Browne, Bakshi, & Lim, 2011; Chakraborti, 2015; Dupper, Forrest-Bank, & Lowry-Carusillo, 2015; Gavrielides, 2012; Humphreys & Lane, 2013; Levin & Nolan, 2011; Walters, 2014).

복습과 예습

역사적으로 사회복지 전문직은 사회정의, 인권, 박탈된 인구집단의 웰빙에 대한 관심을 가지고 있었다. 이 장에서는 사회복지사들의 관심이 되는 공공 영역에서의 현재 이슈와 프로그램들을 탐색하였다.

- 빈곤 해결
- 노숙에 대한 지원
- 실직의 결과에 대처하는 것
- 형사사법제도 영역에서의 실천

빈곤, 노숙, 실업, 형사사법과 관련된 사회복지의 모든 영역들은 사회정의와 인권과 관련해서 여러 가지 질문을 던질 수 있는 공공 영역 서비스를 보여준다.

누군가는 사회복지사들이 공적 서비스를 전달하는 데 통합적으로 관여되어 있다고 생각할 수 있다. 그러나 전문직으로 발전하던 시기에 사회복지는 공공복지를 제공하는 데 있어서 직접적으로 활동하지 않았다. 정체성과 전문직으로서의 상승된 지위에 대한 열망으로 사회복지사는 존경받는 것을 추구하고, 이에 따라 존경할 만한 클라이언트 무리를 찾았다. 일반 대중들은 공공서비스와 주변화된 클라이언트에 대해 존경심을 잘 보이지 않기 때문에, 전문적으로 교육받은 사회복지사들은 공공서비스를 그들의 영역으로 생각하지 않았다. 흥미롭게도, 공공서비스 제공으로부터 벗어나기 위한 전문직의 노력에도 불구하고, 이 분야의 대부분의 휴먼서비스 종사자들은 그들의 교육적 배경과 상관없이 "사회복지사"로 언급된다. 알트만과 골드버그(2008)는 빈곤의 복잡성을 해소하고, 빈곤층에게 좀 더 효과적인 서비스를 제공하기 위해 공적부조 기관의 노동인력의 전문화를 주장한다. 그럼에도 불구하고, 전문직 사회복지사는 정책입안 수준에서 공공복지 영역에 통합적으로 관여해 왔다. 가난하고 집이 없거나 실직된, 범죄를 가진 사람들의 삶에 영향을 미치는 사회문제를 제거하기 위한 고무적인 노력들은 사회복지정책의 개발과 실행을 통해 사회복지사들이 만든 것이었다.

전문직의 사회기능과 사회정의 권한을 달성하기 위해 사회복지사들은 공적 서비스에서 서비스 전달의 전문적 "소유권(ownership)"을 확인해야 한다. 전문적 사회복지사들에게 있어서 현대적 도전은 정책 수준과 직접적 실천 수준 모두에서 관계를 연결하는 것이다. 사회복지사가 공공 영역을 무시하고, 가난하고 주변화된 사람들과 파트너십을 형성하는 비전문적인 사회복지 권한을 거부하던 시기는 지났다. 만약 사회복지사가 사회복지에서 변화를 만든다면 그들은 공공서비스에서 반드시 일을 해야 한다.

생각해보기

❶ 사정: 빈곤은 개인과 사회적 웰빙에 치명적인 영향을 미친다. 다양한 생애주기 단계에 있는 사람들에게 미치는 빈곤의 잠재적인 단기 및 장기적 생물심리사회적 영향들은 무엇인가?

❷ 인권과 정의: 노숙인들은 다양한 사회, 경제, 환경적 요소들과 연결되어 있다. 노숙의 근원적인 원인과 관련된 사회, 경제, 환경적 정의

에 대한 문제는 무엇인가?

❸ 정책 실천: 높은 실업은 개인, 가족, 지역사회에 심각한 결과를 가져
온다. 실업 문제를 해결하기 위한 포괄적인 경제 정책 안에 실업 보
상 급여 외에 포함되어야 할 다른 정책들은 무엇이 있는가?

❹ 개입: 형사사법제도 안에서 사회복지사는 철학적으로 그들의 동료들
과 다르지만 사회복지사는 이러한 영역 안의 클라이언트에게 보완적
인 서비스들을 제공한다. 사회복지사들은 형사사법제도의 맥락에서
활동할 때 어떠한 독특한 도전들에 직면하는가?

제12장

건강, 재활, 정신건강에서의 사회복지

★ ★ ★ ★ ★

- 공중보건, 1차 보건의료, 병원 기반 서비스, 장기요양, 유전학, 만성질환과 AIDS 분야를 포함한 보건의료 서비스에서 사회복지의 역할을 설명한다.
- 장애인을 대상으로 하는 영역에서 사회복지의 역할을 설명한다.
- 정신건강과 관련된 정신건강 서비스 분야에서 사회복지의 역할을 설명한다.
- 물질 사용 장애와 관련된 정신건강 서비스 분야에서 사회복지의 역할을 탐색한다.

- 보건의료체계에서의 사회복지
  - 공중보건에서의 사회복지
  - 1차 보건의료에서의 사회복지
  - 병원 기반 서비스
  - 장기요양서비스 및 지원에서의 사회복지
  - 사회복지와 유전학
- 사회복지와 HIV/AIDS
  - 유병률
  - HIV/AIDS 환자가 직면한 문제
  - 프로그램과 서비스의 연속체
- 사회복지와 장애
  - 장애의 정의
  - 장애 관련 연방법
  - 낙인과 장애의 사회적 모델
  - 관계 강화
  - 사회복지, 사회서비스와 장애
  - 소비자의 목소리와 선택권 촉진
  - 장애인의 권리 옹호
- 사회복지와 행동 건강: 정신건강
  - 행동 건강 문제의 정의
  - 이론적 관점
  - 서비스 전달체계
  - 정신건강 서비스에서의 사회복지

- 사회복지와 행동 건강: 물질 사용 장애
  - 물질 사용 장애의 정의
  - 뇌질환으로서의 물질 사용 장애
  - 물질 사용 장애의 결과
  - 사회복지와 물질 사용 장애 치료
  - 증거 기반 치료와 회복 프로그램
  - 치료 명령
  - 물질 사용 예방 프로그램

복습과 예습

생각해보기

인류 안녕의 초석인 건강은 삶의 질을 뒷받침한다. 광범위하게 정의되는 건강 문제는 질병, 장애, 사망 또는 기능 저하를 초래하는 조건 또는 상황을 말한다. 건강 유지, 질병으로부터 회복, 장애 극복, 행동 건강 문제 모두는 신체적, 사회적 환경의 자원에 접근할 수 있는 사람들의 능력에 좌우된다. 보건의료에 대한 사회복지실천의 중요성을 강조하면서, 이 장에서는 다음 영역에서의 사회복지의 역할을 탐색한다.

- 공중보건, 1차 보건의료, 병원 기반 서비스, 장기요양, 유전학, 만성질환 및 AIDS 분야를 포함한 보건 서비스
- 장애인과의 협력
- 정신건강과 관련된 정신건강 서비스
- 물질 사용 장애와 관련된 정신건강 서비스

인류 안녕의 기초로서 건강은 안녕을 지원하는 보건의료와 사회적 자원에 대한 접근에 좌우되는 인권이다(Androff, 2016). 접근하기 어렵거나 부적절한 보건의료는 인권 침해이며 개인과 공공의 건강을 해친다. 인종과 소수 민족, 장애인, 만성질환이나 심각한 정신장애를 가진 사람, 농촌 지역 주민들처럼 의료 자원 접근이 어렵거나 이용할 수 없거나 비용을 감당할 수 없을 때 불균형은 발생한다(Barr, 2014; Keefe, 2010; Moniz, 2010; Wisdom et al., 2010).

보건의료체계에서의 사회복지

보건의료체계는 모든 연령과 상황에 맞는 진단, 치료, 재활, 건강 유지와 예방 활동을 구성하는 복합적이고 포괄적인 학제 간 서비스 네트워크이다. 사회복지에 특별히 관심을 갖는 사람들은 건강, 질병 및 장애의 문제에 직면할 때 추가적인 사회적 지원을 원하는 쇠약한 노인, 임산부, 신체 또는 정신장애자, 만성질환자, 빈민, 노숙자 또는 의료보험에 가입하지 않은 사람들이다. 사회복지사는 공공 보건, 병원, 의원, 종합 건강 관리 기관(HMO), 가정건강 관리기관, 장기요양, 정신건강의학과, 재활서비스를 포함한 다양한 보건의료체계에 종사하고 있다. NASW (2014a)는 "모든 사람을 위한 신체적, 정신적 건강 서비스의 전체 연속체에 대한 보편적 접근권을 보장하는 국가 보건의료 정책"을 지지한다 (p.149).

응급실, 종양학, 소아과, 1차 보건의료, 공중보건, 행동 건강, 행동 보건, 가정건강 관리와 호스피스를 포함한 사실상 모든 보건의료체계의 전문 분야에서 사회복지사를 고용한다. 노동통계국(Bureau of Labor Statistics)은 2014년 미국의 전체 사회복지사 중 43%가 정신건강, 물질 남용, 의료와 공중보건 서비스에 종사하는 것으로 추정하였다(BLS, 2015b). 또한 2014년부터 2024년까지 정신건강 및 물질 남용뿐만 아니라 건강 및 공중보건의 고용이 9% 증가할 것으로 예상하였다. 이 절에서는 사회복지 서비스를 활용하는 보건의료체계의 다양한 측면뿐만 아니라 보건의료체계를 고려하여 보건의료에서 사회복지의 역할을 탐색한다.

공중보건에서의 사회복지

사회복지실천의 확장된 분야인 공중보건은 건강 관리에 대한 역학적인 접근, 건강한 생활방식의 촉진, 신체적 질병, 정신건강 장애와 기타 건강 문제를 예방하는 것과 관련이 있다(Ruth, Sisco, & Marshall, 2016; Sable, Schild, & Hipp, 2012). 사회복지사는 학제 간 동료들과 협력하여 건강 문제에 기여하거나 보건의료 서비스 이용에 영향을 미치는 사회적, 심리적, 환경적 요인을 파악하고 수정한다. "공중보건 사회복지실천은 대상 집단의 건강 상태와 사회적 기능에 영향을 미치는 사회적 문제를 확인하고 해결하기 위해 연구 기반 역학적 접근을 사용한다"(Social Work Policy Institute[SWPI], 2007). 사회적 영향과 관련된 현재의 건강 문제는 빈곤, 10대 임신, 정신질환, 인신매매, 폭력, 환경 오염, 건강 격차, 고령화, 성 건강, 재난 대응과 대비이다.

공중보건 영역에는 모자 보건 클리닉, 보건 계획 기관, 국립 보건원, 그리고 국제 수준에서 세계보건기구(WHO)가 포함된다. 공중보건에서 사회복지의 정확한 성격은 기관의 사명과 지역 보건 욕구의 압박 수준에 따라 다르다. 그러나, 1차 예방이 대개 우선이 된다. 공중보건 사회복지사가 참여할 수 있는 활동은 다음과 같다.

- 개인, 가족 및 소집단에 대한 직접 개입
- 공중보건 문제를 해결하기 위한 지역사회 기반 노력 조직
- 건강과 질병의 사회적 맥락 평가
- 사회적 지원의 공식 및 비공식 인프라 강화
- 지역사회 교육 프로그램과 기타 1차 예방 전략의 계획 및 실행
- 건강 문제, 특히 건강 상태를 손상시키는 보건의료 및 경제적 조건에 대한 접근의 격차를 다루는 사회정책 옹호

- 공중보건 분야의 역학 연구 수행
- 건강 격차 완화

CSWE(2017)에 따르면 24개 이상의 사회복지학교들이 사회복지와 공중보건 의료 분야의 공동 석사학위 프로그램을 제공하고 있다고 한다.

사회복지 사례

공중보건 현장에서 활동하는 사회복지사들은 다양한 서비스를 제공한다. 예를 들어, 자치주 보건국의 사회복지사인 팸 큐리어와 제레미 파워스의 직무 설명을 고찰해 보자. 팸은 주로 개인과 가족에게 직접 서비스를 제공하는 반면, 제레미는 건강플래너(health planner)로서 간접 서비스를 제공한다. 팸은 산모와 아동 건강, 가족 계획, 그리고 발달 장애에 대한 조기 검진을 위한 아웃리치 서비스를 제공한다. 그녀는 또한 기관이 개인과 가족에게 제공하는 가정 건강 관리를 조정한다. 팸은 정기적으로 건강 교육 프로그램과 활동을 제공한다. 그녀는 클라이언트와 의료 서비스 이용에 영향을 미치는 심리사회 및 지역사회 요인에 대한 중요한 컨설팅을 제공하는 사람이다.

제레미는 지역사회 보건 프로젝트와 관련된 옹호 및 계획 활동에 참여하고 있다. 자치주 보건 위원회에서 제레미의 책임은 지역사회에서 사회적 측면과 건강에서의 욕구 평가 수행, 새로운 프로그램에 대한 정책과 절차 개발, 지역사회 의료 전달체계에 대한 연구와 평가 참여가 포함된다. 제레미는 자치구 보건 위원회와 기타 보건의료 서비스 제공기관들을 위한 훈련과 직무 개발 활동을 조직하는 선임 사회복지사이다.

1차 보건의료에서의 사회복지

사회복지사들은 선납된 가족 건강 관리 옵션, 지역사회와 근린 보건소, 클리닉, 의료기관, HMO1와 같은 다양한 1차 보건의료기관에서 일한다. 환자보호 및 부담적정보험법(Patient Protection and Affordable Care Act)이 통과되기 전에 사회복지사의 1차 보건의료 서비스 참여는 다소 제한적이었으나, 이 법률은 사회복지사를 1차 의료팀 구성원으로 인정하고 1차 진료 계획에서의 역할 확대를 지원한다(Ashery, 2014; Golden, 2011).

사람들의 다양한 특성을 대표할 수 있는 1차 보건의료 현장의 의료에 접근하는 사람들은 빈민과 부자, 젊은이와 노인, LGBT와 시스젠더, 건강 상태가 좋거나 또는 급성이나 만성질환 치료를 받는 사람들이다. 그들의 건강 상태는 몇 가지 예를 들어 보면 친밀한 파트너의 폭력, 정신건강과 물질 사용 장애, 가족 갈등, 아동 관리 문제, 삶의 전환, 스트레스, 빈곤, 식량 불안 또는 지역사회의 폭력과 같은 개인적이고 사회적인 문제로 인해 복잡해질 수 있다. 많은 사람들은 정신건강센터나 심지어 가족 서비스 기관보다 1차 건강 관련 현장에서 이러한 문제를 해결하기 위해 상담과 정신건강 서비스에 접근하는 것이 낙인이 덜하다고 생각한다.

1차 보건의료의 사회복지 서비스는 개인 상담과 집단사회사업, 건강 위험, 우울증 또는 물질 사용 장애 검사, 선도적인 웰니스 시책과 지역사회 교육, 치료 권장 사항 준수를 위한 의료 조정 촉진을 포함하여 다양하다(Allen, 2012; Ashery, 2014). 행동 건강 전문가로서 사회복지사는 신체 건강과 안녕을 개선하기 위한 행동 변화를 지원하기 위해 환자와 상

---

1 역자 주: HMO는 미국의 건강보험의 한 형태로 상대적으로 저렴한 가격을 부담하는 대신 제한적인 의료 서비스 이용이 가능하다.

담한다(Mann et al., 2016). 또한 사회복지사는 환자들과 협력하여 전반적인 건강 상태에 영향을 미치는 비의료적 욕구를 해결함으로써 환자의 건강에 기여한다(Rowe, Rizzo, Vail, Kang, & Golden, 2017).

연구 결과의 증거들은 의료사회복지의 효과를 보여준다. 예를 들어, 사회복지 보호조정 성과를 평가하기 위한 소규모 무작위 대조군 연구는 중위험 및 고위험 노인 환자들의 병원 재입원율 감소에 대한 후속 가정 방문과 전화 상담의 효과를 입증했다(Bronstein, Gould, Berkowitz, James, & Marks, 2015). 또한 연구 결과는 사회복지 서비스가 환자와 가족의 의료 비용을 줄이고 삶의 질을 향상시키는 데 효과적이라는 것을 보여준다(Boult, Rassen, Rassen, Moore, & Robison, 2000; Diwan, Balaswamy, & Lee, 2012; Hughes et al., 2000; Rose, Hatzenbuehler, Gilbert, Bouchard, & McGill, 2016; Sommez, Marton, Barbaccia, & Randolph, 2000).

BOX 12.1

역량강화와 사회정의에 대한 성찰

공중보건 계획을 통한 지역사회 역량강화

모든 시민들의 건강 상태와 건강한 생활양식에 대한 관심은 공중보건 분야의 영역이다. 또한 공중보건 실천에는 몇 가지 예를 들어보면 전염병 통제, 물질 남용과 성행위와 관련된 위험 행동, 유아 사망률과 환경의 질과 관련된 지역사회 기반 전략이 포함된다. 공공 보건 분야의 정책 실천 계획은 모든 지역사회 구성원들이 예방 프로그램과 개입 서비스의 혜택을 누릴 수 있도록 보장한다.

진행 중인 Health People 2020 계획은 건강 증진, 질병 예방 및 건강 격차 해소에 초점을 맞춘 연방, 주 및 지역사회 협력 프로젝트이다(Office of Disease Prevention and Health Promotion[ODPHP], 2010). 지난 10

년간의 결과를 바탕으로 연방 공중보건 서비스는 미국의 의료 문제를 해결하기 위해 42개 중점 분야에서 1,200개의 국가적 차원의 목표를 개발했다. 국가보건서비스는 질병통제센터(Centers for Disease Control)와 협력하여 전국 목표의 진행 상황을 추적하기 위한 쌍방향 데이터베이스를 구축하였다. 전략적인 관리 도구로서, Healthy People 2020은 주, 지역사회, 공공 및 민간 부문 협력자들이 지역 의료 문제를 파악하기 위해 노력할 것을 기대한다. Healthy People 2020의 가장 중요한 목표는 다음과 같다.

• 예방 가능한 질병, 장애, 부상 및 조기 사망이 없는 높은 수준의 장수 달성
• 건강 형평성 달성, 불균형 제거와 모든 집단의 건강 개선
• 모두의 건강을 증진시키는 사회적, 물리적 환경 조성
• 모든 생애 단계에서 삶의 질, 건강한 발달, 건강한 행동 촉진(ODPHP, 2010, p.3)

현재 계획은 개인 수준의 건강 결정 요인에 중점을 둔 것에서 건강의 사회적 결정 요인에 초점을 맞춘 것으로 확대되어 건강 격차를 줄이고 일반 인구의 전반적인 건강을 개선하고자 한다.

국가 표준과 해당 주의 목표에 따라 지역사회는 그들의 상황에 맞는 목표를 설정하는 데 참여한다. 대부분의 경우 지역사회 공공 보건 기관이나 자치주보건위원회가 지역계획을 지원한다. 지역사회는 지리적, 문화적, 사회적 요소를 고려하여 지역사회의 주요 특성을 파악하고, 건강 욕구 사정을 실시하며, 건강 목표의 우선순위를 정하고, 건강 행동 계획을 구현하고 평가하기 위해 대표 선거구를 참여시킨다.

지역사회는 구성원들에게 혜택을 제공하기 위해 변화를 위한 전략을 개발한다. 그리고 지역사회 구성원의 건강과 안녕을 증진시키기 위한 노력의 결과는 지역사회 전체의 역량을 강화하고 있다. 새로운 건강 관련 문제를 해결하고 불리한 조건에 대응하는 양질의 공중보건 서비스는 지역사회의 역량에 대한 척도이다. Healthy People 2020 계획은 국가의 건강 증진과 질병 예방 의제를 대표한다. Healthy People 2020을 시작하기 위한 계획이 진행 중이다.

사회복지 사례

지역 건강 센터의 1차 보건의료 사회복지사인 레아 넬슨은 개별 환자와 상담하고 환자 교육 계획을 감독한다. 그녀는 환자 개개인에게 의사의 약물 복용 지침을 따르는 방법을 이해하는 데 도움이 되는 치료 관리 서비스를 제공하고, 환자의 의료 상태에 대한 인쇄된 정보를 제공하며, 지역사회 기반 사회복지 서비스 및 지원 집단에 대한 추천을 추진하고, 의료 제공자와 함께 우려사항과 질문을 구성하는 방법을 지도하고, 공공 자금 지원 의료 서비스에 대한 자격 요건에 대해 논의하고, 보건 센터의 예방 프로그램에 대해 교육한다. 이 센터의 건강 증진과 문해력 프로그램 책임자인 레아는 영양, 통증관리, 건강저널링, 기초의학 어휘 이해, 휴식과 바이오피드백 기법, 금연, 성별과 연령별 의료 문제, 식이요법과 운동과 같은 전문가들이 진행하는 세미나를 주선하는 역할을 맡고 있다.

병원 기반 서비스

병원 기반 사회복지는 20세기 초 매사추세츠 주 종합병원에서 아이다 캐논의 활동으로 시작되었다. 사회복지 서비스 책임자로서의 경험을 바탕으로 그녀는 의학적 조건의 사회적 차원과 신체적 차원 간의 상호관계를 다루는 의료사회복지 원칙을 개발했다. 캐논의 경우 의료사회복지는 환자의 의학적 진단, 환자의 사회적 상황과 사회학의 원칙에 대한 정보를 바탕으로 질병 합병증을 치료했다(Gehlert, 2012; Lieberman, 1986).

급성 치료 병원 사회복지 업무의 성격은 비용 절감에 대한 관리 의료의 압력과 입원 환자 치료를 위한 입원 환자 수와 입원 기간이 크게 감소함에 따라 변화했다(Beder, 2006). 병원 기반 사회복지사들은 이러한 정책과 조직의 변화를 고려하여 환자와 가족의 심리적 욕구를 충족시키는 데 있어 빠르게 변화하는 역할을 재정의하고 있다. 서비스는 여전히 입원부터 진단, 치료, 퇴원에 이르는 일련의 활동을 포함한다. 예를 들어, 병원사회복지사는 환자와 가족의 심리적 요구에 초점을 맞춘 평가와 치료 계획을 준비하고, 환자와 가족의 사회복지 서비스 욕구를 충족하기 위해 다른 의료기관과 협력하며, 입원과 퇴원 계획에 참여하고, 가정 내 서비스 및 요양원 간호를 주선하고, 사전의료의향서, 연명치료 거부 의사서, 의료 위임장에 대해 교육하고, 다른 지역사회 자원 및 지원을 의뢰하며, 병원 기반 다학제 팀과 윤리위원회에서 봉사하고, 건강 관련 지역사회 기반 연합에서 봉사하며, 프로그램 결과평가와 기타 연구 계획을 수행하고, 위기 개입 및 지원 상담을 제공하며, 보험회사들에게 조언을 제공하고, 클라이언트가 보조 의료 및 처방에 대한 자격을 입증할 수 있도록 돕는다.

소규모 병원들은 종종 한 명의 사회복지사를 고용하여 사회서비스의 모든 측면을 담당하게 한다. 대형 병원은 일반적으로 소아과, 외상 센터, 정형외과 재활, 신장 투석, 신생아 집중 치료, 종양학, 여성 건강, 응급실 서비스 등의 분야를 전문으로 담당하는 여러 명의 사회복지사를 고용한다. 병원 기반 현장에서 사회복지의 예로서 종양학과 응급실에서 일하는 두 가지 전문 분야를 참조하기 바란다.

사회복지와 종양학

암은 많은 사람들의 삶에 영향을 미친다. 어느 단계에서든 질병은 발달 과정을 방해할 수 있고, 암 진단을 받은 사람들과 그 가족들의 정상적인 일상기능에 문제를 가져온다. 예를 들어, 남성과 여성 모두 암에 걸릴 위험이 있지만, 현재 여성은 유방암에 대한 평생 위험률이 8명 중 1명이기 때문에 특히 유방암에 취약하다(National Cancer Institute[NCI], 2017). 유방절제술 또는 발병한 유방의 외과적 제거는 여성성과 자존감의 상실, 중요한 타인에게 미치는 영향, 성관계에 미치는 영향 등 수많은 심리적 영향을 미친다.

종양학을 전문으로 하는 사회복지사들은 질병 자체와 치료 과정, 진단받은 사람들뿐만 아니라 가족 및 주요한 관계를 맺는 사람들에게 미치는 심리사회적 영향, 암과 함께 사는 어려움을 포함해 암에 대해 잘 알고 있다(Fleishman & Messner, 2015).

종양학 사회복지는 "환자의 건강 관리 체계에 대한 최선의 활용, 대처 전략의 최적 개발과 최대 기능을 지원하기 위한 지역사회 자원 동원 촉진을 위해 고안된" 전문직이다(Association of Oncology Social Workers, 2001; Fobair, 2009, p.155 참조). 이러한 목표를 달성하기 위해 종양학 사회복지사들은 다음의 활동을 한다.

- 학제 간 의료팀의 일원으로서 환자 치료에 참여
- 환자와 그들이 사랑하는 사람들의 계속 진행되는 치료 욕구 사정
- 스스로 자신의 목소리를 내도록 환자들을 역량강화하는 방식으로 임상 개입 관여
- 일련의 치료 과정 전반에 걸쳐 심리사회적, 정서적 지원 촉진
- 예방 활동과 지역사회 교육 참여
- 지역사회 자원 접근 촉진
- 정당한 보건의료 정책과 실천 옹호

암에 대한 진단과 치료 방법의 발전과 함께 보건의료체계를 탐색하고 암 진단의 미묘한 차이와 불확실성을 다루는 것이 점점 더 복잡해졌다. 종양학 사회복지사는 암 진단을 받은 사람들에게 보건의료체계를 인간화하는 방식으로 치료를 제공하는 학제 간 보건의료팀에서 필수적인 역할을 한다. 그들은 고통의 수준을 평가하면서, 진단에서 치료, 암

생존자 및 임종 치료와 사별에 이르는 암 치료 연속체 전체에 걸쳐 암의 다양한 심리적, 사회적, 행동적, 영적, 정보적 차원에 대응하고 전체론적 접근 방식을 구현한다(Gardner & Werner-Lin, 2012; Watson, Dunn, & Holland, 2014; Zabora, 2015; Zebrack, Jones, & Smolinski, 2015).

응급실에서의 사회복지

많은 병원에서 사회복지사들은 응급실팀의 필수적인 부분을 구성한다. 응급실에서 치료를 받는 사람들은 일반적으로 위기 상태에 있다. 사회복지사는 위기 개입 기술을 사용함으로써 사람들이 자신의 개인적 자원과 사회적 환경의 자원을 활용할 수 있도록 도와준다.

응급 서비스가 필요한 사람들은 급성 질환이나 부상을 입었거나, 참을 수 없을 정도로 악화되는 만성질환들, 혹은 강간, 학대, 다른 범죄적 폭력이나 재해로 인한 외상을 경험한 사람들이다. 이러한 서비스를 이용할 가능성이 있는 다른 유형의 사람들은 자살을 시도했거나, 급성 또는 만성 정신질환을 경험했거나, 빈곤, 노숙, 물질 남용, 외로움의 영향을 받은 사람들이다. 개인 의사를 고용할 여유가 없거나 잦은 진료기록 사용을 수락할 의사를 찾을 수 없는 개인은 응급실에 의존하여 비응급 의료 문제를 해결해야 한다.

응급실에서의 사회복지 서비스는 여러 학제 간 팀원으로서의 기능, 환자와 그 가족에 대한 지원과 상담, 환자의 문제를 의료진에게 설명하거나 반대로 환자에게 의료 계획을 설명함으로써 의사소통을 촉진하는 활동이 포함된다. 응급실 사회복지사들은 종종 클라이언트가 교통 바우처, 음식, 의복, 처방전을 받는 것을 돕는 것과 같은 구체적인 지원을 제공한다. 또한 지역사회 기관으로의 의뢰를 신속하게 처리하고, 실행 가능한 절차와 정책을 옹호하며, 정확한 기록을 유지한다.

사회복지 사례 🧑‍🤝‍🧑

응급실 사회복지사 조 라모스가 자신의 직업에 대해 이야기할 때 보이는 열정은 전염성이 있다. 조는 다음과 같이 말했다. "이 일에서는 이틀이 같은 날은 없습니다. 빠른 속도를 따라가면 계속 바쁘지만, 그게 내가 좋아하는 것입니다! 예를 들어, 어제 나의 하루는 교통사고로 심각한 부상을 입은 10대의 친척들과 위기 개입 작업을 수행하고, 신체 조건이 점점 쇠약해지고 있지만 독립적으로 살기를 원하는 노인을 위해 지역사회 자원을 찾고, 노숙자로 판명된 부상당한 아이의 가족과 함께 일하면서, 배우자에게 폭행당한 여성을 돕는 것이었습니다. 그리고 그것은 모두 점심 전에 있었던 일이었습니다! 오후에 저는 아동학대 신고 절차에 대한 직무개발 워크숍을 이끌었고, 응급실에 있는 몇몇 가족과 함께 더 일했고, 서류를 작성했으며, 공중보건 문제로서 폭력에 대한 지역사회의 대응을 모으는 연합회에서 병원을 대표했습니다. 사실, 제가 이 일의 다양성보다 더 좋아하는 것은 일반주의 사회복지사로서의 제 능력을 활용하고 위기에 처한 사람들과 우리 지역사회의 전반적인 안녕에 크게 기여할 수 있는 기회를 준다는 것입니다."

장기요양서비스 및 지원에서의 사회복지

넓은 의미에서 장기요양서비스 및 지원(LTSS)은 장기간에 걸쳐 건강관리, 개인 간호와 사회복지 서비스를 제공한다. 이러한 서비스를 이용하는 사람들은 일상생활에서 어느 정도의 도움이 필요한 신체적 또는 인지적 제약을 경험한다.

나이에 관계 없이 경험할 수 있지만 이러한 제약을 가진 대부분의 사람들은 노인들이다. 인구 전망에 따르면 장애와 활동 제약에 가장 취약한 연령대인 85세 이상 인구는 2012년 추정 인구의 1.9%인 580만 명에서 2050년 인구의 4.5%인 1,790만 명으로 증가할 것으로 예상된다(Ortman,

Velkoff, & Hogan, 2014). 현재 인구통계학적 특성과 서비스 이용의 추세
가 지속된다면 장기요양서비스 영역의 사회복지사에 대한 수요는 94%
증가할 것이다(Spetz, Trupin, Bates, & Coffman, 2015).

지역사회거주관리청(Administration for Community Living: ACL), 노인 및
장애인 자원 센터(Aging and Disability Resource Center: ADRC) 프로그램을
포함한 연방 기관의 협력적 노력은 LTSS에 대한 정보 접근을 용이하게
하고, 노인, 모든 장애인, 참전용사, 가족 간병인(ACL)을 위한 프로그램
및 지원 서비스에 대한 접근을 간소화한다. 서비스 전달체계 네트워크
에 대한 통합된 단일 접근방법을 제공하는 ADRC 프로그램은 "적절한
장소에서 적절한 시간에 적절한 서비스를 제공" 받을 수 있도록 전국적
으로 운영된다(p.2).

장기요양에는 재가 건강 관리, 성인 주간보호시설, 요양원과 호스피
스 프로그램과 같은 일련의 서비스가 포함된다. 요양원 간호를 제외하
고, LTSS를 사용하는 대부분의 사람들은 자신의 집이나 지역사회 기반
환경에서 서비스를 받는다. 장기요양의 모든 측면에서 사회복지사는 프
로그램 계획, 개발, 평가와 규제뿐만 아니라 직접 서비스와 사례관리에
대한 책임을 지게 된다(Kane, 2013).

재가 건강 관리에서의 사회복지

재가 건강 관리의 목적은 만성적인 신체적, 사회적, 정서적 장애를
가진 사람들을 자신의 집에서 지원하는 것이다. 이들이 겪는 문제 중에
는 자기 관리, 가족 관계, 질병 적응, 개인적 적응, 장애와 영양에 관한
문제들이 있다.

재가 건강 관리는 가장 빠르게 성장하고 있는 보건의료 서비스이다.
현재 12,400개 이상의 재가 건강 관리 서비스 제공업체가 연간 490만

명의 클라이언트에게 서비스를 제공하고 있다(Harris−Kojetin et. al., 2016). 이 중 80% 이상은 영리 기관이다. 재가 건강 관리 이용률은 나이가 증가할수록 높아진다. 85세 이상의 이용률은 65세에서 74세 사이의 이용률보다 월등히 높다. 144,000명의 정규직 사회복지사가 전국의 재가 건강 관리 서비스 기관에 고용되어 있다.

메디케어 규정에 의하면 재가 건강 관리 분야에서 사회복지사의 목적은 치료를 방해하는 사회적, 정서적 문제를 평가하고 해결하는 것이다. 이를 위해 재가 건강 관리 분야의 사회복지 서비스에는 다음이 포함된다.

- 충족되지 않은 건강 관리 욕구와 치료를 방해하는 장벽 사정
- 자신의 집에서 사람들이 생활을 유지시킬 수 있는 자원 확인 계획 개발
- 지역사회 기반 자원과 클라이언트 연계
- 의료팀과의 의뢰 조정(Kadusin, 2016)

만성질환의 문제를 다루는 것은 실제로 보건의료 서비스와 비용의 상당한 부분을 구성한다. 재가 건강 관리는 낮은 비용의 해결책으로 홍보되지만, 취약계층을 위한 서비스를 제공하는 저임금 직원으로 인해 간접 비용이 발생할 수 있다. 지역사회 기반 건강 관리의 품질을 유지하려면 임시 간호 서비스와 주간보호를 포함한 다양한 프로그램이 필요하다. 최적 서비스는 일상생활을 위한 기본 전략에 초점을 맞추고 의료 서비스, 사회복지 서비스, 지원 네트워크와 건강 증진의 긴밀한 조정이 필요하다. 연구 결과에 따르면 사회복지 사례관리 서비스가 비용 절감, 입원율 감소, 간병인의 부담 완화에 얼마나 효과적인지 알 수 있다(Enguidanos & Jamison, 2006; Shannon, Wilber, & Allen, 2006).

호스피스 프로그램에서의 사회복지

'휴식의 집'을 뜻하는 중세 용어인 호스피스 프로그램은 말기 불치병 환자를 위한 입원, 외래, 사별 서비스를 포괄적으로 제공한다. 최근 보고서에 따르면 2014년에 호스피스 프로그램은 약 170만 명의 클라이언트에게 서비스를 제공한 것으로 추정된다(National Hospice and Palliative Care Organization[NHPCO], 2015). 호스피스 서비스에 대한 메디케어 환급이 시작됨으로 인해 병원, 전문 요양시설, 가정 간호 기관들은 대부분 호스피스 프로그램과 연관된다. 대부분의 호스피스 프로그램은 비영리이며, 거의 모든 프로그램은 메디케어 인증을 받았다. 2014년에는 모든 호스피스 클라이언트 중 약 42%가 85세 이상이었다. 일반적으로, 의사, 간호사, 가정 간호 보조사, 사회복지사, 성직자와 자원봉사자를 포함한 다학제팀이 호스피스 프로그램을 담당한다. 메디케어 인증 요건을 감안할 때 사실상 거의 모든 호스피스 프로그램은 전문사회복지사를 고용한다(Harris—Kojetin et al., 2016).

호스피스 프로그램의 철학은 자기결정 촉진, 존중적 상호작용, 개인의 존엄성과 가치 유지라는 사회복지 가치와 유사한 가치를 반영한다(Raymer & Reese, 2013; Reith & Payne, 2009). 전반적인 목표는 치료보다는 편안함과 통증 조절이다. 호스피스 프로그램은 사회적, 심리적, 영적 지원을 통해 존엄이 있는 죽음을 강조한다. 그들은 죽어가는 사람들과 그들의 가족들을 위해 죽음에 대한 경험을 최대한 질적으로 만들기 위해 노력한다.

호스피스 다학제팀의 일원으로서 사회복지사는 "환자, 간병인, 가족의 심리사회적 욕구에 대한 통찰력을 제공함으로써 필수적인 역할을 수행하며, 질병의 진행에 따른 위기 예방 및 대처와 문제 해결을 모두 지원하는 데 필수적이다"(SWPI, 2010, p.4). 호스피스 업무에서 사회복지의 역할은 환자와 가족에게 직접 서비스를 제공하고, 적절한 지역사회 기반 자원을 연결하는 것을 포함한다. 간접 서비스에는 프로그램 개발, 직원에 대한 지원 제공, 건강 격차를 제거하는 정당한 건강 정책 옹호, 지역사회 자원 조정이 포함된다. 필요한 지식 영역에는 다음에 대한 이해가 포함된다.

- 통증과 통증 조절의 다면적 징후와 영향
- 불편을 줄이는 데 유용한 개입
- 임종 문제를 다루는 모든 연령대의 클라이언트와 가족의 생심리사회적 욕구
- 슬픔과 사별의 역학
- 임종 돌봄에 대한 민족, 문화, 종교적 차이의 영향
- 관련 지역사회 자원
- 사전의료의향서
- 호스피스 및 말기 돌봄에 대한 규제 기준(NASW, 2004).

연구들을 통해 사회복지 서비스가 호스피스 팀이 제공하는 돌봄에 가치를 더한다는 것을 보여준다. 예를 들어, 사회복지사는 환경을 사정하기 위한 고유한 기술을 통해 상황에 맞는 돌봄 계획을 수립하고 가족 지원, 위험 평가, 가족 위기 방지 등을 수행할 수 있다(Brandsen, 2005; Cabin, 2008). 사회복지사는 의료 상황을 이해하고 호스피스팀의 다른 구성원을 위한 돌봄의 사회적 맥락을 해석하도록 종종 공식적 돌봄 네트워크와 비공식적 돌봄 네트워크 사이의 가교 역할을 한다(Cagle & Kovacs, 2009; Waldrop, 2006). 또한, 임종 돌봄은 가족을 대상으로 하는 미시 영역을 넘어 완화 및 임종 돌봄 서비스 제공을 개선하고, 임종 돌봄의 건강 격차 문제를 해결하기 위한 조직 및 입법 정책 옹호 영역까지 확대된다.

사회복지 사례

　사회복지사들은 호스피스 업무에서 몇 가지 문제에 직면한다. 그들은 감정적 분리, 지성화 능력뿐만 아니라 과장된 동정심과 연민을 피해야 한다. 무엇보다도, 전문가들은 죽음에 대한 그들 자신의 불안에 대처해야 한다. 세 명의 호스피스 사회복지사는 다음의 주제를 다룬다. 입원 호스피스 시설 사회복지사 조디 로손은 "가족, 친구들과 정원의 흙 치료, 운동 등을 함께하는 좋은 시간 보내기 위해 퇴근 후 약속을 잡아야 한다는 것을 알게 되었어요. 저는 인생의 균형감이 생기면 생기를 되찾아 직장에 와서 경청할 준비를 하고 일을 합니다."라고 이야기했다. 마르셀라 페레즈는 가정 내 호스피스 돌봄을 제공하는 가족 간병인과 함께 일했던 경험에 대해 "실제로 모든 가족 구성원은 사랑하는 사람을 다르게 돌봅니다. 저는 가족들이 가족의 삶의 마지막 단계를 여행하면서 에너지를 유지하고 그들의 장점을 발견하는 데 필요한 자원과 지원을 제공하는 역할을 합니다. 평범함과 강인함, 그리고 현재를 살아가기 위한 용기, 죽음 앞에서조차 희망을 잃지 않으려는 이들의 독창적인 노력에 놀라움을 금치 못합니다."라고 말했다. 마지막으로 아담 브라운은 호스피스 클라이언트의 죽음에 대한 자신의 감정적 반응을 "처음에는 클라이언트의 죽음을 감당할 수 있을지 걱정했습니다. 이제 나는 나의 두려움이 근거가 없다는 것을 깨달았습니다. 호스피스팀은 정말 대단합니다. 우리는 모두 팀 회의와 브리핑 시간을 통해 서로에게 지원을 요청합니다. 또한 호스피스 프로그램은 사망한 호스피스 참가자의 가족 및 친구들을 위한 추모 산책 프로그램을 진행하고 있습니다. 이러한 지원은 나 자신의 성찰과 더불어 슬픔과 슬픔의 흔적을 극복하는 데 도움이 되었습니다. 사실 나는 호스피스와 함께 일하면서 개인적인 관점과 죽음에 직면한 삶에 대해 많은 것을 배웠습니다." 라고 설명한다.

사회복지와 유전학

유전자 서비스 분야는 인간 게놈 프로젝트의 완성과 함께 빠르게 확장되고 있으며 유전 질환 치료에 필요한 기술의 발전을 담보한다. 이 분야에서 효과적으로 일하기 위해 사회복지사들은 유전 양식의 기본과 유전적 상태의 유형을 이해해야 한다(Kingsberry, Mickel, Wartel, & Holmes, 2011; Combs-Orme, 2013; Miller & Martin, 2008; Werner-Lin & Reed, 2012). 구체적인 관련 실무 활동에는 사례 발굴 및 평가, 위기 개입 및 지원 상담, 옹호, 교육, 자조 모임과의 연계, 기타 지원 서비스가 포함된다. 전문 다학제팀의 일원으로서 유전학을 전문으로 하는 사회복지사는 불임이나 헌팅턴병과 같은 성인 유전 질환에 대한 유전자 검사를 원하는 클라이언트를 대상으로 상담 서비스를 제공한다(Werner-Lin & Reed, 2012). 필요한 역량은 다음과 같다.

- 유전학, 유전자 검사, 유전-환경 상호작용, 관련 윤리적, 법적, 사회적 문제에 대한 기본 지식 보유
- 유전 질환 및 유전 관련 의사결정에 따른 심리사회적 결과에 대한 클라이언트의 대처 지원
- 특히 미성년자 또는 피부양 성인에 대한 사전동의, 기밀성, 자율성, 유전자 검사와 관련된 윤리적 딜레마 확인
- 클라이언트의 유전 정보와 서비스 활용 능력에 대한 문화적 차이와 건강 이해도의 영향 이해
- 유전학 전문가 및 유전 지원 집단에 대한 적절한 의뢰
- 유전자 차별을 방지하는 의료 정책, 조직 절차, 법률의 옹호

다른 분야의 사회복지사들도 유전학의 문제를 다룰 가능성이 높다.

예를 들어, 아동 보호를 담당하는 사회복지사는 불우한 아동기 경험과 관련된 유전적 환경 간의 상호작용의 영향을 접할 가능성이 높다. 행동 건강 분야의 사회복지사들은 정신질환과 물질 사용 장애에 대한 유전적 위험에 직면한다. 지역사회 조직가와 사회복지사는 환경과 직장 내 독소와 관련된 생식 문제로부터 태아를 보호하기 위해 환경 정의 옹호 역할을 맡을 수 있다. 환경 정의와 건강 격차와 관련된 공공 보건 사회복지사는 유해 환경 조건이 유전자 발현에 미치는 영향을 고려하는 예방 연구에 참여할 수 있다.

윤리와 사회정의의 문제

윤리적 딜레마는 비밀보장, 자기결정, 사회정의와 관련된 딜레마를 포함하여 유전 검사와 관련된 사회복지 서비스에 내재되어 있다(Hall, Scheyett, & Strom-Gottfried, 2008; NASW, 2015a). 예를 들어, 산전 기간에 예비 부모들과 함께 활동하는 것은 보조생식기술을 통한 생명 생성, 낙태를 통한 임신 종결, 유전자 검사 또는 태아 성별 선택에 대한 의문이 생길 수 있다(Ajandi, 2008-2009; Hollingsworth, 2005; Taylor, 2008). 이러한 각각의 상황에서 단일한 윤리적 입장은 없을 가능성이 높다. 문제의 성격을 고려할 때, "사회복지사는 지속적으로 자신의 배경을 검토하고, 인간의 생식, 의료 개입, 주요 장애를 가진 삶의 가치와 관련된 가정, 가치와 신념을 확인해야 한다"(NASW, 2003, p.14).

또 다른 상황에서의 쟁점은 개인과 가족 모두의 유전자 검사에 대한 의미를 중심으로 생성되며, 비밀보장의 한계와 사생활 중요성에 대한 의문을 제기하고, 정보에 입각한 동의와 자기결정의 복잡성을 강조한다(Hall et al., 2008; NASW, 2003, 2015a; Werner-Lin & Reed, 2012). 추가적인 문제에는 유전자 검사 결과에 따른 인권 침해, 비밀보장의 한계, 고용

주와 보험 제공자에 의한 차별로부터 보호하기 위한 현행 법률의 부적
절성이 포함된다. 옹호 문제에는 낙인 가능성을 포함하여 유전적 장애
를 가진 개인에게 낙인을 찍고 보험 제공자가 특정 유전적 조건의 존재
에 기초해 의료 서비스를 제한하거나 보류할 가능성을 포함한다. 사회
복지사는 기관 내에서 이러한 문제들을 해결하고 미래의 사회정책 입법
이 클라이언트의 상황에 대응하도록 보장하는 데 핵심적인 역할을 해야
한다.

BOX 12.2 현장의 목소리

의료사회복지

나는 내가 최고의 사회복지 직업을 가지고 있다고 생각한다! 지역사회 기
반 의료 클리닉에서 근무하는 나의 사회복지 직책은 건강과 웰니스에 대한
관심과 아동복지와 병원 기반 사회복지사로서의 과거 경험을 결합한다. 나
는 내 직책에서 매일 다루는 다양한 과제와 클리닉 및 지역사회에서 학제
간 동료들과의 협업 기회를 좋아한다.

가족 건강 클리닉에서 나의 주된 역할은 가족 임상의가 의뢰한 개인과의
직접적인 사회복지실천에 초점을 맞추고 있다. 나는 개인 및 가족 상담을 제
공하고, 지역사회 서비스를 의뢰하고, 우울, 불안, 외상 후 스트레스, 물질 사
용 장애와 같은 다양한 행동 건강 관련 문제들을 다룬다. 나는 아동부터 노
인에 이르기까지 모든 연령대의 클라이언트와 함께 신체적 질병과 관련된
정서적 어려움을 극복하면서 상담과 지원을 제공하고 있다. 나는 경청은 클
라이언트와의 업무 및 의료팀 동료들과의 상호작용에 있어서 중요한 요소라
고 생각한다. 듣기는 자연스러운 것이지만 당연하게 여기는 기술은 아니다.
천성적으로 성찰적인 성향을 가진 나는 조용해지는 법을 배울 필요가 없었
지만, 조용히 다른 사람들과 대화할 때 어떻게 존재하는지 끊임없이 명상을
통해 연마한다.

나는 사회복지사로서 의사소통 기술과 인간 행동의 역동에 대한 이해를

통해 학제 간 동료들의 존경을 받았다고 생각한다. 사회복지학적 관점은 의료팀의 다른 관점들을 보완한다. 예를 들어, 나는 건강과 질병의 사회적, 행동적, 심리적 요인에 대한 전문지식을 가지고 있으며, 클리닉에서 환자와 가족들을 돌보는 데 긍정적인 기여를 하는 독특한 기술을 가지고 있다. 나와 함께 일해 온 가족 임상의들이 환자 건강 관리에 있어서 사회복지사로서의 나의 기여를 중요하다고 인식하고 있다는 점을 알게 되어 기쁘다. 결과적으로 그들은 환자를 지역사회나 병원에 기반을 둔 사회복지사에게 맡길 가능성이 더 높다.

나는 환자와의 직접적인 진료와 관련된 정책 실천을 정의한다. 예를 들어 DSM-5를 사용하는 것은 미시 수준에서의 실천 정책 결정이다. DSM-5의 내용이 개인 및 가족과의 실천에 필수적이라는 것은 이해하지만, 이를 처방전으로 적용하는 것보다 지침으로 사용하는 방법을 아는 것이 더 중요하다고 생각한다. 금융 및 자금 조달의 복잡성을 이해하는 것이 실천가의 최우선 과제는 아닐 수 있지만, Medicaid, Medicare, 개인 보험 및 모든 유형의 관리 의료와 같은 지불 상황 제도의 한도를 알아야 한다. 거시 체계 수준에서 나는 모든 사람들, 특히 현재 충분히 보장되는 보험에 가입되어 있지 않은 사람들에게 저렴한 의료 서비스에 보편적으로 접근할 수 있는 의료 체계를 지원하는 정책을 추진하는 데 큰 관심을 가지고 있다.

의료사회복지사는 잠재적 공공 보건의료 문제를 드러내는 발생 패턴을 확인해야 하는 고유한 위치에 있다. 의료사회복지사는 보건 전염성 질병의 사회적 결정 요인, 환경 안전, 재난 대응, 모자 보건, 예방접종, 수질 및 대기 질, 납 중독, 보건 및 정신건강 서비스 이용 격차를 비롯한 공공 보건 문제를 해결하기 위해 다른 보건의료 옹호자와 긴밀히 협력한다. 비록 내 경력이 공공 보건의 사회복지실천으로 이어지지는 않았지만 나는 이것이 현재와 미래의 의료사회복지사들에게 중요한 분야라고 생각한다.

사회복지와 HIV/AIDS

HIV는 인체의 면역체계를 파괴하는 레트로바이러스이다. HIV는 후천성 면역 결핍 증후군(AIDS)을 유발하는데, 현재 의료 전문가들이 HIV 질병의 말기라고 밝히고 있다. HIV에 감염된 사람들은 악성종양이나 다른 바이러스, 기생충, 박테리아 감염에 취약하며, 면역체계의 약화를 고려할 때 종종 생명을 위협한다. HIV/AIDS와 관련된 기회감염을 예방하고 치료하는 방법과 바이러스 자체의 복제를 줄이기 위해 항바이러스제를 결합하는 방법에 대한 주목할 만한 발견에도 불구하고 HIV 감염은 여전히 중요한 공공 보건의료 문제이다.

유병률

HIV/AIDS는 지속해서 세계적으로 심각한 건강 문제이다. UN의 추정치에 따르면 2014년 말 전 세계 약 3천 7백만 명이 HIV에 감염된 것으로 나타났다. 새로운 감염 건수는 200만 건으로 2000년 이후 35% 감소하였다(UNAIDS, 2015a). 아프리카의 사하라 이남 지역이 가장 큰 피해를 입었지만 전 세계 어느 지역도 영향을 받지 않은 지역은 없다. 안타깝게도 이 지역에 살고 있는 약 1,330만 명의 어린이들이 AIDS로 인한 부모의 죽음으로 고아가 되었다(UNAIDS, 2015b). 최근 자료에 따르면 동유럽과 중앙아시아에서 HIV/AIDS가 빠르게 확산되고 있다. 사하라 이남 아프리카를 제외하고, 주입 마약 사용자, 남성과 성관계를 가진 남성, 성매매 종사자 중에서 발병률이 가장 높다.

마찬가지로 미국도 HIV/AIDS 전염병의 피해를 입었다. 보고에 따르

면 현재 약 120만 명의 사람들이 HIV 감염으로 살아가고 있으며, 1981
년 전염병이 시작된 이후 거의 65만 명이 사망했다(CDC, 2015a). AIDS
와 HIV 감염의 새로운 감염 사례들은 둘 다 감소했다. 1990년대 초기
이후로 새로운 HIV 감염은 매년 56,000명 정도로 안정되었다. 예방과
치료에 기여하는 요인은 다음과 같다.

- 위험을 줄이기 위한 정보를 제공하는 행동 개입
- 전염 방지를 위한 HIV 검사 접근
- 지속적인 치료 및 관리에 대한 연계(CDC, 2015b)

위험에 처한 집단에서 일부 변화가 일어났다. 전염병이 시작된 이래
로 남성과 성관계를 가진 남성, 주입 마약 사용자가 가장 높은 위험이었
다. 이제 소수 인종과 민족, 여성, 청소년들도 큰 위험에 처해 있다. 의
미심장하게도 어느 때보다 더 많은 사람들이 HIV에 감염되어 살고 있어
질병의 전염 가능성을 높이고 있다. 새로운 감염의 수가 감소하고 있고
HIV 감염에 대한 의학적 관리가 성공적이기는 하지만, HIV/AIDS는 의
료 전문가들과 질병에 감염된 사람들에게 여전히 중요한 과제이다.

HIV/AIDS 환자가 직면한 문제

HIV/AIDS와 같은 만성질환을 앓고 있는 사람들은 많은 문제들에 직
면한다. 질병 자체의 특성뿐만 아니라 그들의 발달 단계와 사회문화적
환경은 이러한 문제의 정확한 본질에 영향을 미친다. 처음에 사람들은
질병 진단의 위기를 다뤄야 한다. 그 이후 그들은 만성질환의 맥락에
서 생활하는 것에 적응해야 하고, 마지막으로, 그들은 임박한 죽음에
대처해야 한다. 가정폭력과 정신건강 및 물질 사용 장애에 대한 문제는

종종 그들의 상황을 복잡하게 만든다(Campbell, Tross, & Calsyn, 2013; DesJarlais, McCarty, Vega, & Bramson, 2013; Orellana, Goldbach, Rountree, & Bagwell, 2015; Powers et al., 2017). 특히 그들이 직면하고 있는 문제에는 낙인에 대한 대처, 일상을 지속하는 것, 상실에 대처하는 것, 그리고 사랑하는 사람들의 미래에 대한 계획을 세우는 것 등이 포함된다.

낙인에 대한 대처

HIV/AIDS에 감염된 사람들은 낙인과 관련된 대중의 공포, 고립, 피해자화, 그리고 배척에 대처해야 한다. 낙인과 연관된 무력감, 외로움, 거부감, 절망감, 통제력 상실은 HIV/AIDS와 살아온 경험의 한 요소이다(Block, 2009; Dowshen, Binns, & Garofalo, 2009; Earnshaw, Bogart, Dovido, & Williams, 2013; Fletcher et al., 2016; Florom-Smith & De Santis, 2012). HIV/AIDS를 소외된 인구의 질병으로 보는 일반 대중들의 인식은 HIV/AIDS에 걸린 사람들의 삶을 더욱 힘들게 만든다. 예를 들어 HIV/AIDS에 걸린 아프리카계 미국 여성들은 인종, 성별, 만성질환의 낙인이라는 삼중 억압에 직면해 있다.

생존: 일상생활의 지속

HIV/AIDS 환자가 일상생활에서 경험하는 생존의 어려움은 약제 정책의 복잡성과 질병의 본질에 의해 악화된다. HIV/AIDS 환자의 지속적인 고용 문제에는 대인관계와 업무 활동을 유지하는 동시에 환자와 환자의 동료들이 질병의 만성적이고 잠재적인 말기적 특성을 다루는 것이 포함된다. HIV/AIDS 환자들은 미국 장애인법(Americans with Disabilities Act)에 의해 보호되지만, 일을 계속하는 것은 개인의 신체적 체력뿐만 아니라 건강상의 혜택과 함께 적절한 고용 가능 여부에 달려있다. 대인

관계와 관련하여 가족과 친구들은 과잉보호로 반응하거나 심지어 비현실적인 요구를 할 수도 있다. 하지만, 두려움을 극복하고 공개적으로 의사소통할 수 있는 능력은 존엄성과 자존감을 보장하는 데 필수적이다. 마지막으로, HIV/AIDS 환자들은 임종에 대한 걱정을 가지고 있는 다른 사람들처럼 그들의 삶에서 의미를 찾고 고통과 죽음에서 가치와 의미를 찾는 것을 포함하는 실존적 혹은 영적 문제에 직면한다. 그들은 죽음의 맥락에서 만족스럽게 사는 방법을 찾아야 한다.

상실에 대처하기

HIV 질병을 가진 사람들은 종종 고용, 친구, 그리고 자존감과 관련된 상실을 포함하여 발달 단계에서 전형적이지 않은 압도적이고 누적된 상실감에 대처해야 한다. 또 다른 상실은 외모 및 신체적 한계와 관련이 있다. 신체적인 변화는 매력과 사회적 욕구 상실에 대처하기 위한 애도의 과정을 촉진한다. 파트너, 친구, 가족의 죽음이나 사회지원망에서 중요한 사람들과의 관계 단절로 인해 인간관계가 상실됨에 따라, HIV 질병을 가진 사람들은 외로움과 고립에 대처해야 한다.

가족과 비혈연 친족을 위한 계획

HIV/AIDS 환자들은 종종 그들의 가족과 비혈연 친족을 위한 계획에서 연속성과 결단력을 발견한다. 사랑하는 사람들의 미래를 위한 계획 과정에 참여하는 것은 그들이 임박한 죽음에 직면할 때 수용할 수 있는 기회를 준다. 일부 업무는 일부 사람들에게는 매우 구체적일 수 있지만, 다른 사람들에게는 위임장 준비, 사전의료의향서, 생전유언, 재정적인 준비, 장례 계획 수립, 가족과 친구들에게 연락하는 것과 같은 주관적이고 대인관계적인 문제를 포함한다. 또한 준비는 끊어진 관계를 회복시키고, 부양가족의 보살핌을 위한 세부 사항들을 해결하는 것과 같은 심오한 대인관계 문제를 포함한다.

여성에 대한 특별한 쟁점

미국과 전 세계의 HIV/AIDS 발병률은 1987년 신규 환자의 7%가 여성이었던 것에서 2007년 27%로의 급격한 증가현상을 보여준다(Aziz & Smith, 2011). 이러한 변화에 기여하는 요인들 중 하나는 성 불평등, 낮은 수준의 건강 정보 이해 능력, 고위험 환경에서의 생활, 가정폭력, 양질의 여성 중심 보건의료 서비스에 대한 접근성 부족, 빈곤, 재정적 불안정과 관련된 모든 사회적 불이익이다(Bent-Goodley, 2014; Brown, Vanable, Naughton, & Carey, 2015; Carey, 2015; Carter et al., 2013; Miller, Siemiuk, Woodman, Krentz, & Gill, 2015; Pellowski, Kalichman, Matthews, & Adler, 2013). 많은 HIV 치료 요법을 받는 여성들은 HIV나 말기 AIDS에 걸린 파트너를 돌보는 것과 자녀 또는 손자녀의 양육과 같은 양육 책임의 맥락에서 자신의 질병을 다루어야 하는 추가적인 문제를 가지고 있다.

프로그램과 서비스의 연속체

HIV/AIDS에 대한 NASW(2017b) 정책 설명서는 종합적인 보건의료 서비스 네트워크, 의료 및 사회/심리 서비스, 기밀유지 규정, 교육과 예방 프로그램 등을 포함하는 서비스 전달체계를 지지한다. 전문직은 HIV/AIDS에 대한 정보를 전파하고, 문화적으로 유능한 실천을 독려하며, 특히 불균형에 기여하는 사회적 결정 요인과 불평등을 줄이기 위한 정치적 행동과 로비에 참여할 책임이 있다.

HIV/AIDS의 영향은 지역사회 교육 및 예방 프로그램과 1차 보건의료,

병원 치료, 재가 건강 관리, 호스피스, 사례관리뿐 아니라 직원 건강지원 프로그램(EAPS)을 통한 서비스, 행동 건강 센터, 가족 지원 기관, 교정 시설을 위한 공공 보건 정책을 포함하는 광범위한 건강 관련 서비스를 필요로 한다. 사회복지사들은 사회서비스의 핵심 제공자로서 이러한 현장의 일부 또는 전부를 담당한다(Dang, Giordano, & Kim, 2012; Edmonds, Moore, Valdez, & Tomlinson, 2015; Gaston, Gutiérrez, & Nisanci, 2015; Linsk, 2012; Powers et al., 2017; Proeschold-Bell et al., 2016; Rogers, Corcoran, Hamdallah, & Little, 2012). 실천가들은 고립을 줄이고, 사회적 및 정서적 지원 네트워크를 확장하며, 지역사회 자원에 의뢰하고, 퇴원 계획을 개발하고 치료 조정을 할 수 있도록 상호원조 집단을 지원한다. 역량강화 전략은 희망을 심어주고 개인의 통제력을 높이는 클라이언트와의 협력적 상호작용을 촉진함으로써 낙인을 막을 수 있다.

윤리 및 법적 문제

수많은 가치, 윤리 및 법률 문제가 발생한다. 윤리적 딜레마는 개인의 가치와 클라이언트 가치의 충돌, 서비스 전달에 방해가 되는 개인적 편견과 해결되지 않은 사적 문제를 가진 다른 전문가와의 충돌, 어떤 클라이언트가 HIV에 감염되었는지에 대한 "알 권리"와 클라이언트의 개인정보보호 권리의 충돌, 클라이언트가 정보 공개하기를 거부할 때 성적 파트너에게 클라이언트의 HIV 상태를 공개할 것인지 여부, 의무 검사, 치료 의무, 기밀성, 차별 및 개인 권리와 관련된 다양한 법적 문제들을 중심으로 발생한다(Patania, 1998; Reamer, 1993).

옹호

HIV/AIDS와 관련된 문제들은 다양한 지지 전략을 사용해야 한다. 예를 들어, 사회복지사들은 HIV/AIDS 환자의 삶의 질을 보장하고 건강보험을 이용할 수 있도록 프로그램과 서비스에 대한 자금 지원을 옹호할 수 있다(NASW, 2017b). HIV/AIDS 환자의 경우 오해, 낙인 및 HIV 질환의 복잡성으로 인해 의료, 의료보험, 소득 유지, 사회보장과 기타 지역사회 관료 조직과의 상호작용이 복잡해진다. 때때로 사회복지사는 클라이언트의 이러한 체계에 직접 접근하여 클라이언트의 원인에 대하여 항소하거나 클라이언트 자신을 대신하여 성공적으로 말할 수 있는 방법을 제안할 수 있다. 거시적 수준의 변화를 가져오기 위해 "예방, 임상 개입 및 백신 개발을 포함한 HIV/AIDS의 모든 측면에 대한 연구의 적절한 자금 지원을 위해" 옹호를 유도한다(p.156).

사회복지와 장애

사람들이 사고, 질병 또는 선천적 장애로 인해 장애를 겪게 되면 그들의 삶의 과업을 완수하는 데 있어서 특별한 도전과 제약을 경험하게 된다. 사회정의를 위한 지시에 기초하여 사회복지사들은 장애인들이 다른 시민들이 이용할 수 있는 공동체 생활과 서비스에 참여할 수 있는 동일한 기회뿐만 아니라 특정 장애에 필요한 전문 서비스에도 접근할 권리가 있다고 주장한다(NASW, 2017c). 국제적 차원에서 내재된 존엄성에 대한 존중, 법에 따른 평등한 보호, 장애인의 인권은 장애인권리협약(Convention on the Rights of Persons with Disabilities)에 명시되어 있다.

장애의 정의

모든 연령대의 사람들이 장애인 집단에 포함된다. 일반적으로 발병 연령은 발달 장애와 후발성 장애와 같은 광범위한 범주로 구분된다. 보다 구체적인 장애의 유형에는 이러한 범주를 추가적으로 정의한다. 표 12.1을 참조한다.

표 12.1 | **장애 유형의 사례**

장애 유형	사례	
인지장애	• 학습장애(LD) • 주의력 결핍 과잉 행동장애(ADHD) • 외상성 뇌 손상	
건강 관련	• AIDS와 같은 전염병 • 투렛 증후군 • 겸상 적혈구 질환	• 암 • 자가 면역 장애
후천적 이동 문제	• 뇌졸중 • 다발성 경화증(MS) • 팔다리 손실 • 사지 마비	• 류마티스 관절염(RA) • 척수 손상 • 하반신 마비
정신건강	• 정신질환	
시각	• 황반 변성	• 맹목
청각	• 난청	• 청각장애
발달 장애	• 지적 장애 • 뇌성마비 • 간질 • 태아 알코올 스펙트럼 장애(FASD)	• 자폐 스펙트럼 장애 • 이분척추

발달 장애

법률에서 정의한 바와 같이 발달 장애는 연방 지원 프로그램에 대한 개인의 자격을 결정하는 기준을 지칭하는 비진단 용어이며, 일반적으로 조기 발병 장애를 가리킨다. 종종 출생 전에 유전학, 임신 중의 환경 독소와 같은 기형 물질에 대한 노출, 감염, 출산 합병증으로 인해 발생한다. 신체 기능, 학습, 의사소통, 행동장애로 보이듯이 발달 장애의 유형에는 지적 장애, 뇌성마비, 간질, 청력 상실, 시각장애, 학습장애, 자폐 스펙트럼 장애와 기타 기관 장애가 포함된다. 자료에 따르면 5세에서 17세 사이의 모든 아동 중 5.4%가 장애를 가지고 있다(Kraus, 2017). 최근의 대규모 연구에 따르면 지적 장애가 가장 일반적이다. 그러나 자폐 스펙트럼 장애의 발생률은 지난 10년 동안 급격히 증가했다(Boyle et al., 2011; Van Naarden et al., 2015).

모든 인종, 민족, 사회경제적 배경과 교육적 배경을 가진 가족에서 나타나는 발달 장애는 주요 생활 활동, 자기 관리, 학습, 이동성, 의사소통, 독립생활을 위한 역량과 관련이 있다. 장애, 만성질환, 또는 다른 특별한 건강 관리 욕구를 가진 자녀가 있는 가족들은 장기적인 의료 비용의 부담으로 인해 재정적인 어려움과 의료 부채에 직면한다(Bachman & Comeau, 2010). 연구에 따르면 아동기 장애인이 나이가 들어감에 따라 운동 및 건강 증진 프로그램에서 통증 관리 및 완화 치료에 이르는 모든 것을 포괄하는 복합적인 서비스와 지원 네트워크가 필요하다(Turk, Logan, & Ansoanuur, 2013).

후천적 장애

나이가 들면서 사고, 질병 또는 기능 능력 상실에 의해 발생하는 장애는 발달의 첫 단계 이후에 나타나는 장애이다. 이 장애 유형에는 자기 관리, 서있기, 걷기, 호흡, 의사소통과 같은 주요 일상 활동에서 상당한 제한을 야기하는 정신적 또는 신체적인 장애가 포함된다. 정신적 장애에는 모든 범위의 지적 장애와 정신질환이 포함된다. 신체적 장애의 광범위한 범주는 AIDS, 알코올 중독, 실명, 시각장애, 청각장애, 다발성 경화증, 근육위축병, 마비, 외상성 뇌손상, 신체 부위 상실이나 기타 이동성 장애, 운동 장애와 같은 다양한 의학적 장애나 상태, 변형을 포함한다.

18세에서 64세의 인구 중 약 10%와 65세 이상 인구 중 35.4%가 일정 수준의 장애를 경험한다(Kraus, 2017). 이 인구집단 중 미국에서 320만에서 530만 명의 사람들이 외상성 뇌손상 장애를 가지고 살고 있다(Coronado et al., 2011). 추정치에 따르면 기대 수명 증가와 65세 이상 인구의 비율 증가로 인해 향후 장애 발생률은 증가할 것으로 예상된다. 전반적으로 장애인은 비장애인에 비해 교육수준이 낮고, 실업을 경험하거나, 낮은 임금을 받는 직업을 가지며, 빈곤 수준 이하의 소득으로 생활하는 비율이 높다. 연구 결과에 따르면 장애 발병과 관련된 스트레스는 삶의 만족도와 안녕감의 저하와 관련이 있을 가능성이 높다(Frank, Infurna, & Wiest, 2016). 이러한 인구집단은 사회복지사로부터 서비스를 받을 가능성이 더 높다는 사실을 고려해 볼 때, 장애에 대한 이해는 사회복지실천을 위한 준비에 필수적이다.

장애 관련 연방법

장애와 관련하여 입법 규정들은 장애의 정의를 결정하고 포괄적인 서비스를 위한 체계를 제공한다. 1960년대와 1970년대의 입법 조치는 공교육, 개별화된 교육 프로그램, 직업 재활을 포함한 발달 장애인의 권리를 더욱 보호했다. 장애인의 시민권을 보호하기 위한 막대한 비용 지출과 사회적 압력은 가능한 정상적인 생활방식을 지원하기 위한 최소한의 제한적인 대안과 지역사회 기반 서비스의 개발을 촉진했다. 이러한 새로운 서비스 의무에 따라 주류화, 정상화, 탈시설화가 강조되었다.

주류화, 정상화, 탈시설화의 모든 노력은 교육, 고용 및 주거 분야에서 제약을 가장 최소화하는 대안을 제공하는 데 초점을 맞추고 있다. 교육 영역에서 주류화는 발달 장애가 있는 아동들을 가능한 한 일반 교실에 등록시키고, 성공적인 통합과 교육 달성에 필요한 전문 지원과 자원을 추가하도록 규정하고 있다. 정상화 원칙은 장애인이 다른 사람들과 마찬가지로 연령에 맞는 일상생활 활동에 참여하는 것을 의미한다. 정상화 지지자들은 "별도의 특별한" 활동보다는 교육, 고용, 여가에서 "평범하고 유사한" 활동을 선호한다. 탈시설화의 목표는 시설보다는 덜 제한적인 지역사회 기반 서비스에서 돌봄을 제공하는 것이다. 소규모 이웃 기반의 독립적인 주거 환경은 이전에 장애인을 격리했던 대규모 시설 환경을 대체한다.

또한, 1990년 미국장애인법(Americans with Disabilities Act: ADA)과 장애인교육법(Individuals with Disabilities Education Act, IDEA)의 두 가지 중요한 연방 민권법은 성인 및 아동의 권리를 보호한다. ADA에 따르면 장애인은 하나 이상의 주요 생활 활동을 실질적으로 제한하는 신체적 또는 정신적 장애의 여부에 의해 구분되며, 장애에 대한 기록이 있거나 장애에 대한 인식이 있는 것을 그 증거로 삼는다. ADA는 특히 고용, 주 및 지방정부, 공공 숙박 시설, 교통 및 통신 부문의 장애에 따른 차별을 금지한다. 1975년 장애아동교육법의 재승인, 2015년 모든 학생의 성공을 위한 교육법(Every Student succeeds Act)에서 개정된 1990년의 IDEA법은 장애 아동에게 21세까지 적절한 무상 공교육, 최소 제약 환경, 개별화된 교육 계획, 적절한 평가, 학부모와 교사 공동 참여, 아동의 권리 보호를 위한 절차적 안전조치를 제공한다.

2000년 발달장애지원 및 권리장전법(Developmental Disabilities Assistance and Bill of Rights Act)은 발달 장애 이력을 가진 성인을 위한 지역사회 기반 서비스의 체계화된 네트워크의 필요성에 대응하여 이루어졌다. 지역사회 기반 서비스를 제공하는 데 초점을 맞춘 이 법안은 학제 간 개별화된 지원 또는 평생 동안 이를 유지하기 위한 다양한 형태의 지원이 결합되어야 할 필요성을 인식했다.

연방 기금은 시설과 기타 주거 프로그램, SSI, OASDHI, 메디케이드, 푸드 스탬프 및 추가적인 제도들을 포함한 소득 보장, 자신의 가정, 성인 위탁 가정 및 그룹홈, 주간 활동 프로그램, 사례관리, 임시 간호, 가족 지원, 계획 및 옹호를 포함한 지역사회 기반 지원 서비스, 납중독 및 페닐케톤뇨증(PKU)과 같은 위험 장애에 대한 선별검사와 예방프로그램의 비용 보장에 동의하였다. 법률 조항에는 사례관리, 아동 발달 교육, 대안적 지역사회 생활방식, 비직업적 사회 개발 서비스와 같은 분야의 사회복지 활동이 포함된다.

낙인과 장애의 사회적 모델

장애인은 장애가 없는 동료에 의해 무시되거나 거부되거나 교묘하게 회피된 결과로 사회적 관계에서 어려움을 경험한다. 우월성에 기반한 동정, 회피하는 시선, 인위적 경박함, 어색한 침묵이 모두 사회적 상호 작용을 어렵게 만든다. 사실, 장애를 가진 사람들과 그렇지 않은 사람들 사이의 대인관계는 사회적 상호작용의 우월−열등 모델을 따르는 경향이 있다. 장애를 가진 사람들은 종종 "낙인화된 사회적 지위"로 강등되고 편견, 차별적 관행, 억압, 그리고 부정적인 고정관념에 시달린다(Reeve, 2012).

사회복지사들은 장애인들이 가족 및 지역사회와의 사회적 상호작용에서 직면하는 문제들에 대한 방향을 제시하기 위해 경험하는 사회적 주변화를 인식해야 한다. 장애인을 위해 설계된 프로그램들은 낙인의 영향에 대해 논의하고, 클라이언트들이 그들의 감정을 처리할 수 있도록 하며, 낙인의 영향에 맞서고 대항하는 효과적인 방법을 찾아야 한다.

예를 들어, 한 학교에서는 장애를 가진 아이들과 그렇지 않은 아이들 사이의 긍정적인 상호작용을 촉진하는 장애 인식 프로그램을 설계했다 (Tavares, 2011). 프로그램 평가에 따르면 특별한 도움이 필요한 아동이 사회적 상황에 통합됨에 따라 장애 아동이 교실 및 놀이 활동에 더 높은 수준으로 참여하게 되었다.

장애의 사회적 모델

사회복지사들이 개인의 행동 변화와 적응을 강조하게 되면 장애의 사회적, 법적, 경제적 측면의 중요성을 놓치게 된다. 그들은 정신－정서 장애에 대해 낙인이 미치는 영향을 과소평가하고 장애인들의 삶의 질에 미치는 환경적 영향을 간과한다(Reeve, 2012). 장애권리운동(Disability Rights Movement)에 의해 옹호되는 장애의 사회적 모델의 관점은 "장애인이 직면하는 문제는 사회에서 주로 장애인의 완전한 참여를 제한하는 사회적 태도, 구조, 정책 및 제도에서 비롯된다"는 것이다(Mackelprang, 2013, p.8).

장애에 대한 모든 고려는 사회적 맥락을 고려해야 한다. 개인들은 장애가 있는 상태로 인해 부과되는 신체적 제약을 견뎌낼 뿐만 아니라, 고정관념에 의한 손상과 장애 환경으로 인해 가해지는 사회적 소외감을 겪는다. 장애의 사회적, 심리적 영향은 장애 자체의 본질만큼이나 최적의 사회적 기능을 달성하는 데 중요하다. 재활 서비스는 주로 개인 적응에 초점을 맞추고 있지만, 이 분야의 사회복지사는 장애의 개념화와 결과를 악화시키는 사회적 요인도 해결해야 한다.

간단히 말해서 장애는 접근성 문제에 대한 환경적 압박과 낙인과 정신－정서 장애와 관련된 평가절하 및 사회적 제약을 다루기 위해 거시적 수준의 시책을 필요로 하는 사회문제이다. 환경적 압박과 관련하여 거시적 수준 개입의 사례는 교육, 직장 및 일상생활의 모든 측면에 대한 보편적인 접근을 용이하게 하는 유니버설 디자인을 옹호하는 것이다 (Mackelprang & Clute, 2009). 유니버설 디자인은 자동화된 문과 엘리베이터, 점자 표지판, 음성 인식 전자 및 컴퓨터 장치, 통신 지원, 잘 계획된 조경 및 장애인 경사로를 통한 건물 접근이 포함된다. 또 다른 노력들은 학교와 직장에서 낙인찍는 태도와 차별적 관행을 극복하기 위한 것이다. 학생과 직원의 성공적인 통합과 주류화는 장애에 대한 정보와 장애인과의 접촉을 통합한다. 연구에 따르면 장애인에 대한 충분하고 중요하며 일관된 자세의 변화를 가져오고, 고용 기회를 창출하기 위해서는 장애인을 위한 고용 기반 편의를 지원하는 교육 시책이 필요하다 (Bricout & Bentley, 2000).

관계 강화

대인관계에 대한 클라이언트의 생각은 장애인과 전문적인 관계를 발전시키는 데 특히 중요하다. 관계 강화는 역량을 강화하고 사회적 기능을 지원한다. 장애인에 대한 기대를 제한하는 것은 실제로 부정적인 자아 정체성을 확대하고 개인적 통제감을 떨어뜨린다. 사회복지사와의 관계에 대한 소비자의 관점에 초점을 맞춘 탐색적 연구는 사회복지사와 장애인 소비자 사이의 관계에서 클라이언트의 진술이 아닌 기록에 근거한 편견, 능력에 대한 무시, 그리고 소비자의 전문성을 활용하지 못하는 몇 가지 핵심 이슈를 확인함으로써 이를 입증했다(Gilson, Bricout, & Baskind, 1998).

기본적으로 우리의 말은 우리의 태도를 드러내고 사람들과 그들의 상황에 대한 우리의 이해에 영향을 미친다. "사람이 우선되는 언어"는 장애인에 대한 존중을 전달하기 위해 채택되었다(Blaska, 1993). 이러한 관점에서 장애로 인한 제약, 휠체어 의존, 불구와 같은 단어들은 부정

적인 의미를 강하게 내포하고 있는 반면, 장애인(person with a disability)
과 같은 품위를 가진 단어들은 보다 긍정적인, 사람 우선의 관점을 반
영한다.

협업적이고 강점에 초점을 맞춘 접근 방식은 사람을 먼저 인식하고
소비자의 욕구, 우선 순위, 미래에 대한 희망을 포함하여 자신의 상황을
정의하는 데 소비자의 전문성을 활용한다. 그러나 어떤 식으로든 클라이
언트를 평가절하하는 실천가의 태도는 권한을 훼손하는 조건을 조성한
다(Russo, 1999). "사회복지사는 역량강화를 목표로 전환을 시작하기 위해
다시 초점을 맞추고, 장애를 가진 클라이언트의 삶의 선택 범위를 극대
화 및 확장하고, 삶의 선택과 관련된 클라이언트의 의사결정을 돕고 촉
진하며, 삶의 선택에 대한 성취를 강화하고 촉진해야 한다"(Beaulaurier &
Taylor, 1999, p.173). 이상적인 역량강화 기반 서비스는 사람 중심, 강점
중심, 참여자 중심의 서비스이다(Mackelprang & Salvsgiver, 2016; Hooyman,
Mahoney, & Sciegaj, 2013).

사회복지, 사회서비스와 장애

상담, 기능 평가 준비, 주거 알선, 고용 활동 지원, 지역사회 자원 이
용, 클라이언트의 권리 옹호를 통해 사회복지사들은 다양한 분야에서
장애인을 만난다. 예를 들어, 학교사회복지사들은 모든 아이들의 교육
권리를 확립하고, 특별한 도움이 필요한 아이들을 위한 통합된 주류 프
로그램을 의무화하고, 개별화된 교육 계획을 개발하도록 지시하는 IDEA
법에 대응한다(Linton & Rueda, 2014; Stanley, 2012). 생명을 위협하는 만성
질환 또는 외상성 뇌손상(TBI) 상황에서 의료사회복지사는 상담 및 재
활 지원을 제공하고, 퇴원 계획을 용이하게 하며, 적절한 지역사회 자
원에 대한 접근을 조정하거나(Holloway & Tyrrell, 2016), 입원한 장기 발

달 장애를 가진 개인의 욕구를 해결하는 의료팀에서 중요한 역할을 할 수 있다고 제안한다(Iannuzzi, Kopecky, Broder-Fingert, & Connors, 2015). 가족 및 아동복지의 현장에 고용된 사회복지사들은 노인과 함께 일하는 노인사회복지사들과 마찬가지로(Backman & Gonvea, 2012; Robinson, Dauenhauer, Bishop, & Baxter, 2012) 장애 아동을 만날 가능성이 있다(Azar, Maggi, & Proctor, 2013; Shannon & Tappan, 2011). 이 영역에 속하는 장애인에 대한 사회복지실천의 구체적인 사례에는 재활 서비스, 취업 지원 프로그램, 발달 장애 아동과 그 가족을 위한 서비스가 포함된다.

재활 서비스

삶을 변화시키는 외상으로부터 회복하는 다차원적 특성을 고려할 때, 재활 서비스를 제공하는 다학제간 팀에 사회복지사가 포함되는 경우가 많다. 개인들은 고립, 재정 위기, 우울과 절망, 분노, 그리고 충분한 사회적 지원 필요성 등 주요한 어려움으로부터 회복하는 데 있어 다양한 도전에 직면한다. 효과적인 시책의 한 사례는 REBUILD(Bradford, 1999)라는 병원 기반 외상 지원 그룹이다. REBUILD는 동료 지원의 장을 제공한다. 집단 구성원의 욕구를 충족하는 것 이상으로 기능을 확장한 REBUILD 구성원은 구급대원, 구조대원, 응급실 직원, 사회복지 전공 학생, 기타 전문가들을 위한 실무 교육을 제공한다. 그들의 사회 행동과 지역사회 교육 활동은 회복에 중요한 역할을 해왔다. 한 집단 구성원은 이러한 활동의 개인적 영향을 다음과 같이 공유한다. "나는 사고에서 살아남았을 뿐 아니라 원래의 나만큼 회복한 것도 이유가 있다고 생각해 왔다. 유사한 상황에 있는 다른 사람에게 격려를 제공하거나 간병인에게 통찰력을 제공하여 다음 환자가 더 나은 치료를 받을 수 있도록 하는 것이 내 사고와 회복의 목적에 기여하는 것처럼 느낀다"(p.310).

취업 지원 프로그램

장애인이 고용을 준비, 확보, 유지할 수 있도록 돕기 위한 것으로 직업 재활 프로그램이라고도 하는 주 기반의 취업 지원 프로그램은 주 및 연방 기금을 통해 공동으로 자금을 조달한다(L. B. Gates, 2013). 제1차 세계대전 참전용사의 직업 재활 서비스가 원래 법제화됐지만 1973년 재활법이 통과되면서 소비자 역량강화, 자기결정권, 시민의 권리를 강조하는 방향으로 정책이 바뀌었다. 지원 자격은 지원자는 업무 능력을 저해하는 장애를 가지고 있어야 하며, 재활 서비스를 통해 이익을 얻을 수 있어야 하는 것으로 간단하다.

취업 지원 프로그램의 주요 목표는 자급자족과 자립을 위한 고용의 중요성을 강조하여 클라이언트의 취업 가능성을 높이는 것이다. 취업 지원 서비스의 효과적인 계획은 의사결정의 모든 측면에 대한 클라이언트의 참여를 장려하고 클라이언트의 자율성과 독립성을 높일 수 있는 기회를 제공한다.

계획을 용이하게 하기 위해 사회복지사들은 장애인을 고용하기 위한 지역사회 환경 및 접근 가능한 교통수단 이용가능성과 같은 요인들과 함께 성공적인 취업 활동을 수행하기 위한 클라이언트의 직무 기본 소양과 역량을 고려한다. 효과적인 계획에는 고용가능성에 대한 특정 장벽을 제거하는 것을 목표로 하는 서비스의 결합이 포함된다. 예를 들어, 클라이언트는 목표를 설정하고 적절한 직업을 얻기 위해 상담과 지도를 요청할 수 있다. 또 다른 상황에서는 장애와 관련된 장벽을 줄이는 서비스가 필요할 수 있다. 또는 신입 직위에 대한 자격을 갖추기 위해 직무 기본 소양이 부족한 클라이언트는 보호시설에서 교육을 받거나 지원 가능한 고용 환경에서 직업 지도가 필요할 수 있다.

개별화된 취업 계획은 클라이언트의 장기적인 목표를 개략적으로 설명하고 목표 달성에 도움이 될 수 있는 서비스를 확인한다. 자격 요건에 따라 서비스 이용이 제한될 수 있으며, 실천가는 정책 제약에 따라 가장 비용 효율적이고 시간 효율적인 대안을 고려해야 할 수도 있다. 모든 수정 사항이 포함된 계획은 서비스 구현과 완료 기간을 확인하고, 지급 출처를 명시하며, 모니터링, 후속 조치 및 평가에 대한 클라이언트와 사회복지사의 역할을 기술한다.

BOX 12.3

다양성과 인권에 대한 성찰

청각장애인 또는 난청인과의 활동

미국에서 거의 2천 8백만 명의 사람들이 청각장애 또는 난청을 경험하고 있다. 일반적으로 65세 이상의 사람들 중 상당히 많은 사람들은 어느 정도의 청력 상실을 경험한다(National Institute on Deafness and Other Communication Disasters[NIDCD], 2016). 청각장애가 있거나 난청인 사람들은 건강, 정신건강, 중독, 가정폭력, 실업, 빈곤과 같은 다른 사람들이 직면하는 동일한 문제를 경험한다. 이러한 문제는 청각장애 문화에 대한 이해 부족, 편견적 태도, 프로그램 및 서비스에 대한 접근을 감소시키는 의사소통 장벽에 대한 이해 부족으로 인해 복잡해진다. 청각장애가 있거나 난청인 사람들은 특히 교육과 직장 환경에서 차별과 인권 침해에 취약하다.

청각장애 문화는 광범위하지만 청각장애인이 아니거나 난청이 없는 사람들에게는 잘 알려지지 않았다. 청각장애 문화는 미국에서 유일한 청각장애 대학인 갈루뎃 대학교를 포함하여 고유의 언어, 연극, 문학, 시, 유머, 단체, 기숙 학교로 구분된다. 역사적으로 미국 수화(ASL)는 이 지역에 사는 많은 청각장애인들의 의사소통을 증진시키기 위해 Martha's Vineyard 섬에서 개발되었다(Pray & Jordan, 2010). 미국에서 세 번째로 많이 쓰이는 언어인 ASL은 얼굴 표정과 몸의 움직임의 시각적 단서를 기반으로 하는 독특한 문법에 의존한다. 협회, 사교 클럽, 비공식 네트워크는 청각장애인의 공동체 의식을 강화한다. 미국청각장애인협회(National Association of the Deaf, NAD)와 같은 공식 국가 및 주 기관은 다양한 소비자 옹호 활동, 특히 교육과 고용 관련 활동을 지원한다.

청각장애인 및 청각장애인과 관련된 전문지식을 갖춘 전문가들은 효과적인 의사소통을 위한 다음의 몇 가지 기본적인 고려 사항을 제안한다.

- 배경 소음이 없는 조용한 장소를 확보한다.
- 어깨를 두드리거나 손을 흔들어서 개인적 관심을 확보한다.
- 말할 때 상대방을 마주 보십시오.
- 보통의 말투를 사용하여 분명하게 말하십시오.
- 청각장애인이 모두 입술을 읽는 것은 아니라는 것을 기억하십시오.
- 보청기를 착용하는 사람들은 여전히 말을 이해하는 데 어려움을 겪을 수 있다는 것을 인식하십시오(Williams, Clemmey, & Fuerst, 2000).

합리적인 접근을 가능하게 하는 자원에는 청각장애인을 위한 통신 장치(TDD), 청각 보조 장치와 통역 서비스가 포함된다. 통역사 활용을 선호한다고 하면 사회복지사는 누구나 ASL을 사용하는 것은 아니기 때문에 그 사람이 의사소통하는 언어를 확인해야 한다. 미국장애인법(Americans with Disabilities Act, ADA)은 기관들이 자격을 갖춘 통역사를 확보, 주선 및 비용 지불을 하도록 요구하고 있다. 어떠한 경우에도 가족이나 친구를 클라이언트의 통역사로 고용하는 것은 적절하지 않다. ADA에 따라 확인된 이러한 욕구와 법적 권리를 고려할 때, 사회복지사는 청각장애 문화를 이해하고, 적절한 의사소통을 위한 기본 전략을 개발하고, 합리적인 편의를 보장하여 문화적으로 적절한 서비스 이용을 용이하게 하는 자원을 확인해야 한다. 할펀(1996)에 따르면 사회복지 전문직의 역할은 "청각장애인들에게 목소리를 주는 것이 아니라, 이미 존재하는 목소리가 들리도록 하는 것이다. 그리고 우리는 그렇게 할 수 있다. 우리는 다른 들을 수 있는 사람들에게 경청하는 것을 가르칠 수 있다"(청각장애인 권리 섹션, § 4).

발달 장애 아동 가족을 위한 서비스

발달 장애가 있는 사람들은 유아기부터 후기 성인기에 이르는 평생 동안 발달을 향상시킬 수 있는 서비스를 이용할 수 있다. 목표에는 역량 증진, 자기존중 함양, 생활기술 습득, 독립생활 지원 등이 포함된다. 각 가족의 고유한 욕구와 잠재력을 해결하기 위해 사회복지사와 클라이언트는 개별화되고 융통성 있는 행동 계획을 개발한다. 이러한 계획들은 클라이언트의 성장 잠재력을 고려하고 클라이언트의 상황에 맞는 적절한 지원을 제공한다.

평생 동안 다양한 서비스들은 녹립생활에 대한 통합적 지원에서 간헐적 지원의 범위에서 개별화된 지원을 제공한다. 이러한 서비스는 주거, 고용, 교육, 보건, 가족과 지역사회와 같은 다양한 생활 영역에 적용된다. 사회복지사들은 가족의 성장 능력을 검증하고 그들의 업적과 발전을 지지한다. 효과적인 서비스는 클라이언트의 성장 가능성, 지역사회 생활에 대한 완전한 참여, 사회에 대한 최대한의 공헌을 향상시킨다.

소비자의 목소리와 선택권 촉진

역사적으로 공공 부문과 민간 부문 간의 파트너십을 통해 공공 자금을 지역사회 서비스 제공기관에 배분하여 프로그램과 서비스를 제공해왔다. 이러한 전문가들의 협력체계에서 빠진 진정한 전문가는 소비자인 장애인과 그들의 가족이었다(Bradley, 2000). 과거에 전문가들은 종종 장애를 가진 사람들을 대신해서 삶을 바꾸는 결정을 내릴 수 있는 더 나은 위치에 있는 것처럼 행동했다.

장애인이 포괄적 서비스 계획을 개발하고 서비스 제공자를 선정하는 데 직접 참여하는 것은 장애 권리의 핵심 주제이다. 이것은 장애인들이 스스로의 의사결정에 대한 실질적인 권력과 통제력을 가질 것을 요구한다. 이는 서비스를 중개하고 비공식 지원을 준비할 때 전문가들이 기관의 기득권보다는 소비자의 최대 이익을 위해 봉사할 것을 요구한다. 사회복지사들은 다음과 같은 어려운 질문들을 고심한다.

- 장애인과 그 가족을 포함하여 클라이언트는 누구인가?
- 개인의 안전에 대한 자기결정과 우려의 균형을 어떻게 유지하는가?
- 전문가들은 서비스 및 자금 부족과 비용 억제에 대한 압박에 직면하여 개인적 선택을 어떻게 보장하고 있는가?

프리드먼과 보이어(2000)가 수행한 질적연구에서는 발달 장애인을 돌보는 가족이 인정하는 서비스의 사례로 융통성 있는 자금 지원, 사전 예방 지원, 자원 정보, 초점화된 아웃리치, 기관 간 협력, 의료보험에 의한 보장 범위 확대를 확인했다. 이 연구의 결과는 서비스 제공에서 선택, 유연성 및 개인화의 중요성을 강조한다.

자기결정을 강조하면 "발달 장애인의 선택, 선호, 개별적 서비스를 시스템의 중심에 두고 다양한 전통적/비전통적 제공기관이 필요한 지원을 제공할 기회를 놓고 경쟁하도록 장려함으로써" 권력 불균형을 변화시킨다(Bradley, 2000, p.192). 지원 중개인으로서 사회복지사는 장애인이 필요한 서비스에 대한 개별화된 계획, 예산, 조정, 평가를 개발하고, 대기자 명단과 비용 억제 압력을 포함한 과제를 해결하도록 지원한다.

장애인의 권리 옹호

NASW의 "장애인"(2017c) 성명서는 "장애인들이 사회에 완전하고 공평하게 참여할 권리를 보장하는 국가 정책을 지지한다. 이 참여에는 가능한 한 독립적으로 생활하고, 자기결정권을 행사하며, 생활 조건과 치료 계획에 대한 결정을 내리고, 교육을 받으며, 취업하고, 시민으로서 참여할 수 있는 자유가 포함된다"(정책 성명 섹션, §1).

자기결정의 윤리적 원칙은 장애인에 대한 완전한 사회적 통합을 촉진하기 위한 전제 조건이다(NASW, 2017c). 클라이언트의 선택을 극대화하기 위해 사회복지사는 독립적인 생활, 주거 및 교통, 이용 가능한 지역사회 자원 및 공공서비스, 교육, 취업 기회, 적절한 소득, 경제적이고 이용 가능한 의료 서비스를 포함한 일련의 서비스를 지원한다.

장애인과 사회복지사들이 협력해서 서비스의 효과성에 대해 의문을 제기하고, 삶의 질과 인권에 대한 문제를 제기하며, 정상화 및 자기결정의 원칙을 장려하고, 사회 행동에 참여하면서 진보와 변화의 풍토가 형성되었다. 오랫동안 인권 문제에 관심을 가져온 사회복지사들은 발달장애인에게 정당한 존엄성을 부여하는 사회적 변화를 지지한다. 장애인의 역량강화와 사회적 포용을 촉진하기 위해 사회복지사는 장애인의 전문지식을 지지하는 시책을 지원함으로써 자기결정권, 사회 행동, 입법 개혁을 촉진한다.

사회복지와 행동 건강: 정신건강

행동 건강은 개인적 차원의 조정보다는 거시 수준의 통합된 서비스 체계를 의미한다. 개인에게 적용되는 행동 건강은 정서적인 "안녕감 또는 안녕감에 영향을 미치는 행동"을 의미한다(SAMHSA, 2014a). 정서적 고통, 자살 생각, 약물 사용 및 기타 정신건강 장애와 같은 행동 건강 문제들은 일시적인 것에서부터 더 지속적이고 만성적인 것까지 다양하다. 사회복지 서비스의 거시 수준이 적용될 때, 행동 건강은 예방과 건강 및 안녕감 향상을 위한 시책에서 정신건강과 물질 사용 장애에 대한 개입, 회복을 지원하는 서비스에 이르기까지 다양한 서비스 프로그램을 의미한다.

행동 건강 문제의 정의

사람들은 종종 행동 건강의 존재보다 부재로 인해 행동 건강을 더 잘 인식한다. 정신건강의 부재는 사람들의 일상생활에서 개인적인 적응과 사회적 관계의 어려움으로 나타난다. 행동 건강상의 어려움이나 사회적 관계망에 있는 다른 사람들의 영향을 받는 사람들은 무언가가 잘못되었다는 것을 나타내는 행동이나 의사소통 패턴을 주목한다.

행동 건강 문제의 사정: DSM-5

정신건강 전문가들은 클라이언트의 행동 특성과 환경과의 상호작용을 평가하고 정신질환을 진단하고 분류하기 위해 DSM-5(Diagnostic and Statistical Manual of Mental Disorders 5th)를 사용한다(American Psychiatric Association, 2013). 이 가이드는 세계보건기구의 분류 시스템과 매우 유사하다.

DSM-5는 우울증, 불안 장애, 조현병, 양극성 장애, 지적 및 기타 발달 장애, 외상 및 스트레스 관련 장애, 물질 사용 장애 등 모든 정신질환에 대한 광범위한 범주를 포함한다. 문제의 유형과 심각도는 사회적 기능에 대한 단편적인 간섭에서 장기적인 장애까지, 급성 위기 경험에서 만성적 제약까지, 가벼운 스트레스 요인에서 심각한 긴장에 이르기까지 다양하다. 장애를 광범위하고 임상적으로 유용하게 분류하는 DSM-5는 다양한 분야와 다양한 이론적 배경을 가진 전문가들이 공통 진단 언어를 공유하여 보다 효과적으로 의사소통할 수 있도록 한다. 청구 가능한 서비스에 대한 코드를 포함하고 진단 범주에 기초한 관련 근거 기반 치료법을 확인하는 데 도움을 주기 때문에 DSM-5를 숙지하는 것은 모든 정신건강 전문가에게 필수적이다.

행동 건강 문제의 유병률

2015년 역학 조사 결과에 따르면 미국의 18세 이상 인구 중 약 18% 또는 약 4,340만 명이 물질 사용 장애를 제외한 정신질환의 영향을 받은 것으로 나타났다(National Institute of Mental Health[NIMH]). 성인 중 4% 인 약 980만 명은 조현병, 양극성 장애, 심각한 우울증과 같은 하나 이상의 심각한 정신질환을 경험했다. 우울증은 미국과 전 세계에서 발생하는 장애의 주된 원인이다. 추정치에 따르면 미국에서만 주요 우울증으로 인한 연간 직간접 비용은 2,100억 달러 이상이다(Greenberg et al., 2015).

이론적 관점

정신건강 분야에서의 사회복지실천의 이론적 기반은 심리학, 사회 문화, 그리고 생물학 이론에 기초한다. 이 이론들은 실천가들이 정신 질환을 이해하고 중재 방법을 제안하는 데 도움을 준다. 종종, 실천가들은 다양한 이론들을 결합하여 인간 행동에 대한 종합적인 이해를 한다.

심리학 이론

심리학의 주요 학파에는 정신분석학, 행동주의, 인지이론, 인지발달, 그리고 인본주의 이론이 있다. 지그문트 프로이트의 연구로 시작된 정신분석이론은 초기 아동기의 영향, 가족 관계, 그리고 성격 구조의 무의식적인 충돌을 강조한다. 정신분석치료는 무의식적 역동에 대한 클라이언트의 인식을 강화하고 갈등을 해결하는 데 도움을 주는 통찰력 중심의 분석을 제공한다. 행동주의이론은 일반적으로 모든 행동이 학습된다는 전제를 포함한다. 개입은 클라이언트의 부적응적 행동을 제거하고 보다 적응적인 패턴에 대한 학습을 촉진한다. 인지이론은 정보처리가 행동에 미치는 영향 또는 사고가 행동에 어떻게 영향을 미치는지 살펴본다. 개입에 관련하여 사고의 변화로 행동의 변화를 이끈다. 인지발달이론은 클라이언트의 발달 수준에 맞는 개념틀을 제공한다. 마지막으로 인본주의적 관점은 개인의 능력과 성장 가능성에 초점을 맞춘다. 인본주의적이고, 사람 중심적인 임상의들은 클라이언트가 그들 자신의 상황에 대한 전문가이며 그들 자신의 해결책을 도출할 능력이 있다고 가정한다.

사회문화이론

정신건강에 대한 사회문화적 관점은 인간 행동에 대한 사회적, 문화적 맥락의 영향을 강조한다. 즉 부적응적인 행동은 개인과 환경 간 상호작용의 결과이다. 예를 들어, 토마스 사즈(1960)는 정신질환이 실제로 존재하는 것이 아니라, 우리가 "정신질환"이라는 꼬리표를 붙이는 사회적, 심리적 징후가 삶의 문제를 야기한다고 주장한다. 사즈에 따르면 정신질환은 일종의 신화다. 그의 주장은 정신질환이라는 용어를 적용하는 데 내재된 문제를 지적한다. 사람들은 종종 사회적 규범을 위반하는 행동을 하는 다른 사람을 정신질환으로 분류한다.

낙인이론의 관점에서 사회학자들도 사람들을 정신질환자로 분류하는 것이 그들에게 역할을 부여하고, 다른 역할을 얻을 수 있는 그들의 능력을 제한한다고 주장한다. 일단 "정신질환"이라는 낙인이 붙으면 이를 제거하는 것은 매우 어렵다(Rosenhan, 1975). 낙인이론은 더 나아가 우리가 사람들을 "정신질환자"로 분류할 때, 라벨이 그들 자신에 대한 인식을 형성하고 그들의 능력에 대한 다른 사람들의 이해를 제한한다고 주장한다. 낙인은 행동에 대한 기대치를 만들어내고, 그렇게 낙인이 붙은 사람들로부터 고정관념적인 반응을 이끌어낸다. 따라서 진단 꼬리표는 행동을 이해하는 도구가 아니라 행동을 보기 위한 렌즈가 될 수 있다. 병리라는 꼬리표는 역량과 장점보다는 결손과 일탈에 초점을 맞춘 낙인을 찍는다.

생물학적 이론

유전학, 후성 유전학, 뇌 기능에 대한 연구 방법이 점점 더 정교해지는 것을 고려할 때, 연구자들은 생물학, 환경, 인간 행동 사이의 복잡한 상호작용에 대한 우리의 이해를 개선하고 있다.

유전자 연구의 발전과 함께, 유전자와 정신질환의 연관성에 대한 정보가 더 정교해졌다. 초기 쌍둥이 연구는 조현병과 관련된 유전자 기반 유전성 비율을 확인했다. 쌍둥이 중 하나가 조현병에 걸렸다면 이란성 쌍둥이보다 일란성 쌍둥이인 경우 조현병에 걸릴 확률이 높다. 최근 연구는 조현병의 유전적 구조를 규명한다(Harrison, 2015). 또 다른 연구 결과에서는 우울증, 양극성 장애, 주의력 결핍 과잉 행동장애(ADHD), 조현병, 자폐증에서 유전적 변이의 유사성을 확인했다(Smoller et al., 2013).

뉴런 간의 의사소통에 미치는 영향을 통해 신경전달물질은 정신장애에도 영향을 미친다. 예를 들어, 우울증의 경우 세로토닌의 수치가 낮으면 신경 전달이 느려져 기분에 영향을 미친다. 항우울제는 재흡수를 막아 세로토닌 수치를 높이고 기분을 고조시킨다. 조현병과 관련하여 낮은 수준의 도파민은 생각과 감정을 방해할 수 있다. 학습, 기억, 인지와 관련된 신경전달물질인 글루타메이트의 수치는 자폐증, 강박장애, 조현병, 우울증에 영향을 미칠 수 있다.

사회적, 물리적 환경이 유전자 발현에 미치는 영향을 제시하는 후성유전학 연구에서 발견한 사실을 간과해서는 안 된다. 딕(2011)에 의해 지적된 바와 같이 "환경 경험의 기능으로서 인간의 유전자 발현의 차이를 증명하는 문헌들은 우리의 사회 세계가 유전자 발현에 생물학적으로 중요한 영향을 미칠 수 있다는 것을 보여준다"(p.27). 예를 들어 우울증과 다른 정신질환의 발병에 영향을 미치는 것으로 확인된 환경적 위험 요소들 중에는 빈곤, 스트레스, 괴롭힘, 폭력, 불우한 아동기 경험이 있다.

생물학적 관점에서 치료 권고 사항은 종종 처방약과 증거 기반 개인 또는 집단 치료, 클라이언트와 가족을 위한 기타 지원 서비스를 결합한다. 그러나 인권과 사회정의의 관점에서 개입은 행동 건강의 사회적 결정 요인의 불평등과 사회적 및 물리적 환경의 스트레스 요인을 개선하는 거시적 수준의 시책을 포함해야 한다.

서비스 전달체계

역사적으로 사회복지는 1906년 매사추세츠 종합병원의 아이다 캐논의 활동을 통해 정신건강에 관여하게 되었고, 1913년 보스턴 정신의학과에서의 메리 자렛의 프로그램을 통해 정신건강 사회복지가 전문 분야로 확립되었다. 또한 재향군인관리국은 제2차 세계대전 이후 다양한 정신질환 사회복지 서비스를 통해 정신건강 분야에서 리더십을 발휘했다. 역사적으로 치료는 중증 및 심각한 정신질환을 가진 사람들을 위한 입원 및 거주 서비스를 강조한 반면 현대 치료의 체계는 다학제간 팀에서 구성된 지역사회 기반 프로그램과 서비스에 중점을 두는 경향이 있다.

탈시설화

1960년대 이후 정신건강 서비스에서 가장 주목할 만한 변화는 장기 입원의 감소와 지역사회 기반 정신건강 서비스의 증가이다. 탈시설화는 주 및 자치구 정신병원의 거주자 수를 극적으로 감소시키고 시설의 많은 부분을 폐쇄하는 결과를 가져왔다. 시설화된 사람들은 1955년 56만 명에서 1981년 12만 5000명으로 감소했다. 이 기간 동안 지역사회 기반 정신건강센터는 지역사회에서 클라이언트에게 서비스를 제공하기 시작했으며, 이는 오늘날에도 계속 이어지고 있다. 주 및 자치구 정신병원은 더 이상 만성 정신 질환자(CMI)의 주요 서비스 제공자가 아니다. 여전히 장기 입원 치료를 필요로 하는 클라이언트를 위해 민간에서 운영하는 요양원과 입원 및 요양시설이 이러한 서비스를 제공하며, 종종 메디케이드를 통한 환급으로 지원된다. 탈시설화에 대한 두 가지 질문은 여전히 남아있다. 지역사회 기반 정신건강 서비스 체계는 지속되거나 장기적인 정신질환을 앓고 있는 사람들에게 적절하게 서비스를 제공하고 있는가? 탈시설화가 정신질환을 가진 많은 노숙자들을 발생시켰는가?

탈시설화의 추진력은 경제적 효율성에 대한 압박, 시설화의 영향에 대한 인도주의적 우려, 향정신성 의약품의 개선 등 많은 요인에서 비롯된다. 단기 입원이나 장기 입원 모두 비용이 많이 든다. 개별 주들이 시설 프로그램에 대한 재정적 부담을 떠안고 있었기 때문에, 보다 경제적이고 연방 보조금을 받는 지역사회 기반 접근 방식을 사용하라고 압박했다. 흥미롭게도, 공무원들은 연방 정부의 자금 지원을 활용하기 위해

탈시설화라는 지시에 앞서 지역사회에 배치될 대상이 아니었던 많은 환자들의 상태를 변경했다.

보다 긍정적인 관점에서 개혁적인 개인들과 정신건강 옹호자들은 개별 정체성의 상실과 동기부여 에너지의 고갈을 포함한 시설화의 비인간적인 영향에 대해 우려했다. 시설화된 사람들은 냉담하고 주도권을 잃으며 희망이 없다고 생각했다. 지역사회 기반 치료는 좀 더 일상의 환경을 제공했다. 향정신성 약물치료가 가능해짐에 따라 환각, 망상, 그리고 다른 특이한 행동과 같은 증상들을 통제할 수 있게 되었고, 가족과 지역사회 서비스 제공자들은 덜 제한적인 환경에서 심각한 정신질환을 가진 사람들을 돌보는 능력에 대해 자신감을 갖게 되었다.

공공 및 민간 프로그램

다양한 유형의 공공 및 민간 프로그램이 지역정신건강센터, 보훈병원 및 클리닉, 사설 정신병원, 종합병원 및 의료 센터의 정신병원, 외래 환자 시설과 같은 환경에서 입원과 외래 정신건강 서비스를 제공한다. 연방, 주 또는 지역 기금 지원 기관은 공공 정신건강 시설 및 프로그램의 비용을 보장한다. 민간 기관과 클리닉은 일반적으로 메디케어, 메디케이드, 민간 기업의 수수료 및 보험 환급을 통해 수익을 얻는다. 정신건강 옹호자들은 의료보험에 충분히 가입되어 있는 사람들을 위한 종합 서비스와 그렇지 않은 사람들을 위한 제한된 서비스의 2단계 서비스 체계가 등장하는 것에 대해 우려를 표한다.

공립 정신병원 입원을 위한 가장 빈번한 1차 진단은 조현병이고, 사설 정신병원의 경우에는 기분장애이다. 정부가 지원하는 시설은 장기 입원이 필요한 만성 정신질환자와 물질 사용 장애가 있고 민간 보험이 없는 재향군인에게 경제적 부담을 주는 경우가 많다.

정신건강 서비스에서의 사회복지

사회복지사는 급성 또는 만성 정신질환의 증상을 보이는 사람들을 위한 정신건강 입원 및 외래 환자 서비스의 주요 제공자들 중 하나이다. 미국에서 면허를 소지한 사회복지사의 계층화된 무작위 표본에 대한 최근 인력 연구에 따르면 조사 대상자 중 3분의 1 이상인 37%가 정신건강 분야를 주요 실천 분야로 응답했다(Whitaker, Weismiller, Clark, & Wilson, 2006)

사회복지 사례

제이 도우는 심각한 자살 시도 후에 지역 병원의 정신과에 입원했다. 치료를 받는 동안 그녀의 부모가 가한 심각한 신체적, 정서적, 성적 학대의 이력을 확인하였다. 그녀가 10살이었을 때 그녀의 아버지는 그녀를 성폭행했다. 청소년기 동안 장기 위탁 가정에 있었던 제이는 정서적 애착의 의미를 확인했다. 20대 중반에 결혼하면서 그녀는 어린아이였을 때 경험하지 못했던 사랑을 발견했다. 적어도 결혼 초기에는 제이의 남편은 다정하고 친절하며 정직했고 아내가 절실히 필요로 하는 정서적 지지를 제공했다.

제이와 그녀의 남편은 여러 명의 아이들을 키웠다. 부모로서 그녀는 자식들에게 관심과 사랑, 안정감, 자신감, 가족 구성원에 대한 강한 소속감, 즉 자신의 가족 경험에서 누락된 부분들을 채워주었다. 아이들이 자라면서 제이와 그녀의 남편은 심각한 결혼 생활의 어려움을 겪었다. 그때 제이는 가족 서비스 기관에 개인 상담을 요청했다. 그녀는 마지못해 남편이 대부분의 결혼 생활 동안 술을 남용했다고 이야기했고, 그녀는 남편이 지난 몇 년간 자신을 신체적으로 학대해왔다는 사실을 고통스럽게 인정했다. 제이는 그녀가 성적으로 남편을 만족시키지 못했기 때문에 학대를 당했고, 자신은 벌을 받아야 한다고 생각했다. 그녀는 종종 자신을 괴롭혔던 과거의 사건들에 대해 암시했지만 차마 그것에 대해 이야기할 수 없었다. 제이는 정서적 고통을 겪는 괴로움과 어린 시절의 트라우마를 드러내는 두려움 사이에 사로잡혔다. 그녀는 과거를 직시하고 결혼 생활의 장애를 해결할 수 없어서 자살을 시도했다. 정신병원에 입원하자마자 그녀는 심각한 우울증을 진단받았다. 몇 주 동안 입원 치료를 받은 후, 제이는 어린 시절의 학대 이력을 밝혔고 그 후 외상 후 스트레스 증후군을 진단받았다. 심한 학대를 당한 가정에서 자란 아이들에게서 흔히 볼 수 있듯이, 제이는 어린 시절의 심한 트라우마와 고통을 감정적으로 억눌렀다. 억압된 감정이 드러났을 때 사회복지사의 공감 반응은 제이에게 그것을 경험하고, 분노의 깊은 감정을 극복하고, 보다 통합된 자아정체성을 개발할 수 있는 기회를 마련해 주었다.

정신건강 분야에서 요구되는 전문지식

제이 도우를 상담한 사회복지사와 같은 정신건강 전문가들은 개인 및 집단 치료, 사례관리, 옹호, 자원, 지역사회조직, 계획 및 예방 교육을 제공한다. 그들은 다음과 같은 다양한 전문지식이 필요하다.

- DSM-5를 활용한 진단 평가
- 증거 기반 행동 건강 프로그램과 서비스
- 외상 정보에 입각한 치료
- 자발적 또는 비자발적 참여에 관한 법률, 적법 절차, 클라이언트의 권리
- 기밀 유지와 고지 의무와 같은 윤리적, 법적 문제
- 자살, 정신병 증상, 폭력적 공격과 같은 위기 대응 절차

또한 정신건강 분야의 사회복지실천은 모든 사람들의 행동 건강을 지원하고 건강 생산 환경을 조성하는 정책과 프로그램의 개발을 지원해야 한다. 서비스는 경제적이고 인도적으로 구현되어야 하며, 포괄적인

자원 네트워크를 통해 이용할 수 있어야 한다.

다학제간 팀

정신질환의 문제는 다방면에 걸쳐 사람들의 삶의 모든 측면에 영향을 미치기 때문에 종종 다학제간 팀이 서비스를 제공한다. 팀 구성원에는 정신과 의사, 임상심리학자, 사회복지사, 정신과 간호사, 재활 전문가, 작업 치료사, 약사와 영양사가 포함된다. 각 팀은 문제를 이해하고, 행동을 평가하며, 치료 계획을 제안하는 데 있어 폭넓은 특화된 지식, 전문지식과 전문직의 성향을 보유하고 있다. 일반적으로 사례관리자는 클라이언트, 팀, 기타 서비스 제공자 간의 연락 담당자 역할을 하면서 팀의 계획을 조정한다.

지역사회 기반 정신건강 서비스에서의 사회복지

사회복지사는 교정시설, 학교, 거주치료센터, 가족 서비스, 아동복지기관과 같은 의료 또는 정신병원 이외의 현장에서도 정신건강 서비스를 제공한다. 전문 정신건강 프로그램 구성 요소는 호스피스, 직원 원조 프로그램, 자조 모임과 연구기관에서 살펴볼 수 있다.

궁극적으로 외래 환자 서비스의 목적은 입원이 필요한 사람의 수를 줄이는 것이다. 외래 환자 서비스에 있어 퇴원환자의 사후 개입과 재활은 정신질환자가 자신의 지역사회에서 생활을 유지하는 데 필수적이다. 만성 정신질환자를 위한 지역사회 지원 서비스는 독립적인 생활, 지원고용과 함께 사회화, 여가 및 치료를 위한 활동지원센터를 포함하는 외래 환자 프로그램을 제공한다.

사회복지와 행동 건강: 물질 사용 장애

약물이나 알코올의 사용 자체는 장애가 아니지만, 이는 문제가 되는 행동 건강 문제로 이어질 수 있다. 약물 남용은 판단과 사회적 역할 및 의무를 수행하는 능력을 방해할 수 있다. 물질 사용 장애(SUD)가 있는 사람들은 종종 행동의 부정적인 결과를 무시하고 중독의 영향을 부인한다. 특수 치료 서비스는 사람들이 SUD를 처리하는 것을 돕기 위해 이용할 수 있지만, 사회복지사는 모든 분야에서 알코올 및 약물 오용과 관련된 문제를 접한다.

물질 사용 장애의 정의

진단 및 통계 편람의 최신판 DSM-5(American Psychiatric Association, 2013)는 "건강 문제, 장애, 직장, 학교 또는 가정에서 주요 책임을 충족하지 못하는 것과 같이 임상 및 기능적으로 중요한 손상을 초래하는" 알코올 또는 약물의 반복적인 사용으로 물질 사용 장애에 대한 일반적인 정의를 규정하며(SAMHSA, 2015), 이전 판인 DSM-4(American Psychiatric Association, 2000)에서 제시한 약물 남용과 약물 의존 사이의 차이를 제외하였다. DSM-5는 알코올, 담배, 대마초, 흥분제, 환각제 및 아편 유사제 물질 사용 장애와 같은 유형의 물질 사용 장애를 추가로 구분한다. 임상의는 갈망을 포함하는 통제 장애, 사회적 장애, 위험한 사용과 약리학적 기준과 관련된 특정 진단 기준이 얼마나 많은지 판단하여 특정 장애의 심각도를 경미, 보통 또는 중증으로 평가한다. 물질 사용 장애의 심각한 수준은 이전에 중독이라고 불렸던 것과 거의 맞먹는다. 비

록 약물 의존과 중독이라는 용어가 학술지와 대중 매체에서 계속 사용
되고 있지만, DSM-5는 처방약 철회에 대한 정상적인 생리적 반응을
실제 약물 사용 장애를 나타내는 지표로 오인하지 않기 위해 두 용어를
실제 물질 사용 장애 진단 범주로 포함하지 않는다.

물질 사용 및 물질 사용 장애의 유병률

약물 남용에 대한 전국가계조사(National Household Survey on Drug Abuse:
NHSDA)는 12세 이상의 미국 인구에서 불법 약물 및 알코올 사용의 유
병률과 발생률을 보고한다. 2015년 조사 결과에 따르면 조사 기간 동안
약 2천 7백만 명 또는 약 10%가 불법 약물을 사용했다(Center for Behavior
Health Statistics and Quality[CBHSQ]), 2016).

일반적인 알코올 소비와 관련하여 12세 이상의 약 52%의 사람들이
조사 기간 동안 술을 마신다고 보고했다(CBHSQ, 2015). 표본의 하위집단
중 절반에 가까운 48.2%가 폭음을 경험했다. 18세에서 25세 사이의 사
람들은 가끔 술을 많이 마시거나 과음을 하거나 반복되는 폭음을 가장
많이 하는 연령대이다. 실제로 이 연령대에서 알코올 과다 섭취는 건강
및 안전 문제에 직면할 뿐만 아니라 물질 사용 장애의 발병 위험을 증
가시킨다(SAMHSA, 2015). 데이터에 따르면 2015년 12세 이상 인구 중
약 2,100만 명에게서 약물 사용 장애가 발생했다. 이들 중 1,570만 명
이 알코올 사용 장애를 가졌고, 770만 명이 불법 약물 장애, 270만 명
이 알코올 및 물질 사용 장애를 동반했다(CBHSQ, 2016). 모두 합쳐서 약
8백만 명의 물질 사용 장애를 가진 사람들이 동시에 발생한 정신질환을
동반했다.

알코올 사용 장애가 물질 사용 장애에서 가장 흔하지만, 처방 진통제
가 광범위하게 사용 가능하다는 점을 고려할 때 아편 유사제의 오남용이

급격하게 증가했다. 데이터에 따르면 2015년 미국에서는 33,000명이 아편 유사제의 과다 복용으로 사망했고, 200만 명이 처방전 아편 유사제와 관련된 물질 사용 장애 진단을 받았으며, 거의 60만 명이 헤로인 사용 장애를 가지고 있다(CBHSQ, 2016). 국립약물남용연구소(National Institute on Drug Abuse)는 이를 "사회경제적 복지와 더불어 공중보건에 영향을 미치는 심각한 국가적 위기"라고 부른다(NIDA, 2017). 아편 유사제의 오용과 관련된 공중보건 위험에는 약물 과다 복용의 치명적인 결과로 산전 아편 유사제의 노출로 인한 신생아 금단 증세 발병률 증가, 효과를 극대화하기 위해 아편 유사제를 주입한 결과로 인한 HIV 및 C형 간염과 같은 전염성 질병의 확산이 포함된다.

뇌질환으로서의 물질 사용 장애

물질 사용 장애는 해로운 결과를 경험함에도 불구하고 재발과 강박적인 약물 사용을 특징으로 하는 만성적인 뇌질환이다(NIDA, 2014). 물질 사용 장애와 관련된 향정신성 약물은 다양한 방식으로 뇌의 기능을 변형시킨다. 알코올이나 바르비투르2와 같은 억제제는 반응을 줄이고 불안을 잠재운다. 암페타민, 필로폰, 코카인과 같은 자극제는 반대의 효과가 있어 신경전달물질의 자연생성을 증폭시켜 행복감을 "높게" 촉발시킨다. 진통제의 기능을 고려할 때, 옥시코돈(OxyContin), 아세타미노펜(Vicodin), 펜타닐, 그리고 트라마돌과 같은 통증 수용체와 결합하는 히드로코돈과 같은 유사 아편제들은 일반적인 안녕감을 만들어 내고 인체의 자연적인 유사 아편제의 생산을 감소시킨다. 마리화나, 리세르그산

---

2 역자 주: 바르비투르산은 중추신경 억제제나 수면제, 항불안제, 항경련제 등으로 사용되는 약물이다.

다이에틸아미드(LSD)를 포함한 환각제는 의식을 변화시키고, 정보 처리 구조를 방해하며, 시간과 지각의 왜곡을 일으킨다. 마지막으로, 수면 보조제, 다이어트 약, 비강 스프레이, 감기약과 같은 비처방 의약품의 남용은 숨겨진 형태의 약물 남용인 "약국 중독(drugstore addiction)"으로 이어질 수 있다. 각 약물 유형이 뇌의 신경생물학적 회로에 특정한 영향을 미치지만, 뇌의 보상 시스템이 약물 사용을 강화하는 방식과 유전자 발현에 대한 근본적인 유전적 위험과 잠재적 변형에 있어서 공통성이 존재한다.

우리 인간은 보상의 힘이나 행동 강화에 호의적으로 반응한다. 우리는 종종 칭찬의 말, 워크시트의 금색 별, 또는 목표에 도달할 때의 성취감 등의 측면에서 강화를 생각한다. 하지만, 뇌의 화학적 변화는 그 자체로 보상 또는 강화의 중요한 요소이다. "우리의 뇌는 이러한 활동들을 즐거움이나 보상과 연관시킴으로써 생명 유지 활동을 반복할 수 있도록 연결되어 있다"(NIDA, 2014, p.18). 데이터에 따르면 약물 사용 시 분비되는 도파민 수치가 식사나 성관계와 관련된 도파민 수치보다 최대 10배 이상 높을 수 있으며, 이는 뇌의 보상 체계에서 발생하는 정적 강화가 약물 사용에 강력한 역할을 한다는 것을 시사한다(Koob, 2011, 2016; Koob & Volkow, 2016; NIDA, 2014). 약물 사용이 중단되면 도파민의 자연 생산마저 급격히 감소하여 불쾌감, 불안감, 과민성과 관련된 괴로운 감정을 격화하고, 부정적인 감정 상태를 피하기 위한 부적 강화를 통해 약물 탐색 행동을 자극한다(Koob & Simon, 2009). 이 경우에도 부적 강화가 재발 또는 약물 사용에 있어 중요한 역할을 하는 방법이라는 것을 확인한다. 흥미롭게도 물질 사용 장애에 대한 재발률이나 치료법 불이행률(40-60%)은 제1형 당뇨병(30-50%), 고혈압(50-70%), 천식(50-70%)과 차이가 없다(NIDA, 2014). 다른 만성질환과 마찬가지로 재발은 실패를 의미하는 것이 아니라 개입 계획을 검토하고 수정할 필요성을 알리는 신호일 뿐이다.

또한 고전적으로 조건 학습이라고 알려진 우리의 기억 시스템에 깊이 내재된 무의식적인 자동 반응은 강렬한 갈망이나 약물 추구 행동을 유발할 수 있다(NIDA, 2014). 친구, 활동 또는 약물 사용과 관련된 장소와의 연결과 같은 사회적, 물리적 환경 내의 단서에 대한 노출은 단순한 상호작용이나 기억의 결과로 약물 남용의 순환을 가져온다.

물질 사용 장애는 복잡하고 다면적이며, 사람들과 그들의 생심리사회적 및 물리적 환경 사이의 무수한 상호연결의 영향을 받는다. 사실 유전적 및 후성 유전학적 요인은 가족 배경의 복잡성, 아동기 부정적 경험에 대한 노출, 위험한 행동 성향 또는 회피, 청소년기의 또래 문화, 약물 사용에 대한 수용성, 접근성 및 실질적인 결정과 상호작용한다(Ho et al., 2010). 멘델식 유전의 뚜렷한 패턴은 없지만 가족 연구 결과에 의하면 중독 증상이 있는 1급 친척(first-degree relative)이 있는 개인의 위험이 미미한 중독 이력이 없는 사람보다 더 높은 위험성이 있으며, 쌍둥이 연구 결과에서는 물질 사용 장애에 대한 중증도에서 높은 유전율이 관찰된다(Bevilacqua & Goldman, 2009; Duncan, 2012; Urbanoski & Kelly, 2012). 1,500개 이상의 유전자가 약물 대사 및 신경전달물질 수용체 부위의 반응과 같은 물질 사용 장애의 근본적인 특징에 영향을 미치는 것으로 확인되었다(Duncan, 2012; Morozova, Goldman, Macay, Anholt, 2012; Thompson & Kenna, 2016). 또한 후성 유전학 연구의 증거는 약물 사용이 유전자 발현을 변화시켜 개인의 중독 표현형 발현에 일시적이고 장기적인 변화를 일으킬 수 있다는 것을 보여준다(Jangra et al., 2016; Stallings, Gizer, & Young-Wolff, 2016). 약물에 대한 노출은 뇌의 보상체계의 변화를 자극하여 중독에 대한 취약성을 높일 수 있다. 편도체의 경우 약물의 부재와 관련된 부정적인 영향과 불안감을 심화시킨다. 다른 신경생물학적 과정에서는 중독의 가능성을 매개한다. 태아 알코올 스펙트럼 장애(FASD)의 표현형 발현, 그리고 정자와 난자에서 후손의 SUD에 대한 취약성을 초래한다(Ho et al., 2010; Nestler, 2014; Pandey, Kyzar, & Zhang, 2017; Stallings, Gizer, & Young-Wolff, 2016; Wong, Mill, & Fernandes, 2011).

물질 사용 장애의 결과

심각한 개인 및 사회문제와 관련된 물질 사용 장애는 개인과 사회 모두에 중대한 영향을 미친다. 예를 들어, 세계보건기구(2014년)는 개인 건강 문제, 만성 및 전염병, 우울증, 직장 내 문제와 같은 사회경제적 영향을 포함한 알코올 관련 장애를 확인한다. 2012년에는 전 세계 사망자의 약 6%가 알코올로 인한 것이었다. 직장 생산성에 미치는 영향을 제외하고, 2013년에 의료, 유사 아편제 사용 장애 치료 및 형사사법 제도의 비용을 포함하는 미국의 유사 아편제 위기와 관련된 추정 비용은 780억 달러를 초과했다(Florence, Zhou, Luo, & Xu, 2016).

가족 및 아동과 관련하여 18세 미만 아동의 약 12%가 알코올을 남용하는 적어도 한 명의 부모와 함께 살고 있다(Office of Applied Studies, 2009). 연구는 가정폭력, 정신건강 문제, 법적 문제, 가정 불안정성, 아동 방임, 태아 알코올 스펙트럼 장애, 발달 장애, 애착 문제, 범죄 행동, 재정 불안정, 비행에 있어 알코올 남용의 영향이 있는 것으로 제시하고 있다(Burlew et al., 2012; Chambers & Potter, 2009; Gruber & Taylor, 2006; Lander, Howsare, & Byrne, 2013; Moss, 2013; Redman, 2008a, 2008b; Flanagan, Sullivan, & Connell, 2015).

사회복지와 물질 사용 장애 치료

역사적으로 메리 리치몬드와 제인 아담스의 활동을 시작으로 사회복지사들은 중독에 대응하는 것에 관여해왔다(Straussner, 2001; Strausner & Isralowitz, 2013). 최근에는 실천 연구와 정책 개발 분야에서 사회복지의 존재가 더욱 두드러진다. 사회복지 전문직의 생심리사회적 관점과 행동 건강에 대한 광범위한 실천 기반을 포함하여 여러 가지 요인이 중독 영역에서 사회복지사가 활동할 수 있도록 한다. 물질 남용 치료에 대한 행동 건강 환경의 맥락에서 사회복지사는 신규 클라이언트에 대한 초기 면접과 사정을 완료하고, 치료 계획을 개발하고, 개인, 가족 및 집단상담을 촉진하고, 다양한 직업, 교육, 법률, 보건의료체계의 서비스에 대한 의뢰와 전환을 조정하고, 동료 주도 12단계 프로그램 참여를 통한 지원을 제공한다. 행동 건강 약물 치료 기관들은 더 엄격한 면허와 규제, 의료보험기금 지원 규정, 공인 전문가로의 등급 상향에 대한 압박 때문에 사회복지사를 고용할 가능성이 더 높다. 아동복지, 정신건강, 직원 지원, 노인 서비스, 형사사법, 학교, 1차 보건의료, 가족 서비스 기관과 같은 다른 분야에서 사회복지사들은 다양한 어려움 중 하나로서 물질 사용 문제를 겪는 클라이언트를 만날 가능성이 높다.

전문 중독 치료 프로그램이나 관련 실무 분야에 종사 여부와 상관없이 사회복지사는 다음의 사항에 대한 이해에 관련된 지식 기반을 형성하는 것이 필요하다.

- 물질 사용 장애의 특성 및 역학
- 물질 사용 장애 및 동시 발생 조건에 대한 최신 진단 기준
- 특히 가족 및 어린이와 관련된 약물 사용 장애의 전신적 영향
- 회복 및 재발의 주기적 특성
- 지속적인 회복 및 절제를 지원하는 데 사용할 수 있는 지역사회 자원
- 문화적으로 적절한 증거 기반 실천

- 정보에 기반한 동의, 개인정보보호, 기밀성 및 기록에 대한 접근과 같은 법적 규정과 윤리적 고려 사항(NASW, 2013)

증거 기반 치료와 회복 프로그램

물질 사용 장애에 대한 포괄적인 치료는 물질 사용 장애의 다면적 특성을 해결하기 위한 다양한 방법을 제공하는 기관 또는 조직에서 제공한다. 이상적인 치료의 연속체는 지속적으로 발생하는 행동 건강 문제의 위험을 줄이기 위한 사회 전반의 건강 증진 및 예방 시책에서 시작한다. 초기 평가에서 SUD의 존재가 확인되면, 개인의 특정 욕구를 대상으로 신중하게 선택된 전문 서비스가 포함된 개별화된 치료 계획이 적용되며, 그 과정에서 회복 지원 프로그램은 생산적인 삶을 유지하고 약물이 없는 상태를 유지하는 데 도움이 된다(SAMHSA, 2016). 치료 방법에는 해독 및 의학적 안정화, 부분 입원, 거주 치료, 외래 환자 치료, 관석으로서 회복 지원이 포함된다. 의료, 개인 및 가족 상담, 동료 지지, 대처 전략 및 기술 구축, 중독, 회복 및 재발에 대한 학습을 위한 교육적 기회 등은 모두 관련 치료 전략을 구성한다(Millette & Cort, 2013).

국가, 주 및 지역 수준에서의 현재 행동 건강 의료 정책은 모두 물질 사용 장애 치료 및 회복 프로그램의 기반으로서 증거 기반 프로그램과 개입 방식을 통합하는 것을 강조한다(Wells et al., 2013). 사회복지사가 적용할 수 있는 가장 효과적인 치료법으로는 인지 행동 치료(CBT), 동기 강화 치료(MET), 가족 기반 치료 및 12단계 촉진 치료(TSF)가 있다. 종종 물질 사용 장애를 다루는 사람들에게 가장 유용한 자원인 12단계 상호지지집단도 효과를 보여준다.

중독 치료를 위한 시간제한적 치료 모델로서 인지 행동 치료는 알코올 사용과 관련된 유발 요인을 결정하고 행동을 변화시킬 수 있는 기술을 구축하는 데 초점을 맞춘다. 개인은 위험한 상황을 인식하고, 피하며 더 효과적인 대처 방식을 채택하는 방법을 배운다(Rohsenow & Pinkston-Camp, 2016; Wells et al., 2013). 상담사는 CBT 실행을 위한 특정 교육을 받은 후 직접 교육, 사고 재구성을 위한 모델링 방법, 역할극, 피드백, 새로운 행동 연습 기회 등 다양한 전략을 사용한다.

동기부여의 변화가 사고의 변화와 직접적으로 관련이 있다는 가정 하에서 동기부여 인터뷰에서 파생된 기술인 동기 강화 치료(METS)를 훈련받은 상담사들은 회복의 다음 단계를 위한 개인의 동기 또는 준비성을 향상시키기 위해 비용 효율적인 치료 중재를 적용할 수 있다. 동기 부여 인터뷰 기법은 클라이언트와의 관계를 구축하고, 협업하며, 클라이언트의 반응에 세심한 주의를 기울이고 그에 따라 속도를 조정할 것을 강조한다(Hettema, Wagner, Ingersoll, & Russo, 2016; Wells et al., 2013). 동기를 강화하는 전략에는 개방형 질문, 성찰적 경청, 긍정, 요약 진술, "변화 대화"를 구현하는 의견에 대한 지지가 포함된다.

종종 가족의 맥락은 물질 사용 장애의 발달에 영향을 미치며 회복을 지원하거나 방해한다. 일반적으로 체계 기반 접근법을 사용하는 가족 기반 치료는 가족 구성원 간의 의사소통 패턴 변화를 촉진함으로써 고통스러운 관계를 해결할 수 있는 기회를 제공한다(Bisetto, Gonzalez, & Botella Guijaro, 2016; Klostermann, 2016; Klostermann & O'Farrell, 2013). 웰스와 동료들(p.291)에 따르면 성인과 청소년 모두에게 효과적인 것으로 입증된 "확립된 가족 기반 접근법은 강력한 근거 기반을 확보했으며, 물질 사용 장애에 대한 중요한 심리사회적 치료의 방법"이다.

연구에 따르면 다른 치료법과 12단계 프로그램 참여를 결합하면 치료 효과가 증가하기 때문에 SUD 환자가 아직 상호지지집단에 참여할 준비가 되지 않은 경우에 중독 상담사들은 참여를 장려하기 위해 12단계 촉진 과정을 사용할 수 있다(Wells et al., 2013). 전략에는 클라이언트가 모임 참석, 후원자 확인, 단계 작업 및 유사한 문제를 가진 다른 사람 지원과 같은 12단계 프로그램을 숙지하고, 첫 모임에서 모임에 참여하고 새로운 참가자에게 지지를 제공하는 데 동의하는 사람과의 연결을 촉진하는 것을 포함한다.

12단계 상호지지 프로그램

즉시 이용할 수 있고 참가자들에게 무료로 제공되는 알코올중독자모임(AA)과 약물중독자모임(NA)과 같은 12단계 프로그램은 "중독을 억제할 수는 있지만 결코 제거될 수 없는 질병으로 받아들이고 개인의 성숙도와 영적 성장을 강화하며, 자기 중심주의를 최소화하고, 중독된 다른 개인에게 도움 제공을 포함하는" 회복 과정을 지원한다(Donovan et al., 2013, p.314). 기본적으로 이러한 단계에는 문제가 있고, 다른 사람의 도움이 필요하다는 것을 인정하고, 개인적인 문제를 반영하며, 끊어진 관계를 복구하기 위한 조치를 취하고, 회복 중인 다른 사람들에게 서비스를 통해 회복을 계속하게 하는 것을 포함한다. 연구에 따르면 12단계 프로그램은 금욕을 유지하고, 심리 기능을 개선하는 데 효과적이며, 특히 상호지지집단에 초기에, 일관성을 가지고, 지속적으로 참여할 때 효과적이다(Donovan et al., 2013; Lembke & Humphreys, 2016; McGaffin, Deane, Kelly, & Ciarrochi, 2015; Wells et al., 2013).

치료 명령

SUD의 영향이 직업 성과에 영향을 미치거나, 아동학대 또는 방임의 입증된 혐의로 이어지거나, 형사사법제도에 관여하게 되면 가족 또는 형사법원 제도의 고용주 또는 판사가 치료를 의무화할 수 있다. 직원

원조 프로그램(EAP)의 사회복지사들은 SUD와 관련된 직장 문제가 빈번
하고, 마약 없는 직장 유지를 위한 기업의 압박으로 인해 종종 알코올
중독과 약물 문제를 다루게 된다. 흥미롭게도 EAP의 회복률은 87%로
높으며(National Institute on Alcohol Abuse and Alcoholism[NIAAA], 1999), 이
는 일자리 유지가 치료를 완료하고 약물을 사용하지 않는 강력한 인센
티브임을 시사한다. 직원 개발 교육은 직원에게 SUD에 대해 알리고 감
독자 및 관리자가 중독 문제를 파악하고 후속 조치를 위해 EAP 전문가
에게 직원을 의뢰할 수 있도록 교육하는 것이다.

다른 치료 지시는 형사사법제도의 전문가들에 의해 쟁점화될 수 있
다. 예를 들어, 법 집행의 법규는 종종 알코올이나 마약 중독 상태에서
체포된 사람들이 교육 치료 프로그램에 참여해야 한다고 규정하고 있
다. 차후의 위반은 운전 면허를 잃는 결과를 가져올 수 있다. 또는 보호
관찰이나 가석방의 조건으로 법원 명령에 범죄자의 약물 치료 및 정기
약물 검사 참여를 규정할 수 있다.

마지막으로, 아동복지와 관련하여 약물 남용은 상당수의 근거 있는 아
동학대 및 방임 사례와 아동의 가정 밖 배치와 관련되어 있다(Chambers &
Potter, 2009; Child Welfare Information Gateway[CWIG], 2014; Jones, 2004;
Lander, Howsare, & Byrne, 2013; Traube, 2012). 가족 재결합을 위한 규정으
로서 SUD가 있는 부모들은 종종 치료를 받아야 하고 필요한 기간 내에
회복하기 위한 적절한 진전을 이루어야 한다.

가족 약물 법원

가족 약물 법원(FDC)은 부모의 약물 사용이 입증된 아동학대 또는
방임과 직접적으로 관련이 있는 가정에서 직면하는 특수 문제에 대응
하기 위해 1990년대 중반에 미국에서 개발되었다(Children and Family

Future[CFF], 2015; Office of Juvenile Justice and Delinquency Prevention[OJJDP], 2016; Oliveros & Kaufmann, 2011). 가정 법원 제도 내에서 운영되는 가족 약물 법원은 회복과 가족 재통합을 지원하기 위해 서비스를 제공할 수 있는 법원, 아동복지, 약물 사용 장애 치료 프로그램, 지역사회 협력 체계 간의 협조를 포함한다. 공동의 사명, 비전, 가치를 기반으로 한 학제 간 팀은 자녀가 위탁보호를 받는 기간을 줄이고 부모의 약물 남용 치료 프로그램 완료를 지원하기 위해 부모와 자녀의 욕구를 동시에 해결하기 위한 협력을 하고 있다. 프로그램 구성 요소에는 지지를 제공하고, 준수 여부를 평가하기 위한 주간 법원 청문회, 반복적인 약물 검사, 안전한 수거 및 식품 안전, 치과 및 건강 관리, 정신건강 상담, 양육 교육, 회복 지원과 기타 외상 정보 서비스와 같은 자원을 조정하기 위한 사례 계획이 포함된다. 다른 프로그램과 비교하여 가족 약물 법원 모델의 효과에 대한 증거에는 부모가 실제로 물질 사용 장애 치료를 시작할 가능성 증가, SUD 치료 프로그램에 대한 부모의 이수율 증가, 가족 재결합 비율 증가, 가정 밖 환경에서 아동이 보내는 기간 감소, 비용 효율성 등이 포함된다(Brook, Akin, Lloyd, & Yan, 2015; Gifford, Eldred, Vernerey, & Sloan, 2014; Lloyd, 2016; Marlowe & Carey, 2012; OJJDP, 2016).

물질 사용 예방 프로그램

예방 프로그램은 개인과 가정을 견고히 하고 약물 사용에 대한 지역사회 규범을 강화하며, "보호 요인"을 강조하고 알려진 위험 요소를 줄인다(SAMHSA, 2016). 보편적 프로그램은 일반 대중을 대상으로 하고, 선택적 프로그램은 하위집단인 "위험" 집단을 대상으로 한다. 또한 지정된 프로그램은 이미 약물을 사용하고 있는 사람들에게 초점을 맞춘다. 로버트슨, 데이비드, 라오(2003)는 예방에 대한 이 모든 접근 방식을 통합하는 두 가지 모델을 설명한다.

Project STAR는 학교, 학부모, 지역사회 단체 및 보건 정책입안자를 위한 구성 요소가 포함된 포괄적인 약물 남용 예방 지역사회 프로그램이다. 추가적인 구성 요소는 약물 예방을 위한 긍정적인 노력을 홍보하기 위해 대중 매체를 대상으로 한다. 중학교 구성 요소는 2년간의 시간표에 걸쳐 훈련된 교사가 교실 수업에서 통합하는 사회적 영향 교육과정이다. 부모 프로그램에서 부모는 자녀들과 함께 숙제를 하고, 가족 간의 의사소통 기술을 배우며, 지역사회 활동에 참여한다. 전략은 청소년에게 약물 저항성 기술을 가르치는 것과 같은 개인 차원의 변화에서부터 알코올이나 마약에 대한 청소년 접근을 제한하는 것을 포함한 학교와 지역사회의 변화에 이르기까지 다양하다. 장기 추적 연구에서 예방 개입을 받지 않은 지역사회의 청소년과 비교했을 때 참가자들의 약물 사용이 유의하게 감소하는 것으로 나타났다(Robertson et al., 2003, p.30).

Coping Power는 공격성과 향후 약물 남용 및 비행 위험이 높은 사춘기 이전의 아동들과 부모를 대상으로 하는 다원적 예방적 개입이다. 아동 구성 요소는 분노 대처 프로그램에서 파생되었으며, 주로 매우 공격적인 소년들을 대상으로 검증하여 약물 사용을 줄이는 결과를 확인하였다. Coping Power Child Component는 5학년과 6학년을 위한 16개월짜리 프로그램이다. 집단 활동은 보통 방과 전후, 또는 비학업 기간 중에 진행된다. 교육은 아이들에게 불안과 분노를 발견하고 대처하는 방법, 충동성을 조절하는 방법, 그리고 학교와 가정에서 사회적, 학업적, 문제 해결을 위한 능력을 개발하는 것에 초점을 맞춘다. 부모들은 또한 프로그램 내내 교육을 받는다. 결과에 의하면 통제집단과 비교할 때 개입 이후 상대적으로 낮은 물질 사용 비율이 낮은 것으로 나타났다. 또한, Coping Power에 참여한 가정의 자녀는 부모와 교사가 평가한 대로 공격적인 행동이 크게 감소했다(Robertson et al., 2003, p.32).

복습과 예습

사회복지사가 보건의료에 참여하는 다양한 측면을 살펴보기 위해 이 장에서는 사회복지사의 역할에 대한 개요를 제공했다.

- 공중보건, 1차 보건의료, 병원 기반 서비스, 장기요양, 유전학, 만성질환과 AIDS 분야를 포함한 의료기반의 보건의료체계
- 장애인 대상 서비스
- 정신건강과 관련된 행동 건강 계획
- 물질 사용 장애와 관련된 행동 건강 계획

사회복지는 모든 사람들이 최대의 잠재력을 발휘하려면 지지적인 사회 환경을 필요로 하기 때문에 보건의료에 대한 책무를 가지고 있다. 모든 사람들은 건강할 권리가 있고, 양질의 보건의료 서비스를 이용할 수 있어야 한다. 사회복지는 실천기준을 수립하고, 개인의 사회적 역할을 적절히 수행할 수 있도록 의료 시스템에서 사회복지 서비스를 제공하며, 모든 사람의 건강을 증진하는 건전한 환경과 서비스를 조성하는 정책을 지원함으로써 의료 분야에 기여한다.

사회복지사들은 두 개의 차원으로 분리되는 건강 서비스 체계의 개발을 막기 위해 근본적으로 건강과 정신건강에 급진적으로 관여해야 한다. 부유층과 의료보험에 가입한 사람들은 의료기관들을 이용할 수 있지만, 가난한 사람들과 보험이 부족한 사람들은 환자 거부로 종종 제한되거나 공공 의료 시설로 옮겨진다. 정부가 지원하는 의료보험 프로그램인 메디케이드와 메디케어의 심각한 삭감과 기업 의료 체계에서 추진

하는 비용 억제 조치, 특정 유형의 서비스에 대한 이용 제한, 서비스 제
공의 활용 제한, 조기 퇴원 촉진과 같은 의료 서비스 제공의 불평등과
부적절함에 대해 사회복지사들은 이의를 제기하고 옹호해야 한다.

NASW(2014a)는 저렴하고, 인간적이며, 접근 가능하고, 조정되고, 포
괄적인 의료 서비스를 촉진하는 정책을 지원한다. 이 정책 지침은 사회
복지사가 모든 개인, 특히 취약계층에게 양질의 보건의료 서비스 제공
과 서비스를 촉진하는 법률과 실천을 옹호하도록 요구하고 있다.

생각해보기

❶ 실천에서의 다양성과 차이: 고령화, 이민 및 소수 인구의 변화로 인
한 인구사회학적 변화는 의료사회복지사의 사회복지 서비스 제공을
포함하여 보건의료체계의 거의 모든 측면에 영향을 준다. 변화하는
인구 통계가 고용 기회 서비스 제공 조항과 보건의료 분야의 사회복
지 전문가에 대한 지속적인 교육 요건에 어떻게 영향을 주는가?

❷ 개입: 장애인을 위한 합리적인 편의는 건축 및 이동 접근성 그 이상
이다. "환경 수정"을 다양한 장애인을 위한 서비스에 대한 역량강화
개입 전략으로 어떻게 사용하는가?

❸ 인권과 정의: 사회적 소외와 낙인이라는 사회적 관계 문제 외에도
정신질환자는 취업과 경제적 어려움에 직면하는 경우가 많다. 사회
복지사가 정신건강 권리 운동에 어떤 역할을 할 수 있는가?

❹ 참여: 아동복지 및 형사사법 관련 클라이언트들은 약물 치료 프로그
램과 주기적인 약물 테스트에 참여해야 하는 경우가 많다. 약물 또

는 알코올 치료 프로그램에 참여하라는 법원의 명령을 받은 클라이언트와 함께 활동하는 사회복지사들에게 어떤 윤리적 딜레마가 발생하는가?

제13장

가족 및 청소년 복지

★★★★★

- 현대 가족 및 가족 중심 서비스에 대해 기술할 수 있다.
- 주요 부정적 아동기 경험으로서 아동학대를 설명할 수 있다.
- 아동복지 시스템에서 제공되는 서비스들을 기술할 수 있다.
- 학교에서 사회복지사의 역할과 청소년을 위한 그 밖의 서비스에 대해 토론할 수 있다.

- 현대사회의 가족
  - 가족 형태의 다양성
  - 가족체계 접근
  - 가족 서비스 기관
  - 옹호와 가족 정책
- 아동학대
  - 역사적 관점
  - 아동학대의 정의
  - 신고의무법
  - 부정적 아동기 경험으로서의 아동학대
  - 적응유연성 키우기
  - 외상 인지 돌봄 원칙 적용하기
- 아동복지 서비스
  - 아동복지 전달체계
  - 예방
  - 가족 지지 및 가족 보존 서비스
  - 위탁보호
  - 거주 서비스
  - 영구계획과 가족 재결합
  - 입양
  - 옹호 이슈와 아동복지
- 학교사회복지
  - 지역사회와 협력
  - 특별한 교육적 욕구가 있는 아동
  - 초기 발달 검사
  - 청소년 자살
- 청소년을 위한 그 밖의 서비스
  - 가출 및 노숙 청소년을 위한 사회복지
  - 사회복지와 미성년자 성매매
  - 청소년 역량강화

복습과 예습

생각해보기

　사회복지사는 전통적으로 가족 서비스, 아동복지, 학교사회복지, 청소년을 위한 지역사회 기반의 서비스 영역에 많이 고용된다. 이 장에서는 다음과 같은 것들을 살펴본다.

- 현대 가족과 가족 중심 서비스
- 주요 부정적 아동기 경험으로서 아동학대
- 아동복지 시스템 내의 서비스들
- 학교와 청소년을 위한 그 외 서비스에서 사회복지사의 역할

　오늘날 가족사진 앨범은 1900년대 가족사진 앨범과는 완전히 다르다. 현대의 앨범에서 우리는 사진 기술 자체의 발전은 물론 가족 구조와 크기의 변화를 볼 수 있다. 지난 세기를 거쳐오면서 산업화와 도시화에 의해 경제와 노동력에서의 변화가 휩쓸고 지나가면서, 가족의 구조는 변화하였다. 오늘날 많은 여성들이 집 밖에서 일한다. 한부모가족의 수가 극적으로 증가하였으며, 가족의 구성도 더 이상 전통적인 핵가족 구조로 제한되지 않는다. 그러나 한 가지 특징은 변화하지 않았다. 가족 내의 일차적 관계는 인류의 복리를 위한 근간을 여전히 제공하고 있다. 가족은 아이들을 기르고 사회화시킨다. 실제로 가족은 모든 사람들, 다른 사회제도의 기능, 사회 전체의 발전에 필수적이다.

현대사회의 가족

　가족의 개념은 남편, 아내, 자녀라는 기본적인 친족 집단 혹은 혈연,

결혼, 입양과 관련된 사람들의 무리(constellation)에서부터 훨씬 포괄적인 개념까지 변화해왔다. 이제 가족이라는 용어는 그들의 관계를 가족으로 간주하고, 가족 소속감과 관련된 책임감과 의무를 가지고 있는 두 명 이상의 사람들의 무리로 정의된다(NASW, 2008a). 따라서 가족은 정서적 유대감에 따라 스스로 가족으로 정의하는, 전혀 관련 없는 사람들의 집단이 될 수 있다. 가족 형태의 변화를 살펴보면 현대 가족이 직면한 이슈들을 이해하는 데 도움이 된다. 가족과 함께 일하기 위해서 사회복지사는 가족 중심 접근의 토대로서 체계이론을 활용한다.

가족 형태의 다양성

대부분의 사람들은 아빠, 엄마, 자녀라는 전통적인 핵가족 구성을 "정상적인" 가족 구조로 본다. 그러나 가족 형태가 변화하고 있다는 것이 자료로 입증되고 있다. 예를 들어, 2015년에는 20−24세 중에서 90.5%의 남성과 84%의 여성이 한 번도 결혼하지 않은 것으로 나타났다. 30−34세 중에서 40.6%의 남성과 31.1%의 여성이 한 번도 결혼하지 않은 것으로 나타났다(미국 센서스 자료, 2015). 또한 현재 데이터에 따르면, 1,000명당 3.2명이 이혼하고, 6.9명이 결혼하는 것으로 나타난다(국립 건강 통계센터, 2015). 6명 중 1명의 여성은 임신가능기간 동안 아이를 낳지 않는다(Pew Research Center, 2015a). 전체 아이들의 2/5가 16세가 되기 전에 동거 가정에서 산다고 추정이 되지만, 대다수의 아이들은 두 명의 결혼한 부모와 함께 산다(Goodwin, Mosher, & Chandra, 2010; Vespa, Lewis, & Kreider, 2013). 이혼, 재혼, 동거, 무자녀와 같은 현상은 가족 구조를 확실히 변화시켰다.

현대 가족의 대한 이해는 한부모, 혼합, LGBT, 다세대, 조손 가족 등 가족 형태의 다양성을 포괄하고 있다.

한부모가족

18세 이하의 자녀와 함께 살고 있는 한부모가족의 수가 1970년대 이후로 증가하고 있다. 1980년 13%에서 2015년 28%까지 증가하였다 (Federal Interagency Forum, 2015). 한부모가족과 살고 있는 아동의 대부분은 엄마와 살고 있다. 청소년 한부모는 감소하고 있지만, 미혼모는 증가하고 있다. "결혼한 적이 없는"이라는 분류는 한부모가족 중에서 가장 빠르게 증가하고 있는 유형이다.

필즈(2004)에 따르면, "이러한 경향은 아동의 복리 그리고 복지, 가족 휴가, 아동 보호, 그 외 노동과 가족생활의 영역과 관련된 프로그램과 정책에 중요한 함의를 가진다"(p.8). 예를 들어, 2014년에 아빠 없이 여성이 가구주인 가구에 살고 있는 아동 빈곤율은 30.6%였으며, 결혼한 커플의 가족에 살고 있는 아동 빈곤율은 6.2%였다(Proctor, Semega, & Kollar, 2016). "빈곤의 여성화"라는 용어는 여성 가구주 가족과 빈곤 간의 관련성을 나타낸다.

사회복지와 한부모가족. 한부모가족을 위한 사회복지 서비스는 광범위한 사회적 이슈와 가족 스스로에 의해 제기된 대인적 이슈 둘 다에 초점을 두고 있다. 가족과 관련된 주요 사회복지정책들에는 고용, 주거, 건강 관리, 보육, 아동 보호, SNAP(식품 구입권), TANF, 가족 의료 휴가, 가정폭력 법령 등이 있다. 정책 실천을 통해, 사회복지사는 한부모가족의 빈곤 이슈를 제기하는 사회정책을 옹호하는 데 특별한 관심을 기울인다. 미시 수준의 개입은 한부모가족이 직면한 어려움들을 다루는 데 도움을 주고 방향을 제시해준다. 본질적으로 한부모가족에서는 가족 내에서 어른의 역할이 한부모에게만 지워진다. 가족체계는 부가적인 스트레스를 경험한다. 아이들은 음식 준비, 보육과 같은 어른의 책임성을 가지게 되고, 부모가 의지하는 친구가 된다. 가족과 함께하는 실천에서 역량강화 기반의 사회복지사는 가족 강점을 확인하고 키워나간다. 가족 강점에는 다음과 같은 능력들이 있다.

- 변화를 수용하기
- 양육을 최우선 과제로 삼기
- 아이들을 비징벌적 행위로 일관되게 훈육하기
- 가족 의사소통의 효과적인 패턴 개발하기
- 개별성을 강화하기
- 스스로를 위한 시간 찾기
- 독특한 가족 의식과 전통을 만들기(Olson & Haynes, 1993)

혼합가족

미국의 결혼, 이혼, 재혼의 패턴 변화는 가족생활에 중대한 영향을 미쳤다. 첫 번째 결혼이 두 가족의 결합인 반면, 두 번째 결혼은 셋 혹은 그 이상의 가족 단위가 서로 얽혀있다. 혼합가족-때로는 재구성, 재혼, 의붓 가족이라고도 불린다-은 생물학적 부모, 그 자손, 배우자, 배우자가 데려온 자녀로 구성된 가족이다. 새 가족에서 자녀가 태어날 때 혼합은 좀 더 확대된다. 확대된 혼합가족 단위는 계부모, 이복형제, 의붓 조부모, 무수히 많은 고모, 이모, 삼촌, 이전 결혼관계에서 비롯된 모든 가족 구성원들을 포함한다. 결혼과 이어지는 재혼은 기하학적으로 관계를 더 복잡하게 만들어 낸다.

사회복지와 혼합가족. 죽음, 재혼은 전형적으로 가족기능을 방해한다. 현재 가족 환경 변화뿐 아니라 과거 역사의 복잡성을 다루어야 하기 때문에 새롭게 형성된 가족 내 모든 관계에 스트레스를 준다. 가족 구성원은 원가족, 첫 번째 결혼, 별거나 이혼의 역동으로부터 정서적 부담을 느낄지도 모른다. 재구성된 가족 구성원들이 그들에게 기대되는 역할을 수행하고 그들의 삶을 안정화시키기 위해서는 과거와 현재 환경을 모두 다루어야만 한다(McGoldrick & Carter, 1989).

아이들은 확실히 재혼의 영향을 받는다(Visher & Visher, 2014). 아이들의 주요 이슈에는 첫 번째 가족 해체로 인한 상실, 분리된 충성심(loyalties), 소속감의 문제, 두 가구의 구성원이 된 것, 때로는 의붓 가족 관계에 대한 비합리적인 기대, 친부모의 재결합 희망, 이혼을 유발했다는 죄책감, 특히 청소년기 자녀에게는 정체성과 성 문제 등이 있다. 아이들은 최초의 붕괴에 대처하고 가족의 재구조화에 적응함으로써 그들의 삶에서 균형감을 재획득해야 한다.

LGBT 가족

가족 유형 중에서 증가하고 있는 것 중에 하나가 LGBT 공동체의 구성원들이다. LGBT로 확인된 사람들 중에서 3백만 명이 자녀를 가지고 있는 것으로 예측된다. 6백만 명의 성인과 아동들이 LGBT로 확인된 부모를 가지고 있다. 100명 중 3명의 자녀가 같은 성의 부부가 있는 가족 구조에서 살고 있다(Gates, 2013). 입양 자녀, 생물학적 자녀, 혼합가족, 공동 양육권 등 LGBT 가족 구조는 다양하다. LGBT 가족은 전통적 가족 관계와 전혀 다르지 않다. 부모들은 사랑하고 자녀를 보살피며, 자녀의 욕구에 맞게 대응한다. 그리고 자녀들도 부모를 사랑한다.

양성애 중심, 동성애 혐오 사회에서 살고 있음에도 불구하고, 게이와 레즈비언 가족은 아주 효과적으로 기능한다. 미국 아동청소년심리협회(2013)에 따르면, "현재 연구에 따르면 게이와 레즈비언 부모와 살고 있는 자녀들은 정서적 발달과 동료 및 성인과의 관계에 있어서 양성애 부모와 살고 있는 자녀와 다르지 않다. 자녀의 발달에 영향을 미치는 것은 부모 자녀 관계의 질이지 부모의 성적 지향이 아니다."

사회복지와 LGBT 가족. 편견적 태도가 LGBT 가족이 맞닥뜨린 어려움을 가중시킨다. LGBT 가족은 부가적인 외부 스트레스에 직면한다. 지나치게 열성적인 아동복지 시스템, 생물학적 부모와 친지들과의 양육권 문제, 이전의 양성애적 관계 때문에 LGBT 공동체의 일부 구성원들이 드러내는 배척 등. 게이 권리 운동은 LGBT 부모의 시민권 이슈를 드러내는 데 중요한 역할을 했다. 어떤 판례에서는 양육권과 차별적 실천을 줄이기 위한 사회정치적 조직 활동을 지지하였다. 사회복지사는 NASW를 통해 차별을 끝내고 인권을 증진시키고 게이와 레즈비언 가족을 위해 문화적으로 적절한 서비스를 옹호하는 노력을 지지한다(NASW, 2014c).

다세대 가족

다세대 가족은 셋 혹은 그 이상의 세대가 같은 가구에 살고 있는 가족을 말한다. 2012년에 5천 7백만 명 이상의 사람들, 즉 미국 전체 인구의 18% 가량의 사람들이 다세대 가구에 살고 있는 것으로 나타났다(Fry & Passel, 2014). 동거가족 수의 증가는 노부모들과 조부모들의 욕구를 수용한 것이다. 그러나 다세대 가구의 극적인 증가는 또한 성인 자녀와 그 자녀들이 원가족과 함께 사는 숫자가 증가한 결과이기도 하다.

나이 든 부모와 자녀들을 동시에 돌보는 "샌드위치 세대"들은 특별한 도전에 직면하였다(Berk, 2018). 우선 첫째로, 특히 나이 든 부모가 성인 자녀들에게 의존하고 있는 경우, 나이 든 부모와 성인 자녀들 간의 역할 관계를 반드시 조정하여야 한다. 성인 자녀와 관련하여, 성인 자녀와 손자가 돌아와 부모의 둥지가 "다시 깃털로 뒤덮일 때", 부모는 반드시 그들의 역할을 재정의해야 한다. 가족체계 개입은 세대 간 역동을 고려하여 다세대에 동시에 개입해야 할지도 모른다.

다세대로 확대된 친족 네트워크는 특히 민속적, 소수자 가족에게 중요하다. 예를 들어, 다세대 가족 단위 유지, 존경, 충성심은 히스패닉 가족생활의 특징이다. 아시안 아메리칸 가족은 문화적 전통을 반영하여 노인에 대한 존중, 강한 가족 지향, 가족 충성심을 보인다. 확대 친족 구조는 전통적 아메리칸 원주민 가족의 사회관계에서 특히 지배적이다. 이중문화적이고 신전통을 따르는 아메리칸 원주민 가족에서는 변형된 친족 체계가 영향을 미치는데, 조부모가 손자녀를 기르고, 조언을 하고, 가족 규범을 확립하는 데 중요한 역할을 한다. 문화적으로 유능한 사회복지사는 다양성에 대한 이해를 다세대 가족과의 실천에 적용한다.

조손가족

조손가족(grandfamily)은 조부모가 가장인 가족(grandparents-headed family)으로 미국 내에서 가장 빠르게 증가하고 있는 가족 유형이다. 현재, 7백만의 아이들, 즉 18세 이하 아동의 10%가 조부모와 함께 산다(Ellis, Simmons, 2014). 조부모가 아동 130만 명을 홀로 책임지고 있다. 손자녀를 키우는 조부모의 대부분은 60세 이하이고, 일을 하고 있다. 그러나 조손가족에서 살고 있는 아동들은 부모가 가장인 가족에 살고 있는 아동들에 비해 더 빈곤하고 건강보험 혜택도 부족하다.

조부모는 때로 손자녀의 부모가 경험하는 주요 생활 문제 때문에 손자녀를 양육해야 하는 압박을 받는다. 알코올 중독, 약물 중독, HIV/AIDS, 투옥, 아동학대 사건 등은 모두 부모 집에서 아동을 분리시키도록 강제할 수 있다. 어떤 경우에도, 조부모들은 인생을 바꿀만한 환경에 맞춰 미래에 대한 자신의 계획을 수정해야 한다.

사회복지와 조손가족. 조부모가 직면한 도전들 중에는 조부모가 돌보고 있는 손자녀의 부모인 자신의 성인 자녀와의 역할 관계에서의 변화가 있다. 조부모들은 자유를 잃고, 같은 연령의 동료들로부터 고립되고, 재정적 압박을 받고, 건강이 나빠지고, 우울감이 찾아오고, 건강보험, 주간보호, 미래에 대한 걱정, 손자녀가 직면한 어려움, 양육권과 관련된 법적 이슈들을 다루어야 한다(Iotter, Scott, & Alfonso, 2015; Doley, Bell, Watt, & Simpson, 2015; Harnett, Dawe, & Russell, 2014; Hayslip, Blumenthal, & Garner, 2012; Lee, Blitz, & Smak 2015; Sampson & Hertlein, 2015). 역량강화 지향의 프로그램과 서비스에는 건강, 법적, 사회서비스에 대한 정보 제공, 역할 적응 촉진과 상담을 통한 다세대 간 갈등 중재, 조부모를 필요한 자원에 연결하기, 강점과 적응유연성 키우기, 지지집단 촉진하기 등이 있다(Collins, Fryhauf, & Bundy−Fazioli, 2015; Cox, 2008; Collins, 2011; Edwards & Benson, 2010; Strom & Strom, 2011; Tang, Jang, & Carr Copeland, 2015; Yancura, 2013).

가족 서비스 기관

사회복지사는 가족복지에 대해 강조했던 자선조직화협회의 자취를 따라 가족 서비스에서 개입을 하고 있다. 메리 리치몬드는 "사회진단(1917)"이라는 그녀의 저서에서, 가족의 중요성을 강조하였다. 리치몬드에게 "사례"와 "가족"은 동일하다. 그녀는 만약 가족이 개별사회복지실천의 근간이 아니라면 개인 치료는 무너지고 말 것이라고 보았다. 자선조직화운동의 리더인 리치몬드와 프란시스 맥린은 전미자선조직협회를 설립하였고, 구) 미국가족서비스, 현) 아동가족연합을 창설하는 데 중요한 역할을 담당하였다. 아동가족연합의 미션에는 서비스를 제공하는 구성원의 능력을 강화시키고 아동, 가족, 지역사회를 전반적으로 옹호하는 것 등이 있다(Alliance for Strong Families and Communities, 2016).

수년 동안, 아동가족연합(구) 미국가족서비스)은 전국 단위의 가족 서비스 기관을 발달시켰다. 오늘날 변화하는 사회 조건과 가족의 욕구는 가족 옹호에 대한 전문가의 관심을 쇄신하였다. "개별사회복지실천(Social Casework)" 저널이 재편되어 "사회 속에서의 가족(Families in Society)"이라는 이름으로 개명된 것은 가족 중심 실천에 대한 강조를 보여주는 사례이다. 또한 아동보호서비스도 가족 보존과 가족 강점을 포함하여 가족 중심 접근을 강조하고 있다.

공공, 민간, 종교, 비종교, 영리, 비영리 기관을 포함한 많은 기관들이 가족 서비스를 제공하고 있다. 이러한 기관들 중 일부—가족 서비스 혹은 공공 아동복지 기관들—는 1차적 목적으로 가족 개입을 한다. 고용지원 프로그램, 지역사회 정신건강센터, 노인 서비스 기관들은 가족에 대한 개입을 기관 기능 중 하나로 간주한다. 가족은 자발적으로 서비스를 찾을 수도 있다. 또는 법원이 아동학대나 아동 비행의 증거 때문에 조치를 취할 때 가족 서비스를 요구하기도 한다.

가족 서비스에 대한 욕구를 촉발시키는 문제는 상당히 다양하다. 어떤 가족은 단지 교육이나 단기 상담 개입으로 쉽게 해결 가능한 일시적인 어려움을 경험한다. 그러나 만성적인 문제와 진행 중인 스트레스를 다루는 보다 강력한 개입을 필요로 하는 가족들도 있다.

가족체계 접근

가족에 대한 개입은 가족을 한 단위나 체계로 초점을 두고, 가족 구성원 간, 가족과 가족을 둘러싼 환경 간의 관계 역동을 고려한다. 개별 가족 구성원이 어려움을 경험할 때, 가족 구성원이 서로와 갈등 관계에 있을 때, 가족 혹은 가족 구성원 중 한 명과 환경 간에 야기된 문제를 가지고 있을 때 스트레스는 발생한다. 가족체계 접근은 역할 경계와 행동을 지배하는 규칙, 대인 의사소통 패턴과 관련하여 가족 구조에 대한 사정에 근거하여 개입한다.

역할 경계는 각 가족 구성원들에게 기대되는 특정한 행동을 말한다. 가족 문제는 이러한 경계가 명확하지 않거나 너무 경직되었을 때 발생한다. 성별, 연령, 세대는 가족이 역할을 나누는 방식을 정의한다. 예를 들어, 엄마가 직업을 찾거나 교육을 받고자 할 때, 자녀 양육 기능을 엄마에게만 두는 것은 가족 분열을 불러일으킨다. 마찬가지로, 맞벌이 가족 구성원은 부양자의 역할과 그에 따른 기대를 재정의할 필요가 있다. 역할과 관련하여 조직화가 안 된 가족들도 있다. 예를 들어, 자녀 양육의 역할을 명확하게 추정하거나 이해하지 못한 가족에서는 자녀들이 보호를 받지 못하거나 심지어 방임을 경험할 수 있다.

가족 규칙은 가족 구성원 간의, 지역사회 내의 행동에 대한 한도를 제시한다. 그런 규칙들이 부재한 경우, 아노미나 혼란이 찾아온다. 반대로, 경직된 규칙을 강요하는 것은 분노, 적대감, 불복종을 불러일으킬 수 있다.

효과적인 가족 의사소통은 가족 구성원 간의 개방적이고 유연한 의사소통 방식에서 나온다. 침묵, 일방향적 지시, 순환적 메시지와 같은 폐쇄적인 의사소통은 비효과적이다. 의사소통을 개선하기 위해서, 가족과 사회복지사는 함께 분리, 삼각관계, 숨겨진 아젠다를 개선할 수 있는 의사소통 패턴을 변화시키는 방식에 대한 전략을 수립한다. 가족 중심 체계 접근에서는 가족의 강점에 따라 개입을 하고 가족 구조를 재편성하고 보다 효과적인 의사소통 패턴을 만들고, 현실적인 구조적 경계를 확립한다.

프리몬트 경찰서의 청소년과는 절도죄를 저지른 14세 CJ 왓슨을 청소년 서비스 센터에 의뢰하였다. 이것은 CJ의 3번째 경찰서 방문이다. 9세에 CJ는 이웃의 자전거를 훔쳤고, 12세에는 친구들과 함께 아주 어린아이들을 할로윈에 괴롭혔으며, 발로 차서 넘어뜨리고 가지고 있던 사탕주머니를 훔쳤다. 이러한 사건들이 생겼을 때, 법원은 CJ의 엄마인 30세 샐리 왓슨에게 CJ를 지도하고 훈육할 책임이 있다고 명령을 내렸다. CJ에 따르면, 외출금지는 엄마가 저녁에 일을 하면 CJ 마음대로 할 수 있기 때문에 아무 문제가 되지 않는다.

현재 CJ는 프리몬트 아파트에서 엄마와 여동생인 12살 헤더와 함께 살고 있다. CJ는 엄마가 16살이었을 때 태어났다. 그들은 엄마가 고등학교를 다닐 동안 할머니와 함께 살았다. 그는 생물학적 아버지의 정체에 대해 모른다. 엄마가 졸업 전에 다시 임신했을 때, 헨리 왓슨과 결혼했고, 왓슨 씨는 헤더가 태어났을 때 CJ를 입양하였다. 그러나 왓슨 부부는 5년 후에 이혼하였다. 가족을 돌보기 위해, 샐리는 할인점에서 판매원으로 일하는 직장을 구했다. 그녀는 6년간 거기서 일하고 있고, 1년에 9,638달러를 번다. 왓슨 씨는 현재 양육비를 주지 않고 있다.

사회복지사는 CJ가 단정하지 못한 차림새를 한 것을 관찰하였다. 어깨까지 내려온 머리카락은 감지 않았다. 네온색의 선글라스를 쓰고 있었고, 낡은 청바지, 낡은 검정 티셔츠를 입고 있었고, 주머니에는 담배를 가지고 있었다. CJ에 따르면, 이것은 "엄마가 교회를 끌고 가는 일요일을 빼고" 항상 입고 다니는 옷차림이다. CJ가 씻는 유일한 시간은 일요일 아침이다. CJ가 "잘 몰라요", "상관없어요" 이상의 대답을 하지 않았기 때문에, 사회복지사는 경찰 의뢰에 관해서 CJ와 이야기를 나누기가 어려웠다.

샐리는 시간도 없고 돈도 없는데 문제를 일으키는 14세 소년의 악행으로 귀찮은 상황에 빠졌다고 말했다. 그녀는 최근의 절도 사건처럼 외부 기관에 의한 심각한 개입이 필요한 행동은 이번이 처음이라고 주장했다. 그녀는 만약 법적으로 문제가 된다면, 자신은 책임지지 않을 것이라고 CJ에게 반복적으로 말했다. "청소년 시설에 며칠 동안 있으면 뭔가 배우는 게 있을 것"이라고도 말했다. 샐리의 어머니인 갬블 여사 또한 인터뷰에서 동의했다. 샐리는 과거에 이웃들이 CJ의 나쁜 행동 때문에 불평했다고 말했다. CJ는 이웃의 장미덤불을 잘라버리고, 이웃 꼬마의 점심값을 뜯어내고, 사람들의 빨래와 집에 진흙을 던지기도 했다. 샐리는 항상 손해에 대해 대가를 지불했고, 어머니에게 돈을 빌리기도 했다. 그녀는 CJ의 행동에 책임지는 것에 지쳤다고 반복적으로 말했고, 한숨을 쉬며 "그 아이가 어디서부터 잘못되었는지 모르겠다"고 말했다.

샐리는 CJ는 평범한 아이였다고 말했다. 교회나 학교에서 친구가 몇몇 있었고, 중학교까지는 공부도 잘했다고 했다. 지금은 프리몬트 고등학교 10학년이지만 대부분 수업을 빼먹는다. 건강 문제로 인한 결석이 잦다. 샐리는 CJ가 두통이나 복통이 있을 때 학교에 가게 할 수 없다고 했다. 사회복지사가 CJ의 상태를 의사에게 보여 주었는지 물었을 때, 샐리는 돈을 쓸 만큼 심각하지 않았다고 말했다. 그저 아스피린 몇 알을 주는 것이 다였다.

샐리는 CJ의 친구들을 좋아하지 않았다. 그녀는 친구들이 CJ에게 나쁜 영향을 미친다고 생각했고, 지금 CJ의 상황이 그들 때문이라고 생각했다. 그녀는 친구들이 CJ에게 절도하라고 말했다고 주장했다. 그녀는 CJ는 그저 따라 했을 뿐이고, 친구들이 그렇게 해야 무리에 끼워준다고 했기 때문이라고 말했다. 그녀는 "CJ는 스스로 절도를 할 아이가 아니에요!"라고 주장했다.

이 사례는 여러 가지 질문을 제기한다. 누가 클라이언트인가? 가족 중심 관점에서 무엇이 문제이고, 무엇을 필요로 하는가? 어떤 변화가 필요한가? 어떤 자원과 강점을 이 가족에서 끌어낼 수 있는가? 가족 구성원들은 서로에게 어떤 헌신을 할 필요가 있는가? 가족 복리를 보장하기 위해서 어떤 환경적 구조가 변화되어야 하는가? 역량강화 원칙을 어떻게 적용해야 하는가?

때로 사회복지사는 문제에 대한 하나의 단순한 원인과 해결책을 찾는 것을 추구한다. 가족들과 함께 하는 실천에서, 이러한 단순 초점은

한 가족 구성원의 행동이 문제인 것으로 보게 된다. CJ의 예에서는 CJ
나 CJ의 엄마를 문제로 보기 쉽다. 그러나 이것은 가족체계와 환경의
영향을 간과한 것이다. 가족 중심 실천은 맥락적이고 교류적인 차원에
서 사회체계 안에서 관계의 본질을 고려한다. 실천가와 가족은 문제를
그저 한 가족 구성원의 역기능적 행동으로 보는 것이 아니라 체계 기반
의 해결책을 요구하는 체계 기반의 가족 문제로 보아야 한다.

옹호와 가족 정책

가족은 사회적, 경제적 안전망을 필요로 한다. 따라서 사회복지사는
가족에 대한 공공정책에서 옹호의 선봉에 서야 한다. 사회복지사의 가
족 지지 정책은 가족 제도와 사회 제도 간의 관계를 고려한 원칙들에
기반한다. 전미사회복지사협회(2008a)는 가족을 지지하는 다음과 같은 정
책들을 옹호하였다.

- 완전하고 공정한 고용
- 초기 아동 및 가족생활 교육
- 아동과 성인 가족을 위한 품질 케어(quality care) 제공
- 접근성이 높고 유지 가능한 거주
- 유급 가족 의료 휴가
- 포괄적 건강 관리 서비스
- 피부양자 돌봄에 대한 젠더 기반 소득 지원 및 세금 공제
- 게이, 레즈비언 가구주 가족의 동성 결혼과 입양
- 학대와 방임 관련 이슈 해결을 위한 가족 중심 보존과 치료
  지향 서비스

가족을 위한 근본적인 지지는 소득 지원, 고용, 교육, 건강 관리와 같은 경제적, 사회적 혜택이다. 서비스에 대한 접근성은 시민권에 대한 침해나 편견 없이, 문화적 다원주의의 관점에서 제공되어야 한다. 가족과 가족 욕구의 복잡한 본질을 다루기 위해서는 가족과 협력하여 서비스를 제공하는 유능한 공공 및 민간 영역 전문가가 필요하다. 서비스는 광범위하고 접근 가능한 선택지들을 포함해야 한다. 무엇보다도 가족복지는 학교, 일터, 의료 기관, 교회, 언론 등 모든 사회제도의 중심 초점이 되어야 한다.

아동학대

아동학대와 방임의 발생은 오래 지속되어 왔음에도 불구하고, 최근 사회문제로 인식되기 시작하였다. 아동학대(child maltreatment)는 모든 인종, 민족, 종교 집단을 아우르며, 사회 모든 계층에서 발견된다. 아동학대 발생에 대한 통계는 우리 사회에 만연한 폭력을 고려하면 놀랍지도 않지만, 가히 충격적이다. 한때는 가족이 사회적 폭력으로부터 가족 구성원을 격리하였지만, 오늘날에는 폭력이 가족 관계에 스며들고 아동을 위한 안전한 안식처로서의 가족은 무너졌다. 부정적 아동기 경험으로서, 아동학대의 효과는 인생 전반에 걸쳐 건강과 복리에 영향을 미친다.

역사적 관점

아동을 학대와 방임으로부터 보호하려는 규정이 시작된 것은 학대를 경험하는 아동이 빈민구호소에 있거나 보호 계약(indentured for their protection) 상태에 있었던 과거 미국 역사로 거슬러 올라간다. 아동이 잔학함과 방임으로부터 법적으로 보호받기는 했지만, 아웃리치와 집행은 부족했다.

메리 엘렌의 사례

가장 잘 알려진 아동학대 사례는 1874년 메리 엘렌 윌슨 사례로, 경찰과 자선 기관이 등을 돌린 사례이다(Watkins, 1990). 아주 작은 아이가 말담요에 싸인 채로 법정으로 왔다. 그녀는 멍들어 있었고, 얼굴에 가위로 베인 깊은 상처가 있었다. 메리 엘렌의 부모는 죽었고, 그 이후로 기억하는 한에서는 코놀리 여사와 살았다. 법정 증언에 따르면, 메리 엘렌은 거의 매일 알 수 없는 이유로 맞았고, 채찍질을 당했다. 그녀는 고립되었고, 결코 마당을 넘어갈 수도, 다른 사람과 이야기를 나눌 수도 없었다. 코놀리 여사는 자기가 외출할 때 메리 엘렌을 침실에 가두었다. 메리 엘렌은 거실의 작은 카펫 위에서 잠을 잤고, 입고 있는 옷 외에는 다른 옷은 없었다. 이웃, 사회복지사, 동물학대방지협회의 조사자(공식적이 아닌 비공식적으로) 등의 다른 목격자들도 메리 엘렌의 증언을 지지하였다. 메리 엘렌은 코놀리 여사의 양육에서 벗어났고, 코놀리 씨는 학대 혐의로 기소되었다.

BOX 13.1 🫰

역량강화와 사회정의에 대한 성찰

아동보호서비스와 역량강화

아동의 권리는 사회정의 이슈이다. 아동 권리 옹호자들은 가족 내에서 그리고 특히 아동보호서비스와 같은 아동복지체계에서 아동의 권리를 보호하는 것을 강조한다. 아동 권리 행동가들은 두 가지 주요 의무를 가지고 있다. (1) 아동의 최선의 이익을 위해 일하고, (2) 아동의 안전을 보호하는 것.

아동보호서비스 기관에서 일하는 사회복지사는 아동학대 신고에 대해 조사한다. 아동학대와 방임 신고가 발견되거나 발생하면, 가족을 함께 유지하고, 아동이 더 이상의 위험에 처하지 않기 위해 가정 내(in-home) 가족 중심 서비스가 실행된다. 아동이 가족으로부터 분리되어야 할 때, 모든 필요한 노력들이 가족을 재결합하기 위해 이루어진다. 많은 가족들이 매년 가족 보존 및 가족 재결합 서비스에서 도움을 얻는다. 그러나 아동학대가 장애로 이어지거나 죽음에까지 이른 공론화된 사건의 경우 아동 옹호 집단들은 가족 보존과 가족 재결합 프로그램에 의문을 제기한다. 아동을 위험으로부터 보호하고 아동을 적절하게 양육하도록 가족을 역량강화하는 것이 추가 재정지원하는 아동보호서비스 기관의 두 가지 주요 목표임에도 불구하고, 아동 권리 옹호자들은 아동돌봄 복지 체계 내에서의 인권 침해를 주장한다.

따라서 아동복지에서 주요 이슈는 아동 보호 vs. 가족 보존이다. 혹은 달리 말하면, 주요 이슈는 실천현장에서의 사회 통제 기능과 원조 기능 간의 갈등이다. 아동학대에서 사회복지실천은 가치 이슈와 윤리적 딜레마를 담고 있다. 다음과 같은 질문이 제기될 수 있다.

- 가족생활 중 어떤 지점에서 침입적 조치(intrusive measures)가 취해져야 하는가?
- 사회복지사는 가족 통합을 지지하고, 위험에 처한 아동에게 안전망을 제공하기 위해 어떻게 서비스를 제공할 수 있는가?

- 실천가는 아동을 집에서 분리시키거나 친권을 박탈시키는 중대한 결정을 어떻게 다루어야 하는가?
- 실천가는 학대당한 아이들이 발생했을 때 비심판주의, 개인 존엄과 가치, 자기결정이라는 원칙을 어떻게 지켜야 하는가?

아동보호서비스 기관은 지역사회의 아동 보호 책무성에 대한 기대에 부응해야 한다. 즉, 유능한 지역사회는 잠재적 학대의 위험을 줄일 수 있는 자원을 부모에게 제공해야 한다.

메리 엘렌 사례에 대한 격렬한 여론 덕분에 민간 영역 아동 보호 기관인 아동학대방지협회가 창설되었다. 이 협회는 "방임 및 학대 부모를 기소하고 아동을 집에서 분리하는 것을 강조하는 아동 구조에 대한 법률 집행 체계를 확립하였다(Watkins, 1990, p.501)".

미국에서 아동복지 이슈에 대한 대중의 관심은 1909년 부양아동에 대한 백악관 콘퍼런스가 열리고, 1912년 아동국이 설립되어 아동복지와 관련된 이슈들을 연방 차원에서 다루게 되었던 20세기 초반에 명백히 증가하였다. 아동 보호는 사회보장법이 통과된 1935년에 공공 기관의 권한 하에 있게 되었다. 사회보장법 5장에서 연방 아동국은 각 주가 "노숙인 아동, 부양아동, 방임된 아동뿐 아니라 비행 위험에 처한 아동들까지 보호하고 감독"하도록 하였다(Cohen, 1992, p.23).

아동학대에 대한 공공 및 전문적 관심은 1960년대에 급격히 증가하였다. 아동학대는 헨리 켐프와 그 동료들이 1962년에 "학대받는 아동 신드롬"이라는 용어를 언급하면서 의료 전문가들에 의해 재발견되었다. 학대받는 아동 신드롬은 어린 아동에 대한 심각한 신체적 폭력으로부터 발생하는 의료적 상태를 말한다. PA(Parents Anonymous) 자조집단이 바로 이어서 창설되었다.

CAPTA라고 불리는 1974년 아동학대예방 및 치료법은 아동학대에 대응하기 위해 제정된 연방 법령으로 주목할 만하다(P.L. 93-247). CAPTA는 여러 번 재승인되고 개정되었다. 주정부의 보고 의무법 적용에 따라, CAPTA는 연방 기금을 조달하여 주정부가 아동학대 조사와 예방 프로그램에 예산을 투자하도록 하고 있다. 이 법은 또한 전미 아동학대 및 방임 센터(NCCAN)를 만들어 정보센터로서 기능하며 아동복지 전문가들에게 자원을 제공하도록 하였다. 협력 기반의 주 단위 프로그램과 서비스를 통한 아동 보호에 대해 강조하면서, 2010년 CAPTA법은 자료 수집, 아동 보호 및 조사 실무자 교육, 아동학대, 가정폭력, 약물 남용 관련 서비스 제공자 간의 협력 등의 포함하는 내용으로 재승인되었다(P.L. Ⅲ-320).

아동학대의 정의

2010년 CAPTA법이 재승인되면서 아동학대의 최소한의 기준을 18세 이하 아동들에게 "죽음, 심각한 신체적, 정서적 피해, 성적 학대 및 착취에 해당하는 부모나 양육자의 어떤 행위 혹은 미수(failure to act) 또는 심각한 손상에 처할 수 있는 당장의 위험을 드러내는 행위 혹은 미수"라고 정의하였다. 그러나 주법에서는 아동학대와 방임의 정의를 주 사법체계 내에서 구체적으로 제시하고 있다. 특히, 주 기반의 민법에서는 아동학대와 방임에 대해 법적으로 신고의무가 있는 전문가와 보고 절차를 상세히 규정하고 있다. 주 형법에서는 아동학대가 형사고발되는 조건도 명시하고 있다.

아동학대의 유형

아동학대의 유형은 신체적 학대, 정서적 학대, 아동 방임, 성적 학대로 구분된다.

- 신체적 학대는 부모나 양육자의 해로운 행동 – 주먹으로 치기, 때리기, 흔들기, 발로 차기, 불로 지지기, 깨물기 등 – 으로부터 발생하는 의도적, 비의도적 상처를 말한다. 부모의 신체적 학대 지표에는 사실관계에 들어맞지 않는 상처에 대한 진술, 치료 지연, 회복 단계에서의 다양한 상처 증거 등이 있다.
- 정서적 학대는 아동에게 정서적으로 해를 끼치려는 의도를 가진 부모나 양육자의 행동이다. 그런 행동에는 아이들을 거부, 위협, 무시, 희생양(scapegoating), 고립, 타락시키는 것 등이 있다.
- 아동 방임은 아동의 기본적 욕구에 대해서 필요한 것을 제공하지 않거나 아동의 건강이나 안전을 위태롭게 할 정도까지 지도감독을 하지 않는 것이다. 방임은 신체적 방임(건강 관리를 하지 않고 방치하는 것 등), 교육적 방임(학교에 등록하지 않거나 장기 무단결석을 허용하는 것 등), 정서적 방임(적절한 양육과 애정을 기울이지 않는 것 또는 배우자의 폭력을 목격하도록 내버려 두는 것 등)으로 구분된다. 방임은 성장 위축, 장애 유발, 발달 지연, 성장장애, 그 외 다양한 의료적 문제를 불러일으킬 수 있다.
- 성적 학대는 가족 구성원, 지인, 이방인에 의해 가해질 수 있다. 성인 가해자가 아동을 위협하고 권위를 행사하여 말하지 못하게 하는 경우가 많다. 애무, 성관계, 근친상간, 강간, 남색, 소아 성애, 인신 매매 등 다양한 성적 행위를 포함한다.

다양한 국제 인권법을 통해, 세계는 이제 모든 아동들이 성적 학대로부터 보호받아야 할 기본적 권리를 가지고 있음을 인식하고 있다.

발생

최근 자료에 따르면, 아동학대 피해로 약 7백 2십만 명의 아동들이 아동 보호 기관에 의뢰된 건수가 약 4백만 건에 달한다(HHS/ACYF, 2017). 이런 의뢰 중에서 약 58%는 아동 보호 전문가에 의해 조사되었으며, 683,000건의 보고서에서 학대나 방임의 명백한 증거를 찾았다고 서술하였다. 이것은 주마다 편차가 있기는 하지만, 모든 연령 1,000명의 아동당 9.2건이 넘는 아동학대가 발생하고 있음을 나타낸다.

연방의 지원을 받아 2015년에 수집된 전국 아동학대 및 방임 자료시스템(NCANDS) 자료에 따르면 방임은 가장 흔한 아동학대 형태이며, 전체의 75.3%가 방임과 관련되고, 17.2%만이 신체적 학대와 관련된다(HHS/ACYF, 2017). 나이가 어린 아동들은 나이가 많은 청소년보다 학대를 더 많이 경험한다. 태어났을 때부터 1살까지 아동학대 발생률은 1,000명당 24.2명인데 반해, 3세 아동은 1,000명당 10.7명, 16세 청소년은 5.5명으로 나타났다.

입증된 사례의 단지 8%만이 성적 학대와 관련된다(HHS/ACYF, 2017). 그러나 피해자화에 대한 회상 연구에 따르면 여성 5명 중 1명 이상, 남성 10명 중 1명 이상이 어린 시절 성적 학대나 성추행을 경험한 것으로 조사되었다(Collin-Vézina, Daigneault, & Hébert, 2013). 실제 보고된 아동 성학대 사건과 이러한 회상자료를 비교해보면 아주 적은 비율의 아동 성학대만이 관계 기관에 실제로 보고되는 것을 알 수 있다.

신고의무법

모든 50개 주와 콜롬비아 특별주에서 아동학대 신고법을 만들었다. 이 법에는 신고의무자와 신고 절차들이 명시되어 있다(CWIF, 2016b). 아동학대 및 방임 관련법이 주마다 다양하긴 하지만 48개 주 모두 사회복지사와 다른 전문가들이 아동학대나 방임이 의심되는 경우 관계 당국에 보고하도록 하고 있다. 사회복지사는 아동학대 신고와 관계된 법적 의무와 잠재적 윤리적 딜레마에 대해 알고 있어야 한다. 예를 들어, 어떤 규정은 신고 시 반드시 "합당한 의심", "믿을만한 사유"를 요구한다. 반면, 어떤 규정은 "알게 된다 혹은 의심이 간다"만으로도 신고하도록 하고 있다. 게다가, 신고가 안되었을 경우에 대한 민사적, 형사적 법적 조치가 있다. 대부분의 주는 "어떤 아동이 학대나 방임을 받고 있는 것이 의심될 때 알고도 혹은 의도적으로 신고하지 않는" 신고의무자에게 처벌을 내리고 있다(CWIG, 2016c, p.2). 40개 주는 신고하지 않는 것을 경범죄로 간주한다. 상황에 따라, 어떤 경우에는 중범죄로 가중되기도 한다.

사회복지사가 신고의무자로서 스스로를 준비하기 위해 취할 수 있는 실천적 단계로는 다음과 같은 것들이 있다.

- 주마다 다른 구체적인 법적 요구조건 확인하고 적용하기
- 아동학대와 방임의 지표들을 알아두기
- 신고 과정과 절차를 이해하기
- 상세하고 정확하게 기록하기
- 기관의 절차, 선임 상담가, 법적 자문을 받을 수 있는 곳을 알아두기(McLeod & Polowy, 2000)

부정적 아동기 경험으로서의 아동학대

부정적 아동기 경험(ACEs: Adverse Childhood Experiences)은 아동들이 스트레스를 불러일으키거나 외상을 겪는 사건－아동학대, 폭력에 노출, 경제적 곤궁, 약물 사용 장애를 가진 부모와 함께 살기, 부모의 별거, 이혼, 투옥－에 노출됨으로써 발생한다(McLaughlin, 2017; Center for Application of Prevention Technologies[CAPT], 2017). 전국 및 주 단위 ACEs의 발생에 대한 최근 연구에 따르면, 경제적으로 곤궁할 때가 가장 많이 발생한다. 빈곤을 경험한 아동 4명 중 1명이 아동기 중 일정 기간 동안 ACEs를 경험한다.

ACE에 대한 최초의 연구에서는 아동기 외상 경험은 흔하고, 몇 가지로 분류해 볼 수 있다는 것을 발견하였다(Felliti et al., 1998; CAPT, 2017). 이 연구는 물론이고 수많은 후속 연구에서 부정적 아동기의 누적적 효과가 나타났다. 더 많은 ACEs에 노출될수록 일생에 걸쳐 건강 및 행동적 건강 위험－심혈관 질병, 만성질환, 암, 우울, 수면 장애, 행동 건강 이슈, 약물 사용 장애, 자살 등－의 가능성이 증가한다(Campbell, Walker, & Egede, 2016; Felitti et al., 1998; Holman et al., 2016; Kajeepeta, Gelaye, Jackson, & Williams, 2015; Mersky, Topitzes, & Reynolds, 2013; Su, Jimenez, Roberts, & Loucks, 2015).

아동에 대한 아동학대의 효과는 인지적, 정서적, 사회적 발달에 광범위하게 영향을 미친다(CWIG, 2013b; Institutes of Medicine[IOM] & National Research Council[NRC], 2014; Painter & Scannapieco, 2013; Teicher & Samson, 2016). 예를 들어, 학대를 경험한 아동은 다른 사람과의 정서적 교류를 형성하거나 감정을 조절하는 데 어려움을 겪을 수 있다. 공격적으로 행동할 수 있고, 낮은 자존감을 경험하고, 학습이나 학업성취에 어려움을 겪는다. 초기에, 성적으로 학대당하거나 착취당한 아동은 두려움, 분노,

배신감, 낙인, 무기력, 죄의식, 수치심과 같은 많은 감정을 경험한다. 성인기에 나타나는 이월효과에는 우울, 자기파괴적 행동, 외상 후 스트레스, 낮은 자존감, 건강 이슈 등이 있다(Collin-Vézina et al., 2013; Lindert et al., 2014; Monnat & Chandler, 2015; Zinzow, Seth, Kackson, Niehaus, & Fitzgerald, 2010).

아동에 대한 ACEs의 효과에 대한 대표 연구에서, 맥로플린(2017)은 부정적 아동기는 사회정서적, 인지적, 신경생물학적 발달의 붕괴 가능성을 증가시킨다고 보고하였다. 그러나 결과는 그것들이 박탈이나 손상, 손상에 대한 위협을 반영하는지 여부에 따라 다르다. 박탈에 노출되는 것은 특히 언어, 기억, 정보처리와 학습과 관련된 인지적 기능에 변화를 가져올 가능성이 크다. 반대로 손상이나 손상에 대한 위협은 정서 처리, 조절, 반응과 두려움의 고조, 인지된 위협(설사 안전신호일 수 있다 해도)에 대한 반응성과 관련하여 변화를 가져온다.

적응유연성 키우기

학대받고 부정적 아동기를 경험한 모든 아이들이 부정적 결과를 일생 동안 경험하는 것은 아니다. 적응유연성은 "도전적이고, 위협적인 환경에도 불구하고 성공적인 적응을 한 성과, 과정, 능력"을 말한다(Maston, Best, & Garmezy, 1990, p.425). 스트레스를 피하는 마법의 코트처럼 기능하기보다는, 적응유연성은 부딪친 스트레스와 외상을 다루어 앞으로 나아가도록 촉진하는 사고나 행동 방식에 대한 학습된 방식이다. 연구들에 따르면, 바람직한 양육, 신뢰할만한 성인의 지지, 용서하기, 안전한 지역사회 지지, 안정적이고 양육적인 환경이 부정적 효과를 완화시키고 적응유연성을 강화시킬 수 있다(Banyard, Hamby, & Grych, 2017; Bellis et al., 2017; Bethell, Gombojav, Solloway, & Wissow, 2016; Logan-Freene,

Green, Nurius, & Longhi, 2014; Nurius, Logan-Green, & Green, 2012; Sheikh, Abelsen, & Olsen, 2016; Thornberry et al., 2013).

사회복지사는 공공 건강 지향 예방 프로그램을 통해, 가족에 대한 직접적인 실천을 함으로써, 그리고 정책 실천 발의활동을 함으로써 양육적인 환경으로서의 가족을 지지할 수 있다(Larkin Felitti, & Anda, 2014). 예를 들어, 직접적 실천과 관련하여, 효과적인 양육 전략을 증진하는 가족 중심 개입은 지역사회 단위에서 발의를 하거나, 특정한 가족 상황에 적용하는 것까지 포괄한다. "삼중 P(Triple P)", "안전돌봄", "부모-자녀 상호작용 치료"와 같은 증거 기반의 프로그램에서는 적극적 학습, 문제 해결 전략을 활용하고, 특정한 양육 전략을 가르치고, 목표를 세우는 데 있어 협력을 강조하고, 처방하기보다는 촉진하고, 긍정성, 낙관주의, 부모 역량강화를 강조한다(Prinz, 2015, 2016). 그러나 가족들은 또한 안정적인 가족 환경을 지지하는 자원 안전망에 대한 접근성 보장을 요구한다. 만연해 있는 사회경제적 격차는 대표적인 공공 건강 위기를 뜻하며, 가족에게 이중의 위험-낮은 수준의 가족 환경 관련 자원으로 인해 배가된 높은 수준의 스트레스-을 겪게 한다(Nurius, Green, Logan-Freene, & Borja, 2015). 정책 실천 발의를 통해, 사회복지사는 저소득 가족의 안전망을 보장하고, 불평등을 지속시키는 건강 관리의 격차와 사회적 조건을 해결할 수 있는 정책을 옹호한다.

외상 인지 돌봄 원칙 적용하기

아동과 가족에 대한 관점 변화의 차원에서, 외상 인지 돌봄(trauma-informed care)은 사회복지사가 "당신에게 무엇이 문제이지요?"에서 "무슨일이 당신에게 일어났지요?"로 질문을 변화시키도록 한다(CWIG, 2015b). 질문을 변화시킨다는 것은 사회복지사가 "클라이언트의 외상 경험의 맥락에서 드러난 문제"를 이해한다는 것을 의미한다(Levenson, 2017, p.105).
외상 인지 돌봄의 원칙은 다음과 같은 것들을 포함한다.

- 친절하고 온화한 직원과 안전과 보안을 보장하는 안전한 환경 제공하기
- 존중하고 비심판적인 상호작용을 통해 진실성을 보여주기
- 자기 규제와 통제를 키울 수 있도록 자기결정을 지지하기
- 협력적 동반자 관계를 만들기
- 강점 기반, 역량강화 기반의 접근을 강조하기
- 2차 외상에 노출되지 않도록 하기(CWIG, 2015b; Levenson, 2017; SAMHSA, 2014a)

외상 인지 돌봄의 원칙은 모든 영역의 실천에 적용될 수 있으며 다양한 증거 기반 실천과 관련된다. 외상 인지 돌봄은 사회복지사가 행동에 대해 생각하는 방식을 가르쳐주고, 클라이언트 및 동료들과 함께하는 방식으로 변화시킨다.

아동복지 서비스

일반적으로, 아동복지는 모든 영역의 아동 복리─건강한 발달 증진 및 보호, 가족 강화, 아동 발달을 방해하는 부정적 사회적 조건 해결하기─를 다룬다. 사회복지 전문가는 이러한 사회서비스 영역에서 우위를 차지하고 있다.

아동복지 전달체계

보다 구체적으로, 아동복지 서비스 시스템이란 아동을 보호하고 가족을 강화하고 보존하도록 계획된 연방 및 주 아동복지법에 의해 형성된 공공 및 민간 서비스 네트워크를 말한다. 표 13.1은 미국의 아동복지정책, 절차, 프로그램의 근간을 제공하는 연방 아동복지법령을 보여주고 있다.

표 13.1 ┆ 아동복지, 아동 보호 및 입양에 대한 주요 연방 법령

1974	아동학대예방 및 치료법(CAPTA), P.L. 93–247 수정 1978, P.L. 95–266; 1984, P.L. 98–457; 1988, P.L. 100–294; 1992, P.L. 102–295; 1996, P.L. 104–235, 재승인 2010, P.L. 111–320
1978	인디안 아동 복지법(ICWA), P.L. 95–608
1980	입양원조 및 아독복지법, P.L. 96–272
1993	옴니버스 화해법(P.L. 103–66) 일부 조항에 규정된 가족 보존 및 가족 지지 서비스 프로그램
1994	다민족 조치법(MEPA), P.L. 103–382; 1996 수정 다민족 조치법, 다민족 배치 조항, P.L. 104–188
1997	입양과 안전가정법, P.L. 105–89
1999	위탁보호독립법, P.L. 106–279
2000	국가간 입양법, P.L. 106–279
2000	아동학대예방과 의무법, P.L. 106–177
2001	안전하고 안정적인 가족 증진법, P.L. 107–133
2003	아동과 가족 안전지킴법, P.L. 108–36
2008	성공에 대한 연결 강화 및 입양 증진법, P.L. 110–351
2010	환자 보호와 적절한 돌봄법, P.L. 111–148
2011	아동 및 가족 서비스 개선과 혁신법, P.L. 112–34
2014	인신 매매 방지 및 가족 강화법, P.L. 113–183
2015	2015 인신매매 피해자 정의(justice)법, P.L. 114–22

출처: 아동복지 정보 게이트웨이[CWIG]. (2015c). 아동 보호, 아동복지, 입양과 관련된 주요 연방 법령. 워싱턴. DC: 미국 건강 및 휴먼 서비스부, 아동국. childwelfare.gov/pubPDFs/Majorfedlegis.pdf

주정부에 의해 법적으로 의무화되면서, 공공 아동복지 기관이 아동 보호 기관으로 주로 지정되었다. 아동복지 조사자가 아동학대를 입증하면, 사회는 부모의 권리와 권한을 가져올 수 있다. 이러한 사회적으로 재가된 간섭에는 가족 기반 개입을 의무화하고 부모가 아이를 키울 권리를 축소시키거나 심지어 종결시키는 것이 포함된다. 이러한 책임성을 충족하기 위해서, 아동복지 시스템은 다음과 같은 기능을 한다.

- 아동학대와 방임 가능성에 대한 신고를 받고 조사함
- 아동 보호와 돌봄에 원조를 필요로 하는 가족에 대한 서비스를 제공함
- 아동에게 집이 안전하지 않을 때 친족과 함께 살거나 위탁 가정에 살도록 조치함
- 아동이 위탁 가정을 떠나 원가족과 재결합하거나, 입양되거나, 다른 가족에 영구적인 소속이 되도록 하는 것

일반적으로, 아동복지에 대한 결정은 청소년 법원과 공공 아동복지 기관의 아동보호서비스(CPS)팀 간의 협력을 요한다. 공공 기관이 가끔 민간 기관과 지지적 치료 서비스에 대한 계약을 맺기도 하지만, 이때도 사례에 대해 모니터링 책임과 전반적인 권한은 유지한다. 그림 13.1은 아동복지 시스템에서 의사결정을 내리는 흐름도를 나타낸 것이다.

아동복지 서비스 옵션의 흐름은 모든 가족에게 제공되는 1차 예방 프로그램, 취약 가족에 대한 초기 개입 서비스, 아동학대가 입증된 사례에 대한 보호서비스, 아동의 안전을 보장하기 위해 대안 돌봄이 필요한 상황에서 임시적 혹은 영구적 가정 밖 배치를 하는 것을 모두 포함한다. 적절한 개입과 배치 옵션을 평가할 때, 사회복지사는 최소한의 침입적 개입(intrusive intervention) 혹은 가족 통합성을 지키는 동시에 아

동의 안전과 보호를 보장할 필요가 있는 치료 옵션을 택하게 된다.

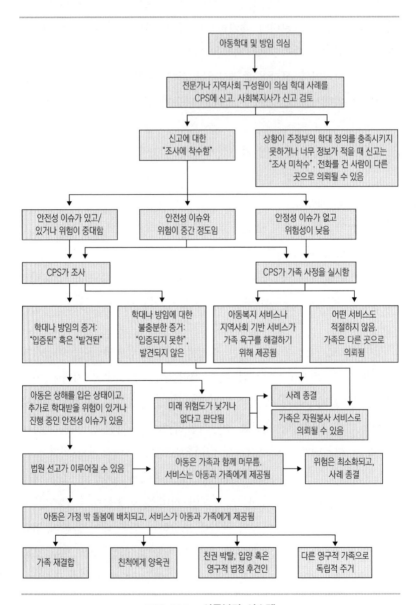

그림 13.1 | 아동복지 시스템

예방

아동복지 서비스에서 예방 노력은 CAPTA의 통과로 우위를 점하였다. 이 법령은 특히 아동학대와 방임을 확인하고, 다루고, 예방하는 전국 단위의 공동 노력으로 불린다. 전국 아동학대 및 방임 센터는 법의 목적을 수행하고, 이 영역에서 연방 및 주 법안을 모니터링하고, 조사와 혁신적 1차 예방 프로그램(primary prevention)을 지원하기 위해 설립되었다.

서비스를 받은 모든 가족은 가족 해체와 아동학대를 예방하고 건강한 가족기능을 증진하도록 교육을 받는다. 예방 모델은 숙달(mastery)을 강조하고, 능력을 개발한다. 1차 예방은 가족의 유능성을 강화하고 긍정적인 자녀 양육 실천을 증진하고, 건강한 가족기능을 유지하기 위한 지역사회 자원을 개발하는 것이다. 효과적인 예방 활동에는 다음과 같은 것들이 있다.

- 신입 부모를 위한 가정 방문 서비스, 임시돌봄, 긴급 아동돌봄 옵션, 위기 개입 핫라인, 가족 지지 및 초기 개입 프로그램과 같은 가족 지지 서비스
- 신체적, 인지적, 말과 언어, 운동기술, 심리사회적, 행동적 기준점에 맞게 크고 있는지 살펴봐주는 초기 아동기 발달 및 건강 사정
- 아동 발달, 연령에 적합한 기대와 돌봄, 지역사회 기반 자원, 아이돌보미 훈련 및 자격보장에 관한 부모 대상 교육 프로그램
- 아동학대 예방과 서비스에 대한 지역사회 단위의 교육 및 그 외 공공 인식 캠페인

가족 지지 및 가족 보존 서비스

가족 지지 서비스는 위기가 발생하기 전에 부모가 자녀를 돌보는 것을 도와주고 스트레스를 줄이도록 기획된 지역사회 기반의 선제적 서비스이다(Degenais, Bégin, Bouchard, & Fortin, 2004; Green, McAllister, & Tarte, 2004; Kemp, Allen–Eckard, Ackroyd, Becker, & Burke, 2005). 이러한 선제적 서비스는 임시 보호에서부터 건강 교육, 발달 사정, 자녀 양육 활동을 하는 부모를 도울 수 있는 그 외 프로그램까지 그 범위가 넓다.

가족 보존 서비스는 시간제한적이고, 가족 중심적인 지역사회 단위의 서비스이며, 부모가 자녀를 효과적으로 다루는 능력에 개입하여 가족들이 위기나 문제를 대처하도록 돕는다. 가족 보존 법안의 의도는 아동이 자신의 가족 안에서 안전성을 보장받는 것, 즉 가정 밖 배치를 막는 것이다(Berry & McLean, 2014; Mauluccio & Fein, 2002; Whittaker, 2002). 대부분의 가족 보존 프로그램은 교육, 상담, 옹호, 기술 훈련, 다른 지역사회 자원으로 의뢰 등 위기에 처한 가족들과 함께 하는 단기 서비스를 집중적으로 제공한다. 어떤 프로그램은 사회복지 전문가, 준전문가, 그리고 가족이 협력하는 팀 접근을 활용하기도 한다.

가족 지지 및 가족 보존 서비스의 목적은 크게 두 가지이다. 가족을 강화하는 것과 아동학대를 예방하는 것이다. 가족 중심 관점에 따른 주요 요소에는 다음과 같은 것들이 있다.

- 강점 초점의, 역량강화 지향의 문화적으로 유능한 실천을 강조함
- 가족과 협력적 파트너십을 형성함으로써 가족 개입을 증진함
- 가족의 욕구를 구체화하는 포괄적 사정을 실시함
- 가족의 우선순위 욕구를 파악하여 서비스 계획을 개발함

- 가족 욕구를 해결하기 위해 공식적, 비공식적 자원을 연결함
- 교통편이 편리하고, 접근 가능하고, 유지 가능한 지역사회 자원을 활용함(Kemp, Burke, Allen-Eckard, Becker, & Ackroyed, 2014)

가족 보존과 강화를 위한 자원에는 가사가정건강 보조서비스(homemaker-home health aide services), 주간보호, 다른 일시보호 서비스와 가족 집단 의사결정, 가족 참여와 동기부여에 대한 전략 등과 같은 가족 개입 전략 등 다양한 지지 서비스들이 있다.

BOX 13.2 현장의 목소리

아동복지

나는 아동복지 서비스가 위험에 처한 아동과 가족을 위한 안전망을 제공한다고 믿고 있다. 우리 주에서는 아동보호서비스 복지사가 신고된 아동학대와 방임 사고를 조사하고, 위험 사정을 하고, 사례관리 서비스를 제공하고, 사례계획을 모니터하고, 민간 아동복지, 약물 중독, 정신건강 전문가와의 연결고리로 일한다. 주정부 기반의 공공 아동복지 기관은 내가 일하는 가족 서비스 기관과 계약을 맺어 전문 가족 보존 서비스를 제공한다. 솔직히 말해 아동복지현장에서 하고 있는 일이 내가 가졌던 직업 중에 가장 어렵다. 왜냐하면 아동학대와 관련된 문제들은 감정적 부담이 있고, 업무량도 많기 때문이다. 나는 여전히 내 클라이언트가 누구인지 정의내리는 데 고군분투하고 있다. 아동복지는 아동을 보호하는 것과 가족을 돕는 것 둘 다에 관한 것이기 때문이다. 아동 안전이 가장 중요하지만 동시에 우리는 가족 관계를 조성해야 한다.

나는 가족 개입이 아동이 계속 집에 있도록 하고, 별거 이후 가족을 재결합하는 데 기본이 된다고 배웠다. 아동학대의 특성 때문에 누군가는 가족이 바른 결정을 내릴 능력이 있는지에 대한 신뢰를 쉽게 잃거나 심지어 부모의 의도를 의심하기도 한다. 그러나 나는 좋은 효과를 거두기 위해서는 전 과정

에 거쳐 가족기능의 잠재적 강점을 확인하고 가족 개입에 가치를 둘 필요가 있다고 믿는다. 역량강화의 철학과 사회복지의 가치 기반은 아동복지 실천가들이 아동과 가족에게 중요한 삶의 전환이 될 수 있는 윤리적 결정과 선택을 내리는 데 기초가 되어야 한다.

나는 아동복지, 지역 약물 중독 치료 프로그램, 가족 약물 법원의 법률 전문가로 구성된 학제 간 전문가팀의 멤버로서 참여하게 되었다. 우리는 약물사용 장애로 인한 방임으로 위탁 가정에 아이들을 보낸 부모와 함께 파트너로 일하고 있다. 우리는 가족 재결합을 위해 함께 일한다. 내가 주로 맡고 있는 일은 아동을 중심으로 하여, 지역사회 지지를 연결시키고, 감독방문(supervised visit)을 실시하고, 위탁 부모에 대한 지지를 제공하는 것이다. 약물 남용 상담가는 엄마 혹은 아빠가 삶을 다시 통제할 수 있도록 돕는 역할을 담당한다. 수석 판사는 주간 보고 절차를 관장하고 부모와 팀 구성원들이 각자의 과업을 책임 있게 수행하도록 조율한다-어려움에 대해 공감하고, 과정을 강화하고, 참여자들이 도전에 대한 해결책을 발견할 수 있도록 격려하고, 성공을 축하해준다. 다같이 가정약물법원에서 주간 미팅을 하고, 공동의 책임이 있다는 사실은 모두 같이 하면서 협력을 극대화할 수 있게 해준다.

가사가정건강 보조서비스

돌봄제공자에 의한 적절한 돌봄이 불가능할 때, 가족 보존 계획은 가족에게 지지를 제공하는 가사가정건강 보조 자원을 활용할 수 있다. 가사가정건강 보조서비스 프로그램은 사회보장법의 의료보호 수정조항(XVIII)에 따라 노인을 위해 주로 기획되었지만, 점차 많은 수의 서비스가 자녀가 있는 가족에게 활용되고 있다.

아동복지 준전문가로서 가사가정건강 보조원은 전문적 사회복지 서비스를 강화하는 가정 내 서비스를 제공한다. 이들은 가사일을 수행하고 부모가 신체적, 정신적 질병을 가지고 있을 때나 자녀들이 추가적인 원조를 필요로 하는 장애 조건을 가지고 있을 때 개인적 돌봄도 제공한다. 아동학대와 방임 사례에서는 법원 명령에 따라 보조원을 가족에 배치하여 양육기술을 개발시키고 가족 역동을 관찰하게 하거나 아동의 가정 밖 배치를 도모하기도 한다.

주간보호와 임시돌봄 서비스

주간보호는 가족 지지와 가족 보존에 모두 중요한 역할을 한다. 보호적 주간보호는 학대당하거나 방임되어온 아동에 대한 돌봄을 제공한다. 비보호적 주간보호는 주로 일하는 부모의 자녀들에게 제공된다. 서비스는 주간보호센터나 허가된 가정에서 제공된다.

임시돌봄 서비스는 위기 상황이나 장애가 있거나 다른 만성적인 의료적 조건과 행동적 이슈가 있는 아동의 가족이 갖고 있는 일시적 욕구에 대한 서비스이다. 임시돌봄의 유형은 아동의 집에 대리 돌봄자가 와서 가정 기반의 서비스를 제공하는 것, 낮 시간 보호를 위해 주간 센터 프로그램을 이용하는 것, 다른 가족과 함께 사는 가정 밖 프로그램, 시설보호, 장기 보호 기관, 특수캠프 등 다양하다(Borden, 2014). 이러한 서비스는 단기 위기 동안 혹은 부모가 돌봄 책임으로부터 "휴식"을 필요로 할 때, 자녀를 돌봄 제공자와 안전한 곳에 둘 수 있는 기회를 제공한다. 이러한 방안은 과도한 스트레스 기간 동안 아동학대와 방임 사건을 방지할 수 있는 비처벌적 옵션이 될 수 있다.

가족 집단 의사결정

가족 집단 의사결정 모델(FGDMs)은 아동복지 결정에 가족이 중요한 역할을 담당할 것을 요구하는 아동복지 법령 제정에 대응하여 시작된 1989년 뉴질랜드의 가족 집단 운동에서 비롯되었다(Lupton, 1998; Mitchell

& Kitson, 1997). 두 가지 원칙이 FGDMs와 관련된 전략을 형성한다. 첫째, "아동의 안전, 영구성, 복리를 보장하기 위한 노력은 가족 네트워크와 아동복지 서비스 간의 협력적 관계를 요구한다", 둘째, "그러한 협력 관계의 근본 요소는 의사결정과 문제 해결에 있어 직계가족과 확대가족이 구조적으로 개입하는 것이다"(Kemp et al., 2014, p.59).

아동복지 전문가는 가족 상황을 사정하고 단기 안전과 장기 보안을 계획하고, 계획을 실행하고, 성과를 평가하기 위해 가족 팀 구성원들과 협력한다(O'Connor, Morgenstern, Gibson, & Nakashian, 2005). 사회복지사는 계획을 지시하는 전문가 중의 하나에서, 자녀의 안전, 방문, 교육, 영구계획을 세우는 데 가족들이 적극적으로 관여하도록 하는 촉진자의 역할로 변화하였다(Schmid & Pollack, 2009). 의사결정에 대한 가족 중심 접근의 기반은 직계가족과 확대가족 구성원, 아동복지 전문가, 지역사회 내 파트너 등 많은 참여자의 사정을 고려한 가족 상황에 대한 포괄적 사정이다. 역량강화 기반의 접근으로서, FGDM은 자녀의 돌봄과 안전에 관한 의사결정에 가족 참여를 보장할 수 있는 파트너십을 강조한다(Connolly, 2010; Olson, 2009).

위탁보호

비록 현재 아동복지 철학이 아동을 집에서 키우도록 하는 것이기는 하나, 위탁 가족과 다른 가정 밖 보호 형태에 아동을 배치하는 것은, 아동이 가족과 안전하게 있을 수 없을 때 임시적인 대안적 거주 형태를 제공한다. 아동을 위한 안정적인 주거형태를 보장하기 위해, 아동복지 전문가는 가족과 함께하는 실천의 필수적 부분으로 영구계획을 세운다.

역사적 관점

식민지 시대 이후로, 지역사회는 빈곤아동과 부양아동의 돌봄을 제공해 왔다. 버려지거나 고아가 된 아동들은 고아원에 가거나 도제가 되거나 팔려갔다. 영국 법과 전통에 따라 거래를 통해 남자아이들에게 판매를 하게 하여 자급자족할 수 있는 기회를 주었으며, 여자아이들에게는 가사일을 배우게 하였다.

찰스 로링 브레이스는 현대 위탁보호와 거의 유사한 대리 가족 실천을 창시하였다. 1853년 뉴욕 아동원조협회의 서기로서 브레이스는 빈곤아동이 작은 도시 지역의 이상적인 가족 환경 안에서 가족생활을 하는 모습을 상상하였다. 이러한 영속성에 대한 비전은 기독교 자선의 선한 의도에 따른 것이었다. 그러나 반대로 아동 구조 운동은 고아 기차[1]에 내재된 학대, 싸구려 농장 노동, 가족과 친밀한 환경으로부터 아동을 분리시키는 것의 결과를 인식하지 못했다.

다음 세기가 되어서야, 보스턴 아동 원조 협회의 찰스 버트웰은 아동의 욕구가 가장 중요하다는 것을 인식하였다. 아동의 최상의 이익을 고려하여 버트웰은 생물학적 가족과 남아 있거나 빨리 돌아가기를 원하는 아동을 옹호하였다. 이를 위해 버트웰은 위탁보호를 임시적인 것으로 보고 아동이 태어난 가족에게 서비스를 제공할 것을 제안하였다.

첫 번째 백악관 부양아동 콘퍼런스가 열린 1909년은 시어도어 루스벨트 행정부였다. 미국 아동국은 아동 이슈를 해결하기 위해 한 연방각료가 제안하고 콘퍼런스의 지지를 받아 1912년에 만들어졌다. 콘퍼런스는 또한 아동 부양 이슈를 드러내고 어머니에 대한 재정적 국가 원조체계를 수립할 것을 옹호하였다. "어떤 아이도 빈곤 자체를 이유로 가

---

1 역자 주: 고아 기차(orphan train): 1854년에서 1929년 사이에 미국 동부 도시의 고아나 노숙어린이들을 싣고 중서부 지방 위탁 가정으로 이송하던 기차

정을 떠나도록 할 수 없다"라는 기념비적 사회복지 결의안이 통과되었다(Cohen, 1992, p.23). 이 결의안의 의도는 단지 가족이 아동을 키우기에 재정적으로 무능력하다는 것을 이유로 아동을 가족으로부터 분리 및 배치하는 것을 금지하는 것이다.

위탁보호체계에 대한 후속 연구인 1959년 마스와 엥글러의 "부모가 필요한 아동"이라는 보고서는 위탁보호로 아동을 배치하는 것에 대한 전제는 일시적이라고 주장하였다. 이 연구는 위탁보호에 배치된 아동들은 그들의 생물학적 부모에게 돌아갈 가능성이 없음을 발견하였다. 그 이후의 아동복지 전문가들은 위탁보호에 대한 철학과 현실의 차이를 조사하였다. 1970년 일시적인 대체 보호서비스의 기간을 줄이기 위해 착수된 오리건 프로젝트에서 등장한 평생계획은 가족 재결합을 위한 서비스를 제공하고 아동 배치의 장애물을 제거하였다.

위탁보호 배치

아동을 가정 밖 생활환경에 배치하는 것은 다음의 이유에 기인한다:

- 부모가 돌봄의 책임을 지속할 수 없거나 원하지 않을 때
- 아동이 위험에 빠졌을 때
- 부모가 사망하거나 포기, 교도소에 투옥되어 부재할 때
- 부모의 심각한 신체적 정신적 질병
- 부모의 약물 사용 장애
- 아동의 행동적, 성격적 또는 건강 관련 문제

위탁보호 배치의 원인과 상관없이 아동은 자신의 생물학적 부모와 분리될 때 혼란과 트라우마를 경험한다. 그러나 위탁보호 서비스는 가

족이 재결합을 위해 노력할 때 아동을 위한 일시적 안정망을 제공한다. 가족의 삶의 환경에 가장 근접하게 다가가는 대체 보호는 그룹홈이나 생활시설보다 더 낫다.

입양과 위탁보호 분석 및 보고 시스템(AFCARS)의 결과에 의하면 2015년 9월 기준, 427,910명의 아동이 위탁보호를 받고 있는 것으로 나타났다(Administration for Children and Families(ACF), 2016). 위탁보호를 받는 아동들의 평균 서비스 기간은 약 20개월로 나왔다. 위탁보호에 배치받은 절반의 아동들이 12개월 이상 위탁 가족과 생활하고 있다. 위탁 가족 보호 외에도 공식적인 친족돌봄이나 그룹홈, 감독을 받는 독립적인 생활 환경, 예비입양가정 등이 위탁보호의 다양한 환경으로 나타났다.

공식적인 친족돌봄

공식적인 친족돌봄은 친척이나 아동과 친족관계가 있는 성인에게 아동을 배치하는 것이다. 아동복지 전문가들은 가정 밖 보호를 요구하는 환경에 있는 아동의 수가 증가하면서 이 대안을 선택한다. 최근 통계는 미국의 위탁보호 안에 있는 아동의 30% 정도가 친척의 보호를 받는 것으로 보고된다(CWIG, 2017).

공식적인 친족돌봄이 증가하는 이유는 비친족 위탁 부모의 감소와 성인 친척에 아동을 배치함으로써 가족 보존과 가족 관계 유지를 강조하는 법안 실행들 때문이다. 사회보장법 4조-E는 주의 정책과 절차는 반드시 "아동을 다른 환경에 배치하도록 결정할 때 비친족 돌봄자보다 친족에게 배치하는 것을 고려하고, 친척 돌봄자는 모든 주의 아동 보호 기준을 통과해야 한다"고 규정한다. 또한 주의 정책과 절차는 아동을 부모의 보호로부터 분리하고, 친척들이 아동 보호를 위한 대안으로 참여할 수 있고, 위탁 부모로서 승인을 얻기 위한 조건들에 대해 조부모와 다른 성인 친척들에게 알리는 절차를 포함시켜야 한다.

기존 연구들은 공식적인 친족돌봄의 장단점을 소개하고 있다. 예를 들면, 비친족 돌봄을 받는 아동과 비교할 때 친족에 의한 위탁보호 아동들은 행동이나 정신건강의 문제가 더 적고, 개인의 복리에 대한 인식이 높으며, 위탁보호에 대한 더 높은 안정감을 경험한다(Bell & Romano, 2015; Downie, Hay, Horner, Wickmann, & Hislop, 2010; Winokur, Holtan, & Betchelder, 2014). 그러나 친족돌봄은 재정지원과 영구계획을 위한 준비, 친족 배치가 아동의 보호와 안전을 충분히 보장하는지에 대한 우려가 제기된다.

독립적인 생활 프로그램과 서비스들

최근 조사에 의하면 약 21,000명의 청소년들이 매년 위탁보호에서 나가는 것으로 보고된다(ACF, 2016). 전일제 취업으로의 전환에 대한 지원이나 중등교육 이후의 교육에 대한 기회가 없을 경우 위탁보호 체계 안에 있는 후기 청소년들은 빈곤과 경제적 불안정, 노숙과 같은 위험에 처하게 된다. 성인기로의 전환과정에서 가장 큰 문제는 30-40%의 위탁보호 청소년들이 특별한 행동장애나 교육 욕구, 발달 장애를 가지고 있고, 모두 여러 가지의 부정적인 아동기 경험을 가지고 있다는 점이다(Leathers & Testa, 2006). 이러한 전환기의 문제에 대응하기 위해 전국 청소년을 위한 노동 및 장애 협력(National Collaborative on Workforce and Disability for Youth, 2006)은 최선의 실천을 위한 원칙을 다음과 같이 제안한다.

- 독립으로의 전환에 대해 계획할 때 청소년의 참여를 보장함
- 교육의 기회를 취업 경험과 연결함
- 특별한 교육의 욕구나 다른 장애와 관련한 교육을 위해 혁신

적인 접근방법을 개발함

- 재정지식을 향상하고 저축에 대한 인센티브를 지원하는 전략
  들을 사용함
- 청소년들을 그들의 지역사회 내 고용주나 다른 성인 돌봄자와
  연결함

거주 서비스

아동의 욕구가 가정 밖 거주 서비스에서만 제공가능할 때 사회복지
사는 가족위탁의 대안들을 준비한다. 공공, 민간 비영리, 그리고 등록된
기관들을 통해 제공되는 거주 또는 치료적 집단 케어 서비스는 종종 아
동복지와 정신건강, 소년법원, 약물 남용 시설 치료 프로그램들과 연결
되어 제공된다. 거주 서비스에 배치된 아동들의 비율은 1930년 이후
60%에서 15%로 급격히 감소하였다(Whittaker, 2013).

몇 가지 요인들은 거주시설의 집단 케어 서비스에 대한 의문을 제기
한다(Whittaker, 2013). 최소한의 제한적이고 가족 같은 환경에 대한 요구
속에서 아동복지의 우선순위는 아동-가족 중심의 서비스 전달을 위한
가정 내에서의 대안에 대한 편견을 변화시켰다. 또 다른 우려는 거주
배치에 대한 방해요인과 체계 안에서의 학대와 방임의 기록들, 그리고
"일탈적 훈련" 또는 반사회적 행동 강화의 가능성, 예상하지 못한 결과
들에 초점을 맞추고 있다. 마지막으로 거주시설의 집단 케어는 기대하
는 성과를 달성하는 데 있어서 효과성에 대한 검증이 부족하고, 가정
밖 배치에 있어서 가장 비용이 많이 드는 대안이다. 아동복지 서비스의
연속성에서 대안을 선택하는 데 있어서 특정한 아동의 치료적, 발달적,
신체 및 감정적 욕구를 해결하는 효과성에 대한 검증은 의사결정 과정
에서 상당히 중요한다.

영구계획과 가족 재결합

위탁보호에 아동을 배치하는 것에 대한 가장 이상적인 결과는 그들의 부모가 있는 가정으로 돌아갈 수 있는 것이다. 아동복지 전문가들은 위탁보호를 받는 아동의 절반 이상에게 이 목적이 가장 적합한 것으로 간주한다: 2015년 위탁보호 아동을 위한 영구계획에 대한 리뷰는 전체 55%가 재결합을 목적으로 세웠음을 발표하였다(CWIG, 2017). 2015년 위탁보호 서비스를 떠난 아동 중 51%는 그들의 부모에게 돌아갔다. 모든 아동들은 아동복지 전문가들이 가족 재결합을 지지하고 영구계획을 보장하기 위한 노력에 대해 기대하는 권리를 가진다. 가족 재결합이 가장 이상적인 목적이지만, 이러한 대안이 가능하지 않을 때 영구계획은 입양이나, 법정 성년후견, 법적 보호, 독립적인 생활로의 전환 등 영구적인 생활방식을 결정하는 다른 대안들 속에서 가능하면 가족과의 연결을 유지하는 것에 초점을 둔다(Pine, Spath, & Gosteli, 2014). 아동복지법은 법에 의해 명시된 적절성과 책임성, 일정에 대한 엄격한 고수 등을 보장하기 위해 법원이 사례계획을 감독하고, 검토하며 승인하는 책임을 부여한다.

영구계획에 대한 연방 및 주정부의 규정을 준수하기 위해 사회복지사는 배치의 대안들을 기술하고, 아동의 욕구에 대응하고, 위탁 부모를 지원하며, 부모들은 아동학대나 방임으로 이어지는 이슈에 대처할 수 있도록 돕기 위해 아동과 부모, 위탁 부모에게 제공될 지원 서비스들을 명시하는 계획을 준비한다. 또한 "사례계획에 대한 주의 요구는 부모가 아동을 위한 안전한 가정을 만들 수 있도록 반드시 성취해야 하는 목적과 목표 그리고 목표달성의 시간틀을 포함하는 것"이다(CWIG, 2014, p.2). 계획의 실행은 아동복지 전문가 "가족을 보존하고 재결합하는 데 필요한 지원과 서비스를 제공했다"는 합리적인 노력들을 보여주어야 한다

(CWIG, 2016d, p.1). 위탁보호가 연장되는 것을 피하기 위해 많은 주의 법은 사회복지사가 재결합 노력이 실패했을 때 효력을 발휘하는 "Plan B"의 세부적인 것까지 설계하도록 요구한다.

가족 재결합을 지지하는 전략들

아동복지 서비스의 모든 요소들과 모든 실천현장에 적용 가능한 활동들은 특히 가족 재결합에 중요한 역할을 수행한다(Bossard, Braxton, & Conway, 2014; CWIG, 2011). 가족 중심과 강점 기반의 가족 실천의 접근은 "가족이 그들의 특별한 강점이나 자원 욕구에 기반하여 목적을 설정하도록 도움으로써 삶의 승리자가 되도록 역량을 강화한다"(CWIG, 2016a, p.2). 협력적인 파트너로서 가족 구성원들을 관여시키기 위해 사회복지사는 가족을 그들 환경의 전문가로 간주하고, 어려움을 해결하기 위한 전략들을 계획하고 실행할 때 가족을 지지한다. 가족을 관여시키는 것은 원조 관계를 강화하고, 목표 설정에 있어서 파트너로서 직접적으로 참여시키며, 목적을 달성하는 데 있어서 가족의 기여를 증가시킨다. 가족의 관계를 촉진하는 지지적인 실천 활동의 예는 다음과 같다

- 문제에 대한 논의와 강점 및 자원을 확인하는 것의 균형을 맞춤
- 가족이 염려하는 이슈를 경청하고 논의함
- 가족이 주거나 음식, 공공요금, 아동 보호와 같은 구체적인 욕구를 충족하도록 원조함
- 상호 동의하고 주로 가족이 제안하고 그들의 언어로 기술된 목적을 설정함
- 통찰력을 제공하기보다 가족 구성원들의 기술을 향상하는 데

초점을 둠
- 가능하면 가족 구성원들에게 선택권을 제공함
- 가족이 상호 확인한 과업을 수행하는 데 있어서 가족의 헌신을 확보함
- 추진 일정과 적용 가능한 시간, 법원 이슈 등과 관련해서 가족이 기대하는 것을 공개적으로 공유함
- 부모, 돌봄자, 아동과의 만남을 위해 개별사회복지사의 빈번하고 실질적인 방문을 수행함
- 가족에 관여하기 위해 효과적이고 기관에서 승인한 인터넷, 소셜 미디어 그리고 스마트폰 기술들을 활용함
- 과정을 인식하고 칭찬함

사회복지사는 협력을 구축하고 변화를 위한 가족의 노력을 지지하기 위해 다른 전략들을 활용할 수 있다(CWIG, 2016a). 예를 들면, 사회복지사는 해결 기반의 개별사회사업, 동기 강화 기술 접목, 가족의 지지망을 확장하기 위해 확대가족 구성원들을 포함한 단체 미팅 추진 등 협력과 파트너십을 추구하는 모델들을 사용할 수 있다. 다른 지지와 지침을 제공하는 또 다른 대안은 가족을 동료 멘토나 회복 코치와 연결하는 것이다. "부모 파트너 프로그램은 '경험이 있는' 부모와 돌봄자들은 공감적인 동료, 멘토, 안내자, 옹호자로 봉사하면서 도움을 줄 수 있다는 전제에 기반하여 구성되었다"(p.9). 기존의 연구 결과들은 동료 멘토링이 가족 재결합을 돕는 긍정적인 실천 전략임을 보여준다(Bohannan, Gonzalesz, & Summers, 2016; Enano, Freisthler, Perez-Johnson, & Lovato-Hermann, 2017; Goulette, Evans, & King, 2016).

가족 재결합 프로그램 사례

2개의 프로그램은 약물 남용 장애와 투옥 등 가족 재결합의 심각한 장애가 되는 상황에서 가족 재결합에 초점을 둔 방법들을 소개한다. 첫째, 미국 캘리포니아 LA 카운티에 있는 타마르 빌리지 프로그램은 약물 남용으로 금고형에 처한 어머니들을 위한 주거와 지지 서비스를 제공한다(CWIG, 2012c). 투옥과 관련해서 이들은 감독과 비감독 방문을 통해 자녀들과 재결합할 수 있도록 주거형 아파트로 옮겨줄 것을 탄원할 수 있다. 어머니들은 약물 남용 장애 치료와 상담 그리고 교육과 직업 훈련을 받고, 아동들은 연령에 맞는 아동 발달 서비스와 치료에 참여한다. 첫 프로그램의 성과는 재결합 프로그램에 참여한 85명의 아동 중 31명은 이미 어머니와 재결합하였고, 38명은 재결합 과정에 있으며, 16명은 감독자와의 방문을 통해 그들의 어머니와 지속적으로 만나고 있다.

네바다 주의 Washoe 카운티에 있는 가장 오래된 가족치료 약물 법원의 다른 프로그램은 법원과 아동복지, 약물 중독 치료자, 다른 지역사회 사회서비스 기관들 간의 협력적인 지역사회의 노력을 보여준다(CWIG, 2012c). 교도소 전환 및 가족 보존과 재결합 프로그램인 가족 약물 법원 모델은 사례관리와 지속적인 가족 슈퍼비전, 부모를 위한 약물 남용 치료, 아동 보호를 제공한다. 한 번에 약 40명의 참여자들에게 서비스를 제공하는 프로그램은 위탁 조부모나 동료 멘토와 같은 지역사회 집단을 통해 지지적인 서비스를 가족에게 제공한다. 프로그램 성과에 대한 증거는 아동들은 가정 밖 보호와 비교했을 때 부모의 보호에서 시간을 더 많이 보내고, 어머니들은 치료에 좀 더 적극적이었으며, 양육권이 종료되는 경우는 드물었다.

입양

연방법과 주정부법, 부족법의 규정을 받는 입양은 아동에게 안전하고 양육적인, 안정된 가족을 제공하기 위해 생물학적 부모에게서 입양 부모에게 친권을 이동하는 법적 과정이다. 아동은 이들의 생물학적 부모가 어떤 이유로든 자신의 권리를 자발적으로 포기하거나 법원이 이들의 친권을 종료할 때 입양될 자격을 얻는다.

2012년 약 12만 명의 아동들이 입양되었는데 이는 2001년 이후 입양이 6% 감소한 수치이다(CWIG, 2016e). 입양의 수는 감소하였지만, 공공 기관과 국가 간 그리고 다른 입양들의 비율은 꾸준하다. 약 40%의 입양 과정이 공공 기관에 의해 진행되었고, 모든 입양 중 14%는 다른 나라로부터 입양된 아동들이었다. 민간 기관이나 양부모에 의한 입양을 포함한 친족, 부족 입양은 미국의 나머지 입양의 비율을 차지한다.

입양의 목적은 가족을 위해 아동을 찾는 것이 아닌 아동을 위해 가족을 찾아주는 것이라는 데 이견이 없다. 성공적인 입양은 아동과 사랑이 많고 보살피는 가족을 잘 연결해 주는 데 달려있다. 기관들은 잠재적인 입양 부모의 입양 동기와 능력, 특별한 욕구를 가진 아동을 포함하여 그들의 가족을 확대하는 것에 대한 헌신의 정도를 조사한다. 중심 질문은 "이 아동에게 최선의 가족은 누구인가?"이다.

입양에 대한 프로토콜은 기관마다, 주마다 다르다. 그러나 이러한 절차들은 입양 전 워크숍 참여와 입양 전문가인 사회복지사와의 연속적인 면담, 가족 건강과 안전 기준 충족, 건강 보호 전문가로부터의 진술서, 문서화된 재정 상태, 신원조사 동의, 개인의 자전적 진술서 준비, 레퍼런스 편지 제출, 가정학습 참여 등을 포함한다(CWIG, 2015d).

입양의 종류

입양의 일반적인 유형은 국내 영유아 입양과 위탁보호 입양이다
(CWIS, 2016e). 대부분의 미혼모들이 자녀를 입양 보내기보다 스스로 양
육하는 것을 결정함에 따라 국내 영유아 입양의 기회는 감소하였다. 현
재 사회복지 전문직이 관여된 입양의 주요 종류는 좀 더 나이가 든 아
동, 형제 집단, 정서적 행동적 문제가 있는 아동, 장애 아동, 소수 인종
및 민족의 아동 입양을 포함한 위탁보호 입양이다. 2015년 약 11만 2천
명의 위탁보호 아동들이 입양을 기다리고 있다(ACF, 2016). 위탁보호에
서 입양된 5만 4천 명의 아동들 중 약 90%는 친권 포기 이후 2년 안에
입양되었다.

또 다른 형태의 입양인 국가 간 입양은 국내 입양보다 좀 더 비용이
든다. 이러한 입양은 이민 조건을 준수해야 하고, 생물학적 부모와의
만남이 거의 없으며, 아동과 입양 부모 사이의 문화적 차이가 발생한다.
자격증을 가진 기관과 같은 중개인들은 아동의 배치와 입양 업무를 수
행한다. 합법적인 중개 기관은 비영리 기관들이다. 실제로 영리 입양은
미국의 모든 관할구역에서 불법이다.

관습적인 입양이나 북미 원주민 부족의 구성원인 아동의 입양은 부
족법과 연방 인디언 아동복지법의 규제를 받는다. 생물학적 부모가 친
권을 포기하는 것을 항상 요구하지 않는데, 관습적인 입양은 때로는 아
동에게 법적으로 인정된 새로운 부모를 연결하면서 동시에 아동의 친족
망에서 중요한 역할을 하는 부족사회의 구성원과의 관계를 유지시켜주
는 부족의 혼합된 관습을 실천한다.

입양 후 서비스

이전에는 전문가들은 입양의 법적 절차를 완수하면 자신의 역할이

끝났다고 생각했다. 그러나 지금은 많은 전문가들이 법적 입양 후 입양 가족의 지속적인 욕구를 해결하는 서비스를 강조한다. 입양 후 서비스는 초기 전환과정이나 입양 후 문제가 발생했을 때 가족을 원조하는 것, 입양된 아동의 삶에서 중요한 시기에 발달적 욕구를 예측하는 서비스 제공, 입양된 아동이 자신의 생물학적 부모를 찾을 때 지원하는 것들을 포함한다. 아동과 관련된 입양 이슈는 상실과 슬픔, 신뢰와 애착 문제, 학교에서의 문제와 의료 문제들을 포함한다(CWIG, 2012a). 생일날이나 입양 기념일, 휴일이나 사춘기, 입양 어머니의 임신과 같은 이슈들도 적응 문제를 촉발할 수 있다. 이러한 입양 이슈들은 부모지지 집단, 워크숍, 콘퍼런스, 상담, 휴식 서비스와 같은 다양한 공식적, 비공식적 자원을 통해 해결될 수 있다.

옹호 이슈와 아동복지

연구들에서 소수집단 아동들은 아동복지 체계에서 과대대표되거나 다르게 다루어진다(Dettlaaf, 2015). 아동학대의 발생 비율은 유색인종 아동과 백인 아동을 비교할 때 미세한 차이가 난다. 그런데 국가 수준에서 조사 계획과 실증, 위탁보호 배치에 관한 비율은 소수 인종과 민족의 아동이 불균형적으로 높게 나타난다. 데이터는 정신건강 서비스의 상이한 지원이나 가족 재결합 기회의 차이들을 보여준다(Dunbar & Barth, 2008).

불균형성과 차이에 영향을 미치는 많은 요인들 중에서 빈곤과 가족 구조; 편견, 문화적 역량의 부족, 다른 인적 변수; 배치의 역동; 유색인종 아동을 대상으로 하는 정책 계획 등이 관련이 있는 것으로 나타난다(Boyd, 2015). 인종차별과 사회적 차별이 유색인종 집단을 사회적 기회에 접근하는 것을 금지하기 때문이다. 이러한 사회적 기회는 이들 가족과 아동의 욕구를 충족시킬 수 있는 역량을 강화한다. 이들 가족은 역량과 강점, 지역사회 자원으로의 접근에 초점을 맞춘 문화적으로 민감한 아동복지 서비스 체계로부터 훨씬 더 많은 지원을 받는다.

학교사회복지(School Social Work)

교사 및 보조 교사와 협력적인 활동을 하는 학교사회복지사는 학교 세팅에서 학생과 가족을 위한 지지적인 서비스를 제공한다. 이들은 학교와 가정, 지역사회 사이의 적극적인 연결망을 제공한다. 학교사회복지사는 여러 학군으로 구성된 교육 협회로부터 고용되고, 1개 이상의 학교 지역에서 활동하거나, 하나의 지역에서 직접적으로 고용될 수 있다.

학교사회복지사의 위치에 대한 규정은 주마다 다르다. 일부 주에서는 BSW 학위(사회복지 학사학위)를 요구하고, 다른 주에서는 MSW(사회복지 석사학위)를 요구한다. 또한 다른 주에서는 MSW 학위를 포함하여 특화된 학교사회복지 과정과 자격증 시험 합격을 요구한다. 전미국사회복지사협회는 학교사회복지사를 위한 전문자격증을 제공하고, 학교사회복지 서비스를 위한 기준을 개발하였다(NASW, 2012b). 학교사회복지사들은 다음에 대한 전문지식이 필요하다

- 발달 심리학
- 사회학습 심리학
- 행동수정 이론과 기술
- 가족체계

- 조직문화, 의사소통, 변화
- 지역학교 정책과 관련 주 및 연방 법률; 가족 교육권 및 프라이버시에 관한 법률(1974), 전 장애아동 교육법(1986), 장애인 교육법(1990), 그리고 아동낙오방지법(2001)

학교사회복지실천 모델에 의하면, 학교사회복지사들은 증거 기반의 행동 건강 서비스를 제공하고, 학생의 학습을 지원하는 조직문화를 강화하며, 학교 체계와 지역사회 내에서 학생과 가족에게 적합한 자원을 연결할 수 있어야 한다(Frey et al., 2013).

학교사회복지사는 무수히 많은 프로그램과 서비스를 제공한다(Alameda-Lawson & Lawson, 2002; Altshuler, 2003). 때로는 생애전환기에서 어려움을 경험하거나 비행이나 학대, 방임 또는 성적 학대를 경험하는 아동들을 원조하기도 한다. 이들은 낮은 성취동기나 학습부진, 학교 결석, 학습된 무기력, 번아웃과 같은 교육 관련 문제들도 다룬다. 학교사회복지사는 특수교육이 필요하거나 약물 의존 문제 또는 학업성취에 영향을 미치는 여러 가지 스트레스를 경험하는 아동들을 원조한다. 또한 빈곤이나 노숙, 차별, 성희롱, 이동성, 10대 임신, 아동학대 및 가정폭력, 청소년 폭력집단, HIV/AIDS 등의 건강 문제와 같은 학업 수행에 영향을 미치는 아동의 사회적 맥락에도 관여한다.

지역사회와 협력

학교사회복지는 임상사회사업 접근방법에서 학교-가정-지역사회 연계의 접근방법으로 변화하였다(Anderson-Butcher, Stetler, & Midle, 2006; Weist & Lewis, 2006). 좀 더 생태학적 기반의 접근방법은 학교와 가족, 지역사회 간의 파트너십과 협력적인 파트너로서 사회복지사의 역할을 강조한다.

다음의 모델 프로그램은 발달 장애가 있는 어린 아동의 가족에게 가정 내 서비스를 확장하는 지역사회의 노력을 보여준다. 사우스 캐롤라이나주의 가족 네트워크 프로젝트는 발달 지연의 위험이 높거나 이미 지연을 보이는 0-3세 사이의 어린 아동들을 위한 성과를 향상시키는 데 초점을 둔다(Children's Bureau, 2012). 이 프로젝트에 참여하는 모든 아동들은 사우스 캐롤라이나의 장애인 교육법(IDEA)의 part C에 포함된 베이비넷 초기 개입 시스템에 등록되어 있다. 이 모델 프로그램은 부모 교육 전문가가 가정에서 부모와 자녀를 대상으로 자녀 연령에 맞는 상호작용과 활동, 의사소통 전략들을 시범적으로 보여주는 10회의 가정 내 서비스를 포함하여 일반적인 IDEA part C 서비스들을 보충적으로 지원한다.

특별한 교육적 욕구가 있는 아동

학교사회복지사는 학습장애나 주의력 결핍장애, 문제 행동이나 사회 기술 발달 부족, 의사소통의 문제와 장애 등 특별한 교육적 욕구가 있는 아동들을 원조한다. 전장애아동 교육법(1975)에서 제공하는 학교사회복지 서비스의 예는 다음과 같다.

- 교육 서비스 지원 자격이 되는 아동들을 위한 지역사회 기반의 의뢰 절차 개발
- 관찰과 가족 구성원들과의 면접에 기반한 사정 평가 준비
- 종사자들이 특수교육 프로그램에 참여하는 아동들을 위한 개별적인 교육 프로그램(individual educational program, IEP)을 준비하는 다학제적 종사자 콘퍼런스 참석

- IEP가 최신 상태를 유지하고 최소한의 제한적인 환경을 만드는 계획을 반영하는지에 대한 과정 모니터링
- 부모가 자신의 권리를 이해하도록 명확히 하고, 부모와 학교 관계자 사이에서 갈등이 발생할 경우 중재함
- 배정과 프로그램 결정에 부모의 참여를 격려함
- 프로그램과 서비스를 평가하고 수정하기 위해 다학제적 팀 구성원들과 협력적으로 활동

초기 발달 검사

몇 가지 신체적, 인지적, 심리사회적 발달적 표시는 발달 과정을 보여준다. 소아과 의사는 주기적으로 아동의 신체 발달과 신경학적 발달, 영양상태를 모니터한다. 육아 상담소나 산모와 태아 건강 지원센터와 같은 특수교육 지역이나 공공복지 시설들은 청각, 시각, 운동기능, 말하기와 언어발달 등을 검사한다. 유치원 검사는 아동기 질병이나 정신지체, 행동장애, 발달 장애 또는 발달 지연과 같은 추가적인 진단 검사의 필요성을 제시할 수 있다.

사회복지사는 발달적 문제를 사전 검사할 수 있는 일차적 의료보건 현장이나 학교와 같은 다양한 현장에서 일을 한다. 각 현장의 공통점은 조사 결과를 처리하면서 부모를 특수교육이나 언어치료, 부모를 위한 지지집단 등의 자원에 연결하기 때문에 부모와 함께 일을 한다는 점이다. 사회복지사는 부모 기술을 강화하고 아동의 초기 학습환경을 개선하기 위해 부모에게 정보와 교육을 제공한다.

하퍼 스쿨 지역의 사회복지사인 조니 피터스는 하퍼-콜린스 지역 센터에 모인 몇 명의 부모 및 아동과 인사를 나누었다. 3-5세 사이의 아동들은 초기 아동기 검사 프로젝트에 참여 중이다. 심리학자와 간호사, 말하기 및 언어 치료사와 사회복지사로 구성된 팀은 구역의 지역사회 기반의 연례 초기 아동 조사 프로젝트를 진행하고 있다. 이들의 혼합된 사정 평가는 미취학 아동의 특수한 발달 및 학습 욕구들을 확인하고, 뉴스타트 프로그램에 의뢰한다.

뉴스타트는 아동의 발달적 어려움에 따라 여러 가지 다른 유형의 프로그램을 제공한다. 어떤 아동들은 특수교육 유아학급에 등록하고, 다른 아동들은 유치원으로의 전환을 지원하는 "준비반"에 들어간다.

조니는 유치원 준비반 아동의 부모를 위한 교육적 토론 집단인 "모닝 아웃" 프로그램을 공동으로 운영한다. 집단 활동을 통해 부모들은 아동 발달과 가족 여가를 위한 게임들, 아동의 연령에 맞는 활동들에 대해 배운다. 조니는 3차년도 프로젝트의 상반기 조사 결과에서 모닝 아웃에 참여한 부모들이 자녀들의 학교 활동에 좀 더 활발히 참여하였고, 그들의 궁금증이나 염려와 관련해서 팀 구성원들과 기꺼이 만났으며, 자신을 교육팀의 소속된 구성원으로 인식한다는 것을 상기하였다.

청소년 자살

매년 청소년과 청년들 중 4,400명의 사망자가 발생하는데, 자살은 이들의 사망원인 중 3번째로 높다(CDC, 2017). 일부 집단은 다른 사람들보다 훨씬 더 큰 위험에 처해 있다. 예를 들면, 남자 청소년은 여자 청소년보다 자살할 가능성이 높다. 그러나 여자 청소년들은 남자 청소년보다 자살을 시도할 가능성이 높다. 가장 높은 자살률은 미국 인디언/알래스카 원주민과 히스패닉 청소년들에게서 나온다. 자살 위험은 또한 게이나 레즈비언, 양성애자나 트랜스젠더(GLBT)에게서도 높게 나온다.

일부 연구에서는 이성애자 청소년의 8%가 자살을 시도하는 반면 GLBT 청소년 중 무려 33%가 자살을 시도한다고 보고한다(Earls, 2005).

자살 관련 요인들로는 우울; 학교 부적응에 따른 스트레스, 사회적 고립, 괴롭힘(bullying), 갑작스러운 삶의 변화; 그리고 가족 분열이나 불화, 해체 등이 있다(Beck-Cross & Cooper, 2015; Hardi et al., 2008; King & Merchant, 2008). 다른 요인들로는 성적 지향성에 대한 고민과 젠더 불일치, 괴롭힘과 집단 피해자화, 이전의 자살 행위나 자살 행위에 대한 노출, 절망감, 약물과 알코올 사용 등이 있다(Borowsky, Taliaferro, & McMoms, 2013; Freedenthal, 2013; Miller & Grollman, 2015; Moon, Karlson, & Kim, 2015). 사회문화적 맥락이나 가속 영향, 발달 수준과 같은 변수들 또한 중요한 고려요인들이다(Zayas, Kaplan, Turner, Romano, & Gonzalez-Ramos, 2000).

어린 10대 청소년들이 자살의 징후에 대해 알기 원한다는 연구 조사에 따라 학교 사회복지사는 자살 예방 프로그램과 대응 전략들을 학교와 통합시키는 중요한 역할을 수행한다. 흥미롭게도 우울이나 자살 생각의 사인을 보내는 청소년들은 친구들이 그들의 실망과 절망감을 소셜 미디어 웹사이트에 표현하는 방식으로 도움을 요청할 때 적절한 행동을 취할 수 있다(Cash, Thelwall, Peck, Ferrell, & Bridge, 2013). 캐시와 동료들은 일부 소셜 미디어 웹사이트가 "자살"이라는 단어에 반응하고 자살 예방 핫라인 상담 전화에 대한 정보를 제공하도록 프로그램된다고 설명한다. 또 다른 고려 사항들은 무력감과 절망감의 감정을 다루는 것이다(Roswarski & Dunn, 2009). 나아가 효과적인 예방 및 치료 프로그램은 자살 행위와 도움 추구 행동의 문화적 맥락에도 반응한다(Goldstein et al., 2008; Zayas & Pilat, 2008).

전미국사회복지사협회(2009)는 기관 운영자들과 지역사회 이해 당사자, 실천가들을 위한 웹 기반의 공구 키트를 제공하는 증거 기반의 예방 프로젝트를 착수하였다. 구체적으로 여자 청소년들의 자살을 감소하기 위한 목적으로 만들어진 프로젝트는 포괄적이고 선택적이며, 지시적인 증거기반의 예방과 사후 예방 프로그램을 포함한다. 예를 들면, 훈련받은 학교 관계자는 대처와 지원훈련(CAST), 생애 기술, 사회적 지지 프로그램의 기반을 형성하는 12개의 그룹 세션을 운영한다. CAST는 검사를 통해 자살 위험이 높은 것으로 확인된 학생들을 대상으로 한다. 프로그램은 참여자의 분노와 우울에 대한 대처능력을 강화하고, 그들의 학교생활을 향상하며, 약물이나 알코올 사용을 감소시키는 것을 목적으로 한다. 무작위로 통제된 임상시험은 프로그램이 자살 생각과 절망감, 불안, 분노 그리고 약물 사용을 줄이고 참여자의 통제력과 대처능력을 향상시키는 효과성이 있음을 증명하였다.

청소년을 위한 그 밖의 서비스 (Other Services for Youths)

청소년들은 건강이나 행동 건강 서비스, 위험을 감수하는 행동, 학대, 성적 착취, 알코올과 약물 실험, 괴롭힘, 데이트 폭력, 범죄조직 가입, 무단결석, 학업 실패와 관련된 많은 위험들을 경험한다. 다양한 실천현장의 사회복지사들은 학교 체계나 공공 보건 활동, 건강과 행동 건강 현장, 가족 서비스 기관, 아동복지, 소년법원 등에서 활동하면서 이러한 청소년과 가족이 가장 첫 번째로 접촉하는 사람이 될 수 있다. 이 장에서 소개할 청소년과 관련된 서비스들은 가출 및 노숙 청소년, 미성년자 성매매, 청소년 역량강화이다.

가출 및 노숙 청소년을 위한 사회복지

가출 및 노숙 청소년의 정확한 현황을 파악하기는 어렵다. 그러나 청소년을 위한 전국 네트워크는 미국에서 매년 약 200만 명의 청소년들이 노숙인이 된다고 보고한다(Bardine, 2015b). 이 중 130만 명은 일주일 안에 집으로 돌아가는 반면, 50만 명 이상은 길거리에서 생활한다. 단절된 것으로 묘사되는 이들 청소년은 학교나 직장, 사회적 지지망 내에 연결고리가 거의 없다. 아동기 동안 이들은 경제 및 주거 불안정, 가족 역기능, 신체적 학대, 방임, 성학대와 같은 수많은 역경들을 직면한다(Bardine, 2015b; Holliday, Edelson, & Tucker, 2017). 불균형적으로 많은 수의 청소년들은 소년법원과 아동복지체계의 경험을 가지고 있다. 위탁보호체계로부터 만료되어 나오는 청소년들은 노숙으로 이어질 수 있는 재정 불안정의 높은 위험에 노출된다(Bender, Yang, Ferguson, & Thompson, 2015). 도시 지역의 아프리칸 아메리칸 청소년과 농촌 지역의 원주민 청소년, LGBTQ 청소년들은 가출 및 노숙 청소년 사이에서 지나치게 부각되어 있다. 나아가 아프리칸 아메리칸, 원주민, LGBTQ 청소년들은 피해자 중심의 지역사회 기반 서비스로 연계되기보다는 법률 집행으로 투옥되는 경우가 많다(Bardin, 2015b; Litt & Smoot, 2014).

많은 가출 및 노숙 청소년들의 길 위에서의 삶은 아동기 고통이 건강과 웰빙에 미치는 부정적인 영향을 더욱 악화시킨다. 아동기 다양한 피해자화의 경험은 신체적 또는 성적 학대; 학교 중도 탈락; 범죄와 약물 남용; 트라우마와 관련된 문제 경험, 행동 건강 장애, 임신, 자해, HIV, 성병 등에 노출될 위험을 더욱 증가시킨다(Bender, Brown, Thompson, Ferguson, & Langenderfer, 2015; McCarthy & Thompson, 2010; National Network for Youth, n.d.a; Walsh & Donaldson, 2010). 가출 및 노숙 청소년들은 성매매 업자들이 음식이나 쉼터와 같은 기본적인 욕구 충족을 위해 성을 팔

도록 청소년들을 착취하기 때문에 특히 "생존 섹스"에 취약하다. 뉴욕
시의 길 위의 LGBTQ 청소년에 관한 연구를 한 댄크와 동료들(2015)은
폭력과 결핍, 트라우마와 정체성에 대한 개인적인 문제 가운데 살면서
직면하는 매일의 도전 속에서도 나타나는 청소년들의 강한 적응유연성에
주목하였다. LBGTQ 청소년들은 "종종 자신의 비공식적 네트워크, 거리
에 대한 지식, 자원과 기술을 공유하는 재빠른 학습 능력에 의존하면서
생존할 방법들을 찾고, 힘들고 때로는 위험한 환경에 적응한다"(p.2). 그
러나 개인적 안정과 교육, 고용에 대한 많은 장애물과 함께 수많은 가
출과 노숙으로 인한 결과는 이들의 삶을 통해 영향을 미칠 수 있다.

프로그램과 서비스의 연속성

가출 및 노숙 청소년들의 다양한 특성은 접근 가능한 지역사회 서비
스의 연속성과 청소년들이 직면하는 특정한 어려움을 해결할 수 있도록
지원하는 맞춤형 프로그램들을 요구한다. 관련된 지역사회 기반의 서비
스들은 기본적인 건강 지원, 정신건강과 약물 남용 치료, 아동복지, 피
해자 서비스, 법적 옹호, 소년법원, 맥키니-벤토법(McKinney-Vento Act)
과 관련된 지역학교 관할 내의 자원들을 포함한다(Bardine, 2015b). 가출
및 노숙 청소년들을 대상으로 하는 프로그램 요소들은 거리에서의 아웃
리치, 드롭인 센터, 긴급 쉼터, 지원 주택, 전통적인 생활 프로그램 등
이다(Bardine, 2015a). 신뢰 형성과 안전에 대한 보장, 따뜻한 환경들은
이러한 보호 체계의 어떤 영역에서든 가출 및 노숙 청소년들과 성공적
인 관계 형성을 하는 데 중요한 요소들이다.

맥키니-벤토법(McKinney-Vento Act). 1987년 맥키니-벤토법과 후속
재인증에서의 교육적 명령과 함께 미국의 학군들은 노숙 학생들에게 교

육에 대한 동일한 기회를 보장하도록 요구받았다(Wilkins, Mullins, Mahan, & Canfield, 2016). 이 법에 순응하기 위해 학군들은 각자 구역에 포함된 노숙 학생들의 접근성을 보장하고, 학생들이 이웃으로부터 떨어져 있고, 노숙인 기록이 있을 경우 학교까지 가는 교통수단을 제공하고; 정규 수업 외 과외활동에 등록 및 참여하기 위한 요구조건들을 면제해 주며; 노숙 상태인 아동을 확인하는 노숙인 연락자를 고용하고, 이들이 지속적으로 교육을 받을 수 있도록 권리를 옹호하며, 노숙 청소년들의 안전하고 안정적인 활동을 지원하기 위해 다른 기관들과 연대함으로써 노숙 청소년들의 교육적 욕구에 응답하는 계획과 절차를 마련해야 한다.

거리 기반 아웃리치. 가출 및 노숙 청소년들은 어른들을 신뢰하지 않아 도움을 요청하는 것을 회피하거나 성인을 위한 노숙인 쉼터에 들어가는 것을 두려워하기 때문에 거리에서의 아웃리치는 매우 중요하다. 가출 및 노숙 청소년들이 자주 어울리는 곳을 확인하여, 아웃리치 담당자들은 접근하고, 신뢰를 형성하며, 도움을 제공하고, 청소년들이 드롭인 센터를 이용하도록 장려한다.

드롭인 센터. 모이기에 안전한 장소로 만들어진 드롭인 센터는 즉각적인 욕구에 반응하고, 장기적 해결방안으로 전환한다. 청소년들은 따뜻한 환경과 건강한 음식과 식수, 옷, 개인 위생용품, 샤워, 세탁 시설 등을 이용할 수 있다. 직원들은 상담과 지지를 제공하고, 쉴 수 있는 안전한 장소를 찾도록 도움을 주고, 학교에 다니도록 격려하며, 재결합이 안전하고 적절한 선택이라면 청소년과 이들의 가족들을 다시 연결시켜 준다. 21세기 기술과 함께 아웃리치와 사례관리 전문가들은 가출 및 노숙 청소년들과의 연락을 유지하기 위해 편하고 믿을 수 있는 휴대전화를 이용하여 문자를 주고받는다(Bender, Schau, et al., 2015; Rice & Barman-Adhikari, 2014).

긴급 쉼터. 단기간 머무를 수 있는 안전한 장소를 제공하는 것 외에 긴급 쉼터는 청소년 중심의 위기 개입, 안전과 가족과의 적절한 재연결, 지역사회 기반의 건강, 행동 건강, 교육적 자원으로의 의뢰 등의 접근 방법을 활용하는 전문 종사자들이 배치되어 있다. 선행연구는 LBGTQ 가출 및 노숙 청소년들 위한 동료 지지의 효과성을 보고한다(Ferguson & Maccio, 2015). 또한 18세 이하 청소년들의 욕구는 성인기로 전환하는 18–24세 사이의 후기 청소년들과 다르기 때문에 좀 더 어리거나 나이든 청소년들을 위한 분리된 쉼터 공간을 제공하는 것이 도움이 된다.

지원 주택과 전환기 생활 계획. 앞으로의 추가적인 노숙 상황을 방지하고, 성인기로 전환하는 청소년들을 원조하기 위해 지원 주택과 전환기 생활 계획은 상담과 목표 설정, 교육 계획, 인력개발 기술에 대한 학습 기회, 재정지원을 위한 신청서 작성 원조, 안전하고 안정된 주거 획득 등의 요소들을 제공한다(Bender, Yang, et al., 2015; Holtschneider, 2016). 지원 주택 계획은 적응유연성을 강화하고 청소년들이 독립적인 생활로 전환하는 과정에서 우여곡절을 통해 길을 찾을 수 있도록 원조하고, 정신건강 문제를 해결하고, 지역사회로의 통합을 지원한다(Kidd et al., 2016). 홀츠슈나이더는 전환기 생활 프로그램에 대한 성과 평가를 통해 참여자들이 독립적인 생활과 자립을 위한 훈련과 결과를 넘어서 지지적인 지역사회 안에서 관계의 강화와 관련되어 있음에 주목하였다. 홀츠슈나이더는 상호의존을 강화하는 것이 책임감 있는 성인기로의 전환이라고 결론지었다.

일반주의 사회복지사의 역할. 일반주의 사회복지사의 지식과 가치 기술들은 가출 및 노숙 청소년들을 위한 서비스의 연속성에서 좀 더 효과적으로 일할 수 있도록 준비시킨다. 미시적 수준에서 트라우마 중심의 접근방법을 활용하여 가출 및 노숙 청소년들과 직접적 실천을 수행하는 것은 강점에 대한 인정, 트라우마의 영향에 대한 통찰력, 행동에 대한 맥락적 이해, 신뢰를 형성하고 적응유연성을 강화하며 역량을 촉진하는 관계 형성 기술들을 요구한다. 중시적 수준에서는 일반주의 실천가들은 가출과 청소년 노숙에 대한 문제와 근본 원인에 대해 일반 시민들에게 교육하고, 청소년 노숙에 대한 지역적 문제에 응답하기 위해 지역사회 이해관계자들과 연합하며, 경제적 불평등과 빈곤의 근원, 실천현장에 관련된 다른 중요한 문제들에 대응하기 위해 정책입안과 법률을 옹호한다.

BOX 13.3

다양성과 인권에 대한 성찰

아동의 권리: 국제적 관점

유니세프로 알려진 UN 아동기금은 아동의 권리 보호를 옹호하는 국제기구이다. 1990년 아동권리협약(CRC)의 조항과 원칙들은 유니세프가 미션을 달성하기 위한 활동들을 가이드하고, 이 협약은 모든 인권 중에서 가장 폭넓게 수용되고 있다. 2008년까지 193개 국가들은 이 협약에 비준하였다. 이 UN 성명서는 경제적 착취로부터 보호받을 권리, 모든 유형의 성적 착취와 학대, 신체적, 정신적 학대로부터 보호받을 권리 등을 포함하여 아동의 기본적인 권리를 서술하고 있다. 아동권리협약의 중심 원칙은 차별금지와 아동 최선의 이익에 대한 최우선 고려, 아동의 삶과 완전한 발달에 대한 권리를 유지하는 것, 아동의 관점을 고려하는 것 등이다.

이 협약은 아동이 인권의 보호를 받아야 함을 인식한다. 유니세프(2006)에 의하면, 아동 보호는 모든 유형의 폭력과 학대, 착취로부터 아동을 보호하는 것을 의미한다. 유니세프가 후원하는 아동 보호 프로그램은 "폭력과 착취, 학대 및 방임에 노출된 아동들은 사망과 허약한 신체적, 정신적 건강,

HIV/AIDS 감염, 교육 문제, 이탈과 노숙, 부랑 생활과 성인기 이후 부모 기술 부족 등의 위험에 노출될 수 있다"(p.1)는 것을 인식했다.

유니세프(2006)와 파트너들은 아동을 위한 보호 환경을 강화하기 위해 몇 가지 거시적 수준의 포괄적인 전략들을 개발하였다. 이러한 전략들은 아동 권리를 촉진하고 보호하기 위한 국가 및 국제적 옹호 활동, 공공정책을 입안하고 법적 기준을 집행하는 데 있어서 아동 보호 필요성에 대한 관심, 아동 권리를 보호하기 위해 가족과 지역사회의 역량을 강화하는 지역사회 기반의 전략 도입 등을 포함한다. 모든 아동 보호의 이슈들은 UN의 새천년 개발목표와 교차된다. 빈곤과 포괄적인 기본 교육, 영유아와 아동의 사망, 젠더 불평등, 산모 건강, HIV/AIDS, 기타 다른 질병들에 대처하기 위한 활동 계획은 아동 보호에 초점을 둔다.

사회복지와 미성년자 성매매

국내의 미성년자 성매매(DMST)는 새로운 이슈는 아니지만 최근 미국에서 일반 대중들에 의해 관심을 받은 중요한 이슈이다. 2000년에 제정된 인신매매 및 폭력 피해자 보호법(Victims of Trafficking and Violence Protection Act, VTVPA)은 성매매를 "모집, 은닉, 운반, 제공 또는 상업적인 성행위를 목적으로 사람을 고용하는 것"으로 규정한다(p.8). 이 법은 18세 미만의 청소년들은 범죄의 가해자가 아닌 성매매의 피해자로 간주한다. 2013년 VTVPA의 재인가로 포함되면서 2015년 성매매 피해자를 위한 정의법(Justice for Victims of Trafficking Act)은 국내의 미성년자 성매매에 대한 대응을 명시하였다. 국내 미성년자 성매매에 관여된 청소년의 정확한 수는 조사 자료마다 다르다. 예를 들면, 전국 인신매매 핫라인(National Human Trafficking Hotline)은 2015년 기준 5,500건으로 집계한다(CWIG, 2015a). 성매매 관련 국가 연구의 자료를 추계한 연구(2016)는

4,500명부터 21,000명의 청소년들이 매년 성매매에 관련된 것으로 보고하였다.

국내 미성년자 성매매는 위임보고를 해야 하지만, 실제로 성적 착취 상황에 강압적으로 들어가는 청소년의 수에 비해 아동복지 전문가와 입법 집행 기관의 관심은 훨씬 적다(CWIG, 2015a; Hartinger-Saunders, Trouteaud, & Matos Johnson, 2017; Kaplan & Kemp, 2015). 보통 자기 노출을 원하지 않는 성매매 청소년들은 자신을 피해자로 규정하지 않거나 성매매 업자들이 잘못하고 있지 않다고 믿고, 이들의 "친절함"에 보답해야 하는 의무감을 가지거나 "생존을 위해 성을 거래"하는 것이 이들의 유일한 대안으로 생각할 수 있다. 피해에 대한 위험과 성매매 업자들의 집중 감시로 인해 위축된 청소년들의 수치심과 죄책감, 무가치함에 대한 감정들은 도움을 구하는 데 장애물이 된다. 이미 주변화된 LBGTQ 청소년들은 스스로를 규정하는 것을 주저할 수 있다. 나아가 "아동" 피해자에 대한 선입견은 성매매 피해자의 나이를 왜곡해서 소년이나 10대를 피해자로 규정하는 가능성을 감소시킨다.

국내 미성년자 성매매에 유인된 청소년들의 배경은 상당히 다양하지만 부정적인 아동기 경험들이 더 높은 위험을 초래한다(Reid, Baglivio, Piquero, Greenwald, & Epps, 2017). 많은 선행 연구들은 신체적, 성적 학대 기록과 방임과 유기, 가족 갈등과 배우자 폭력, 부모의 물질 사용 장애, 빈곤, 폭력과 범죄 노출, 범죄조직 가입 등과의 연관성을 확인하였다(CWIG, 2015a; Greenbaum & Crawford-Jakubiak, 2015; Jordan, Patel, & Rapp, 2013; Perkins & Ruiz, 2017). 미성년 성매매 피해자의 배경은 소년법원이나 아동 보호 체계와의 경험도 포함한다. 50-90%의 국내 미성년자 성매매 피해 청소년들은 아동복지 체계를 경험한 적이 있다(Administration on Children, Youth, and Family(ACYF), 2013; CWIG, 2015a). 가출 청소년들은 성매매 업자들의 표적이 될 가능성이 높다(Countryman-Roswurm & Bolin,

2014; O'Brian, White, & RIzo, 2017). 다중피해자화(polyvictimization)의 역사와 함께 청소년들은 "쇼핑몰이나 버스 및 기차역, 심지어 학교에서 발생하는 유혹과 강압, 보호에 대한 약속 등의 모집 기술에 취약"하다 (Roby & Vincent, 2017, p.202).

보호 네트워크

전문가들은 트라우마와 다중피해자화, 스트레스로 인한 정신생리학적인 결과들, 성매매 커뮤니티 안에서의 관계를 벗어나 이들이 이용할 수 있는 가족과 동료 지지의 부족 등의 복합성을 고려하면서, 성매매 피해자들이 직면하는 문제들을 해결하기 위해 다양한 서비스들을 조정한다(Countryman-Roswurm & Shaffer, 2015; Hopper, 2017). 성매매 업자로부터 도망쳐 나온 아동과 청소년들은 상처나 의료 방임, 영양부족, 성 건강과 관련된 일차 건강관리가 필요하고; 다중피해자화, 트라우마, 물질 사용 장애의 가능성과 관련된 정신건강 문제를 해결하기 위한 행동적 건강 관리; 안전한 주거에 대한 즉각적인 욕구와 평생을 위해 필요한 주거에 대한 장기적 욕구; 학교로 돌아갈 수 있도록 지원하는 교육 체계의 자원; 소년법원이나 아동복지 체계 내에서 변호 또는 옹호와 관련된 법적 세부 사항들을 다루는 법률 지원; 은행계좌 관리나 신용거래, 기초 직업 기술, 직업 훈련이나 다른 중고등과정 이후의 교육 선택을 통해 진로 경력을 멘토와 함께 계획하는 등 기본적인 생활기술을 배우기 위한 자원이 필요하다(CWIG, 2015a; Cole & Sprang, 2015; Foulk, 2015; Twigg, 2017).

외상인지 접근(Trauma-Informed Approach)

강점 관점의 외상인지 접근을 활용한 성매매 청소년 피해자와의 관

계 형성은 최고로 중요하다. 반영적인 경청과 비심판적인 반응, 수치심
과 죄책감에 대한 관심, 신뢰 형성, 상호지지와 역량강화는 필수적이다
(Cole, Sprang, Leel, & Cohen, 2016; Countryman-Roswurm & Shaffer, 2015;
Hickle & Roe-Sepowitz, 2014; Gibbs, Hardison-Walter, Lutnick, Miller, &
Kluckman, 2015). 컨트리맨-로스웜과 볼린(2014)은 탐색적 연구를 통해
향후 피해자화를 이겨낼 수 있도록 돕는 역량강화를 목적으로 계획된
심리교육학 집단참여는 긍정적인 결과로 이어진다고 보고하였다. 가출
청소년을 위한 도시 지역 드롭인 센터에서의 집단 회기는 건강한 관계
를 이해하고, 관계에서의 경계를 설정하며, 공손한 상호작용을 위한 개
인적 기대를 증가시키고, 안전 계획을 세우는 활동에 초점을 맞추었다.

일반주의 사회복지실천의 역할

견고한 성매매 경제와 성매매를 불법화하는 문화적 전통이 내재되어
있는 복잡한 사회문제로서 성매매는 일반주의 사회복지실천과 관련된
관점과 기술을 요구하는 체계적이고 다면적인 문제이다. 일반주의 실
천가로서 직접적 실천과 다른 전문가들과의 네트워킹, 지역사회 교육,
전문가 개발, 옹호 활동 등의 다양한 역할과 관련된 과업들을 수행한다
(Countryman-Roswurm, 2014; Kotrla, 2010; Roby & Vincent, 2017). 표 13.2
참고.

청소년 역량강화

청소년들을 유능한 지역사회를 만들기 위한 강점과 자원을 가진 개
인으로 보는 관점은 이들을 문제 가득하고 위험 가득한 환경의 피해자
로 보는 관점과 상당히 다르다. 이러한 과정을 촉진하기 위해 전문가들

표 13.2 | 성매매 이슈를 다루기 위한 일반주의 실천의 역할과 전략들

일반주의 역할과 전략	과업
직접적 실천	• 트라우마 기반의 전략과 관계 형성 기술 도입 • 이용 가능한 트라우마에 민감한 지역사회 자원 확인
프로그램 개발	• 성매매에 통합적 접근방법을 개발하기 위해 연합에 참여 • 법 집행 기관, 아동복지 기관, 학교, 일차 건강관리 기관에서의 조기 발견을 지원하는 통일된 검사기구 도입 • 가출 청소년들을 위한 안전망 프로그램 개발 • 독립적인 생활로 전환되면서 성인과의 긍정적인 관계 형성에 대한 욕구를 가진 청소년들을 위한 멘토링 프로그램 개발
지역사회 교육	• 관용의 문화와 아동 성적 대상화와 싸우는 인식개선 캠페인 운영 • 보호 요인들을 증가시키는 예방 프로그램 실행 • 성매매 피해자를 고정관념화하거나 범죄화하는 것을 피하는 공손한 언어 시연
전문적 개발	• 직원 개발 훈련 참여
옹호	• 성매매에 대한 요구를 줄이고 경제적 이익을 제한하는 정책 옹호 • 반응을 재구성하여 피해자가 아닌 성매매 업자들이 범죄의 결과를 책임지도록 함 • 인증받은 프로그램에 대한 완전한 재정지원을 옹호함
조사	• 증거 기반 실천의 토대를 강화하는 실천 평가 진행

은 청소년들과 활동하며 지역사회의 변화로 이끄는 반영과 행동과 관련된 활동들을 격려한다. 역량강화를 지향하는 사회복지사는 청소년들을 강점을 가진 대상으로 보고, 역량을 형성하는 전략들을 도입하고, 청소년들을 완전한 파트너로 간주하고 협력한다. 몇 가지 활동 유형으로 청소년이 이끄는 지역사회조직을 포함하여 청소년과의 역량강화 활동과 참여적 행동 연구(PAR), 포토보이스 등이 있다.

지역사회조직과 청소년 역량강화

일반적으로 지역사회조직은 민주적 의사결정, 인권, 사회정의와 같은 역량강화와 관련된 가치들을 가지고 있다. 청소년 주도의 지역사회 조직은 청소년 주도의 집단활동을 통해 사회 및 경제적 정의와 관련된 문제들에 대응하고, "청소년들의 상황과 개입 방향, 성인들이 동맹에 어느 정도로 참여할 것인지 등을 규정하기 위해" 청소년 권리와 힘을 강조하면서 이러한 가치들을 수용한다(Delgado & Staples, 2008, p.17). 델가도와 스테이플스(2008, 2013)는 청소년 주도 조직과 관련된 9가지 원칙들을 소개한다:

- 참여자들과 지역사회의 다양성을 반영하는 포용성을 보장함
- 사회 및 경제적 정의를 수용함
- 재정지원, 멘토링, 피드백, 지원을 위해 어른들과의 연합을 형성하는 활동들을 유지함
- 훈련과 멘토링, 리더십 기술 개발을 위한 기회 제공
- 청소년들이 적절하다고 여기는 것에 대해 어른들의 연합을 제한함
- 대규모 계획의 한 부분으로 단기 프로젝트를 기획함
- 억압에 대한 개인적 상황과 구조적 이슈 사이의 연결성에 대한 비판적 생각을 개발함
- 즐거움을 위한 기회 구축
- 경제 및 사회정의를 위한 공유된 비전을 강화함

하나의 사례로 유스포스(YouthForce)는 청소년 주도의 지역사회조직의 한 부분으로 대도시 지역의 경제적으로 위축된 지역 내 수많은 사회 및

경제적 문제를 해결하는 것으로 목적으로 한다(Schwartz & Suyemotor, 2013). 유스포스는 "지역 청소년들을 지역사회 리더와 조직자로 양성하고, 양성된 리더와 조직자들은 그들의 지역사회에서 다른 지역 청소년들을 리더와 조직자로 양성한다"(p.343). 유스포스의 효과성과 참여자에게 미치는 영향을 살펴보기 위해 슈워츠와 수에모토는 유스포스의 청소년 고용 프로그램의 성과를 평가하였다. 양적과 질적 평가 결과에 의하면 시민활동과 역량강화에 있어 청소년 조직자의 유능감이 긍정적으로 변화한 것으로 나타났다.

사회경제적, 인종 간 차이에 대한 경험으로 인한 소외감과 사라진 희망을 고려할 때 청소년 주도 조직은 특히 저소득 소수집단의 청소년들의 시민 참여와 역량강화를 촉진하는 전략들을 사용한다(Schwartz & Suyemotor, 2013). 사회에 기여하는 구성원으로 인식되는 청소년들은 지역사회를 강화하고 인권 및 사회정의와 관련된 문제들을 다루는 자원으로 간주된다. 델가도와 스테이플스(2013)에 의하면 "청소년에 대한 투자는 우리 지역사회와 사회 안에서 중요한 역할을 수행하는 데 필수적인 경험과 기술을 가진 핵심 성원으로 성장시킬 것이다"(p.549).

참여적 행동 연구와 청소년 역량강화

참여적 행동 연구(PAR)는 어떠한 상황을 경험하는 사람들이 그들의 상황을 가장 잘 연구할 수 있다는 원칙에 근거하여, 연구자와 참여자가 공동 학습자가 되어 연구 디자인부터 자료 수집, 변화를 위한 계획 실행, 결과평가까지의 과정에서 협력할 것을 요구한다. PAR은 참여자들의 목소리를 반영하고, 그들의 세계관을 보여주며, 그들의 인류애를 지지하고, 비판 의식을 고취시키며, 반영과 행동의 요소들을 통합한다. 권력을 재분배하는 사회정의와 사회 행동을 적용하는 PAR은 불이익을 당하거나 억압된 사람들에게 특히 더 적합하다(Johnston-Goodstar, 2013; Strier, 2007).

청소년 참여적 행동 연구(YPAR)는 "청소년 참여자들이 자신의 삶의 경험을 이끌고, 사회문제를 해결하기 위한 데이터 중심의 행동을 이끌어 내는 연구 의제와 과정을 함께 만들어 내는 공유된 상황을" 제공한다(Cook & Krueger-Henny, 2017, p.176). 예를 들면, 역량강화 전략은 OGBTQ 청소년의 학교 내에서 정책 변화와 관련해서 이들의 목소리를 담아내기 위해 사용되었다(Wernick, Woodford, & Kulick, 2014). 대도시 지역의 인종 분리의 현 상황에 대한 의식을 고양하는 또 다른 프로젝트에서는 인종적, 사회경제적으로 다양한 청소년 참여자들의 집단 간 대화는 옹호와 활동의 결과로 이어졌다(Aldana, Richards-Schuster, & Checkoway, 2016).

청소년 연구자의 영향을 좀 더 잘 이해하기 위해 고메즈와 라이언 (2016)은 나이 제한으로 위탁보호가 종료된 청소년 노숙인들 사이의 학습된 무기력의 인식을 연구하기 위해 중요한 역할을 담당했던 동료 주도 연구자들의 경험을 탐색하였다(Gomez, Ryan, Norton, Jones, & Galán-Cisneros, 2015). 전체적으로 "역량강화적이고, 보람 있으며, 희망을 불어넣는 경험"으로 보고되었다(Gomez & Ryan, 2016, p.188). 특히, 내용분석에서 다른 사람들이 정중하게 자신에게 귀를 기울이는 것을 인식하면서 자신의 관점과 목소리를 인정하게 되었고, 다른 사람들과 협력하는 방법을 통해 공감의 감정을 깨달았으며, 자신의 기여가 중요하다는 것을 보여주는 경험은 개인적 역량을 강화하였다. 고메즈와 라이언에 의하면, 참여는 중요하다: "이 프로젝트에 참여했던 청소년들은 자신이 미래에 영향을 미칠 수 있는 힘을 가지고 있다는 것을 깨닫기 시작했다" (p.191).

청소년 역량강화를 위한 전략으로서 포토보이스

PAR과 관련된 질적인 사진을 통한 이미지 전략으로 포토보이스는 청소년의 목소리에 힘을 실어주고, 시민 참여를 촉진함에 따라 청소년들을 역량강화하는 잠재성이 있다(Ohmer & Owens, 2013; Pritzker, LaChapelle, & Tatum, 2012). 사회 행동 실천과 함께 자주 사용되는 포토보이스는 격차와 환경적 문제부터 건강한 선택과 지역사회의 긍지를 높이는 등 여러 가지 사회정의 및 인권에 관련된 주제들에 적용된다.

근본적으로 "포토보이스는 사람들이 정책입안자와 영향력 있는 사람들에게 접근할 수 있는 능력을 가진 옹호자가 되기 위해 기술을 개발하고 획득함으로써 역량강화되는 것을 목적으로 계획된다"(Hergenrather, Rhodes, Cowan, Bardhoshi, & Pula, 2009, p.688). PAR 전략은 주요 이슈를 결정하고, 사진과제를 만들고 실행하며, 자신의 이미지를 다른 사람들에게 보여주고, 그들의 관점을 맥락화하기 위해 사진의 집합체를 분석하고, 행동을 위한 전략들을 개발하는 과정에 참여자들을 활발하게 관여시킨다.

청소년들과의 많은 프로젝트에서 포토보이스는 역량과 관점을 인정하는 데 효과적인 것으로 증명된다. 예를 들면, 아프리카계 미국인 청소년들이 희망과 절망의 의미가 무엇인지를 시각화하기 위해 사진을 찍었던 프로젝트(Harley, 2015)나 나무연기로 인한 오염에 대응하는 환경적 정의를 옹호하기 위해 청소년들이 행동을 실행하는 프로젝트(Brickle & Evans-Agnew, 2017), 지역사회 변화에 참여했던 라틴계 청소년들의 프로젝트(Pritzker, LaChapelle, & Tatum, 2012) 등이 있다. 지역사회 범죄예방 프로그램에 통합되었던 포토보이스는 표적 지역에 거주하는 24개의 다양한 인종으로 구성된 성인과 청소년들을 위한 범죄예방 훈련 프로그램에서 중요한 도구로 사용되었다(Ohmer & Owens, 2013). 참여자들은 범죄를 증가시키거나 감소시키는 지역의 상황들을 확인하기 위해 포토보이스를 사용하였다. 그들의 다양한 지역사회 사진에 대한 비판적 분석에 기반하여, 참여자들은 지역사회 정원과 예술 공간 프로젝트를 계획하고 실행하였다. 이 프로젝트는 역량강화의 중요한 요소인 사회적 유대감을 증진시키고, 사회 행동의 결과를 가져왔으며, 집합적인 효능감을 강화하였다.

복습과 예습

가족은 사회의 기반이다. 가족은 아동을 양육하고 사회화하며, 안정성의 기반을 제공하고, 생애주기를 통해 정체성을 지지하고, 다음 세대를 구성한다. 이러한 이유로 사회는 가족의 완전함과 웰빙을 유지하기 위해 필요한 자원과 기회를 제공하는 데 책임을 보여야 한다. 가족과 청소년복지를 탐색하기 위해 이 장에서는

- 현대 가족과 가족 중심의 서비스를 설명하였고,
- 아동기의 대표적인 부정적인 경험으로서 아동학대를 탐색했으며,
- 아동복지체계 안에서 서비스의 연속성을 기술하였고,
- 학교 및 다른 청소년 서비스 현장에서의 사회복지사의 역할을 논의하였다.

역량강화를 수용하는 사회복지사는 변화를 위한 가족의 역량과 능력을 인식한다. 그러나 가족은 자원의 접근 없이 그들의 책임을 완수할 수 없다. 변화의 한 가운데서도 가족의 중심성을 인정하는 사회복지사

는 가족을 보호하고 강화하는 정책과 서비스를 옹호한다. 정책과 프로
그램 및 서비스의 축소로 얼룩지는 미래와 공공복지와 건강보험의 안전
망 제공에 미치는 위협에 대한 예측은 사회복지사가 사회정의와 인권에
대한 옹호를 활발히 하는 데 위협이 된다.

생각해보기

❶ 실천에서의 다양성과 차이: 가족의 개념은 핵가족 구성을 넘어 많은
독립적인 가족 구성을 포함한다. 혼합가족, 한부모가족, 게이와 레즈
비언 가족, 다세대 가족, 조부모 가족들이 경험하는 강점과 어려움
은 무엇인가?

❷ 정책 실천: 미국의 아동복지체계는 중요한 가족 정책의 영향력 아래
서 조정되지 않는 많은 분리된 아동과 가족 서비스 분야들을 포함한
다. 그들의 정책 실천의 역할에서 사회복지사는 조정되고 포괄적인
가족 정책을 실천하기 위해 어떠한 옹호 활동을 해야 하는가?

❸ 윤리적, 전문적 행동: 아동보호서비스, 가족 보존, 가족 재결합 그리
고 영구계획들은 윤리적 딜레마가 많이 발생하는 아동복지 현장의
모든 정책 지침들이다. 아동복지와 가족 보전 사이의 윤리적 딜레마
를 해결하기 위해 어떠한 요소들이 고려되어야 하는가?

❹ 사정 평가: 청소년들은 적응유연성에 영향을 미치는 많은 자원들에
접근할 수 있지만, 일부 청소년들은 좀 더 위험하고 취약한 상황에
놓여있다. 사회복지사는 적응유연성와 취약성에 영향을 미치는 요소
들을 사정 평가하기 위해 무엇을 고려해야 하는가?

제14장

성인과 노인 서비스

★ ★ ★ ★ ★

- 사별, 근로자 지원, 군인서비스, 돌봄과 같은 이슈를 다루기 위해 사회복지사가 성인에게 제공하는 전문 서비스에 대해 이해할 수 있다.
- 친밀한 파트너 폭력 유형, 역동, 서비스 대응과 같은 친밀한 파트너 폭력 관련 사회복지실천에 대해 말할 수 있다.
- 노인학대 유형, 역동, 서비스 대응과 같은 노인학대 관련 사회복지실천에 대해 설명할 수 있다.
- 노인의 다양한 욕구를 해결할 수 있는 노인복지실천과 프로그램, 서비스에 대해 상술할 수 있다.

- 성인 서비스
  - 사별 상담
  - 근로자 지원 프로그램에서의 사회복지
  - 군대와 퇴역군인 서비스에서의 사회복지사
- 나이 든 부모와 삶의 동반자를 위한 돌봄
  - 돌봄과 나이 든 부모
  - 돌봄과 삶의 동반자
  - 돌봄과 치매
  - 돌봄제공자를 위한 사회복지 지원
- 친밀한 파트너 폭력
  - 친밀한 파트너 폭력의 발생
  - 친밀한 파트너 폭력 유형
  - 친밀한 파트너 폭력의 역동
  - 친밀한 파트너 폭력에 대한 서비스 대응
  - LGBT에서의 친밀한 파트너 폭력
  - 친밀한 파트너 폭력에 대한 아동의 반응
- 노인학대
  - 노인학대의 유형
  - 노인학대의 발생
  - 노인학대의 역동
  - 노인학대 확인의 복잡성
  - 사회서비스 대응
- 노인을 위한 사회복지 서비스
  - 노인복지실천
  - 노인 사례관리 서비스

우리는 반세기 이상을 성인으로 살아가면서 수십 년간 가족생활, 고용, 삶의 전환과 관련된 서비스를 필요로 한다. 성인들은 광범위한 세팅에서, 사실상 모든 실천 영역—가족 서비스, 건강 관리, 형사사법, 노인 서비스, 정신건강, 약물중독장애 치료 센터 등—에서 사회서비스에 접근한다. 모든 연령의 성인을 위한 전문 서비스에 초점을 두고, 이 장에서는 다음과 같은 것들을 다룬다.

- 사별, 근로자 지원, 군인서비스, 돌봄과 같은 이슈를 해결하기 위해 사회복지사가 성인에게 제공하는 전문 서비스
- 친밀한 파트너 폭력의 유형, 역동, 친밀한 파트너 폭력에 대한 서비스 대응
- 노인학대의 유형, 역동, 노인학대에 대한 서비스 대응
- 노인복지실천가(gerontological social workers)가 노인의 다양한 욕구를 해결하기 위해 제공하는 프로그램과 서비스들

인권은 연령에 상관없이 모든 사람들에게 적용된다. 실제로 건강한 성인 발달과 노화는 일생에 걸친 사회자원의 평등한 분배, 다양한 건강 및 휴먼서비스에 대한 접근성 및 활용가능성에 전적으로 달려 있다. 권리 기반 전문직의 일원으로서 성인과 노인 서비스 분야에서 일하는 사회복지사는 진실성과 자기결정을 존중하고, 건강과 건강 관리, 적절한 주거, 식품 안전성, 법적 권리 및 시민권, 비차별적 태도와 실천 등에 대한 권리를 옹호한다.

성인 서비스

빈곤, 차별, 노숙, 건강 및 행동 건강 관련 이슈, 가족 문제, 양육과 같은 성인이 직면하는 많은 어려움들은 이전 장에서 강조하였다. 이번 장에서는 사별, 나이 든 부모와 삶의 동반자 돌봄, 군복무 후유증 등 추가적인 이슈들에 대해 다룰 것이다. 성인 세계에서 직장의 중요성을 고려하여, 고용지원 프로그램의 맥락에서 성인 서비스 영역의 주요 현장으로 직장 사회복지(occupational social work)에 대해서도 살펴본다.

사별 상담

생애주기에서 성인이 처해있는 위치로 인해 성인들은 상실과 슬픔을 경험한다. 예를 들어, 중년 성인은 부모의 죽음을 경험하거나 배우자, 파트너, 동료, 자녀의 때이른 죽음을 경험하기도 한다. 이러한 슬픔을 다루기 위해 사람들은 기존의 비공식적 사회적 지지 네트워크 자원을 끌어오거나 상호원조 집단─예를 들어, 마음을 알아주는 친구(Compassionate Friends), 미망인 프로그램, 신생아 사망 지지 집단─의 지지 자원을 활용한다.

사랑하는 사람의 상실을 애도하는 사람들은 상실의 실체를 다루어야 한다. 일반적으로, 이들은 상실의 신체적, 심리적 영향에 모두 직면한다. 영적인 차원, 경제적·사회적 환경, 문화적 영향, 억압과 차별로 인한 소외 등 사회문화적 맥락도 애도 과정에 영향을 미친다(Berzoff, 2003). 화해에 대한 희망이 미충족된 채로, 가족 구성원이나 친구로부터 고립되거나 틈이 생기는 것도 상실과 슬픔에 대한 반응에 영향을 미친다(Agllias, 2011).

큐블러-로스(1969)는 다섯 가지 정서적 반응-부정, 협상, 분노, 우울, 수용-을 애도 과정에서 경험한다고 하였다. 발달 단계, 상실의 환경, 상실에 대한 개인적 의미와 같은 요소들은 사람들이 슬픔에 대한 애도를 어떻게 하는지에 영향을 미친다. 추가적인 스트레스 요인은 다음과 같다.

- 자살, 살인, 참사 상황, 오명을 쓴 죽음과 같은 갑작스럽고 때 이른 죽음
- 과중한 슬픔으로 이어지는 여러 가지 상실
- 인지된 사회적 지지의 부족(Berk, 2018)

연구들에 따르면, 서로 다른 문화의 사람들이 슬픔을 다루는 방식에서는 놀라울 만큼 유사성이 나타난다. 그러나 두드러지는 차이도 있다. 예를 들어, 슬픔을 표현하는 것에 대한 개방성의 정도에서 문화에 따라 차이가 있다. 문화적 차이를 이해하면 슬픔에 대한 자신의 경험이 다른 사람의 경험을 이해하는 타당한 기초선이라고 보는 민족 중심의 가설을 방지할 수 있다. 한 문화를 정상으로 보면, 다른 문화는 비정상으로 보게 된다.

사실상 모든 실천 영역에서, 일생 동안 다양한 삶을 살아가는 클라이언트 및 그 가족들과 함께 일하는 사회복지사는 슬픔과 사별의 이슈를 다룰 기회를 갖게 된다. 생리심리학적-영성적 욕구와 민족, 문화, 종교, 환경적 차이의 함의에 대한 지식에 따라, "사회복지사는 일생 동안 가족들이 트라우마, 자살, 죽음을 다루도록 돕고, 그러한 욕구를 사정하고 적절하게 개입할 준비가 되어 있어야 한다(NASW, 2004, p.1)". 호흘랜더와 더글비(2010)는 한 소규모 질적 연구에서 악성 암을 앓고 있는 배우자를 돌보는 돌봄제공자들이 쓴 일기를 보고, 개인 인터뷰를 진행한

바 있다. 그들은 배우자의 죽음 뒤에 따르는 세 가지 사별의 맥락을 확인하였다: 개인 내적(정서적 디스트레스), 개인 간(싱글로서 새로운 정체성), 지역사회/사회적(지지 체계). 결론에서는 도전의 원천으로서뿐만 아니라 지지와 강점의 자원으로써 맥락(context)의 중요성을 강조하였다. 역량강화 지향 사회복지사는 사별의 심리사회적 맥락의 중요성을 고려하고, 슬픔을 해소하기 위한 자원으로서 개인, 대인, 지역사회 체계의 잠재력을 고려한다.

근로자 지원 프로그램에서의 사회복지

역사적으로, 사회복지와 노동 간의 연대는 도움이 필요한 길드 성원들에게 쉼터와 지지를 제공하였던 중세 시대 길드 활동에서 시작하였다. 인보관 복지사들은 노동자의 권리와 노동현장 안전을 옹호하는 활동을 하였다고 잘 알려져 있다. 메리 파커 폴렛, 프란시스 퍼킨스, 버사 카펜 레이놀즈와 같은 20세기 초반의 사회복지사들은 산업복지, 노동정책, 노조 활동에 영향을 미쳤다. 산업복지의 중요성은 노조가 사회복지사를 옹호자로서 고용하였던 제2차 세계대전에 재출현하였다. 또한 사회복지사가 군대 후유증에 개입하게 되면서, 군대는 주요 산업복지 현장이 되었다.

직업에 관련된 이슈들이 노동자의 삶에서 문제나 긴장을 일으킬 수도 있지만, 성인이 직면하는 수많은 도전들이 노동현장에서 드러나기도 한다. 예를 들어, 직장 관점에서 약물 중독, 가족 위기, 가정폭력, 돌봄과 같은 개인적 이슈는 생산성을 떨어뜨리고 직업 관련 스트레스를 증가시킨다. 또는 가족의 맥락에서, 가족 친화적 노동 정책이 있고 없고는 가족생활의 질에 급격한 효과를 가져올 수 있다. 이러한 이슈들과 회사가 생산성을 극대화하고자 하는 측면에서, 고용주들은 고용인들의

복지에 더 책임감을 느끼고, 고용급여와 같은 근로자 지원 프로그램
(EAP: Employee Assistance Program)에 투자한다.

다양한 회사, 정부 기관, 노동조합, 비영리 조직들이 직장 사회복지사
를 고용한다. 구체적으로, 100명 이상의 직원이 있는 사업체의 약 66%
혹은 포춘(Fortune)지가 선정한 500대 기업의 90%가 노동현장에 EAP 서
비스를 제공한다(Merrick, Volpe-Vartanian, Horgan, & McCann, 2007). 이들
은 "내부 직원"으로 고용될 수도 있지만, 조직이 행동 건강 기관과 서
비스 계약을 맺는 경우가 더 많다.

사회복지 사례

조셉 콜은 밀워크 회사의 인사과에서 근무하는 EAP 사회복지사이다. 일반
주의 사회복지사로서, 조는 직장에서 다친 직원들과 일하며 체계 접근을 사
용한다. 미시적 수준에서 개입은 업무 중단, 가족 스트레스, 급여 제공과 관
련된 문제, 재교육 배치, 실직에 대한 대응 등을 다루는 상담을 제공한다. 중
간 수준에서는 보험회사가 적절하고 신속한 지급을 하도록 하거나, 장애 수
당이나 재활 서비스를 보장하는 다른 공공 기관에 대해 옹호 서비스를 한다.
거시적 개입에서는 위험한 직장 환경을 개선하고, 직장 안전 법규를 만들도
록 로비활동을 하고, 노동자의 복리를 위협하는 절차를 해결하기 위해 경영
진에 영향을 미침으로써 안전 이슈를 다룬다.

근로자 지원 프로그램과 관련된 사회복지사는 고용인과 직장 조직
둘 다에서 변화를 촉진하고, 노동 성과에 방해가 되는 광범위한 개인적,
사회적 욕구를 다룬다(Akabas, 2013; Bates & Thompson, 2007; Breiding,
Basile, Smith, Black, & Mahendra, 2015; Pollack, Austin, & Grisso, 2010; Powell,
2010). 사회복지사는 지역사회 기반의 서비스에 연계하고 자원을 제공하
는 일에 관여할 수 있다. 약물 없는 노동현장을 실현하기 위한 프로그

램을 제안할 수도 있고, 단기 상담, 대인 의사소통 훈련, 은퇴 전후 계획 서비스와 같은 서비스를 제공할 수도 있다. 효과적으로 기능하기 위해서, EAP에서 일하는 사회복지사는 다음과 같은 전문지식을 필요로한다.

- 노동, 노동 관련 스트레스, 소진의 심리적 의미
- 노동현장에서의 차별, 따돌림, 괴롭힘
- 약물 중독 장애, 치료 프로그램, 12단계 프로그램, 동료 지지 집단 등과 같은 회복을 도울 수 있는 지역사회 자원
- 노동현장의 축소, 실직, 은퇴의 심리사회적 함의
- 관련된 사업, 노조, 회사 정책 및 절차뿐 아니라 노동 관련 지역, 주, 연방 규정, 절차, 법

광범위한 관련 지식 기반이 있기 때문에, 사회복지사는 다른 방식으로도 기여한다. 사업에 따라서는 기부와 지역사회 서비스와 같은 회사의 시민적 의무를 다하기 위해 사회복지사를 고용할 수도 있다. 사회복지사는 또한 전략적 계획, 조직적 개발, 노동 관련 정책―가족의료휴가법, 장애인법(ADA), 적극적 조치법(affirmative action laws), 직장에서의 차별금지―의 실행에도 기여할 수 있는 기술을 가지고 있다. 덧붙여, 사회복지사는 근로자 재배치, 성희롱 이슈, 배우자를 위한 복리후생제도의 형평성, 주간보호시설의 제공과 같은 직장 정책과 절차를 개발하기 위해 경영진에게 자문할 수 있다.

노동현장과 LGBT 근로자

근로자 원조 조직에서의 역할을 통해, EAP 사회복지사는 노동현장이

수용의 문화를 지지하고, LGBT 사람들에게 적대적인 작업 환경을 만드는 편견적 태도와 차별적 행위를 매니저들이 직접적으로 다루도록 도울 수 있다. 관련법과 회사 정책들이 그러한 행위에 대한 길을 구축하고 있다. 1998년에 승인된 행정명령 11478에 대한 수정조항은 연방의 근로자들이 성적 지향에 근거한 차별을 받지 않도록 하고 있다. 최근에는 20개 주와 콜롬비아 자치구, 수많은 시와 지방자치단체에서도 성적 지향에 근거한 고용차별을 금지하는 법을 통과시켰다(진보 프로젝트 운동 [Movement Advancement Project[MAP], 2017]. 덧붙여, 포춘 선정 500대 기업의 약 90%가 비차별 정책과 실천을 적용하였다(Poverny, 2000). 성희롱에 동성 간의 관계를 포함할 수 있다는 사실은 적극적(proactive) 사회복지 개입을 강제하였다. 사회복지사에게 나타나고 있는 옹호 이슈는 트랜스젠더에 대한 법적 지지와 노동 정책이 명백히 부족하다는 점이다. 포버니가 제안한 직장 사회복지사를 위한 리더십 활동 중에는 매니저와 근로자를 위한 교육 및 훈련 프로그램을 촉진할 것, 지지 집단을 만들고 참여를 독려하는 것, 이러한 선택을 한 근로자들의 "커밍아웃"을 지지하는 것 등이 있다.

BOX 14.1

역량강화와 사회정의에 대한 성찰

ADA: 사회정의에 대한 요구

장애를 가진 사람들은 다양한 인구집단이다. 그들이 공통적으로 가지고 있는 것은 장애에 근거한 차별이다. 장애인법(Americans with Disabilities: ADA)은 1990년 7월 조지 부시 대통령에 의해서 법으로 승인되었다. 장애인들이 고용과 공공시설에서 받는 차별을 줄이기 위한 법이다.

이 법은 장애인들의 고용 기회나 일자리 지위에 부정적 영향을 미칠 수 있는 모든 형태의 고용차별을 금지한다. 또한 장애인들이 건축이나 의사소통의 장벽 때문에 공공 서비스 접근이 거부되는 것도 금지한다. 일반적으로 이 법에서는 고용주, 정부 기관, 대중교통 시스템, 공공편의시설은 1992년 1월까지 ADA 요구조건을 충족할 것을 요구하였다.

ADA는 지난 25년간 시민권법에서 가장 중요한 확장이었다. 그것은 1964년 시민권법이 인종적 소수자에게 보호를 제공했던 것과 똑같은 방식으로, 장애인들에 대한 차별로부터의 보호를 제공하였다. 두 법의 반차별주의 조항은 평등고용기회위원회(EEOC)에 의해서 강제되었다.

장애인들은 완벽하고 동등한 고용의 기쁨을 누리고 공공편의시설에 접근할 자격이 있다. ADA는 노동현장과 공공장소가 장애인들이 접근 가능하도록 합리적인 편의시설을 갖추도록 요구하였다. 편의 제공에는 현재 있는 시설들에 쉽게 접근 가능하도록 하고, 직무를 재구성하고, 노동 스케줄을 바꾸고, 재활보조 제품과 장비를 사고, 조사와 훈련 자료를 수정하고, 읽어주는 사람이나 해설자를 제공하는 것 등이 있다.

확실히 ADA의 재정과 승인으로, 발전은 이루어졌다. 그러나 많은 사회정의와 인권 이슈가 오늘날에도 지속되고 있다.

- 최근 자료에 근거하면, 18세에서 64세까지 비장애인은 80%가 고용되어 있는 데 비해, 장애인 중에는 40%만이 고용되어 있다(Brault, 2012).
- 어떤 장애가 있든 간에 장애인은 비장애인보다 덜 번다. 장애인의 월평균 소득은 1,961달러이고, 비장애인은 2,729달러이다(Brault, 2012).
- 장애인의 빈곤율은 비장애인의 약 2배이다(Brault, 2012).
- 장애 아동이 빈곤과 관련된 경제적 차이를 경험할 때 실직, 불완전고용, 빈곤의 위험은 증가한다(Hughes, 2013).
- 장애인에 대한 보호와 권리를 보장하는 단편적 접근은 의문의 여지가 있다(Karger & Rose, 2010).

장애인 권리 옹호자들은 대중교통과 교육, 의미 있는 고용, 지역사회 기반의 주거, 건강 관리 제공에 대한 접근성을 개선함으로써, 장애인들의 완벽한 참여를 보장하기 위한 투쟁을 계속하고 있다.

군대와 퇴역군인 서비스에서의 사회복지사

베트남 전쟁의 합법성에 대한 문제 제기의 시대에서 명예비행과 무공 훈장으로 과거 우리나라를 위해 봉사한 사람들을 기리는 시대를 거쳐, 오늘날에는 전 지구적 테러리즘에 대항하고 있는 사람들에 대한 존경을 표하는 시대로 문화는 변화하고 있다. 최근 자료에서는 약 170만 명의 여성과 남성이 군대에 종사하고 있으며, 여기에는 현역 복무 군인과 예비군도 포함된다(DeBruyne, 2017). 약 2000만 명의 퇴역군인들 중에서 500만 명은 지방에 살고 있으며, 절반은 미국의 남부 지방에 산다(Holder, 2017). 미국 인구 중에서 퇴역군인 비율이 줄어들고 있기는 하지만, 최근 연구에서는 표집된 사람들의 60% 가량이 적어도 한 명 이상의 가족이나 가까운 친구가 군대에 있다고 조사되었다(퓨 리서치 센터, 2011).

군대 종사자와 퇴역군인의 변화하는 욕구에 대응하여, 군대와 보훈처에 의해 제공되는 사회복지 서비스는 범위와 깊이 측면에서 급격히 변화하였다(Manske, 2013). 군인으로 적극적으로 봉사하는 여성들—이들 중 많은 사람들이 자녀가 있으며—의 숫자가 증가하였고, 이들은 가족 분리를 경험하며, 미해결된 가족 이슈가 있고, 전문적 의료 욕구를 가지고 있다. 2001년에서 2015년 사이에, 5만 개 이상의 부대가 이라크, 아프가니스탄, 중동 지역에서 일하며 부상자가 발생했고, 많은 사람들이 합병증과 평생 지니고 갈 상해로 고통받고 있다. 여기에는 외상성 뇌손상(TBIs), 다발성 절단이 포함된다(Fischer, 2015). 우울과 불안, 외상 후 스트레스 장애(PTSD), 자살경향성과 같은 정신건강 이슈들도 많은 사람들이 경험하고 있다.

불행히도, 심리적 외상을 경험하는 퇴역군인과 군대 종사자 중 약 40%만이 적극적으로 정신건강 서비스를 찾는다(Sharp et al., 2015). 상담에 접근하는 것에 대한 장벽 중에는 자신이 정신건강 문제가 있다는 것을 인정한 사람들, 특히 전쟁 경험이 있는 "엘리트"가 아닌 사람들을 낙인화하는 군대 문화가 만연하다는 것이다(Ashley & Brown, 2015).

모든 실천 영역의 사회복지사는 군대에 다녀온 경험이 있는 클라이언트를 만날 가능성이 있다. 그러나 군대에 근무하는 사회복지 전문직과 보훈처 건강 관리 시스템이라는 광범위한 네트워크에 고용된 사회복지사는 전적으로 현역 군인, 퇴역군인, 그리고 그들의 가족과 일한다.

보훈처와 사회복지

정신의학적 환자와 폐결핵 환자를 지원하기 위한 퇴역군인 부처 프로그램이 처음 생긴 것은 1926년이다. 보훈처(Veteran's Administration)의 후원으로 모든 측면의 심리사회적, 건강관리 영역으로 사회복지의 영역이 확장하였다(VA, 2016a). "보훈처 사회복지의 미션은 퇴역군인들과 가족들, 돌봄제공자들에게 심리사회적 개입을 통해, 그들의 건강과 복리를 극대화하는 것이다(¶ I)." 다양한 건강관리 서비스를 660만 퇴역군인과 비퇴역 군인들─현역 복무 군인과 예비군 등─에게 제공하면서, 보훈처는 이제 4천 5백 명의 임상 자격이 있는 사회복지사를 고용하고 매년 7백 명의 석사과정 실습생을 받고 있다(Bagalman, 2014; Manske, 2013). 사회복지사는 돌봄 조정, 1차 돌봄, 병원 기반 서비스, 재활 프로그램, 정신건강 및 행동 건강 서비스, 장기 돌봄과 같은 프로그램에 종사한다. 다학제적 팀의 일원으로서 사회복지사는, 선별검사, 위기 개입, 사정, 옹호, 상담 서비스 등을 제공한다(Guihan, 2006; VA, 2016a).

군사회복지사

보훈처의 건강 관리 네트워크를 통해 사회복지 서비스가 제공되는 것뿐 아니라, 각 지역 군대는 군대 종사자와 가족들에게 서비스를 제공

하기 위해 사회복지사를 고용한다. 군대에 있는 사회복지사는 다음과
같은 많은 임무들을 수행한다.

- 군대 종사자의 가족과 건강 관리 욕구 사정하기
- 상담 서비스와 위기 개입 제공하기
- 군대 종사자와 가족을 지역사회 기반 서비스에 연결하기
- 고위험 선별검사 실시하기
- 병원과 재활 프로그램에서 퇴원하는 것에 대한 돌봄 계획하기
- 큰 행정 기관과 일할 때 군대 가족의 편에서 옹호하기
- 집단 및 군대 공동체 기반 활동을 통해 교육과 지지 제공하기
  (VA, 2016b)

  군대 종사자 및 그 가족들과 효과적으로 실천하기 위해서, 사회복지
사는 군대 문화를 이해할 필요가 있다. 여기에는 군대와 군대조직 구조
관련 전문 용어, 전장에 배치된 군대 종사자의 자녀들이 겪는 어려움,
전쟁 기간 동안의 상처가 갖는 의료적, 정서적 의미, 전투 이후 재활과
지역사회 재통합 등이 포함된다(Amdur et al., 2011; French, Parkinson, &
Massetti, 2011; Hall, 2011; Lincoln & Sweeten, 2011).

나이 든 부모와 삶의 동반자를 위한 돌봄

  기대 수명이 길어지고 연령에 따른 만성질환의 가능성이 증가함에
따라, 중년기 성인이 나이 든 부모와 삶의 동반자(life Partner)의 변화하

는 욕구를 다루어야 할 필요성이 점점 늘어나고 있다. 전국 단위로 무작위 표집 전화 조사를 실시한 결과에 따라 예측했을 때, 18세 이상의 4천 3백 5십만 명의 가족 구성원들이나 친구들이 돌봄 욕구를 가지고 있는 성인과 아동을 무급으로 원조하고 있다(전국돌봄협회[NAC] & 미국 은퇴자 협회[AARP], 2015). 이 외에도 이 연구의 중요한 결과는 다음과 같다.

- 확인된 돌봄제공자의 약 40%가 50세 이상의 사람에게 돌봄을 제공하고 있다. 돌봄 수혜자의 거의 절반은 75세 이상이다.
- 대부분의 돌봄제공자는 여성이지만(60%), 돌봄 책임을 맡고 있는 남성의 숫자도 상당하다(40%).
- 돌봄을 받는 사람들의 약 절반은 자신의 집에 살고 있다. 75%는 돌봄제공자와 20분 거리 내에 살고 있다.
- 돌봄제공자의 약 40%가 높은 돌봄 부담을 경험한다.

돌봄제공에 대한 전국 조사에서는 부모에게 돌봄을 제공함에 있어서 고용 관련 이슈들이 나타났다(메트라이프 성인 시장 연구소[MMMI], 2011). 나이 많은 돌봄제공자가 덜 고용되는 경향이 있기는 하지만, 모든 돌봄제공자의 60%가 한 해의 적어도 일정 기간 동안 고용된 적이 있다고 보고하였다. 이 사람들 중 거의 절반(49%)은 때로는 직장에 지각하고 돌봄을 제공하기 위해 휴가를 낸다고 하였다. 15%는 결근을 하고, 노동 시간을 파트타임으로 줄이거나 승진이 누락되는 경우가 5%, 조기 퇴직을 하는 경우가 4%였다. 그러나 유연한 스케줄, 유급 병가, 재택 근무와 같은 고용 급여와 근로자 지원 프로그램을 통한 가족 돌봄제공자 프로그램이 스트레스를 경감시켜준다.

돌봄제공은 경제적 비용과 편익을 둘 다 가져온다. 봉급과 연금이 삭감되는 총비용과 풀타임으로 고용된 돌봄제공자의 사회보장 급여는 3조달러가 넘는 것으로 추산된다(MMMI, 2011). 다시 말해, 돌봄제공자는 다른 방식으로 경제에 기여하고 있다. 예를 들어, 2013년에 무급 가족 돌봄제공자의 가치는 약 4천 7백억 달러에 달할 것으로 추산된다(Reinhard, Feinberg, Choula, & Houser, 2015).

돌봄과 나이 든 부모

아동의 수가 적어지고, 가족 구성원의 이동이 증가하고, 한부모가족이 늘어나고, 돌봄을 받는 사람들이 장수하는 경우가 많아지는 등 변화하는 환경은 가족 구성원들이 나이 든 부모에게 돌봄을 제공하는 능력에도 영향을 미친다. 본질적으로, 돌봄 책임을 질 수 있는 가족 구성원과 친구의 수는 감소하고 있다. 인구학자들은 2050년까지 80세 이상의 돌봄이 필요한 사람에 대해 3명의 잠재적 가족 돌봄제공자가 있을 것이라고 바라보았다. 이 수치는 2010년에 1명당 7명이었던 비율에서 급격히 감소한 수치이다(Redfoot, Feinberg, & Houser, 2013).

중년 성인이 배우자와 멀리 떨어져서 살더라도, 나이 든 부모는 적어도 한 명 이상의 성인 자녀와 가까이 사는 경향이 있다. 배우자 돌봄제공자와는 다르게, "친족−관리자"는 대부분 딸인 경우가 많다(Freedman & Spillman, 2013). 대부분의 가족 구성원과 나이 든 부모는 스트레스와 긴장을 느낄 수 있다. 불편한 개인 관계에서부터, 너무 많은 역할 요구를 충족하려고 하는 데서 오는 피로, 부적절한 지역사회 지지, 노화 과정에 관한 정보 부족까지 고려해야 할 사항은 광범위하다. 강점과 역량강화의 관점에서 실천하는 사회복지사는 선행 연구에서 밝혀진 보호 요인을 확인한다. 보호 요인에는 상황에 대한 돌봄제공자의 인지된 통제, 예를 들어, 자신의 내적 강점을 활용하는 것, 도움을 필요로 할 때 다른 사람의 자원에 기대는 것, 미래에 필요한 것을 예측하는 것 등이 있다(Szabo & Strang, 1999).

돌봄과 삶의 동반자

사랑하는 사람의 건강 악화, 이동(mobility) 이슈, 기능적 장애, 인지적 약화와 같은 많은 다양한 상황들이 배우자와 삶의 동반자들에게 돌봄 역할을 하도록 압박한다. 기대 수명이 계속 증가할수록, 더 많은 배우자와 삶의 동반자들이 돌봄제공 역할을 하게 될 것이다. 배우자와 삶의 동반자에 의해 제공되는 돌봄은 자신의 집에 남아서 사랑하는 사람을 돌보는 것이 될 가능성이 많다. 나이 든 성인을 돌보는 다른 가족 구성원들과 마찬가지로, 배우자인 돌봄제공자는 정서적, 신체적 건강에 부정적인 결과, 재정적 스트레스, 사회적 고립의 위험을 가지고 있다. 또 그들의 위험은 자신의 건강 상태와 연령에 따라 더 커질 수 있다.

돌봄제공은 LGBT 공동체의 회원들에게도 영향을 미친다. 국립 건강연구소와 국립노화연구소가 지원한 최근 연구에서는 나이 든 LGBT 성인의 27%가 건강 이슈나 다른 욕구를 갖고 있는 누군가에게 돌봄제공을 하고 있는 것으로 나타났다(Fredriksen−Goldsen et al., 2011). 50세에서 95세 사이의 응답자 중 약 1/5이 스스로 돌보고 있다고 답하였고, 절반이 넘는 숫자가 파트너나 배우자로부터, 1/4이 친구로부터 돌봄을 받고 있다고 답하였다. 자자와 동료들(2016)의 연구에서 게이와 레즈비언 성인들의 노화와 돌봄에 대한 우려는 광범위한 이슈들−재정적 안정성, 친구와 가족 지지 네트워크의 활용 가능성, 개인적 취약성, 건강 관리 시스템에서의 차별적 취급 등−로 나타났다. 결론에서는 LGBT 공동체의 관심사를 다루는 자원 및 프로그램과 LGBT 돌봄제공자의 욕구를 구체적으로 충족시킬 수 있는 지지 체계에 대한 필요성을 지적하였다.

돌봄과 치매

알츠하이머 유형을 비롯한 "치매"는 주요 돌봄 부담이다. 약 5백 4십만 명, 8명 중 1명의 노인들이 알츠하이머병과 관련된 치매를 이미 앓고 있다(알츠하이머 협회, 2012). 그러나 알츠하이머병이 발전할 위험성은 연령에 따라 증가한다. 65세에서 74세 성인 중에서는 단지 6%만이 알츠하이머병이 발병하지만, 85세 이상 노인 중에서는 거의 절반이 이 병에 걸리는 경향이 있다. 현재 알츠하이머병이 있는 60-70% 사람들이 집에서 가족과 친구들과 함께 살고 있고 이 중 80%가 가정돌봄을 제공한다.

알츠하이머병은 성격에서의 변화, 건망증, 신체적, 사회적 기능 손상을 유발하는 진행성 질병이다. 알츠하이머병이 악화되어 행동이나 의사소통의 결손으로 오락가락하게 되면, 일상생활 활동에서도 다른 사람들의 도움에 의지하게 된다. 가족, 친구, 공식적 사회서비스 전달체계로부터 지원을 받고자 하는 욕구는 병의 진행에 따라 급격히 증가한다(Boylstein & Hayes, 2012; Chien et al., 2011; Gelman, 2010; Mausbach et al., 2012; Miller, Rosenheck, & Schneider, 2012; Sutcliffe, Giebel, Jolly, & Challis, 2016; Toseland, McCallion, Gerver, Banks, 2003).

돌봄제공자에 대한 전국 단위 무작위 표집을 통해 조사한 결과 분석에서, 알츠하이머병을 포함한 치매가 있는 사람들에게 돌봄을 제공하는 사람들은 특히 무거운 돌봄 부담을 경험하는 것으로 나타났다(NAC & 알츠하이머 협회[AA], 2017). 이들의 돌봄 책임은 신체적으로나 정서적으로 부담이 더 크고, 더 많은 시간이 소요된다. 또 때로는 돌봄제공자들이 다수의 건강 관리 이슈와 복잡한 건강 관리 시스템 행정처리를 해야 한다.

돌봄제공자를 위한 사회복지 지원

일상적 사회적 지지가 돌봄제공자에게 엄청나게 도움이 되기는 하지만, 연구에 따르면 유형의(tangible), 이용 가능한 지원이 얼마나 충분한지에 대한 주관적 인식이, 돌봄 부담에 대한 예측변수인 돌봄제공자의 만족도 수준을 결정한다(Lai & Thompson, 2011). 아주 작은 비율의 가족 돌봄제공자만이 공식적 서비스를 이용한다고 보고하였다. 그러나 돌봄 제공 욕구가 돌봄을 제공하는 그들의 능력 이상으로 증가하게 되면, 서비스에 더 접근하는 경향이 있다(Ory, Yee, Tennstedt, & Schultz, 2000). 전미사회복지사협회(2010)는 돌봄 수혜자의 삶의 질을 높일 수 있는 다양한 가족 돌봄제공 지원 및 서비스를 소개하였다.

- 정서적, 사회적, 영성적 지원
- 건강 관리, 재정 문제, 생애 계획과 관련된 의사결정 원조
- 목욕, 옷 입기, 산책과 같은 신체적 활동 지원
- 건강 및 사회서비스 시스템을 활용하고 협상하는 것에 대한 지원으로 건강 및 장기요양 보험 처리하기, 유급 가정 도우미 배치 및 감독하기, 건강 관리 전문가와 의사소통하기, 질 관리 및 서비스 옹호하기
- 가사일, 서류 처리, 의사나 다른 약속에 가기와 같은 실제적 문제 원조
- 고지서 납부를 돕고 직접적인 재정지원을 하는 등의 재정적 원조
- 공유 주거(pp.11-12)

사회복지사는 가정에서 나이 든 부모, 삶의 동반자, 친구를 계속해서

돌보고 있는 돌봄제공자의 노력을 지지하기 위해 다양한 서비스를 제공한다. 사회복지사는 돌봄제공자에게 가정 건강 관리와 가사 서비스를 위한 지역사회 자원을 연결하고, 임시돌봄 서비스를 조정하고, 상담과 정서적 지지를 제공하고, 때로는 노인들과 가족들 사이를 중재하기도 한다. 추가적으로, 사회복지실천가는 가족 구성원 및 돌봄제공자의 파트너로서 취약한 노인에 대한 서비스 전달을 향상시키기 위한 사례관리 활동을 한다.

치매가 있는 사람을 돌보는 돌봄제공자를 지지하기 위해 기획된 일련의 개입들의 효과성을 평가하기 위해, 연구자들은 유사 실험 사전 사후 설계를 적용하였다(Burgio et al., 2009). 연구 결과에 따르면, 지지적인 개입이 돌봄제공자의 건강과 심리적 복리에 긍정적인 영향을 미치고, 돌봄제공자들이 경험하는 주관적 부담, 좌절, 우울을 줄이는 것으로 나타났다. 돌봄제공자 지지 집단은 고립을 줄이고 노화 과정에 대해 돌봄제공자를 교육시키고, 개인적 성장과 자기효능감을 증진시키고, 돌봄제공자가 다루어야 하는 다양한 문제에 대한 창의적인 해결책을 발견하도록 하는 데 효과적이었다(Brodie & Gadling-Cole, 2004; Chien et al., 2011; Chenoweth et al., 2016; Golden & Lund, 2009; Verbakel, Metzelthin, & Kempen, 2016; Wang & Chien, 2011).

친밀한 파트너 폭력

아동학대는 아동에게 폭력의 유산을 물려주는 것이다. 그러나 그것은 가족 구성원들이 직면하는 단지 한 종류의 폭력에 지나지 않는다. 흔히 가정폭력이라고 불리는 친밀한 파트너 폭력(intimate partner violence: IPV) 역시 가족 폭력의 일부분이다. 친밀한 파트너 폭력은 배우자, 데이트 파트너, 성적 파트너에 의해 가해진 폭력에 의해 유발된 신체적, 성적, 심리적 위해를 말한다.

친밀한 파트너 폭력의 발생

범죄 피해자에 대한 전국 조사에 근거하여, 미국 법무국은 2010년에 미국에서 약 907,000건의 범죄가 친밀한 파트너에 의해 자행되었다고 보고하였다(Catalano, 2012). 다른 보고에서는 모든 폭력 피해자의 15%가 친밀한 파트너에 의해 피해를 입었다(Truman & Morgan, 2014). 최근에, 대규모의 무작위 전국 단위 조사에서는 조사에 참여한 여성 중 약 25%, 조사에 참여한 남성 중 14%가 현재 혹은 이전의 배우자 또는 파트너로부터 심각한 신체적 폭력을 경험하였다고 보고하였다(Breiding, Chen, & Black, 2014). 여성들은 남성보다 만성적인 학대와 손상을 야기하는 신체적 공격을 경험할 가능성이 높았다. 연구 결과에 따르면, 정서적, 언어적 폭력과 통제 행동이 신체적 폭력에 수반되는 경우가 많다. 주요 공공 건강 이슈로 확인된 바에 따르면, 친밀한 파트너 폭력은 노숙, 약물 중독, 외상 후 스트레스 장애, 정신건강 문제들, 고용 불안정성, 신체적 건강과 관련된 수많은 이슈들, 자살에 영향을 미치는 것으로 나타났다(Hein & Ruglass, 2009; Kimerling et al., 2009; Lindhorst, Oxford, & Gilmore, 2007; Taft, Bryant−Davis, Woodward, Torres, & Tillman, 2009).

국제적 차원

여성에 대한 폭력의 국제 보고서는 다양하다. 그러나 "친밀한 파트너 폭력은 사회적, 경제적, 종교적, 문화적 집단에 관계없이 모든 나라에서 발생한다(Heise & Garcia-Moreno, 2002, p.89)."최근 연구에서는 전 세계 여성의 30%가 일생 동안 한 번 이상 폭력을 경험하는 것으로 추산된다 (세계보건기구[WHO], 2013).

여성에 대한 폭력이 차별적이고 인권을 침해한다는 국제적 인식에 대한 증거로, UN은 여성에 대한 모든 형태의 차별 제거 조약을 승인하고, 서명국에게 여성에 대한 폭력을 종식시키기 위한 행동을 취할 것을 의무화하였다. 전 유엔 사무총장 코피 아난에 따르면, "여성에 대한 폭력은 가장 수치스러운 인권 침해이다. 그것은 어떤 지리적, 문화적, 부의 경계도 없다고 알려져 있다. 그것이 계속되는 한, 우리는 평등과 발전, 평화를 향해 진정한 진보를 이루고 있다고 주장할 수 없다(World Watch, 2000, ¶ I)." 2016년까지 UN 사무총장이었던 반기문 총장도 친밀한 파트너 폭력은 심각한 인권 이슈라는 데 동의하였다. "모든 나라, 문화, 지역에 적용되는 한 가지 보편적인 믿음은 여성에 대한 폭력은 결코 수용할 수 없고, 변명의 여지가 없으며, 용인되어서도 안된다는 것이다(UN 뉴스 센터, 2008, ¶8)."

친밀한 파트너 폭력의 유형

질병통제센터에 따르면(Breiding et al., 2015), 친밀한 파트너 폭력에는 4가지 주요 유형이 있다: 신체적 폭력, 성폭력, 스토킹, 심리적 공격.

- 신체적 폭력은 그의 혹은 그녀의 친밀한 파트너에게 해를 가할 가능성이 있는 신체적 힘을 사용하는 것이다. 목조르기, 흔들기, 때리기, 물기 등
- 성폭력은 (1) 친밀한 파트너에게 의지에 반해서 성관계를 하

도록 강요하는 경우, (2) 강요와 협박, 질병, 알코올이나 약물의 영향 때문에 행위의 본질을 이해하지 못하거나 거절할 수 있는 위치에 있지 않은 남성 혹은 여성 파트너와 성관계를 시도하거나 성관계를 한 경우, (3) 친밀한 파트너에게 폭력적인 성적 행위를 부추기는 경우 등이다.

- 스토킹은 공포심을 유발하거나 가족이나 가까운 친구의 안전이나 자신의 안전에 위협이 된다고 인지되는 원치 않는 접촉을 반복적으로 하는 것이다. 스토킹은 반복적으로 전화를 걸거나 이메일을 보내거나, 요청하지도 않은 선물을 보내거나, 멀리서 따라가거나 바라보는 것, 집이나 차에 숨어 들어가거나 소유물에 해를 입히는 것 또는 해를 입힌다고 직접적으로 위협하는 것 등을 포함한다.
- 심리적 공격은 친밀한 파트너에 의해 가해지는 모욕감, 당황스러움, 고립, 힘과 개인적 통제의 감소 등을 유발하는 행위로 인한 정서적 외상이다.

친밀한 파트너 폭력의 역동

연구에 따르면 여성과 남성 모두 폭력적 행동을 할 수 있지만 동기는 각자 다르다. 여성에게 폭력의 사용은 대부분 자기 방어 행위, 폭력적 상황에 대한 반응, 그들에게 가해지는 학대에 대한 보복과 관련된다. 반면에, 남성은 친밀한 파트너에게 폭력을 가하거나 힘을 행사하는 경향이 있다. 가해자들은 자신의 힘을 과시하고 파트너의 통제감을 약화시키기 위해 협박, 모욕, 고립, 죄의식, 경제적 의존, 강압, 위협의 전략을 취한다.

폭력의 사이클

배우자 폭력은 때로 예측 가능한 사이클에서 펼쳐진다(Walker, 1984). "법적 혹은 법외의, 심리적 개입이 이루어지는 동안 정체기나 일시적 반전이 있을 수는 있지만, 친밀한 파트너 간의 폭력은 항상 더 악화된다(Walker, 1989, p.697)." 폭력 초반에는 여성이 학대에 대해 어느 정도 통제할 수 있다고 생각하는 긴장 고조 시기가 있다. 그들은 파트너의 요구를 거부한 것이 학대를 촉발했다고 보고, 파트너의 구미를 맞춰줌으로써 폭력적인 사건을 진정시킬 수 있다고 믿는다. 그러나 불가피하게, 폭력의 폭발 혹은 심각한 구타로 학대는 다시 발생한다. 이 단계는 짧지만, 신체적 폭력의 강도는 더 강해지는 경향이 있다.

폭력이 분출한 다음에 뒤따르는 긴장의 감소는 신체적으로 학대하는 행동을 강화한다. 다정한 뉘우침이나 아무 긴장감이 없는 시간은 세 번째 단계의 특징이다. 두 요인이 각각 여성이 폭력적인 관계에 남아있도록 강화한다. 학습된 무기력, 무력감, 낮은 자존감은 여성이 배우자를 떠날 가능성을 감소시킨다.

일반적으로, 여성은 고통을 최소화하는 기술을 발달시킨다. 부정, 해리, 분열은 그들로 하여금 남아있고 살아남게 한다. 무반응적이고 심판적이라고 인식되는 시스템으로부터의 서비스는 많은 여성들에게 상황을 변화시킬 수 있는 대안을 제공하지 않는다.

BOX 14.2 현장의 목소리

친밀한 파트너 폭력과 성폭력 개입 서비스

학부생으로서, 나는 사회복지 직업으로 나를 끌어당기는 "번쩍하는 순간"을 느끼지는 못했다. 사회복지 개론 수업이 나에게 흥미롭게 들렸고, 그래서 등록하였다. 나는 수업을 즐겼다. 나머지는 알고 있는 그대로다. 실습 경험을 통해 나는 내가 분주한 세팅에서 일하는 것을 좋아한다는 것을 알게 되었다.

학부를 졸업한 후에, 나는 군대에 갔고, 군대 종사자와 가족들이 살고 있는 부대의 가족 옹호 센터에서 일했다. 나는 행동하기를 좋아했기 때문에, 응급 의료요원팀의 일원으로 전투 지역에 두 번 배치되었다. 군대에서의 내 경험은 외상 후 스트레스와 외상 인지(trauma-informed) 위기 개입에 대한 이해의 깊이를 더해 주었다. 그것은 가정폭력과 성폭력(sexual assault) 위기 개입 및 옹호 프로그램의 책임자인 지금 내 일에 대한 훌륭한 준비과정이었다. 프로그램 개발과 재정 책무성에 따라, 나는 계속해서 팀장들을 지도 감독하고 위기 상황에 대한 긴급 대응을 위해 주말 교대 근무도 하였다. 나는 또한 지속성을 보장하기 위해 이러한 응급 접촉에 대한 사후 서비스도 제공하였다.

환영, 존중, 역량강화, 희망의 철학에 근거하여, 우리 프로그램은 다양한 서비스를 무료로 클라이언트에게 제공한다. 24시간 핫라인, 응급 쉼터, 일시 주거, 법의학적 검사 기간 동안의 지지, 위기 개입, 단기 상담, 법적 옹호, 동료 지지 집단, 지역사회 교육과 예방 프로그램 등. 24시간 핫라인 전화, 경찰, 검찰, 휴먼서비스 직원, 의료적 응급 대응팀의 성원 등으로부터 의뢰된 우리 클라이언트들은 다양한 특성을 보인다. 여성과 남성, 시스젠더1와 그렇지 않은 사람, LGBTQ와 양성애자, 젊은 사람과 나이 든 사람, 능력에서의 차이, 인종적·민족적 다양성, 이민자 신분, 소득 수준까지. 우리는 외상 인지 접근(trauma-informed approach)을 사용하며, 클라이언트나 우리 자신이 다시 외상을 입는 것을 피할 수 있는 조치를 취한다.

---

1 역자 주: 생물학적 성과 성 정체성이 일치하는 사람

정서적 자기 돌봄에 대한 나의 개인적 계획은 정원을 가꾸는 동안의 과다한 "먼지 치료"와 나의 사랑스럽고 에너지 넘치는 개, 루디와 팬츠와의 빨리 달리기에서 시작되었다. 빨리 달리기 훈련은 우리 셋에게 훌륭한 운동이었고, 이것을 통해 나는 완전히 새로운 친구들과 일과 관련이 없는 활동으로 만날 수 있게 되었다. 기분 전환을 위해, 나는 쉬는 날 지역 동물병원에서 자원봉사를 하고, 동물 훈련 워크숍을 진행하고, 어린아이들에게 새 강아지를 맡기고 사육하는 방법에 대해 부모들과 이야기하고 있다. 전문사회복지사로서의 나의 일상적 책임성과는 완전히 다른 관심사에 투자하는 것은, 사회적 유대의 원천이자 나의 삶에 균형감을 주고, 나의 전문적 일에 대한 가치를 더하고 있다.

친밀한 파트너 폭력에 대한 서비스 대응

2013년에 재승인된 역사적인 법령인 여성에 대한 폭력법(VAWA)은 친밀한 파트너 폭력(IPV)과 성폭력을 둘러싸고 있는 법적 이슈에 대해 포괄적인 접근을 하고 있다. 재승인된 법에는 응급 쉼터, 일시 주거, IPV와 성폭력의 피해자인 여성들에 대한 시민적, 법적 서비스에 대한 재정 지원을 늘리고, 이민자 여성에 대한 보호 수준을 높이고, 장애가 있는 여성에게 더 많은 서비스를 하고, 아메리칸 원주민 여성에 대한 보호를 보장하기 위한 연방 및 부족의 관할 영역을 명확히 하고, 아동 보호 서비스 사회복지사와 판사를 훈련시키고, 문화적으로 민감한 프로그램을 하는 것을 포함하고 있다(여성에 대한 폭력 사무국[OVW], 2016). 기존 VAWA는 학대에 대한 보호 명령을 전국적으로 강제하고, 무료로 국가에서 가정폭력 핫라인을 운영하고, 법무부에 여성에 대한 폭력부서를 만들도록 한 바 있다.

친밀한 파트너 폭력에 대한 미디어의 관심은 대중의 자각 수준을 높이고 전문적 대응을 강화하였다. 지역사회는 다학제적, 검경 위기 대응 팀, 응급 쉼터, IPV 피해자인 여성과 자녀를 위한 프로그램, 가해자에 대한 상담과 같은 서비스를 제공하게 되었다. 친밀한 파트너 폭력에 대한 다차원적 이슈는 개입에 대한 다학제적 접근을 정당화하였다. 친밀한 파트너 폭력 피해자들에게 서비스를 제공하는 사회복지사는 의료적, 법적, 재정적, 교육적, 사회적 서비스 조합을 조정한다.

일시보호 서비스

응급 및 일시보호(transitional service) 서비스는 학대당해온 여성들이 서비스 전달체계에 진입하는 첫 번째 지점이다. 응급 및 일시보호 서비스와 접촉하는 곳은 다음과 같다.

- 정보 및 의뢰
- 병원 응급실 종사자
- 경찰 부서
- 성직자, 주치의, 치과의사, 변호사
- 핫라인과 위기 개입 서비스
- 피해자 원조 프로그램
- 회사의 슈퍼바이저나 EAP 종사자

쉼터

일반적으로, 학대받는 여성을 위기 쉼터에 의뢰하는 주요 원천은 경찰이나 가정폭력 핫라인 직원이다. 쉼터는 학대당해온 여성과 그 자녀들에게 안전하고 지지적인 환경을 제공한다. 쉼터 직원은 상담과 집단 치료와 같은 지지 서비스를 제공하고, 다른 지역사회 서비스에 참여자를 의뢰한다. 보호 조치로, 쉼터는 응급 주거와 재정적 원조, 교육과 직업 훈련에 대한 접근, 의료적·법적 서비스로의 의뢰 등을 제공한다.

옹호

많은 가정폭력 법안들이 제공 서비스 중에 하나로 옹호를 포함하고 있다. 옹호자의 정확한 역할은 프로그램에 따라 다양하지만, 일반적으로 옹호자는 아웃리치 서비스, 지역사회 교육, 경찰에 의한 개입 이후 여성에 대한 사후 서비스와 관련된다. 지지적인 서비스 맥락에서, 옹호자들은 법적 시스템에 대한 정보를 제공하고, 추가적인 상담 및 옹호 서비스를 제공하고, 보호 명령을 받은 여성들을 돕고, 다양한 법원 소송 절차에 여성들과 동행한다. 이러한 옹호 서비스를 받은 여성은 유익한 관계를 통해 역량강화를 경험한다.

상담

친밀한 파트너 폭력의 피해자들과 일하는 데 있어서 역량강화 지향의 목표는 개인적 가치와 통제감을 회복시키는 것과 함께, 좀 더 거시적인 수준에서는 지역사회와 사회변화에 영향을 미치는 기회를 만들어내는 것에 둔다. 역량강화 지향의 사회복지사는 학대를 경험한 사람들에게 2차 피해를 입히는 결함이나 비난 찾기식의 개입 접근을 피한다. 클라이언트의 강점, 유능성과 클라이언트가 과정의 모든 측면에 참여하도록 하는 데 초점을 두게 되면, 친밀한 파트너 폭력과 관련된 엄청난 피해 효과를 없앨 수 있다.

지지 집단은 친밀한 파트너 폭력 피해자로 하여금 개인적 감정을 드러내고, 대안적 선택을 고려하고, 결정을 평가하는 기회를 제공한다. 집단 모임은 참여자들이 그들 자신의 관점과 함께 다른 사람들의 방식을 고려하여 이슈를 탐색할 수 있게 한다. 지지 집단은 스트레스와 분노를 다루고, 관계 문제를 해결할 수 있는 장을 제공한다. 지지 집단은 지역사회와 사회의 변화를 증진시킬 수 있는 플랫폼을 제공한다.

노스코와 브래튼(1997-1998)은 가정폭력을 경험한 여성들과의 실천에서 역량강화 모델을 적용함에 있어서 존경, 자기결정, 개별화를 보여주는 것이 집단사회복지실천의 주요 요소와 관련된다는 것을 발견하였다. 예를 들어, 계획과 관련하여, 역량강화 관점을 수용하는 사회복지사는 클라이언트가 이끄는 대로 집단 과정을 촉진한다. 역량강화 지향을 가지면, 힘은 클라이언트에게로 이동한다. 예를 들어, 노스코와 브래튼은 "여성을 학대에 대해 배우는 사람으로 볼 것이 아니라 그들이 학대에 대한 이론을 알고 있기 때문에 스스로를 전문가로 표현하도록(p.62)" 해야 한다고 하였다. 그들은 또한 "피해자성(victimhood)이 핵심 주제라고 보는 패러다임은 가부장적이고, 여성이 근본적으로 약하다고 추측하는 것이며, 여성의 강점, 유능함, 힘을 인정하지 못하는 것(p.63)"이라고 주장하였다.

LGBT에서의 친밀한 파트너 폭력

LGBT 공동체에서 친밀한 파트너 폭력에 관해 현존하는 연구들은 무작위 표집에 의존한 소규모의 실험적 연구들이다. 그러나 이러한 연구들에 따르면, LGBT를 한 집단으로 간주했을 때 25-33%의 친밀한 파트너 폭력 발생률을 보인다. 이것은 양성애 인구집단의 발생 비율과 유사하다(국립 반폭력 프로그램 연합[NCAVP], 2003). NCAVP(2008)의 발생률 연구에 따르면 자료를 제공한 14개 지역에서 3,300건의 폭력이 보고되었다. 이 연구에서는 GLBT 사람들의 가정폭력이 매우 적게 보고되고 있다고 결론지었다.

폭력적 행동의 동일한 범주-신체적, 정서적, 심리적, 성적 학대-가

동성애와 양성애 관계에서 나타난다. 그러나 심리적 학대는 친구, 집주인, 고용주 또는 다른 사람들에게 '밝히겠다'는 추가적인 위협이 있기 때문에 동성 관계에서 훨씬 더 위협적일 수 있다. "동성 가해자들의 이러한 '공갈' 가능성은 게이, 레즈비언 피해자들을 양성애 여성 피해자들보다 더 많이 고립시킨다(Elliot, 1996, p.4)." 동성 폭력은 "학대적인 행동과 말을 통한 주기적이고, 의도적인 협박은 젠더 이슈가 아니라 힘의 이슈"라는 것을 보여준다(p.3).

학대 상황을 보고하는 데 있어 위험이 있는 GLBT 사람들은 대부분 자신의 지역사회 안에 적절한 서비스를 찾는 데 어려움이 있다. GLBT 사람들을 위한 서비스는 대도시에서조차 희소하다(NCAVP, 2008). 만약 그들이 경찰, 여성 쉼터, 의료진, 성직자, 가족 구성원, 친구를 통해 전통적인 서비스를 받고자 한다면, 오해, 차별, 동성애 혐오증, 양성애 혐오증, 트랜스젠더 혐오증에 의한 편견적 태도, 이성애주의자 프로그램과 서비스를 맞닥뜨리게 될 것이다. 만약 그들이 가장 널리 사용되는 법적 선택인 보호 명령을 받고자 한다면, 그들은 가정 보호 명령이 모든 주에서 가능하지 않다는 것을 발견할 것이다(Johnson, 2017). 때리기, 괴롭히기, 스토킹과 관련하여, 추가적인 시민 보호 명령은 단지 일부 주에서만 LGBT 사람들에게 가능하다.

지역사회 기반의 서비스를 개발하고 확장하고, 아웃리치와 지역사회 교육을 실행하고, 법률적 변화를 위한 로비를 하고, 사법 및 법무 종사자를 훈련시키도록 하는 법안은 이러한 이슈를 시정하고 학대적 관계에 있는 GLBT 사람들을 위한 서비스 범위를 넓히기 시작할 것이다. 현재의 서비스 부족은 다양한 수준의 노력을 요구한다. 여기에는 지역사회 내 동성 폭력 사건을 확인하고, 적절한 서비스 네트워크를 확립하고, 주와 연방법, 범죄사법 체계의 정책에서 변화를 옹호하고, 동성 폭력에 대한 사회서비스 전문가들을 교육하는 것 등이 있다.

친밀한 파트너 폭력에 대한 아동의 반응

미국에서만, 1천 5백 5십만 명의 아동들이 매년 친밀한 파트너 폭력에 노출되는 것으로 추산된다(McDonald, Jouriles, Ramisetty-Mikler, Caetano, & Green, 2006). 가족 내에서 폭력을 경험한 모든 아동들이 행동적, 정서적 장애가 생기는 것도 아니고, 그들이 자동적으로 다른 사람을 학대하는 성인이 되는 것도 명백히 아니다. 그러나 가족 내 폭력은 장기적인 효과를 지닌다.

아동들은 친밀한 파트너 폭력에 노출됨으로써 부정적 반응과 평생 지속되는 결과를 경험할 수 있다. 예를 들어, 친밀한 파트너 폭력을 경험한 여성의 자녀들은 스스로 학대당할 가능성이 더 높다. 학대에 의해 피해를 입고 학대를 목격한 아이들이 가장 큰 심리적 어려움을 겪는다. 연구에 따르면, 폭력에 노출된 유아와 아동들은 울기, 짜증 내기, 수면 장애, 애정·자기 규제·사회적 유능감에서의 장애 등과 같은 디스트레스를 경험하게 된다(아동가족정책센터, 2008; Gewirtz & Edleson, 2007; Hamby, Finkelhor, Turner, & Ormrod, 2011; Holt, Buckley, & Whelan, 2008; Humphrey, Thiara, & Skambails, 2011). 좀 더 나이 든 아동이 그런 폭력에 노출될 때는 불안, 우울, 낮은 자존감, 낮은 공감 수준, 공격적 행동과 같은 많은 문제 행동 패턴들이 나올 수도 있다. 그들은 또한 교우 관계와 학업성취에서도 부정적 효과를 경험하는 것 같다.

그러나 모든 아이들이 부정적으로 반응하는 것은 아니다. 다른 인생 경험들이 폭력을 목격한 효과를 중재하고 적응유연성을 증진시킨다(Gewirtz & Edleson, 2007; Haight, Shim, Linn, & Swinford, 2007). 지역사회 내에 "안전한 안식처"를 걱정하는 성인, 그들의 편에서 개입하는 누군가의 존재, 정서적 적응유연성과 통제 및 유능감에 대한 개인적 느낌 등과 같은 개인 특성이 이러한 잠재적인 중재 효과를 보일 수 있다.

아동에 대한 서비스

포괄적 가정폭력 서비스는 쉼터 거주자의 절반을 차지하는 아동에 대한 프로그램도 포함한다(Carter, Weithorn, & Behrman, 1999). 프로그램에는 개인 상담 및 집단 상담과 같은 것들이 포함된다. 관련된 활동은 아이들이 적응적 반응을 하고, 효과적이고 안전한 문제 해결 기술을 배우고, 관계에 대한 그들의 태도를 점검하고, 그들 자신의 행동에 책임을 지고, 분노와 관련된 이슈를 다루고, 갈등을 해결함에 있어서 폭력 사용의 부정적인 결과를 탐구하고, 보다 긍정적인 자존감을 개발하도록 돕는다. 아동 옹호는 최근에 쉼터 프로그램에 추가로 시행되었다. 아동 옹호자는 "아동 거주자가 그들이 필요로 하는 급여와 서비스에 접근하도록 돕고, 아동을 위해 법적 보호가 즉각 가동될 수 있도록 보장하고, 쉼터 직원에게 아동 발달과 아동에 대한 가정폭력의 영향에 대한 훈련을 제공한다(p.7)."

노인학대

노인학대(elder abuse)의 발생은 생활 주기에 따라 발생한 학대 사건으로 정의된다. 노인학대에 대한 연방의 정의는 1987년에 미국 노인법(Older Americans Act) 개정 시 처음 등장하였다. 최근에 합의된 노인학대에 대한 정의는 "신뢰가 기대되는 관계에서의 사람이나 돌봄제공자에 의해 노인에게 심각한 위해를 끼칠 위험을 야기하거나 조성하는 의도적 행위 혹은 시도"이다(Hall, Karsh, & Crosby, 2016, p.23).

노인학대의 유형

최근 합의된 노인학대 유형에 관한 정의는 신체적 학대, 성적 학대, 정서적 또는 심리적 학대, 방임, 재정적 학대 또는 착취이다(Hall et al., 2016).

- 신체적 학대는 신체적 위해, 고통, 손상으로 이어지는 물리적 힘을 의도적으로 사용하는 것이다.
- 성적 학대는 노인이나 의존적 성인에 대해 강요에 의해 종류를 막론하고 강제적으로 혹은 원치 않는 접촉 혹은 비접촉 성적 상호작용을 하는 것이다.
- 정서적 혹은 심리적 학대는 피해를 당하고 있는 노인에게 명백하든 명백하지 않든 간에, 노인이 인정하든 인정하지 않든 간에, 언어적/비언어적 행동을 통해 욕을 하고, 모욕감을 주고, 희롱을 하고, 정서적 괴로움을 주고, 고통을 가하는 것이다.
- 방임은 돌봄제공자가 노인이나 의존적 성인에 대한 의무와 책임을 다하기를 거부하거나 실패하는 것이다. 여기에는 의료적 관리, 음식이나 물 제공, 위생, 노인의 안전과 건강에 심각한 위험이 있을 때 쉼터 제공을 하지 않는 것 등이 포함되며, 노인의 자기 방임도 포함된다.
- 재정적 착취는 노인 혹은 의존적 성인의 자산, 자금, 소유물을 불법적이고, 미승인된, 부적절한 방식으로 전용하는 것이다.

노인학대의 발생

60세 이상 지역사회 거주 미국 노인들을 대상으로 한 전국 단위의 대규모 무작위 전화 조사를 통해 노인학대의 발생에 대한 자료를 수집하였다(Acierno, Hernandez-Tejada, Muzzy, & Steve, 2009). 응답자들은 지난 1년간 학대 사건에 대해 보고하였다. 응답자의 5.1%가 방임을 경험하였고, 4.6%가 정서적 학대를, 5%가 재정적 착취를, 1.6%가 신체적 학대를, 1% 미만이 성적 학대를 경험한 것으로 나타났다. 대부분의 응답자들이 이러한 사건을 관계기관에 보고하지 않았다는 사실은 노인학대에 대한 보고 수치가 "빙산의 일각"에 불과하다는 많은 사람들의 믿음이 틀리지 않았다는 것을 보여준다. 흥미롭게도, 이 연구의 결과는 실제 보고된 사례 중에서 다른 사람에 의해 가해지는 학대 중 가장 흔한 유형이 방임으로 나타났던 성인보호 서비스의 조사 결과를 그대로 반영하고 있다.

노인학대의 역동

성인보호 서비스 조사에서는 가해자 대부분이 가족 구성원, 즉 배우자, 성인 자녀, 다른 가족 구성원들이라는 사실을 밝혀냈다(Teaster et al., 2007). 1차적 돌봄제공자인 가족 구성원들은 그들이 원하지도 않고 기대하지도 않았던 돌봄제공 책임감에 부담을 느낄 수 있다. 돌봄제공자의 스트레스가 노인학대에 어떤 역할을 한다 해도, 다른 가족 폭력 유형들처럼, 노인학대의 역동은 의존적 성인이나 노인에 대한 통제를 획득하고 유지하고자 하는 욕구에 뿌리를 두고 있다(Brandl, 2000; Spangler & Brandl, 2007). 허약하고 의존적인 노인은 특히 약물 사용이나 정신 장애와 같은 행동 건강 이슈를 지니고 있는 가족 및 가족이 아닌 사람들에 의한 학대에 취약하다(Conrad, Liu, & Iris, 2016; Labrum & Solomon, 2017). 연구에 따르면, 사회적 지지의 부족은 노인학대에 대한 취약성을 증가시키는 반면, 사회적 지지 네트워크의 확립은 보호를 제공한다(Acierno et al., 2009; Ernst, 2016; Schafer & Koltai, 2015).

　노인학대는 또한 요양원, 가정형 생활시설, 그 외 다른 시설 등 장기 요양시설에서도 발생한다. 요양원 종사자에 대한 적절한 훈련 부족, 인원 부족, 그리고 요양원 거주자의 욕구와 행동에 대한 단순한 오해 등이 모두 이러한 세팅에서 노인학대에 영향을 미친다.

노인학대 확인의 복잡성

　몇 가지 요인들이 성인보호 서비스(Adult Protective Service: APS)에 근무하는 사회복지 전문가들이 노인학대를 확인하는 것을 복잡하게 만든다. 허약한 노인들은 공적 감시가 가능한 지역사회 내의 외부 시설을 이용하기보다는 집에 틀어박혀 지내는 경향이 있다. 더구나 의존적인 노인은 폭력적인 돌봄제공자에게 변화가 일어나는 것을 주저한다. 그들은 요양원 배치와 같은 어쩔 수 없는 대안으로 가게 되는 것을 피하기 위해 학대를 용인할 수도 있다. 또는 그들 스스로가 폭력적인 행동을 당할 만하다고 생각할 수도 있다.

　성인보호 서비스 전문가는 노인학대 보고를 조사하고 사후관리하면서 가치 충돌과 윤리적 딜레마를 경험한다. 노인들은 학대를 인정하고, 가해자와 대면하고, 돌봄제공자에게 책임을 물리는 것을 주저한다. 이러한 경우, 사회복지사는 클라이언트의 자기결정 권리와 클라이언트의 복리를 보호해야 할 전문적 의무 간에 균형을 유지해야 한다. 사회복지사가 우선적 행동을 취할지 말지는 클라이언트의 정신적 능력에 대한 법적 결정에 달려 있다. 어떤 기관은 정신건강 전문가, 사법부 종사자, 기관 직원, 윤리학자, 변호사 등을 포함하는 윤리위원회 구성원들이 복잡한 상황을 검토하게 하는 공식적 절차를 마련해놓고 있다.

사회복지 사례

한 89세 여성 노인이 그녀와 몇 년간 함께 살고 있는 조카손자로부터 경제적으로, 신체적으로 학대를 당했다. 조카손자는 실직 상태로 먹고 사는 데 고모의 계좌에만 의존하고 있다. 체납 재산세에 대한 경고를 하면서, 법원은 조카손자가 더 이상의 경제적 유용을 하는 것을 막기 위해 관리위원을 지정하였다.

이 사례에 투입된 전문가들은 여성 노인의 심각한 눈 부상에 대해 신체적 학대를 의심하게 되었다. 조카손자는 "입 다물게" 하기 위해 고모를 쳤다고는 인정했지만, 눈 부상은 그녀가 넘어지면서 생긴 것이라고 하였다. 여성에 따르면, 그녀의 눈은 "창문을 통해 날아온 무언가"에 의해서 다쳤다. 조카손자는 병원에 있는 고모를 방문하지 않았고, 그녀가 집으로 돌아와서도 안된다고 강경한 입장을 취하였다.

결국, 고모는 가정 기반 서비스를 받는 계획을 세우고 퇴원했다. 그러나 가정 건강 복지사는 그녀와 접촉할 수가 없었다. 일주일 뒤, 그녀가 전화도 받지 않고 초인종에도 응답하지 않는 것을 우려한 실천가가 그녀의 집으로 강제로 들어갔다. 그들은 여성이 열악한 환경에 있는 것을 발견했다. 그녀의 조카손자는 아무런 돌봄도 해주지 않았고, 가정봉사원이 들어오는 것도 거부했다. 또다시 짧은 입원을 한 후에, 여성은 가정형 생활시설로 옮겨졌다 (Quinn & Tomita, 1986).

이 사례는 신체적 학대, 적극적 방임, 경제적 착취와 같은 몇 가지 노인학대 유형을 보여준다. 당신은 윤리위원회가 이 상황을 어떻게 평가할 것이라고 생각하는가?

사회서비스 대응

이제 모든 50개 주는 취약하거나 장애가 있는 성인에 대한 학대를 다루기 위해 성인보호 서비스(APS)를 승인하는 법을 제정하였다. 각 주의 규정은 노인학대를 정의하고, 보호서비스의 자격 조건을 결정하고, 신고 의무 조항을 기술하는 것 등 매우 다양하다. 대다수 주에 노인학대 신고 의무가 있지만, 몇 개 주만이 미이행에 대한 벌금을 물리고 있다. 기관의 유형은 노인학대 보고를 받고 조사하는 것에 대한 주법에 따라 지정된다. 주(state-level) 휴먼서비스 기관 성인보호 서비스팀, 보호서비스 요소를 갖춘 지역사회 서비스 기관, 검찰, 경찰 등이 있다.

2006년에 미국노인법(OAA)이 재승인되면서 노인학대 문제를 예방하기 위한 프로그램, 대중 교육, 아웃리치, 정보와 의뢰 서비스 등이 만들어졌다. 연방 활동은 노인학대 예방 프로그램과 국립 노인학대 자원 센터의 창립 등에 대한 몇 가지 추가적인 재정지원으로 이어졌다.

노인학대의 다면적 특성은 다차원적 해결책을 요구한다. 옹호 노력과 보호서비스가 필요함은 물론이고 다음과 같은 일련의 프로그램, 서비스들도 필요하다.

- 대중 교육과 성직자를 포함한 지역사회 전문가들을 위한 전문 훈련, 다세대적 이해 증진
- 지역사회 기반 가정 요양, 돌봄제공자를 위한 지지 집단, 성인 주간보호와 같은 조정 요소를 갖고 있는 일련의 서비스 제공
- 다학제적 서비스팀 형성
- 가족에 대한 서비스에 초점

추가적으로, 2016년에 재승인된 미국노인법에서는 옴부즈맨 프로그램을 확장하였다. 이를 통해 요양원에 거주하는 성인들에 대한 지지와 보호가 증가했다(Yao, 2016).

역량강화 모델은 피해를 당한 사람들에게 희망을 제공하고, 힘과 통

제력을 회복시키고, 그들의 강점과 충분한 자원에 초점을 둔다(Brandl, 2000). 역량강화 접근을 보장하기 위해서, 노인은 노인학대 이슈를 예방하고 대응하는 데 초점을 두는 정책 개발, 프로그램 계획과 평가에 관여할 필요가 있다(Slater, 2000).

노인을 위한 사회복지 서비스

노인은 순전히 숫자 그 자체로 점차 두드러지고 있다. 베이비부머가 나이가 들어갈수록, 실제로 "미국의 회색화"를 경험할 것이다. 2015년에 미국 인구의 14.9%가 65세 이상이었다. 2040년에는 인구의 21.7%가 65세 이상일 것이다(노인국[AoA], 2017). 훨씬 더 급격한 증가가 현재 65세 이상인 사람들 중 가장 빨리 증가하는 연령대인 85세 이상 노인의 숫자에서 나타난다. 예상에 따르면 2040년에는 85세 이상의 노인들이 거의 1천 4백 6십만 명에 다다를 것이고, 이것은 65세 이상 인구의 1/5에 해당한다. 100세가 넘는 사람들은 1980년의 2배가 될 것이다.

65세 이상 인구집단은 점점 다양해지고 있다. 인종, 민족 소수자 집단의 성원인 노인 비율이 2015년 22%에서 2030년에는 28%까지 증가할 것으로 예상된다. 백인 노인 중에서는 43% 증가, 노인 소수자 집단 중에서는 99% 증가한 수치이다(AoA, 2017). 인구학자들은 히스패닉 아메리칸이 가장 빠른 증가율을 보일 것으로 예상했다. 2015년에서 2030년 사이에 65세 이상 히스패닉 아메리칸의 숫자는 123% 증가할 것이라고 보았다.

유사한 경향이 전 세계 60세 이상 인구에서도 나타나고 있다. 60세 이상의 노인 숫자가 2015년과 2030년 사이에 2배 이상이 될 것으로 보고, 210억 명까지 증가할 것이라고 예상된다(UN, 2015). 전문가들은 그 때가 되면 선진국가들의 60세 이상 인구는 아동 숫자의 2배가 넘을 것이라고 보고 있다. 세계 인구 노화 현상의 함의는 추가적인 인구 예상치를 검토함으로써 더 분명해진다. 전 세계적으로, 2050년에는 80세 이상의 노인들이 전체 인구의 20%를 넘어설 것이다. 이러한 인구학적 변화는 세계에 걸쳐 광범위한 사회적, 경제적 함의를 가질 것이다.

노인복지실천

노인복지실천(Gerontological Social Work)은 빠르게 확장되고 있는 실천 분야이다. 노인복지에 전문성을 지닌 사회복지사에 대한 현장의 수요는 장기요양 세팅에서 사회복지 관련 직업이 50% 증가한 것을 포함하여, 계속 증가할 것으로 예상된다. 최근 연구에 따르면, 노인복지실천가를 위한 경력장려금, 모집, 훈련, 유지에 대한 욕구가 강화되었다(Simons, Bonifas, & Gammonley, 2011).

가족 돌봄제공자와의 사회복지실천에 대한 구체적 내용이 서술되어 있는 NASW의 노인 가족 돌봄제공자와의 사회복지실천 기준(NASW, 2010)에서는 노인복지실천에 필수적인 지식과 기술을 정의하였다. 지식 기반에는 노화, 심리적 및 인지적 과정, 정신적 및 행동적 건강, 돌봄제공자가 맞게 되는 도전들, 지역사회 자원과 관계된 이론과 개념들이 포함된다. 필요한 기술에는 문화적 유능감, 생리·심리·사회적 가족 사정, 위험 사정, 돌봄 계획, 옹호, 다학제적·조직 간 협동, 실천 평가, 기록 등이 있다.

기본적으로, 노인에 대한 공식 서비스는 세 가지 범주로 구분된다. 건강한 사람들에 대한 사회적 지지, 건강이 허약한 사람들을 위한 지역

사회 서비스, 마지막으로 가족 구성원과 지역사회 기반의 서비스 지원
이 있어도 더 이상 독립적으로 살 수 없는 사람들을 위한 장기요양시설
돌봄이 있다(Tobin & Toseland, 1990)(표 14.1 참고). 허약하고, 기능적 장애
를 가지고 있고, 일상생활에서 도움을 필요로 하는 사람들의 장기요양
에 대한 욕구는 건강 관리에서부터 개인적, 사회적 욕구까지 광범위하
게 다루는 지역사회 기반의 또는 제도적 서비스를 필요로 한다.

BOX 14.3

다양성과 인권에 대한 성찰

게이와 레즈비언의 노화

전문 서적에 게이와 레즈비언의 노화에 대한 내용이 거의 없기는 하지만,
미국에 2백만에서 7백만 명의 게이 남성과 레즈비언 여성 노인이 있을 것으
로 추산된다(Grant, 2010). 2020년에 65세 이상인 사람들은 1955년 이전
에 태어난 사람들이다. 그들이 태어난 시점은 동성애를 범죄나 정신질환으로
다루는 사회문화적 맥락 속에서 성인기를 보내고, 20세기 후반부에 게이 권
리 운동과 동성애에 대한 논의들이 한창이었으며, 2016년 선거에서 21세기
증오 범죄와 차별이 부활하기도 한 시기이다. 동성애 정체성에 대한 이슈는
차별과 억압을 경험한 이들의 역사적 코호트 집단 경험에 의해 영향을 받을
가능성이 높다(Butler, 2006; Choi & Meyer, 2016; Langley, 2001). 이러
한 요인들은 노화 과정에 대해 더 많은 생각해볼 거리를 던져주었다.

어떤 사람들은 낙인과 차별을 느끼고 살아가는 것은 그들이 겪은 낙인에
대한 경험과 우호적 네트워크를 통해, 게이 남성과 레즈비언 여성을 노화에
대해 준비시킨다고 주장한다. 전 생애를 통해, 게이와 레즈비언 노인은 차별,
편견적 태도, 부정적인 고정관념에 부딪혀왔다. 연구에 따르면, 이렇게 시민
적 권리와 인권을 인생 초기에 성공적으로 다루어보는 것은 노화와 관련된
낙인을 다룰 수 있는 자원의 기반을 제공한다(Butler, 2006). 덧붙여, LGBT

공동체의 많은 사람들이 다양한 친구 네트워크와 관계를 맺고 있으며, 사회적, 정서적 지지를 친구로부터 구하고 있다(Woolf, 1998). 이러한 지지 네트워크는 고용 기반의 네트워크보다 공동체 우정을 수반하기 때문에, 은퇴 후에도 계속 지지 원천이 되는 경향이 있다.

그러나 다른 연구에서는 차별과 격차에 대한 경험이 성인기 후반까지 계속된다고 보았다. 예를 들어, 비공식적 돌봄과 관련해서, LGBT 노인들은 이성애자 노인들에 비해 선택지가 적다. 이성애자 노인들은 비공식 네트워크 안에 친구뿐만 아니라, 다양한 세대의 가족을 선택지로 갖고 있지만, LGBT 노인들은 "선택할 수 있는 가족"이 제한적이다(Choi, Meyer, 2016; Czaja et al., 2016). 또 다른 우려스러운 이슈에는 건강 관리와 주거에서의 차별, 재정적 불안정성, LGBT 공동체 구성원으로서 경험하는 노화 이슈를 다루는 프로그램과 서비스가 부족하다는 것 등이 있다.

게이 남성과 레즈비언 여성에 대해 공개적으로 알려진 바가 거의 없기 때문에, 그리고 그들의 코호트 경험이 스스로를 바라보는 방식에 영향을 미치기 때문에, 사회복지사는 이 인구집단과 일하는 데 있어 도전에 직면한다. 기관이 노인들의 성적 다양성을 고려하지 못하는 데서부터 동거 파트너를 고려 대상에서 배제하는 사회 보장 및 노동자 건강 급여, 상속법, 병원 방문 규정, 주거 지침에 관한 정책 함의까지 이슈는 광범위하다(Butler, 2006). 은퇴계획, 재정 및 건강 관리에 대한 변호사 대리인 지정, 사전진료지시서, 법률후견인과 성년후견인, 신탁, 그 외 자산계획은 게이 남성과 레즈비언 여성에 있어서 시민권과 인권이 이러한 이슈들에 미치는 함의를 이해하는 변호사와의 상담과 신중한 계획을 필요로 한다(Grant, 2010).

역량강화 지향의 사회복지사는 게이 남성과 레즈비언 여성이 직면하고 있는 미시적 도전뿐만 아니라 거시적 도전에도 관심을 가진다. 노화와 성적 다양성과 관련된 이슈들에 대한 인식 향상은 중요한 시작 지점이다. 노인들을 위한 프로그램과 서비스가 포괄적이도록 보장하기 위해서는 이러한 자각이 기반이 된다. 덧붙여, 사회복지사는 존중적 기관 정책을 만들고 공정한 사회정책을 옹호한다.

재정적 원조, 교통, 주거, 가정 에너지 지원, 정보 및 의뢰, 재활, 안
심 전화 네트워크, 상담 등 다양한 공적, 사적 기관의 서비스를 함께 활
용하기 위해서는 프로그램과 사회정책에 대한 미세 조정이 필요하다.
노인에 대한 서비스가 다양한 법령, 재정지원 원천, 행정 기관의 감독
하에 있다는 사실이 서비스 전달을 더 복잡하게 만든다.

표 14.1 ｜ 노인을 위한 자원

소득 지원	소득 보장(SSI) 사회보험(OASDHI)
건강 관리	의료보호 의료보험 가정 건강/가사 보조
영양	보충 영양 지원 프로그램(SNAP) 식료품 프로그램(USDA) 공동 및 재택 식사(congregate and homebound meals)
주거	공공 임대주택 주택 소유자에 대한 세제 연기 옵션 주택재활계획
교통	버스 이용 요금 감면 콜택시(dial-a-ride) 서비스 특수장비 차량
사회화	다목적 시니어 센터 주간보호 안심 전화 프로그램 자원봉사 프로그램 성인 교육 프로그램
법적 서비스	소송 보조 법적 이슈: 후견인, 신탁, 존엄사의향서

노인 사례관리 서비스

사례관리 서비스는 클라이언트의 상황이 다양한 서비스를 요할 때 특히 적절하다. 효과적인 사례관리자는 클라이언트의 욕구를 사정하고, 적절한 서비스와 프로그램에 연계하고, 성과를 평가하기 위해 클라이언트와 협력한다. 옹호자로서, 사례관리자는 클라이언트가 받을 자격이 있는 프로그램과 서비스에 접근하도록 보장하고, 분절된 사회서비스 전달 네트워크와 관련된 이슈를 다루는 위치에 있다.

노인들에게 사례관리 서비스는 노인들과 가족들을 지역사회 기반 지지 네트워크에 연계하는 데 특히 결정적인 역할을 한다. 그리하여 살던 곳에서 나이 들기(aging-in-place)를 지지하고 요양원 시설에 성급하게 배치할 가능성을 피하게 된다. 클라이언트의 욕구를 충족하고 서비스 전달을 향상하기 위해 사례관리자는 클라이언트를 적절한 프로그램과 서비스에 연계하고, 서비스 전달을 조정하고, 정책 반응성을 증가시키도록 옹호한다(Miley, O'Merlia, & DuBois, 2017). 사례관리자의 일은 클라이언트와 미시 수준의 개입, 서비스 전달과 관련한 중간 수준의 개입, 정책 실천과 관련된 거시 수준의 개입을 모두 반영한다.

> 클라이언트 초점의 미시 수준 과제
> - 서비스 접근과 계약
> - 필요한 서비스 확인
> - 서비스 효과성 모니터링 및 평가
> - 자원과 서비스에 대해 클라이언트와 돌봄제공자 교육
> - 의뢰하기
> - 사례 발굴 활동
> - 위험 사정 시행
> - 돌봄제공자 지지

서비스 전달 관련 중간 수준 과제
- 서비스 조정
- 연속적 돌봄을 보장하는 데 있어서 간극과 장애물 확인
- 서비스 연합체 조성
- 프로그램 평가
- 질 보장 활동에 관여하기
- 필요 서비스 옹호

정책 실천 관련 거시 수준 과제
- 기금 마련 옹호
- 정책 반응성 지지
- 법률적 증언하기
- 예방 프로그램 지지
- 지역사회 계획 참여
- 대중 인식과 교육 캠페인 실시(p.363)

노인 서비스 영역에서 사례관리자는 공공, 민간, 비영리, 민간 영리 기관에서 일한다. 사회복지사는 사례관리자가 이용하는 서비스를 공급하는 역할로 그러한 세팅에 종종 고용된다. 몇 개만 예로 들자면, 12장에 소개된 가정 건강 서비스, 본 장 초반에 소개된 성인보호 서비스, 가족 돌봄제공자 프로그램, 가족 서비스 기관, 지지 집단, 공동 주거시설, 그밖에 다른 유형의 노인 주거 프로그램, 성인 주간보호 및 임시 보호 서비스, 요양원, 다목적 시니어 센터 등이 있다. 이런 많은 지지적인 프로그램과 서비스들은 미국 노인법을 통해 조성되고 지원을 받고 있다(Naleppa, 2016; Siegler, Lama, Knight, Laureano, & Reid, 2015).

다양한 세팅의 사례관리자는 클라이언트를 자원에 연결하고 가장 덜

제한적인 대안을 포함하는 계획을 세울 수 있도록 서비스를 조정한다. 일선 서비스에서, 사회복지사는 노인과 그 가족들에게 지지적이거나 보충적인 원조가 가능한 일련의 서비스에 대한 정보를 제공한다. 사례관리 사회복지사는 개인의 조건과 그들이 필요로 하는 자원 및 서비스—영양 지원, 교통, 주거, 전화 안심 프로그램, 지지 집단, 성인 주간보호, 임시돌봄, 시니어 센터 활동 등—를 서로 매칭한다.

영양 지원

영양적으로 조화로운 식단을 유지하는 것은 노인의 지속적 건강에 중요하다. 영양부족과 부실한 식단은 많은 건강 문제(당뇨, 관상동맥질환, 골다공증, 특정 암, 혼란과 기억력 손상 등)를 초래한다. 적절한 영양을 달성하기 위해, 노인들은 식단 상담이나 식료품 비용 후불에 대한 도움, 식사 준비 지원을 필요로 할 수 있다. 음식 비용을 깎아주거나 식사를 제공하는 프로그램도 활용 가능하다.

영양 원조

1960년대 이후로 미국 농무부(USDA)가 지원한 것으로, 이전에 식품 구입권으로 불렸던 보충 영양 지원 프로그램(SNAP)은 저소득 사람들이 저가로 식품 구입권을 사서 이것을 식료품으로 교환함으로써 음식 비용 부담을 줄이도록 하는 것이다. 안타깝게도, 노인들은 이 프로그램을 잘 사용하지 않는다. 정부 원조에 대한 낙인에 대해 그들의 자존심이 반사적으로 반응하기 때문이다. USDA 잉여 농산물 프로그램은 정부가 자격 있는 저소득 노인에게 음식을 분배하는 또 다른 방식이다. 지방 공무원이나 서비스 조직들이 주로 치즈와 다른 유제품들로 구성된 잉여 농산물의 분배를 조정하는 역할을 한다.

공동 및 배달 식사

미국노인법의 3장 영양 프로그램은 공동 식사에 대한 지원을 제공한다. 이 프로그램은 주로 가기 편리하고 접근성이 좋은 교회, 시니어 센터, 서비스 클럽, 인보관 또는 근린 센터와 같은 장소에서 저비용으로 영양적으로 균형 잡힌 식사를 제공하는 것을 말한다. 공동 식사 프로그램은 여가활동 이벤트와 활동 프로그램을 통해 사회화를 촉진하기도 한다.

어떤 지역에서는 배달 식사가 집에 머물고 있는 사람들에게 유용하다. 근린지역 자원봉사자가 이런 식사를 제공하면서 우애방문원으로 봉사하게 된다. 자원봉사자들과의 접촉은 집에 머물고 있는 성인들의 고립을 줄이고, 다른 사회서비스에 접근하도록 도울 수도 있다.

교통

노인에게 교통 접근성은 독립성을 유지하는 데 필수적이다. 그러나 건강한 노인들에게조차도 대중교통 시스템은 장벽이 될 수 있다. 대중교통은 노선이 고정되어 있고, 미리 일정이 정해져 있다. 승객들이 많이 걸어야 될 수도 있고, 열악한 동선 설계, 충분하지 않은 자리, 계단, 불편한 환승 및 연결도 있을 수 있다. 도시 대중 교통법과 특히 비아기 수정안(Biaggi amendments)은 장애가 있는 사람들이 가지고 있는 대중교통에 대한 욕구를 해결하기 위해 특별한 노력을 강제하였다. 그러한 노력에는 노인 승객 운임 감면, 콜택시 서비스, 특수장비 디자인 등이 있다. 사회복지사는 노인들이 지역의 교통 서비스를 확인하고 접근할 수 있도록 돕는다.

주거

사람들이 어디에 사는가는 일반적인 복리와 자존감에 중요하다. 노인들에게도 지역사회에서 독립적으로 살아가는 능력은 자기효능감과 강하게 상호 관련된다. 노인들은 충분한 정보를 가지고, 적합성, 안전성, 개인적 선호와 같은 요인들을 신중하게 고려하여 자신이 살고 싶은 곳을 스스로 결정할 필요가 있다(Gonyea, 2016).

개인의 요구사항과 활용 가능한 주거 및 환경적 지원 간의 균형은 반드시 확보되어야 한다. 노인의 주거 욕구를 사정하는 것은 단지 거주지를 고려하는 것 이상이다. 교통, 쇼핑, 여가, 의료 서비스, 사회적 기회 등을 포함한 종합적인 주거 환경에 관심을 기울여야 한다. 환경적 요구 수준을 낮춰주는 재활보조도구를 통해 개인의 능력이 향상되면서, 가구 형태와 주거 옵션에 대한 선택지가 훨씬 많아졌다.

농지나 다른 사유 주택을 계속 소유하는 것은 노인들에게 만족감과 성취감을 준다. 장기 거주에 따른 친근한 주변 환경, 개인 물건, 추억 등은 안전성, 개인적 안정감, 이웃 사회 네트워크에 대한 접근성을 제공한다. 그러나 고정된 은퇴 수입에 의존하는 노인에게 사유 주택을 유지하는 것은 유지비와 운동신경과 감각능력의 변화에 따라 필요한 구조 변경 시 재정적 부담이 될 수 있다. 더구나, 재정적 환경으로 인해 어쩔 수 없이 어떤 노인들은 도시 안의 열악한 지역이나 고립된 지방에 있는 수준 미달의 주거지(자가 혹은 임대)에 살기도 한다.

수많은 프로그램들이 주거 재활 및 가정 단열, 에너지 보조금, 세금 감면 등의 재정적 지원을 제공한다. 노인 옹호 서비스, 지역사회 행동 프로그램, 시니어 센터에 고용된 사회복지사는 노인들이 적절한 주거 서비스와 급여를 받을 수 있도록 돕는다. 도시 및 지방 지역사회 계획 활동에 관여하는 사회복지사는 다양한 주거 옵션을 제공할 수 있는 프

로그램 개발과 지역사회 행동(community action)을 통해서 증가하고 있는
유권자들의 주거 욕구를 계속해서 다루어야 한다.

어떤 노인들은 연령 구분 아파트, 은퇴 공동체, 이동형 주거지(mobile
home park), 콘도, 공유 주거지와 같은 공동 주택에 사는 것을 선택한다.
또 다른 옵션은 공제 조직, 사기업, 종교 조직의 재정지원을 받아 "사서
들어가는 것(buy-in)"이다. 수수료를 받는 생애 관리 기관은 은퇴 시기
사람들에게 등급별 주거 계획을 제공한다. 이 방식에서는 독립 거처,
관리감독식 아파트부터 요양원까지 다양한 주거가 가능하다. 클라이언
트가 자신의 특별한 조건에 맞는 가장 적합한 주거를 선택할 수 있도록
하는 것이 사례관리 업무의 핵심이다. 그러나 선택의 범위는 경제적 격
차에 의해 제한된다.

주간보호센터와 임시돌봄 서비스

성인 주간보호와 임시돌봄 서비스(Respite Services)는 노인들에게 상대
적으로 새로운 옵션이다. 이 방식은 오랜 기간에 걸쳐 한 지역사회에
거주하는 노인들에게 건강 및 사회서비스를 제공한다(Abramowitz, 2008;
Sanders, Saunders, & Kintzle, 2009). 주간보호센터를 이용하는 노인은 모든
일상생활에서 도움과 감독뿐 아니라 "안전한 환경"을 필요로 하는 신체
적, 정신적 제한을 가지고 있다. 어떤 성인 주간보호센터는 알츠하이머
병, AIDS, 심각한 정신질환을 앓고 있는 사람들을 위한 전문 프로그램을
제공한다. 성인 주간보호는 사회화, 재활, 활동을 위해서 좀 더 비싼 비
용을 지불할 가능성이 있는 개별 돌봄이나 시설 보호보다 비용이 저렴
한 대안이다.

성인 주간보호센터는 단지 허약한 건강 상태를 지닌 성인들이 시설
보호 대신 선택하는 대안일 뿐만 아니라 가족 돌봄제공자들을 위한 임

시돌봄이나 지지적 서비스도 제공한다. 어떤 지역사회는 가족 돌봄제공
자가 그들의 임무에서 해방될 수 있도록 해주는 개인 기반의 임시돌봄
서비스를 제공한다. 다른 임시돌봄 대안으로 위탁 가정, 그룹홈, 요양원
에 잠시 맡기기도 한다.

성인 주간보호센터는 일반적으로 사회서비스 요소를 포함한다. 사회
복지사는 성인 주간보호 세팅에서 다양한 방식으로 근무한다: 행정 프
로그램, 가정 기반 서비스 조정, 상담, 돌봄제공자 지지 집단 촉진, 연
수교육 및 지역사회 교육 제공 등. 주간보호센터팀의 통합 멤버로서,
사회복지사는 처음 서비스를 적용하는 것부터, 돌봄 계획을 모니터하
고, 참여자와 가족에게 개별적으로 또 소집단 내에서 지지를 제공하는
것까지 성인 주간보호 참여자에게 개입한다.

요양원에서의 사회복지실천

어떤 기능적 손상이 있는 성인도 요양원에 살 수 있지만, 요양원이라
는 용어를 들으면 흔히 노인들을 떠올린다. 대략 미국에는 170만 병상
의 15,600개의 요양원이 있다. 거의 대부분은 의료보험 혹은 의료보호
인증 기관이다(Harris-Kojetin et al., 2016). 자격을 갖춘 요양원은 병원
퇴원과 집으로 돌아가는 것 사이의 재활 격차를 채우는 "숙련된 돌봄"
을 위한 방을 몇 개 배정해 놓기도 한다. 2016년에 약 120만 명의 사
람들이 요양원에서 살았으며, 이것은 74세에서 85세 성인 전체의 3%
에 조금 못 미치는 비율이다(AoA, 2017). 그러나 이 통계는 85세 이상의
노인들 중 9%가 요양원에 살고 있다는 점에서 일종의 속임수이다.

어떤 노인들은 일상생활 활동에 대한 지원을 하는 원조 주거와 같은
전환기 거주 형태에 산다. 그러나 요양원에 갈 가능성을 높이는 위험
요소에는 만성질환, 인지 손상, 고령, 입원 등이 있다. 이 중에 일상생

활 활동 도움에 대한 높은 욕구와 낮은 인지적 기능은 요양원에서 제공
하는 좀 더 집중적인 지원을 필요로 하는 주요 요인들이다.

대부분의 요양원은 영리 시설이다. 어떤 곳은 종교 조직, 공제 조직,
정부에 의해 재정지원을 받는 비영리 시설이다. 주와 연방 정부의 지침
은 요양원을 엄격하게 규제한다. 연방 요양원 법령은 요양원이 거주자
에게 반드시 사회서비스를 제공해야 한다고 규정하고 있다. 직원 배치
도 요양원 규모에 따라 다양하게 할 것을 명시하고 있다. 비록 주법에
서는 기준을 다양하게 실행하고 있지만, 120개 병상이 넘는 요양원은
반드시 적어도 사회복지 학사학위나 유사한 전문직 자격을 갖춘 정규직
사회복지사를 고용해야 한다(Bonifas, Bern-Klug, & Simons, 2016). 법령에
서는 120개 병상보다 적은 요양원에서 사회서비스를 제공하는 직원의
자격요건을 특정하지는 않았다(Vourlekis, Zlotnik, & Simons, 2005).

전문적 사회복지사는 요양원 거주자의 삶의 질을 보장하고 거주자
중심의 돌봄을 반영하는 요양원 문화로 개혁하는 데 중요한 역할을 담
당할 수 있다. 요양원에 있는 사회복지사의 역할과 기능은 다음과 같다.

- 심리사회적 사정 준비
- 확인된 심리사회적 이슈와 관련하여 요양원 거주자 및 가족들
  과 함께 일하기
- 지역사회 기반 서비스 조정 및 퇴원 계획 등을 포함한 사례관
  리 서비스 제공
- 돌봄 계획 활동에 참여하기
- 다학제적 요양원팀에 협력하기
- 개별화된 의사결정 과정(individualized decision making)에 참여
  하기
- 거주자가 일상 활동, 개인적 선호, 삶의 종결 결정 등 선택에

대한 의사결정에 관여하도록 옹호하기

민족 다양성을 지닌 노인들은 장기요양시설의 지배 문화에 들어갔을
때 특별한 도전에 직면한다. 가족, 문화, 지역사회와의 연결이 손실될
가능성이 있기 때문이다. 사회복지사는 문화적 차이를 중재하는 옹호
전략을 사용할 수 있다. 언어, 문화, 세대적 차이로 인해 직원과 거주자
간의 의사소통을 촉진할 수 있는 적응방식들이 요구된다(Spira & Wall,
2009).

노인주거시설에서 사회복지실천의 역할에 관한 최근 연구 결과는 다
른 영역의 노인복지실천에도 적용된다(Koenig, Lee, Fields, & Macmillan,
2011). 이러한 역할에는 (1) 거주자가 지역사회에서 주거형 건강 관리
세팅으로 전환하도록 돕는 것, (2) 거주권을 옹호하고 거주자와 직원
사이의 긴장을 관리하는 것, (3) 정신건강 이슈와 관련된 사정과 상담
을 제공하는 것, (4) 갈등을 해결하기 위해 거주자와 그들의 가족들과
일하는 것, (5) 다학제적 팀의 일원으로 심리사회적 돌봄에 대해 계획
하는 것 등이 있다.

사회복지 사례

루스 스테인은 골든 에이커 요양원의 사회복지사이다. 루스는 골든 에이
커의 기획팀에서 일하고 직원 교육을 담당하고 있기는 하지만, 거주자 및 가
족과 함께 하는 직접적 서비스 활동을 하는 데 대부분의 시간을 보낸다. 그
녀는 입주 신청을 할 때, 대기 기간과 재배치 기간 동안, 새로운 집에 대한
적응을 잘 할 수 있도록 예비 거주자와 가족 구성원들과 협의한다.

루스는 거주자와 가족들이 요양원으로 옮기는 것과 관련하여 발생하는
다양한 전환 이슈를 다루도록 돕는다. 올슨 씨는 루스를 만났을 때 울고 있
었다. 그의 아내인 60세 헬렌은 요양원에 온 지 3주가 되었다. 그는 완전히

지쳤고, 그의 생각으로는 어떤 가능한 옵션도 없었다. 헬렌의 건망증, 지남력 장애, 배회와 같은 증상을 그가 다루기에는 역부족임을 알고 있으면서도, 자기가 "포기해서" 헬렌이 요양원에 살게 되었다고 느끼고 있었다.

올슨 씨는 매일 헬렌을 방문한 뒤 헬렌을 요양원에 남겨두는 것이 어렵다고 했다. 그는 그녀 없이 외로움을 느꼈고, 그녀 역시 그를 그리워한다고 생각했다. 그는 그가 떠난 후에 헬렌이 여기저기 돌아다니면서 그를 복도에서 찾고 그의 이름을 부른다고 들었다. 그러나 그의 건강 역시 나빠지고 있음에도 불구하고 그의 100년 된 농장을 떠나기로 결정하는 것은 쉽지 않았다. 올슨 씨는 루스가 그에게 아내와 방을 같이 쓰고, 그들이 애지중지하는 앤티크풍 오크 침대와 같은 개인 물건으로 방을 꾸밀 수 있다고 말했을 때 기뻐했다.

루스는 많은 사회적, 심리적 요인들이 거주자의 요양원 적응에 영향을 미친다는 사실을 알고 있다. 사람들은 개인적 선호와 특별함으로 채워진 자신의 역사와 정체성을 함께 가지고 온다. 거주자의 독특한 정체성을 보존하는 방법을 찾는 것이 공동 주거 시설에서의 복리 증진에 필수적이다. 루스는 거주자들이 요양원 입주와 돌봄에 대한 계획에 완벽하게 참여하여 거주에 대한 의사결정을 하는 것이 좋다고 생각한다.

노화에 대한 오해 풀기

한때는 잘 늙었다는 것을 나타내는 것이 흔들의자에 앉아 있는 누군가의 모습이었다. 많은 사람들이 노화는 노인과 사회 간의 분리라고 생각했다. 노화에 대한 이러한 고정관념화된 이미지는, 노화 과정이 지속적 건강과 복리의 가능성을 담고 있다고 인식되면서 꾸준히 감소하고 있다. 실제로, 오늘날 노인은 심지어 100세가 넘는다 하더라도 기존 노인의 고정관념과는 대조적이다. 이런 노인들에게 삶이란 성장과 기회의 시간, 취미, 개인적 관심사, 교육, 자원봉사, 심지어 새로운 직업을 얻는 시간을 의미하게 되었다. 노화는 새로운 가능성을 포용하는 시간이다.

평생 지속되는 그리고 누적되는 과정으로서, 노화는 병과 쇠약과는 완전히 다르다(Lindland, Fond, Haydon, & Kendall-Taylor, 2015). 하나의 인구집단으로서, 노인은 완전히 이질적으로 건강, 수입, 기능 상태에 있어 특히 다르다. 다른 연령의 사람들과 유사하게, "수입, 젠더, 인종/민족성, 교육 수준 차원에 따른 차이는 노인에게서도 존재한다(p.11)."

현실적으로, 이동성과 힘에 있어서 감각 손실과 변화는 나이가 들어감에 따라 발생할 수 있다. 그러나 이러한 변화는 반드시 발생하지도 않고 노인의 개인적 능력을 감소시키지도 않는다. 실제로, 일생 동안 생산적 기간은 90대까지 확장되고 있다. 이상적인 노화를 지지하는 요인은 건강, 체력, 사회적 지지 네트워크를 양성하고, 인지적 기능과 유연성을 자극하고, 낙관주의와 긍정적인 시각을 유지하고, 효능감을 키우고, 사회관계와 이타적 활동에 참여하고, 선제적으로 대처하는 것이다(Carpentieri, Elliot, Grett, & Deary, 2017; Fernández-Ballesteros, 2005; Fry & Debats, 2014; Hill, 2011).

사회복지 과정에 대한 역량강화 지향은 우리가 기능적 능력에 있어 노화 과정에서 "성공적"이지 못했다고 보이는 노인과 상호작용할 때, 그 이면을 보도록 이끈다. 우리가 그 너머를 탐구할 때만, "성공"의 수많은 변이들을 발견할 것이다. 적응유연성은 매우 힘든 상황을 다루는 데 있어서 많은 사람들의 용기 있는 능력을 보여준다. 역경에 맞서 포기한 것 같아 보이는 노인들에게조차도, 그들의 강점과 능력을 발견하고 적응유연성을 키워주는 일은 그들의 삶에 변화를 가져올 촉매제가 될 것이다.

건강한 노화

로와 칸(1998)에 따르면, 21세기의 노년학자는 "성공적인 노화를 증진시키는 방법 혹은 노인이 나이 들어감에 따라 환경 속에서 기능하는 능력을 지속할 수 있는 방법에 점점 초점을 두게 될 것이다(p.xiii)." 맥아더 재단의 노화 연구 결과 분석에서, 성공적인 노화를 특징짓는 세 가지 특성을 제시하였다.

- 병과 장애를 피하는 것
- 사회적 관계와 생산적 활동 둘 다를 포함한, 삶에 계속 참여하는 것
- 정신적, 신체적 기능을 유지하는 것(p.49)

본질적으로, 성공적으로 나이가 들어가는 노인은 쇠퇴를 선제적으로 예방하기 위한 조치를 취하고, 변화가 삶에 미칠 수 있는 영향을 최소화하기 위해 창조적으로 적응하는 방법을 찾는다.

건강한 노화에 대한 현대 연구에 따르면, 성공적인 노화에 기여하는 것으로 확인된 요소들은 다음과 같다. 정신적, 신체적 기능을 유지하는 것, 건강을 극대화하고 장애를 최소화하는 것, 다른 사람과 의미 있는 관계를 형성하는 것(Anderson, Goodman, Holtzman, Posner, & Northridge, 2012; Cherry, Marks, Benedetto, Sullivan, & Barker, 2013). 노화에 대한 백악관 회의(2015b)에서는 건강한 노화는 "살던 집에서 살기, 지역사회에 계속 참여하기, 사회적 복리 유지하기 등에 대한 선택권을 가짐으로써, 생산적이고 의미 있는 삶을 살 수 있도록" 신체적, 인지적, 행동적 건강을 유지하기 위해 나아가는 것을 의미한다고 보았다(p.5).

건강한 노화에 대한 영향

노화 과정에 영향을 미치는 요인 중에 건강에 대한 사회적 결정 요인은 사회 네트워크와의 연결성, 평생교육의 기회, 시민 참여이다(NASW, 2017a). 이들은 모두 노인복지실천가들이 프로그램과 서비스, 예방 법안, 거시 수준의 계획과 지역사회 개발, 정책 옹호를 할 때 함의를 지닌다.

건강과 노화의 사회적 결정 요인

연구 증거에 의해 입증되고 노화정책에 대한 백악관 회의(2015a)에서 확인된 바에 따르면, 수많은 요인들이 노인의 신체적 건강과 지속적인 활동성에 기여한다. 신체적 활동과 운동은 균형, 민첩성, 유연성을 향상시킨다. 부상과 낙상 방지 법안은 이동으로 인한 부상으로 인해 발생하는 다른 외상의 위험을 줄인다. 영양 상담은 건강한 선택과 체중 조절을 강조한다. 그 외에도 주기적 건강 관리와 규칙적 건강 검진, 천식, 심장병, 당뇨, 고혈압과 같은 만성질환에 대한 효과적인 관리가 있다. 그러나 우리가 건강한 노화로 얼마나 잘 가고 있는지는 사회자원과 기회 구조에 대한 접근성에 달려있다.

부정적 아동기 경험, 빈곤, 불안정한 주거 및 이웃, 식품 불안정성, 적절한 건강 관리에 대한 접근성 부족과 같은 건강에 대한 사회적 결정 요인은 건강과 안녕에 대한 장벽을 만날 가능성을 높인다. 확실히 "다른 요인들 중에서도 계층, 민족, 인종, 성적 지향, 젠더, 젠더 정체성과 관련된 구조적 편향이 일생 동안 경제적, 건강, 사회적 자원에 대한 접근성을 저해하고, 노인의 복리를 축소시키는 교차적 누적 효과를 보인다(NASW, 2017a, 이슈 진단, 제Ⅱ)." 건강 격차의 사회적 결과는 노화에 대한 상반되고 불균형적인 경험이다.

또 다른 사회적 결정 요인인 연령차별주의는 우리 자신이 노인이건 노화의 과정에 있는 일반 대중이건 간에, 노화에 대한 이해와 경험을 더 복잡하게 만든다. 예를 들어, 연구에 따르면 노화를 부정적으로 정의하는 노인의 기대 수명은 부정적인 고정관념을 가지고 있지 않은 노인들보다 더 짧다(Levy et al., 로빈스(2015)에서 재인용). 로빈스는 많은 노인들이 연령으로 인해 부당하게 대우받거나 모욕을 당한 경험이 있다는 것을 고려할 때, 이와 같은 점은 훨씬 더 우려스러운 부분이라고 보았다.

노화에 대한 일반적 시각을 살펴본 최근의 연구에서는 노화를 "저하, 의존, 줄어든 잠재력, 가족 해산, 디지털 무능"의 두려운 상태로 이해하는 뿌리 깊은 오해가 있다는 것을 밝혀냈다(Lindland et al., 2015, p.6). 더구나 대중은 노화에 대한 경험이 사회적, 경제적 결정 요인에 의해서보다는 개별 선택과 계획에 의해 영향을 받는다고 생각했다. 노인이 고용, 건강 관리, 주거, 시민 참여와 그 밖의 지역사회 활동에서 받는 차별로 인해 소외되고 있는 정도를 이해하지 못하고 있는 것이다. 즉, "연령차별주의가 미국 노인의 기회와 안녕을 위협하는 정도에 대한 인식의 부족(p.7)"이 있다. 연구자들은 노화에 대한 널리 퍼진 부정적 관점이 우리가 나이 들어가면서 우리 모두의 복리를 증진할 수 있는 정책과 프로그램을 적용하고, 노인들이 사회의 복리에 계속 기여할 수 있는 기회를 제공하는 데 있어서, 커다란 장벽을 만들어내고 있다고 결론지었다.

사회통합

대략적으로 5명 중 1명의 노인에게 사회적 고립이 영향을 미치고 있는 것으로 알려져 있다(AARP, 2012). 이러한 위험을 증가시키는 조건은 혼자 사는 것, 이동이나 인지에 손상이 있는 것, 사별이나 은퇴와 같은 역할 상실이나 삶의 전환을 경험하는 것 등이다. 생애발달에 어떤 것이 해로운지에 대한 연구에 따르면, 사회적 단절과 외로움은 나이가 들어가면서 건강과 복리에 특히 문제가 되는 것으로 나타났다(Lubben, Gironda, Sabbath, Kong, & Johnson, 2015). 예를 들어, 연구에서 사회적 고립은 만성질환, 질병 관리의 어려움, 재입원, 혼동과 기억력 손실, 우울, 사망에 대한 위험 요소로 확인되었다(AARP, 2012; Holt-Lunstad, Smith, Baker, Harrist, & Stephenson, 2015). 즉, 사회통합의 측면에서, 사회 참여와 사회적 지지와 같은 사회 네트워크와의 긍정적인 상호관련성은 신체적, 정신적 건강과 복리에 대한 전반적인 감각을 증진한다. 반면, 사회적 고립은 건강 및 복리와 관련된 무수히 많은 이슈 및 외로움과 연관된다 (Cherry, Brown, Kim, & Jazwinski, 2016; Cherry, Walker, et al., 2013; Cornwell & Waite, 2009; Fuller-Iglesias, 2015; Gow, Corley, Starr, & Deary, 2013).

사회적 지지의 실제 사례를 보여주는 혁신적 집단 실천 전략은 아프리칸 아메리칸 여성 노인이 노숙 상태에서 성공적으로 벗어나도록 지원하였다(Washington, Moxley, & Garriott, 2009). "나의 이야기 말하기" 프로젝트는 여성들에게 노숙의 결과로부터의 회복을 표현하는 조각이불을 준비하도록 하였다. 조각 이불들은 각각 희망, 가능성, 취약성, 교훈, 적응유연성을 나타내는 것으로 상상하였다. 각자의 조각은 벽면 전시용 이불로 합쳐졌다. 이러한 조각이불 집단 워크숍에 참여한 결과, 여성들은 자신의 이야기를 말하는 것을 넘어 유대관계를 맺고, 지지적인 사회 네트워크를 형성하였다.

평생교육

성인 교육이나 계속교육 경험은 개인의 흥미나 고용 관련 지식과 기술을 확대하는 것과 관련되기는 하지만, 평생교육은 또한 노인들에 대한 비공식적 교육 경험까지 확장되기도 한다(Brink, 2017; London, 2011). 노인들에 대한 평생교육의 장점에 대해 알아보기 위해 유럽 연합은 유럽 국가들에 대한 대규모 연구를 지원하였다. 약 9,000명의 응답자들 중 70-87%가 적어도 한 가지 이상의 최근 성인 교육 경험의 결과로 "학습, 동기부여, 일반적 복리, 삶의 만족도"에서 긍정적인 변화를 보였다고 보고하였다(Thöne-Geyer, 2014, p.9). 질적 자료분석 연구에서는 성인 교육의 장점을 사회통합, 사회 네트워크, 복리, 삶의 만족도로 구분하였다. 또 다른 연구에서는 평생학습교육 경험과 관련된 인지적(Chen, Lee, Staley, Wang, & Dugan, 2015) 그리고 사회적(Pew 연구센터, 2016) 장점을 보고하였다. 이 모든 연구들이 건강한 노화와 관련된 요인들에 대해 일관된 결과를 말하고 있다.

창조성과 예술

수십 년간, 교육자들은 초·중·고등 교육과정에서 균형을 찾기 위해 창조성과 참여적 예술 교육의 역할을 강조해왔다. 최근에서야 노인복지 실천가들은 드라마, 춤, 작문, 음악, 그림, 뜨개질과 같은 창조적 예술 활동이 건강한 노화에 미치는 장점을 알게 되었다(Cohen, 2000, 2005).

한 연구에서는 이렇게 장점을 표현하였다(Fisher & Specht, 1999). 78세 여성에 따르면 "그것은 나에게 흥미를 준다. 기대하게 하고, 당신의 마음과 하루를 채운다. 나는 당신이 흥미를 가져야 한다고 생각한다. 새로운 프로젝트를 하는 것보다 더 흥분되는 것은 없다(p.465)." 창조적 예술 활동은 사회통합을 강화하고, 신경 연결을 통해 좌뇌와 우뇌의 기능을 통합하고, 자기 통제감을 증진하고 이로부터 파생되는(Cohen, 2006) 건강한 노화에 대한 장점은 이동성, 문제 해결, 반응 시간, 기억, 기술, 삶의 질에서의 개선뿐 아니라 자신감, 자존감, 숙달감, 성취감을 포함한다(Castora-Brinkley, Noelker, Prohaska, Satariano, 2010; Cohen et al., 2007; McLean, Woodhouse, Goldie, Chylarova, & Williamson, 2011; Noice & Noice,

2008; Noice, Noice, Kramer, 2014).

지역사회에서 독립적으로 살고 있는 노인을 위한 참여적 예술 프로그램뿐 아니라, 창조적 표현에 대한 기회도 치매가 있는 사람들에게 도움이 될 수 있다. 예를 들어, 코헨(2006)은 세계적으로 명성이 있는 추상표현주의자 윌렘 드 쿠닝이 매일매일 치매와 싸우면서도 자신의 공간을 계속 창조적으로 표현하고, 미술관에 걸릴 수준의 그림을 그린다는 점에 주목하였다. 서피나와 콜(2004)은 치매가 있는 사람들이 창의적인 이야기를 말하고 다른 창의적 표현을 하는 독특한 능력이 있다는 점을 고려한 연속적 참여 예술 프로그램을 권장하였다. 그들은 "이러한 프로그램에서는 치매가 있는 사람들조차도 가장 마지막 순간을 포함한 인생의 모든 단계에서 성장과 창의적 잠재력의 가능성을 보여준다(p.175)." 본질적으로, 창의적 예술 활동에 참여하는 것은 평생교육, 사회 및 시민참여, 건강과 복리에서의 향상, 다세대 지역사회 건설을 위한 연결고리이다.

시민 참여

어느 연령의 사람이건 시민 참여는 지역사회를 지지하고, 재건설하고, 강화하는 정치적 혹은 비정치적 활동에 참여하는 것을 말한다. 노인 자원봉사자를 위한 서비스 프로그램은 노인의 능력을 활용하고, 존중하고, 유지하도록 도움으로써 전반적인 건강과 복리에 기여한다(Morrow−Howell, 2006−2007; Pitt−Catsouphes & Morrow−Howell, 2016).

목적의식을 키우고 사회적 상호연결성을 확고히 함으로써, 시민노력에 자원봉사하는 것은 신체적, 정서적 복리, 다른 사람과의 연결성, 만족감과 합목적성에 긍정적인 효과가 있다(백악관 회의, 2015b). 노인 자원봉사자의 경험은 지역사회를 풍요롭게 한다. 또, 이러한 활동은 자원봉사자 자신들의 건강, 심리적 복리, 인지적 기능에도 기여한다(Barron et al., 2009; Malone, Liu, Vaillant, Rentz, & Waldinger, 2016; Morrow-Howell, Carden, & Sherraden, 2005; Morrow-Howell, Hong, & Tang, 2009; Omoto & Packard, 2016; Park, Kwon, & Lee, 2017; Varma et al., 2015). 시민 참여 및 사회 참여의 기회에 따라, 자원봉사는 효과 있고, 생산적이고, 건강한 노화에 유의미하게 기여한다(Morrow-Howell et al., 2005).

건강한 노화로 가는 길: 자원봉사

자원봉사를 하는 미국의 6천 2백 6십만 명의 사람 중에서 1천 1백만 명은 노인이고 이것은 65세 이상 노인의 약 1/4에 해당한다(노동통계국 [BLS], 2016). 노인은 한 가지 근본적 이유로 자원봉사자를 할 자격을 충족한다. 은퇴를 하면 자원봉사 활동을 할 시간이 생긴다.

코디네이터는 한편으로는 자원봉사자의 능력과, 다른 한편으로는 지역사회와 조직의 서비스 욕구 간에 성공적인 조합을 만들어낸다. 역량강화 지향의 자원봉사 서비스는 자원봉사자의 자원, 강점, 기술을 기반으로 한다.

자원봉사에 관심이 있는 노인은 (지역에서 지원한 프로그램/국가 기반의 프로그램, 공식적/비공식적 프로그램 등) 다양한 장소에서 자원봉사를 할 수 있는 기회를 찾을 수 있다. 비공식적으로, 많은 노인들이 친구들을 모임, 약속, 식료품점에 데려다주는 자원봉사 서비스를 한다. 아이를 돌봐주기도 하고, 가사일이나 돌봄 활동을 도와주기도 한다. 또, 노인은 공식적으로 조직화된 활동에서 자원봉사를 할 기회를 찾을 수 있다. 지역의 종교 기반 집단은 직원 프로그램, 홍보물 접기, 대용량 메일 보내기, 외출을 못해 집에 있거나 어려움을 겪고 있는 회원 방문하기 등을 할 때 종종 자원봉사자의 도움을 받는다. 박물관, 병원, 요양원, 공공 도서관,

문맹퇴치 프로젝트, 지역사회조직들, 사회서비스 기관들, 학교 등은 주기적으로 자원봉사자를 구하는 지역 조직들의 예이다.

노인 자원봉사자들은 노인국(Administration of Aging: AoA), 국가 및 지역사회 봉사단, 성장하는 젊은 사업가를 돕는 미국노인 모임인 SCORE 등 연방이 지원하는 곳에서도 활동한다. 활동적인 노인뿐만 아니라, 신체적, 인지적 노쇠함으로 인해 활동에 제한이 있는 노인들도 자원봉사 프로그램에 참여할 수 있다. 자원봉사 활동에는 다음과 같은 것들이 있다.

- "식사 배달 서비스" 프로그램과 집단 급식소에서 돕기
- 건강 관리 서비스를 이용할 때 도움이 필요한 사람 동행하기
- 외출을 못해 집에 있는 사람 방문하기
- 집 수리와 단열 프로젝트 완료하기
- 건강 증진, 영양, 재정적 문제와 같은 주제에 대해 상담 서비스 제공하기
- 요양원 거주자들의 복리를 보장하기 위해 옴부즈맨(감찰관)으로 봉사하기
- 노인 센터와 성인 주간보호 프로그램과 같은 프로그램에서 돕기(지역사회 거주 협회[ACL], 2017)

국가 및 지역사회 봉사단에 속해 있는 노인봉사단은 55세 이상의 사람들이 자기가 살고 있는 지역사회에서 자원봉사 기회를 가질 수 있도록 돕고 있다. 노인봉사단에서 개발된 혁신적 프로그램에는 조부모 양성 프로그램, 노인 동행 프로그램, 은퇴한 노인 자원봉사자 프로그램 등이 있다. 마지막으로, 은퇴한 중역과 작은 사업체 사장들은 SCORE 자원봉사자로 새로 사업에 뛰어든 창업가들에게 자신들의 전문지식을 전수할 수 있다.

건강한 노화로 가는 길: 시니어 센터

약 11,000개의 시니어 센터가 매일 약 100만 명의 노인들을 위한 지역사회 서비스 네트워크의 허브가 된다(국가고령화위원회[NCOA], 2015). 다양한 프로그램과 서비스를 통해, 시니어 센터는 "삶의 후반에도 계속되는 인간의 성장 가능성에 대한 믿음과 노인의 야망, 능력, 창조적 능력에 대한 인정"을 실현한다(Rozario & Pardasani, 2016, p.151).

지역사회 욕구에 반응하여, 시니어 센터는 (여가 프로그램, 성인 주간보호, 상담과 지지 집단, 자원봉사자 프로그램, 학습 포럼, 정보와 의뢰, 예방 계획과 복지 교육, 아웃리치, 옹호 등) 직접적, 간접적 서비스를 모두 제공한다. 어떤 센터는 집단 식사 프로그램을 운영하고 노인시민 클럽과 조직을 지원한다. 노인을 위한 수많은 공공, 민간 사회서비스를 위한 지역사무실들이 시니어 센터에서 프로그램을 제공할 수 있다. 이러한 방식은 서비스 전달을 조율하고 집중시킨다.

다목적 시니어 센터에서 직원으로 일하는 사회복지사는 프로그램을 기획·관리하고, 상담 서비스를 제공하고, 예방과 교육 업무를 한다. 사회 집단, 여가 집단, 교육 집단을 이끄는 것도 사회복지사가 책임져야할 일 중 하나이다. 집단 활동은 소속감을 경험하고 새로운 친구를 만들 수 있는 훌륭한 자원이다. 사회 집단, 여가 집단, 교육 집단의 프로그램은 토론, 회상, 교육적 포럼, 신체적 활동, 특별한 이벤트, 예술, 음악, 드라마, 춤을 통해 창의적 표현을 할 수 있는 기회 등을 포함한다. 이런 유형의 집단은 참여자들이 동료와 함께 즐거운 활동을 하고, 사회적 연결을 고취할 수 있는 기회를 만든다. 흥미롭게도 집단 활동에 참여하는 것 자체가 신체적, 인지적 약화를 예방하거나 적어도 속도를 늦추는 데 도움이 된다(Fitzpatrick, Gitelson, Andereck, & Mesbur, 2005; Li, Harmer, & Fitzgerald, 2016; Turner, 2004).

건강한 노화로 가는 길: 연령친화적 지역사회

대부분의 노인은 자신의 집에서 가능한 한 계속 살기를 원한다. 그러나 과거 노인과 그들의 가족, 전문가들은 개인은 점점 연약해지고, 그러한 연약함은 일련의 재배치를 필요로 하는 다양한 주거 서비스를 요구한다고 보았다(Lawler, 2001). 최근에, 주거 배치에 대한 이러한 전제는 살던 곳에서 나이 들기(aging-in-place) 혹은 "수년 동안 당신이 살아온 곳에 살기 또는 비의료(non-healthcare) 환경에서 살기 그리고 당신이 이사라는 환경 변화를 할 필요가 없도록 해주는 제품, 서비스, 편의용품 사용하기"와 같은 진보적 입장으로 변화하였다(살던 곳에서 나이 들기를 위한 노인 자원, 2017, ¶ I).

비용을 줄일 수 있다는 점과 함께, 살던 곳에서 나이 들기는 노인의 삶의 질을 지속시키고, 자연적인 사회적 지지 네트워크를 보존하고, 개인 통제감을 유지하도록 해주고, 재배치 위기와 부적절한 혹은 과도한 돌봄의 부정적 결과 피하기 등의 장점이 있다. 살던 곳에서 나이 들기를 위한 효과적인 계획은 마을 모델을 예로 들면, 주거, 교통, 건강 관리, 사회서비스, 문화적 이벤트, 여가활동, 평생교육과 시민 참여 기회에 대한 접근성과 같이, 프로그램과 서비스에 대한 포괄적이고 전체적인 접근에 기반한다(McDonough & Davitt, 2011). 일반주의 실천 관점에서, 사례관리자, 정책 실천가, 지역사회 개발 전문가로서 노인사회복지사는 살던 곳에서 나이 들기 운동을 지지할 수 있는 중심 위치에 있다(Greenfield & Giunta, 2016).

정책 옹호

역량강화 지향의 노인복지실천가는 정책 옹호의 우선순위와 전략을 결정하기 위해 노인과 협력한다. 정책, 프로그램, 지역사회 규정과 관련

하여 2017년 전미사회복지사협회 대표 회의에서 정의한 우선순위에는
다음과 같은 것들이 있다.

- 건강의 사회적 결정 요인을 다루고 건강 격차를 근절하는 공
  정한 사회정책 옹호
- 연령차별주의가 없는 노화에 대한 이해 재구성
- 사회경제적 지위나 기존의 조건과 관계없이 모든 사람들을 위
  한 적절한 의료 범위 보장
- 장기요양 서비스에 대한 활용 가능하고 포괄적인 보장 범위와
  독립 주거 지속을 지원하는 사회보험 채택
- 적절한 영양과 건강한 식량 옵션에 대한 접근성 보장
- 안전하고 알맞은 주거, 적합한 대중교통, 안전한 도보, 지역사
  회 기반 프로그램, 지지, 서비스에의 접근성을 갖춘 연령친화
  적 근린지역과 지역사회 증진
- 신체 단련과 운동, 평생교육, 시민 참여, 사회통합, 창조성, 세
  대 간 관계에 대한 기회 증진(NASW, 2017a)

　　노인 서비스 영역에서 실천하는 사회복지사는 흥미로운 도전에 직면
하고 있다. 그들은 사회복지 서비스를 요구하게 될 노인들의 수가 증가
함에 따라 그들 자신과 서비스 전달체계를 준비해야 한다. 이러한 노력
은 살던 곳에서 나이 들기, 의미 있는 활동에 대한 적극적인 참여를 지
지하는 정책 옹호와 지역사회 및 근린지역 개발 법안까지 확장되어야
한다(Austin, Camp, Flux, McClellnd, & Sieppert, 2005; James, Besen, Matz-
Costa, & Pitt-Catsouphes, 2012; Silverstone, 2005). 사회복지사는 또한 노화
에 대해 보다 긍정적인 관점을 포용하고 사회 내의 다른 사람들을 위해
서도 똑같은 방식으로 옹호해야 한다.

복습과 예습

사회복지 개입의 대부분은 생애과정에서 발달과 관련된 전환과 위기에 초점을 두고 있다. 이 장에서는 성인기의 많은 발달적 이슈와 사건 중에서 사회복지사가 관심을 두고 있는 것들을 뽑아 소개하였다. 여기에는 다음과 같은 것들이 포함되었다.

- 사별, 근로자 지원, 군대서비스, 돌봄과 같은 이슈를 해결하기 위해 사회복지사가 성인에게 제공하는 전문 서비스
- 친밀한 파트너 폭력의 유형, 역동, 사회복지사의 서비스 대응
- 노인학대의 유형, 역동, 사회복지사의 서비스 대응
- 노인복지실천가가 노인의 다양한 욕구를 해결하기 위해 제공하는 프로그램과 서비스들

사회복지에 대한 공부를 계속하면서, 우리는 사회복지 전문직이 많은 도전과 기회로 가득 차 있다는 것을 기억해야 한다. 우리는 소외되고 억압받은 사람들, 삶의 전환과 위기에 직면한 사람들이 제기하는 문제를 창의적으로 다루도록 요구받는다. 가족 및 아동복지, 건강 및 행동 건강 관리, 공공복지, 주거, 사법제도, 지역사회 조직화 및 개발, 학교, 노인 서비스, 기업과 산업 등 다양한 현장에서 기회는 존재한다. 역량 강화에 대한 헌신에 힘입어, 우리는 이러한 실천 영역에서 모든 체계 수준에서 변화를 위해 독창적인 기여를 할 수 있다.

사회복지는 역량강화하는 전문직이다. 사회복지 과정은 역량강화의 과정이며, 전문적 활동의 산물은 역량강화이다. 이것은 우리가 클라이

언트와 파트너로 일하며, 그들의 강점과 유능성을 확증한다는 것을 의미한다. 사회복지의 이중 목적을 반영하여, 우리의 전문적 활동은 클라이언트를 역량강화하여 자신의 잠재력을 실현하고, 대응적인 사회구조를 만들어내는 것을 추구한다. 역량강화는 사람들이 자신의 삶에 대한 지배력을 가지고, 제도적 구조가 인간의 욕구에 인간적으로 그리고 공평하게 반응하는 정도까지 나아가는 것이다.

　사회복지는 사고방식이기도 하고 실천방식이기도 하다. 사회복지에 대한 이해를 발전시키기 위해서 우리는 인간의 행동, 실천, 정책의 상호작용에 대한 개념적 이해를 가지고, 가능한 한 가장 광범위한 관점에서 전문직을 바라보아야 한다. 일반주의 사회복지 지향은 넓은 각도의 렌즈로 문제를 바라보는 틀을 제공하여, 사람과 환경 간의 상호작용 역동을 인지하고, 상황의 맥락을 분석하고, 모든 체계 수준에서의 문제, 이슈, 욕구를 해결하는 개입을 발전시킨다. 이 책 전체를 거쳐 논의된 주제－강점, 역량강화, 인권, 사회정의－는 사회복지실천의 근간이다. 사회복지 전문직을 하면서 직업 교육을 받을 때도 이 주제들은 계속 가장 우선시되어야 한다.

생각해보기

❶ 평가: 사회복지사가 현직 군인 및 퇴역군인들과 일하는 숫자가 점차 늘어나고 있다. 사회복지사는 이들에 대해 외상 후 스트레스 장애 사정을 실시할 때 어떤 지표로 평가할 것인가?

❷ 윤리적, 전문적 행동: 사회복지사는 종종 나이 든 부모, 인생 동반자, 다른 성인 의존자에 대한 돌봄 역할을 하는 가족 구성원들을 지지하게 된다. 1차적 클라이언트는 누구인가? 돌봄제공자와 "돌봄을 받는 사람들" 간의 권리 균형과 관련하여 어떤 윤리적 이슈가 있는가?

❸ 인권과 정의: 국제 영역에서 여성에 대한 폭력은 심각한 인권 이슈로 간주된다. 가정폭력은 어떤 방식으로 억압의 편에 서서 인권을 침해하는가?

❹ 연구 기반 실천: 다른 전문 실천현장과 마찬가지로 노인 현장에서도, 사회복지사는 노인이 직면한 이슈와 효과적인 서비스 전달 모델에 대한 연구 기반 지식에 의지하고 있다. 어떤 연구 질문이 이 실천 영역과 관련되는가?

저자 약력

Brenda L. DuBois (Ambrose University 명예교수)

사회복지 교수와 실천가로 활동하면서 역량강화와 사회복지윤리, 사회정의와 관련된 다수의 논문들을 발표하였고, 사회복지정책과 지역사회 계획, 프로그램 평가 등의 영역에서 전문 자문위원으로 활동하였다.

Karla K. Miley (Black Hawk College 명예교수)

학교사회복지, 보건서비스, 아동 및 노인복지실천에 폭넓은 경험을 가지고 있으며, 사회복지윤리와 역량강화에 관한 연구들을 다수 진행하였다.

두 명의 저자는 본서 외에도 〈Generalist Social Work Practice: An Empowering Approach〉를 9판까지 출간하였다.

역자 약력

조성희 (Cho, Sunghui)

　　숭실대학교 행정학과 행정학사, 사회사업학과 문학사(복수전공)
　　숭실대학교 사회사업학과 문학석사
　　숭실대학교 사회복지학과 사회복지학 박사
　　현 서울신학대학교 사회복지학과 교수

　　대표 저서 및 역서: 가족복지학의 이해(공저), 가족치료사례와 질적분석(공저), 가족치료와
　　　　　　　　　　　영성(공역), 질적 자료 분석론(3판)(공역)

김희주 (Kim, HeeJoo)

　　New York Univ. 동아시아학과 문학사
　　Columbia Univ. 사회복지학과 사회복지학 석사
　　서울대학교 사회복지학과 사회복지학 박사
　　현 협성대학교 사회복지학과 교수

　　대표 저서 및 역서: 가족복지론(공저), 사회복지실천기술론(공저), 사회복지와 문화다양성
　　　　　　　　　　　(공저), 이혼과 가족조정(공역)

장연진 (Jang, Yeon Jin)

　　서울대학교 사회복지학과 문학사(부전공: 심리학)
　　서울대학교 사회복지학과 문학석사
　　서울대학교 사회복지학과 사회복지학 박사
　　현 한양사이버대학교 사회복지학과 교수

　　대표 저서 및 역서: 사회복지실천론(공저), 사회복지실천기술론(공저), 가족복지론(공저),
　　　　　　　　　　　이혼과 가족조정(공역)

한국연구재단 학술명저번역총서 서양편 798
사회복지실천 2: 역량강화 전문직의 관점과 역할

초판발행   2022년 10월 20일

지은이   Brenda Dubois · Karla Krogsrud Miley
옮긴이   조성희 · 김희주 · 장연진
펴낸이   안종만 · 안상준

편 집   김다혜
기획/마케팅   노 현
표지디자인   이소연
제 작   고철민 · 조영환

펴낸곳   (주) 박영사
           서울특별시 금천구 가산디지털2로 53, 210호(가산동, 한라시그마밸리)
           등록 1959. 3. 11. 제300-1959-1호(倫)
전 화   02)733-6771
f a x   02)736-4818
e-mail   pys@pybook.co.kr
homepage   www.pybook.co.kr
I S B N   979-11-303-1631-4
           979-11-303-1007-7   94080 (세트)

copyright©한국연구재단, 2022, Printed in Korea

* 파본은 구입하신 곳에서 교환해 드립니다. 본서의 무단복제행위를 금합니다.
* 역자와 협의하여 인지첩부를 생략합니다.

정 가   27,000원

이 번역서는 2019년 대한민국 교육부와 한국연구재단의 지원을 받아 수행된 연구임
(NRF-2019S1A5A7068896)